赵冬 刘锦祺 主编

◎ 中国象棋谱丛书 ◎

仙人指路 对 卒底炮

赵 冬 刘锦祺 毕金玲 编

经济管理出版社
ECONOMY & MANAGEMENT PUBLISHING HOUSE

图书在版编目(CIP)数据

仙人指路对卒底炮/赵冬,刘锦祺,毕金玲编 . —北京:经济管理出版社,2011.3
ISBN 978－7－5096－1352－8

Ⅰ.①仙…　Ⅱ.①赵…　②刘…　③毕…　Ⅲ.①中国象棋－布局(棋类运动)　Ⅳ.①G891.2

中国版本图书馆 CIP 数据核字(2011)第 050745 号

出版发行:经济管理出版社
北京市海淀区北蜂窝 8 号中雅大厦 11 层
电话:(010)51915602　　邮编:100038
印刷:世界知识印刷厂　　　经销:新华书店
组稿编辑:郝光明　　　　　责任编辑:郭丽娟
责任印制:杨国强　　　　　责任校对:超　凡

880mm×1230mm/32　　13.5 印张　　376 千字
2011 年 6 月第 1 版　　　2011 年 6 月第 1 次印刷
定价:27.00 元
书号:ISBN 978－7－5096－1352－8

总　序

　　历史的脚步迈入新世纪已整整十个年头了，美丽辽阔的神州大地上到处春意盎然、生机勃发。在改革开放浪潮的推动下，盛世的今天进入历史鼎盛时期。

　　国运昌，棋运兴。近年来，中国棋坛出现了前所未有的繁荣局面。欣闻经济管理出版社即将出版"中国象棋谱丛书"，十分惊喜。据悉，本丛书全套按布局分类，共43册，精选了近十年来国家级赛事特级大师、大师的精彩对局，并辅以优秀业余选手于弈天网的顶尖赛事棋局。这套丛书是棋坛的一朵奇葩，内容全是对局记录，没有一句评注。

　　什么样的棋谱是好棋谱，什么样的棋谱对初、中级象棋爱好者提高棋艺更有帮助？这个问题仁者见仁，智者见智。

　　经济管理出版社郝光明先生提出：按布局分类，用大师的看法注解大师的棋局，保持棋谱的"原法原味"，让读者自己去体会象棋的意境。

　　对此，有人深有疑虑。习惯于看对局评注中注解的初、中级象棋爱好者，能看懂没有注解的棋谱吗？能找到决定棋局胜负的关键之处吗？

　　记得中国象棋协会副主席胡荣华先生出席首届 BGN 世界象棋挑战赛，在谈论"绿林王"陶汉明的棋艺风格时说："陶汉明当初学棋时，就是看我的对局集，这本书就没有棋评。正因为没有棋评，所以让他学棋时有了更大的理解和思维空间，不拘泥于一处，这非常有助于陶汉明形成独到的风格与认识，因此他才能从一名业余选手一跃登上全国象棋锦标赛（个人）冠军的宝座。"

　　"十连霸"胡荣华的见解与郝光明先生的见解何其相似！这真是英雄所见略同。

　　读谱俗称"打谱"。我们年逾花甲，回忆青年时期，都是在那贫穷落后的小山村度过的。那时的我们在一盏小煤油灯下，盘腿坐在北方农家的土炕上，抱着一本杨官璘主编的《中国象棋谱》，如获至宝，爱不释手，心中充满了神圣的感觉。

　　打谱可以提高棋艺水平，因为棋谱是棋手于实战中千锤百炼总结出的招法，大多经得起推敲。吸取别人成功的经验，记住别人失败的教训，可以少走弯路或避免重蹈覆辙。

　　靠打谱，无师自通的赵庆阁于 1974 年在全国象棋锦标赛（个人）上夺得季军。

　　当然，打谱时一定要有自己的见解，领会谱中的精髓，这样才能触类旁通、举一反三，从而事半功倍；打谱切忌死记硬背，否则将事倍功半。

　　今天，青年人登上了历史舞台，这套丛书由象棋大师、国家级裁判赵冬和青年象棋图书知名作家刘锦祺主编。他们与李志刚、李晓春、毕金玲、王静、陈广等组成一个团队，以科学、严谨的态度，在浩瀚的棋海里为棋友扬起精彩对局的风帆。他们试图求证一个真理：最简单的线条是最美的！

　　辉煌的业绩是用奋斗撞响的钟声。青春的主旋律是奋进。愿青年人用汗水与智慧拨动"中国象棋谱丛书"的主旋律，在象棋图书史上奏出美妙华章！

象棋大师　　赵庆阁

国家级裁判　霍文会

2010 年 10 月 31 日于辽宁

序

    仙人指路是象棋的一种开局，指第一步走兵三进一或兵七进一。因一兵当先，意向莫测，有试探对方棋路的意图，故得名"仙人指路"。仙人指路局复杂多变，为双方在布局阶段争先斗智开辟了广阔的天地，深为功力型棋手所喜爱。

    仙人指路是一种刚柔相济的布局，后手方的应对方法很多，其中最凶悍的是卒底炮，即"兵七进一，炮2平3"。"仙人指路对卒底炮"已成为当今棋坛最流行的布局之一。其优点是：后手方利用卒底炮牵制先手方的三（七）线，针锋相对，对抗性很强。

    仙人指路对卒底炮，从20世纪50年代以来，历届全国赛上都非常流行。为了便于广大象棋爱好者能够系统和全面掌握这一布局的变化规律，我们编写了这本书。全书分为七部分：第一部分"红炮二平五　黑飞右象"（三章），第二部分"红炮二平五　黑飞左象"，第三部分"红炮二平五　黑还架中炮"（两章），第四部分"红炮二平五　黑跳左马"，第五部分"红飞左相"，第六部分"红飞右相"，第七部分"网络对局"。

    本书在编写的时候尽量去繁就简，按布局分类及对局的时间顺序排列棋谱，棋谱的编写也仅保留对局者双方姓名，在有限的页数内尽量增加全书的棋局数量。所精选的棋谱大多是特级大师、大师级棋手的对局，辅以优秀的业余棋手及网络最新对局。

    本书在编写过程中多次得到郝光明老师、国家级裁判霍文会和宋玉彬老师的指导，得到鞍山李志刚、绥中王静等棋友的帮助，在此深表谢意。

　　由于作者水平有限，收集的资料不全，难免有错漏之处，请方家不吝指正，先致谢意。

刘锦祺

2010 年 10 月 29 日于锦州

目　录

第一部分　红炮二平五　黑飞右象

第一章　红跳右马

第1局　聂铁文 和 李少庚

1. 兵七进一　炮2平3	2. 炮二平五　象3进5
3. 马二进三　车9进1	4. 车一平二　车9平2
5. 马八进七　马2进4	6. 炮八平九　马8进9
7. 车二进四　卒9进1	8. 炮五平四　车2进3
9. 相七进五　车1平2	10. 仕六进五　马9进8
11. 车二平六　马4进6	12. 兵三进一　卒7进1
13. 马三进四　卒7进1	14. 马四进六　炮3平4
15. 马六退八　马6进7	16. 相五进三　马8进9
17. 炮九平八　前车进1	18. 炮八进七　车2退5
19. 车九平八　车2进9	20. 马七退八　马9退7
21. 车六平三　炮8平7	22. 车三进一　象5进7
23. 相三进五　炮7平8	24. 马八进七　炮8进7
25. 相五退三　炮4平7	26. 仕五退六　炮7进7
27. 帅五进一　炮7退4	28. 马七进六　炮7平3
29. 马六进七　炮8退8	30. 炮四平五　炮8平5

31. 炮五进四　象7退5　　　32. 炮五进二　士6进5

第 2 局　赵鑫鑫 负 吕钦

1. 兵七进一　炮2平3　　　2. 炮二平五　象3进5
3. 马二进三　车9进1　　　4. 车一平二　车9平2
5. 马八进七　马2进4　　　6. 炮八平九　马8进9
7. 马七进六　士4进5　　　8. 炮九平六　车1进1
9. 车二进五　卒9进1　　　10. 车二平四　车2进4
11. 马六进五　马4进5　　　12. 炮五进四　车1平2
13. 相七进五　前车退1　　14. 车四平八　车2进3
15. 仕六进五　卒1进1　　　16. 兵三进一　马9进8
17. 兵九进一　炮3平1　　　18. 兵七进一　卒3进1
19. 兵九进一　车2退1　　　20. 兵九进一　车2平5
21. 兵九进一　车5平2　　　22. 车九进四　马8退6
23. 马三进二　马6退4　　　24. 车九平六　马4退3
25. 车六平九　马3进4　　　26. 炮六退二　象5退3
27. 兵九进一　炮8退1　　　28. 仕五进六　马4进5
29. 车九平五　马5退6　　　30. 兵九进一　卒7进1
31. 仕六退五　象3进5　　　32. 炮六进五　炮8平7
33. 炮六平一　卒7进1　　　34. 车五平三　马6进7
35. 车三平六　马7进8　　　36. 帅五平六　卒3进1
37. 车六进一　车2进6　　　38. 帅六进一　炮7进7
39. 仕五进四　炮7平8　　　40. 炮一平二　马8退6
41. 车六平四　马6退8　　　42. 相五进七　车2平6
43. 马二退三　车6退1　　　44. 帅六退一　马8退7
45. 车四进一　马7进8　　　46. 车四退一　马8进7
47. 车四退二　炮8平7　　　48. 相七退五　车6进1
49. 帅六进一　车6平1　　　50. 车四进一　车1退1
51. 帅六退一　炮7平6　　　52. 车四平八　车1进1

53. 帅六进一 士5退4	54. 帅六平五 车1平7
55. 马三退一 车7退1	56. 马一进二 车7平8
57. 马二进一 炮6进1	58. 帅五退一 炮6平9
59. 马一退三 车8进1	

第3局 谢靖 和 潘振波

1. 兵七进一 炮2平3	2. 炮二平五 象3进5
3. 马二进三 车9进1	4. 车一平二 车9平2
5. 马八进七 马2进4	6. 车二进四 马8进9
7. 车九平八 炮8平6	8. 马三退五 卒9进1
9. 车二平六 士4进5	10. 炮八进四 炮3退2
11. 炮八平五 车2进8	12. 马七退八 马4进5
13. 炮五进四 车1进2	14. 马八进七 车1平4
15. 相七进五 马9进8	16. 兵三进一 车4平2
17. 车六进二 马8进9	18. 车六平七 炮3平4
19. 马五退七 车2进4	20. 炮五平九 炮4进6
21. 兵七进一 炮4平3	22. 兵七平六 炮3进3
23. 相五退七 马9退7	24. 仕六进五 马7进5
25. 马七进五 车2平5	26. 兵九进一 车5平7
27. 兵六平五 车4退4	28. 车七平三 车4平3
29. 炮九平七 车3平1	30. 车三退二 车1平3
31. 车三平七 炮6进1	32. 兵五平六 炮6平5
33. 相七进五 卒9进1	34. 兵九进一 卒9平8
35. 兵九平八 卒8进1	36. 车七退一 卒8进1
37. 炮七退二 车3平1	38. 兵六平五 炮5平9
39. 车七平一 车1进1	40. 炮七退二 卒8进1
41. 炮七退一 车1进6	42. 仕五退六 车1退6
43. 仕四进五 车1平8	

第4局　谢岿 负 李少庚

1. 兵七进一　炮2平3　　2. 炮二平五　象3进5
3. 马二进三　车9进1　　4. 车一平二　车9平2
5. 马八进七　马2进4　　6. 炮八平九　马8进9
7. 马七进六　士4进5　　8. 车二进四　车2进6
9. 仕四进五　炮8平6　　10. 炮五平四　卒9进1
11. 相三进五　车2退3　　12. 炮九平六　车1进1
13. 车二平四　炮6进5　　14. 车四退二　车1平2
15. 兵三进一　卒3进1　　16. 车四进三　卒3进1
17. 车四平八　车2进3　　18. 相五进七　卒5进1
19. 炮六进六　车2平4　　20. 炮六平九　车4进1
21. 相七进五　车4退4　　22. 炮九退一　车4平1
23. 炮九平八　车1平2　　24. 炮八平九　马9进8
25. 兵九进一　马8进7　　26. 车九进一　车2进6
27. 炮九进二　炮3进2　　28. 帅五平四　车2退4
29. 仕五进六　卒5进1　　30. 兵五进一　马7退5
31. 车九平四　马5进4　　32. 车四进二　马4退2
33. 仕六进五　马2进3　　34. 马三进五　车2进3
35. 炮九平四　士5退6　　36. 车四进六　将5进1
37. 马五进六　炮3退3　　38. 马六进七　将5平4
39. 车四退三　车2平4　　40. 相五退三　车4退1
41. 相七退五　马3退4　　42. 仕五进四　车4退3
43. 马七退九　将4平5　　44. 兵九进一　炮3进4
45. 兵九平八　炮3平6　　46. 仕四退五　车4进1
47. 马九进七　将5退1　　48. 车四进一　车4平3
49. 马七进九　车3平1　　50. 马九退八　车1进6
51. 帅四进一　车1退1

第 5 局 张强 胜 张国凤

1. 兵七进一	炮 2 平 3	2. 炮二平五	象 3 进 5
3. 马二进三	车 9 进 1	4. 车一平二	车 9 平 2
5. 马八进七	马 2 进 4	6. 炮八平九	马 8 进 9
7. 马七进六	车 2 进 6	8. 仕六进五	卒 9 进 1
9. 炮五平六	士 4 进 5	10. 相三进五	马 4 进 2
11. 马六进五	车 1 平 4	12. 车二进四	车 4 进 6
13. 兵九进一	炮 3 平 4	14. 炮九进四	炮 4 进 5
15. 仕五进六	炮 8 平 6	16. 仕四进五	卒 3 进 1
17. 车二平六	车 4 退 1	18. 马五退六	卒 3 进 1
19. 相五进七	马 9 进 8	20. 兵三进一	马 8 进 7
21. 兵九进一	马 7 进 9	22. 马六退四	马 2 进 4
23. 相七退五	马 4 进 6	24. 马四退二	马 6 进 4
25. 马三进二	马 9 进 8	26. 车九进四	马 4 进 2
27. 兵九平八	车 2 平 3	28. 炮九平四	车 3 退 4
29. 炮四退一	车 3 平 5	30. 兵五进一	炮 6 平 9
31. 车九平七	炮 9 进 4	32. 车七退一	卒 9 进 1
33. 车七平八	炮 9 进 3	34. 后马进一	炮 9 平 1
35. 相五退三	马 8 退 7	36. 相三进五	马 7 进 8
37. 相五退三	马 8 退 7	38. 相三进五	马 7 进 8
39. 相五退三	车 5 进 2	40. 马一退二	

第 6 局 汪洋 和 李少庚

1. 兵七进一	炮 2 平 3	2. 炮二平五	象 3 进 5
3. 马二进三	车 9 进 1	4. 车一平二	车 9 平 2
5. 马八进七	马 2 进 4	6. 车二进四	马 8 进 9
7. 兵一进一	炮 8 平 6	8. 马三退五	士 4 进 5

9. 车九平八　卒 7 进 1　　10. 炮八进四　卒 1 进 1

11. 车二平六　卒 1 进 1　　12. 炮五平六　炮 3 平 4

13. 炮六进五　炮 6 平 4　　14. 兵九进一　炮 4 平 3

15. 车八进四　马 9 退 7　　16. 炮八平九　车 2 进 4

17. 马七进八　车 1 进 1　　18. 马五进七　马 7 进 8

19. 兵九进一　马 8 进 6　　20. 车六进一　马 6 进 7

21. 相七进五　马 7 退 9　　22. 炮九平八　炮 3 退 2

23. 仕六进五　马 9 进 8　　24. 仕五进四　炮 3 平 1

25. 炮八平九　炮 1 平 2　　26. 车六平八　炮 2 平 4

27. 车八进一　马 8 进 9　　28. 仕四进五　马 9 退 7

29. 帅五平四　卒 9 进 1　　30. 马八进七　马 4 进 3

31. 车八平七　卒 5 进 1　　32. 兵七进一　炮 4 平 1

33. 兵七平六　炮 1 进 3　　34. 兵九进一　车 1 平 2

35. 兵九平八　车 2 平 1　　36. 兵八平九　车 1 平 2

37. 车七平八　车 2 进 2　　38. 兵九平八　马 7 退 6

39. 相三进一　卒 9 进 1　　40. 马七进九　卒 9 进 1

41. 马九进七　卒 9 平 8　　42. 兵六平五　卒 7 进 1

43. 前兵平四　卒 7 平 6　　44. 马七进六　马 6 退 8

45. 相五进三　卒 8 平 7　　46. 兵八平七　卒 7 平 6

47. 兵五进一　后卒平 5　　48. 马六退五　马 8 退 9

49. 帅四平五　马 9 退 7　　50. 兵四平五　士 5 退 4

第 7 局　金波 和 赵鑫鑫

1. 兵七进一　炮 2 平 3　　2. 炮二平五　象 3 进 5

3. 马二进三　车 9 进 1　　4. 车一平二　车 9 平 2

5. 马八进七　马 2 进 4　　6. 炮八平九　马 8 进 9

7. 马七进六　士 4 进 5　　8. 炮九平六　车 1 进 1

9. 车二进五　卒 9 进 1　　10. 车二平四　车 2 进 4

11. 马六进五　马 4 进 5　　12. 炮五进四　车 1 平 4

13. 仕四进五	炮8平6	14. 兵五进一	卒3进1
15. 兵七进一	车2平5	16. 兵七平六	炮3进2
17. 兵六平五	炮3平6	18. 炮五退二	前炮平7
19. 马三退一	马9进8	20. 车九平八	马8进7
21. 车八进四	炮6平8	22. 相三进五	炮8进7
23. 马一进三	炮8平9	24. 车八进五	车4退1
25. 车八平六	士5退4	26. 兵五平四	马7退5
27. 兵四平三	卒7进1	28. 马三进四	马5退3
29. 马四退二	马3进4	30. 炮六平九	马4退5
31. 马二退三	炮9平8	32. 炮九进四	炮8退8
33. 炮九平四			

第8局 靳玉砚 负 张申宏

1. 兵七进一	炮2平3	2. 炮二平五	象3进5
3. 马二进三	车9进1	4. 车一平二	车9平2
5. 马八进七	马2进4	6. 炮八平九	马8进9
7. 马七进六	卒9进1	8. 炮九平六	车1进1
9. 仕六进五	车2进7	10. 兵三进一	炮8进2
11. 马六进五	炮8平1	12. 炮六平九	炮3平1
13. 马五退四	马4进2	14. 炮五平四	卒3进1
15. 相七进五	卒3进1	16. 炮九进三	卒1进1
17. 车九平六	卒3进1	18. 马四进六	车1平3
19. 车二进七	卒3进1	20. 马三进四	卒3进1
21. 炮四退一	马2进4	22. 车二退四	炮1平4
23. 兵五进一	士4进5	24. 车二平五	车3进3
25. 兵五进一	马4进2	26. 仕五进六	卒3进1
27. 车六平七	车3进5	28. 相五退七	车2平6
29. 兵五进一	马2进4	30. 兵五进一	象7进5
31. 仕四进五	象5进3	32. 马四进五	车6退2

第9局　张强 和 葛维蒲

1. 兵七进一　炮2平3	2. 炮二平五　象3进5
3. 马二进三　车9进1	4. 车一平二　车9平2
5. 马八进七　马2进4	6. 炮八平九　马8进9
7. 马七进六　士4进5	8. 炮五平六　卒9进1
9. 仕六进五　车1进1	10. 相三进五　车2进3
11. 车二进六　炮8平6	12. 炮六退二　炮3退2
13. 炮九平六　马4进2	14. 兵三进一　卒3进1
15. 马六进五　卒3进1	16. 相五进七　马2进3
17. 马五退七　车2平3	18. 相七进五　车1平2
19. 马三进四　车2进5	20. 马四进六　炮3平1
21. 兵九进一　卒1进1	22. 车二平一　炮1进5
23. 车一退一　马9退7	24. 兵一进一　车3退1
25. 车一平二　象5进3	26. 车二进四　象7进5
27. 车二退六　马7进6	28. 马六进四　车3平6
29. 前炮进三　炮1进1	30. 车二进三　车2平5
31. 车九平八　炮1平2	32. 兵三进一　卒1进1
33. 兵三进一　车6进1	34. 前炮退三　卒1平2
35. 兵三平四　炮6平7	36. 兵四平三　炮7平6
37. 兵三平四　炮6退1	38. 兵四平五　炮6平7
39. 车八平九　象5退3	40. 车二平三　炮7平8
41. 车三平二　炮8平7	42. 车二平三　炮7平8
43. 车三平二　炮8平7	44. 车二平三　炮7平8
45. 车三平二　炮8平7	46. 车二平三　炮7平8
47. 车九平七　炮8进8	48. 相五退三　卒2平3
49. 车三平二　炮8平9	50. 车二退六　炮9退1
51. 车七进四　车5退3	52. 前炮平五　炮9平6
53. 车二进二　象3退5	54. 炮六进八　象3进1

55. 车七平八　炮2平5　　56. 车八进五　士5退4
57. 炮六平一　车5平9　　58. 车八退六　炮5退2
59. 炮一平九　车9平3　　60. 炮九进一　象1退3
61. 车八平五　车3进6　　62. 仕五退六　车3退5
63. 车二进五　将5进1　　64. 仕四进五　炮5进3
65. 车五退一　车6平8　　66. 车二退二　车3平8
67. 车五平四　炮6平9　　68. 帅五平四　车8退4
69. 兵一进一　炮9进1　　70. 相三进五　将5退1
71. 车四进五　士6进5　　72. 车四平五　车8平6
73. 仕五进四　车6进4　　74. 车五退一　车6平9
75. 帅四平五　车9平1　　76. 炮九平八　车1平2
77. 炮八平九

第 10 局　谢靖 负 谢卓淼

1. 兵七进一　炮2平3　　2. 炮二平五　象3进5
3. 马二进三　车9进1　　4. 车一平二　车9平2
5. 马八进七　马2进4　　6. 炮八平九　马8进9
7. 马七进六　士4进5　　8. 车二进四　车2进6
9. 仕四进五　卒9进1　　10. 炮五平六　马4进2
11. 马六进五　车1平4　　12. 相三进五　车4进3
13. 马五退六　车4平6　　14. 炮九进四　卒3进1
15. 炮九退二　卒3进1　　16. 相五进七　马2进3
17. 相七进五　炮3平1　　18. 炮九进一　炮8进2
19. 车九进二　车2退1　　20. 马六进四　车6进1
21. 炮九平四　炮1进5　　22. 炮四平一　炮8平7
23. 车二平三　马9进8　　24. 兵一进一　炮1进2
25. 相五退七　车2平3　　26. 相七退五　马3进2
27. 炮六进三　马2进3　　28. 帅五平四　车3退3
29. 炮六平四　马3退5　　30. 帅四进一　炮7平9

31. 兵一进一　炮1退1　　　**32.** 帅四进一　马5进3

33. 帅四退一　卒7进1　　　**34.** 车三平二　马8退7

35. 炮四退三　马7进6　　　**36.** 车二平四　马3退2

37. 帅四退一　马6进4

第11局　靳玉砚 胜 刘殿中

1. 兵七进一　炮2平3　　　**2.** 炮二平五　象3进5

3. 马二进三　车9进1　　　**4.** 车一平二　车9平2

5. 马八进七　马2进4　　　**6.** 炮八平九　马8进9

7. 马七进六　卒9进1　　　**8.** 炮九平六　士4进5

9. 仕六进五　车1平2　　　**10.** 炮六退二　炮8进2

11. 兵九进一　炮8平7　　　**12.** 马三退一　炮3进3

13. 炮五平六　炮3进3　　　**14.** 马一进二　炮3平4

15. 前炮平四　炮7平8　　　**16.** 马二进一　前车进7

17. 马一进二　马4进2　　　**18.** 马二退四　士5进6

19. 兵三进一　炮8进4　　　**20.** 炮四退一　炮4平6

21. 车二进一　前车平4　　　**22.** 马六进五　炮6退4

23. 车九平八　车4退5　　　**24.** 马五退四　车4进2

25. 后马进六　马2退4　　　**26.** 车八进九　马4退2

27. 兵三进一　卒7进1　　　**28.** 车二平四　炮6平5

29. 兵五进一　炮5退1　　　**30.** 兵五进一　车4退1

31. 兵五进一　车4进4　　　**32.** 马四进二　士6进5

33. 车四进五　马9进8　　　**34.** 车四平二　马8进7

35. 马二进一　马2进3　　　**36.** 兵五进一　象7进5

37. 马一退三　将5平6　　　**38.** 车二进三　将6进1

39. 马三退一　马3进5　　　**40.** 车二退三　马5退7

41. 车二平三　前马退6　　　**42.** 马一退二　马7退8

43. 车三进二　将6退1　　　**44.** 车三平二　马8进6

45. 车二平三　将6平5　　　**46.** 车三平四　马6进4

47. 炮六进四

第 12 局 蒋川 和 赵鑫鑫

1.	兵七进一	炮 2 平 3	2.	炮二平五	象 3 进 5
3.	马二进三	车 9 进 1	4.	车一平二	车 9 平 2
5.	马八进七	马 2 进 4	6.	车二进四	马 8 进 9
7.	兵一进一	炮 8 平 6	8.	马三退五	士 4 进 5
9.	车九平八	卒 1 进 1	10.	车二平六	炮 3 退 2
11.	炮八平九	车 2 进 8	12.	马七退八	车 1 进 1
13.	马八进七	炮 6 进 5	14.	兵九进一	马 4 进 2
15.	兵五进一	卒 3 进 1	16.	炮五进四	炮 6 平 1
17.	相七进九	卒 1 进 1	18.	兵五进一	车 1 进 3
19.	马五进六	炮 3 平 4	20.	马七进五	卒 3 进 1
21.	车六平七	马 2 退 4	22.	仕四进五	卒 1 平 2
23.	车七退一	马 4 进 5	24.	兵五进一	马 9 退 7
25.	马六退七	车 1 平 5	26.	兵五平六	马 7 进 6
27.	马五进三	车 5 平 7	28.	相三进五	马 6 进 5
29.	车七平五	马 5 退 4	30.	马七进六	马 4 进 6
31.	车五平四	马 6 进 4	32.	车四进一	士 5 进 4
33.	车四平五	卒 2 进 1	34.	相九退七	士 6 进 5
35.	马六退四	车 7 平 6	36.	马三进五	卒 2 平 3
37.	车五退一	卒 3 进 1	38.	相五进七	卒 3 进 1
39.	相七进九	炮 4 平 1	40.	车五平八	炮 1 平 3
41.	车八平六	炮 3 平 4	42.	车六平五	炮 4 平 2
43.	车五平八	炮 2 平 3	44.	车八平六	炮 3 平 4
45.	车六平五	将 5 平 6	46.	马五退六	卒 3 平 2
47.	车五进一	将 6 平 5	48.	车五平四	车 6 平 5
49.	车四平五	车 5 平 2	50.	车五平四	马 4 退 6
51.	兵三进一	炮 4 进 1	52.	车四退一	士 5 退 6

53. 车四平二　炮 4 平 5	54. 帅五平四　车 2 平 4
55. 车二进二　象 5 进 7	56. 马六进四　车 4 进 1
57. 后马进二　象 7 进 9	58. 兵三进一　卒 7 进 1
59. 车二进一　车 4 退 2	60. 车二平六　马 6 退 4
61. 相七退五　马 4 进 6	62. 马四进二　炮 5 平 6
63. 帅四平五　马 6 进 4	64. 前马进一　马 4 进 6
65. 马一退三　炮 6 进 2	66. 马三进四　士 6 进 5
67. 马四退二　炮 6 平 8	68. 前马退四　炮 8 进 2
69. 仕五进四　炮 8 平 1	70. 仕六进五　卒 7 进 1
71. 马二退三　马 6 退 7	72. 马四退三　炮 1 平 9
73. 后马进四　马 7 退 8	74. 马四进二　马 8 进 7
75. 马二退一　卒 2 平 3	76. 相九进七　马 7 进 5
77. 帅五平六　马 5 进 3	78. 帅六平五　卒 3 平 4
79. 马一进二　炮 9 平 7	80. 相五进三

第 13 局　赵鑫鑫 和 汪洋

1. 兵七进一　炮 2 平 3	2. 炮二平五　象 3 进 5
3. 马二进三　车 9 进 1	4. 车一平二　车 9 平 2
5. 马八进七　马 2 进 4	6. 炮八平九　马 8 进 9
7. 马七进六　士 4 进 5	8. 炮九平六　车 1 进 1
9. 仕六进五　车 2 进 4	10. 车二进四　车 1 平 2
11. 炮五平四　炮 8 平 6	12. 相七进五　卒 9 进 1
13. 车九平六　前车退 1	14. 兵三进一　炮 3 退 2
15. 马三进四　炮 6 进 5	16. 炮六平四　前车进 5
17. 车二进三　前车平 4	18. 仕五退六　车 2 进 5
19. 马六退七　车 2 退 2	20. 车二退六　炮 3 平 4
21. 车二进七　卒 3 进 1	22. 车二平四　卒 3 进 1
23. 相五进七　卒 1 进 1	24. 相七退五　车 2 平 5
25. 车四退三　马 4 进 3	26. 车四平五　卒 5 进 1

27. 马四进六 马9进8　　28. 马六进八 炮4进6

29. 炮四进三 马8进9　　30. 炮四平九 炮4平3

31. 炮九平一 马3进4　　32. 马八退九 马4进3

33. 马九退七 马3退1　　34. 兵三进一 卒7进1

35. 炮一平五 马9进7　　36. 兵五进一 马7退8

37. 仕四进五 马8进6　　38. 炮五平九 卒7进1

39. 马七进六 马1退2　　40. 帅五平四 卒7进1

41. 马六退四 马6退4　　42. 马四进二 卒7平6

43. 马二进四 士5进6　　44. 炮九退四 士6进5

45. 兵五进一 将5平6　　46. 炮九进三 将6平5

47. 相五进七 卒6平5　　48. 兵五平六 马4进6

49. 马四退三 卒5平4　　50. 炮九进二 马6退7

51. 炮九平二 卒4平3　　52. 兵六平五 马2退4

53. 相七退五 将5平4　　54. 炮二进三 象7进9

55. 炮二退八 将4平5　　56. 仕五进四 马7进9

57. 炮二进三 象9进7　　58. 仕六进五 卒3平2

59. 帅四平五 卒2平3　　60. 帅五平六 卒3平4

61. 兵五进一 马4退2　　62. 马三进五 马2进3

63. 兵五平四 马3进5　　64. 相五进三 马5退3

65. 马五退四 象7退9　　66. 炮二进三 象5退3

67. 马四进二 马3退4　　68. 兵四平三 马4进5

69. 相三退五 象9退7　　70. 马二进四 马9退7

71. 相五进三 象7进5　　72. 相三进五 卒4平3

73. 炮二退七 马7进9　　74. 炮二进五 象5进7

75. 炮二平一 卒3平4　　76. 兵三进一 象3进5

77. 兵三进一 将5平4　　78. 兵三平四 马9进8

79. 炮一进四 马8退6　　80. 炮一退九 将4平5

第14局　郑一泓 负 汪洋

1. 兵七进一　炮2平3	2. 炮二平五　象3进5
3. 马二进三　车9进1	4. 车一平二　车9平2
5. 马八进七　马2进4	6. 炮八平九　马8进9
7. 炮五平四　卒9进1	8. 相七进五　车2进3
9. 车二进四　马4进2	10. 车九平八　车2进5
11. 马七退八　卒3进1	12. 马八进六　士4进5
13. 马六进八　车1平4	14. 兵三进一　卒3进1
15. 马八进七　马2进3	16. 炮九平七　炮8平6
17. 炮七进三　象5进3	18. 兵一进一　卒9进1
19. 车二平一　车4进5	20. 马七退八　炮6平5
21. 炮四进一　象3退1	22. 马八进七　炮3进2
23. 炮四平二　炮5平3	24. 车一进一　后炮进3
25. 炮二进一　前炮进4	26. 仕六进五　车4进3
27. 炮二退三　车4退3	28. 相五退七　车4平7
29. 车一退三　象1退3	30. 炮二平三　车7平4
31. 车一进三　象3进5	32. 车一平四　卒7进1
33. 相七进五　马9进7	34. 车四退一　车4退3
35. 车四平五　马7进9	36. 车五平一　车4平2
37. 兵九进一　车2进4	38. 仕五退六　车2平1
39. 仕四进五　车1进1	40. 仕五退四　炮3平2
41. 马三退一　车1退1	42. 马一进三　车1进1
43. 马三退一　炮2进5	44. 帅五进一　马9退8
45. 车一平八　炮2平1	46. 马一进二　车1平1
47. 马二进四　车1平5	48. 车八退四　炮1退3
49. 帅五退一　车5退1	50. 马四退三　车5平4
51. 车八进九　士5退4	52. 车八退六　炮1进3
53. 仕六进五　马8进9	54. 车八平一　马9退7

55. 车一平九	炮1退4	56. 马三进四	车4平6
57. 炮三进五	卒1进1	58. 炮三平二	卒7进1
59. 车九平五	车6平2	60. 相五进三	车2进4
61. 仕五退六	炮1进4	62. 帅五进一	车2平4
63. 车五进三	车4退5	64. 炮二进三	将5进1
65. 相三进五	车4平8	66. 炮二平一	卒1进1
67. 车五退三	象7进9	68. 炮一平六	车8平4
69. 炮六平七	车4平3	70. 炮七平六	车3进4
71. 帅五退一	车3进1	72. 帅五进一	车3退1
73. 帅五退一	车3进1	74. 帅五进一	车3平6
75. 炮六退五	车6退4	76. 炮六平五	将5平6
77. 相五进七	卒1进1	78. 炮五进二	车6进3
79. 帅五退一	车6退5	80. 炮五退一	车6进1
81. 炮五进一	车6退1	82. 相三退五	炮1平2
83. 炮五退一	炮2退3	84. 炮五平二	车6平8
85. 炮二平一	车8平9	86. 炮一平二	象9退7
87. 车五平四	将6平5	88. 帅五平四	将5平4
89. 炮二退一	车9进1	90. 车四平六	将4平5
91. 车六平四	将5平4	92. 车四平六	将4平5
93. 车六平四	将5平4	94. 炮二退一	车9进2

第 15 局　金波 和 李少庚

1. 兵七进一	炮2平3	2. 炮二平五	象3进5
3. 马二进三	车9进1	4. 车一平二	车9平2
5. 马八进七	马2进4	6. 炮八平九	马8进9
7. 马七进六	士4进5	8. 炮五平六	车2进6
9. 仕六进五	马4进2	10. 马六进七	车1平4
11. 车二进四	车4进6	12. 炮六平四	卒9进1
13. 相七进五	车2退4	14. 炮九平七	炮3平4

15. 马七退六　炮8平6　　　16. 炮四进一　车4进2
17. 车九平七　卒5进1　　　18. 炮七平六　车4平2
19. 炮四退二　前车进1　　　20. 车七平八　车2进6
21. 炮六退二　炮4退2　　　22. 兵五进一　卒5进1
23. 车二平五　马9进8　　　24. 兵三进一　炮4进9
25. 仕五退六　马8退6　　　26. 车五进二　炮6进6
27. 车五平四　炮6平1　　　28. 马六退七　车2退2
29. 马三进五　马2进1　　　30. 仕六进五　马1进2
31. 帅五平六　炮1退1　　　32. 车四平八　炮1平3
33. 车八进三　象5退3　　　34. 马五退七　车2平3
35. 车八退六

第 16 局　王跃飞 胜 郝继超

1. 兵七进一　炮2平3　　　2. 炮二平五　象3进5
3. 马二进三　车9进1　　　4. 车一平二　车9平2
5. 马八进七　马2进4　　　6. 炮八平九　马8进9
7. 车二进四　士4进5　　　8. 炮五平四　卒9进1
9. 相七进五　车2进3　　　10. 车九平八　车2进5
11. 马七退八　车1平2　　　12. 马八进七　车2进4
13. 车二平六　马4进2　　　14. 兵三进一　卒3进1
15. 炮九进四　卒3进1　　　16. 车六平七　马2进3
17. 车七平八　车2进1　　　18. 马七进八　炮8平6
19. 炮九退一　炮6进4　　　20. 兵九进一　炮6平7
21. 炮九平一　马3进1　　　22. 炮一进一　卒5进1
23. 兵一进一　卒7进1　　　24. 兵三进一　象5进7
25. 炮四进四　马1进2　　　26. 兵一进一　马2进1
27. 兵一平二　马1退3　　　28. 帅五进一　炮3平1
29. 炮四平九　象7退5　　　30. 兵二进一　马3退2
31. 马八进七　炮1平2　　　32. 炮九平八　卒5进1

33. 兵五进一	马 2 退 3	34. 兵五进一	马 3 进 4
35. 帅五退一	马 4 进 3	36. 帅五进一	炮 7 平 1
37. 帅五平四	马 3 退 5	38. 仕四进五	马 5 退 7
39. 仕五退四	马 9 退 7	40. 帅四平五	象 5 进 3
41. 马三进五	炮 2 平 5	42. 马七进五	后马进 5
43. 炮八退四	马 5 退 3	44. 马五进三	马 3 进 1
45. 马三进四	马 1 进 2	46. 马四进三	将 5 平 4
47. 炮八平六	炮 1 退 5	48. 兵五平六	炮 1 平 4
49. 炮六进六	将 4 进 1	50. 兵六平七	马 2 进 3
51. 兵七进一	马 7 退 6	52. 帅五退一	将 4 退 1
53. 仕四进五	马 6 退 5	54. 马三退五	象 7 进 5
55. 炮一进三	象 5 退 7	56. 兵二平三	将 4 平 5
57. 兵三进一	马 3 退 5	58. 兵三进一	马 5 退 7
59. 兵三进一	马 7 退 8	60. 兵三平四	将 5 平 6
61. 炮一退八	马 8 进 7	62. 炮一平四	将 6 平 5
63. 仕五进四	马 7 进 5	64. 炮四平五	

第 17 局　李艾东　胜　金波

1. 兵七进一	炮 2 平 3	2. 炮二平五	象 3 进 5
3. 马二进三	车 9 进 1	4. 车一平二	车 9 平 2
5. 马八进七	马 2 进 4	6. 炮八平九	马 8 进 9
7. 马七进六	士 4 进 5	8. 炮九平六	车 1 进 1
9. 车二进五	卒 9 进 1	10. 车二平一	炮 8 进 2
11. 车一退一	炮 8 平 7	12. 车一平三	车 2 进 7
13. 兵九进一	炮 3 进 3	14. 马六进四	炮 3 退 1
15. 仕四进五	车 1 平 2	16. 马四退六	前车退 3
17. 马三退二	马 9 进 8	18. 车三平二	前车平 3
19. 相七进九	车 3 平 1	20. 炮五平二	马 8 退 7
21. 相三进五	炮 3 平 1	22. 车九平七	炮 1 进 3

23. 车二平三　卒 3 进 1　　24. 车七进二　炮 1 进 2
25. 车七退二　炮 1 退 2　　26. 车七进二　炮 1 进 2
27. 车七退二　卒 3 进 1　　28. 马六进四　车 2 进 3
29. 炮二进三　车 2 进 4　　30. 车三平七　车 1 平 3
31. 相五进七　炮 1 退 1　　32. 兵三进一　马 7 进 9
33. 兵三进一　马 9 进 7　　34. 相七退九　马 4 进 2
35. 车七进七　车 2 退 2　　36. 马二进三

第 18 局　于幼华　和　刘殿中

1. 兵七进一　炮 2 平 3　　2. 炮二平五　象 3 进 5
3. 马二进三　车 9 进 1　　4. 车一平二　车 9 平 2
5. 马八进七　马 2 进 4　　6. 炮八平九　马 8 进 9
7. 马七进六　卒 9 进 1　　8. 炮五平六　车 1 进 1
9. 仕六进五　车 2 进 4　　10. 车二进四　车 2 平 3
11. 车九平八　马 9 进 8　　12. 车二进一　车 3 平 4
13. 炮九退一　车 4 平 3　　14. 相七进五　车 3 进 3
15. 炮九进一　卒 7 进 1　　16. 车二退一　车 3 平 1
17. 车八进二　前车进 1　　18. 炮六退二　炮 8 平 7
19. 兵九进一　卒 7 进 1　　20. 车二平三　马 4 进 6
21. 车三进三　马 6 进 5　　22. 车三退三　马 5 进 7
23. 兵三进一　卒 5 进 1　　24. 马三进四　后车平 4
25. 马四进三　卒 1 进 1　　26. 炮九进三　车 1 退 4
27. 仕五进六　车 4 平 7　　28. 车八进七　车 7 进 2
29. 车八平六　将 5 进 1　　30. 车六退四　将 5 平 6
31. 车六平五　士 6 进 5　　32. 炮九平一　卒 3 进 1
33. 车五进二　炮 3 平 4　　34. 仕四进五　车 7 平 6
35. 车五退二　炮 4 进 7　　36. 炮一平四　车 6 平 4
37. 仕五退六　车 1 平 6　　38. 仕六进五　卒 3 进 1
39. 相五进七　车 4 平 8　　40. 炮四平二　车 6 平 7

41. 相七退五　车 7 退 2　　　42. 兵一进一　车 7 平 5

第 19 局　李鸿嘉 胜 武俊强

1. 兵七进一　炮 2 平 3　　　2. 炮二平五　象 3 进 5
3. 马二进三　车 9 进 1　　　4. 车一平二　车 9 平 2
5. 马八进七　马 2 进 4　　　6. 炮八平九　马 8 进 9
7. 马七进六　士 4 进 5　　　8. 炮九平六　车 1 进 1
9. 车二进五　卒 7 进 1　　　10. 马六进五　马 4 进 5
11. 炮五进四　车 2 进 3　　　12. 仕四进五　炮 8 平 7
13. 炮五退二　卒 9 进 1　　　14. 车二平一　炮 7 退 1
15. 车一进一　卒 7 进 1　　　16. 兵三进一　炮 7 进 6
17. 车一平七　炮 3 平 4　　　18. 兵七进一　车 2 进 2
19. 车九平八　车 2 进 3　　　20. 车七进三　炮 4 退 2
21. 兵七平六　车 1 平 4　　　22. 炮六进六　车 2 退 8
23. 炮六退一　马 9 进 8　　　24. 炮六平九　车 2 平 1
25. 炮九平八　车 1 平 2　　　26. 炮八平九　车 2 平 1
27. 炮九平八　马 8 退 6　　　28. 炮五进二　车 1 平 2
29. 炮八平九　车 2 平 1　　　30. 炮九平八　炮 7 平 8
31. 兵三进一　炮 8 退 6　　　32. 炮八退五　车 1 平 4
33. 炮八进七　车 4 平 2　　　34. 炮八平六　车 2 平 3
35. 车七平八　车 3 平 2　　　36. 炮六平四　车 2 退 1
37. 炮四平八　马 6 进 7　　　38. 兵五进一　马 7 进 9
39. 兵三进一　马 9 退 8　　　40. 兵九进一　马 8 进 6
41. 炮五平七　将 5 平 4　　　42. 炮八退三　炮 8 进 4
43. 兵五进一

第 20 局　靳玉砚 胜 李少庚

1. 兵七进一　炮 2 平 3　　　2. 炮二平五　象 3 进 5

3. 马二进三　车9进1　　　4. 车一平二　车9平2

5. 马八进七　马2进4　　　6. 炮八平九　马8进9

7. 马七进六　士4进5　　　8. 炮九平六　车1进1

9. 车二进五　卒9进1　　　10. 车二平一　炮8进2

11. 车一退一　车2进7　　　12. 兵九进一　炮8平2

13. 马六进五　马4进5　　　14. 炮五进四　车1平4

15. 仕四进五　炮2平7　　　16. 相三进五　车4进2

17. 炮五退一　车2退2　　　18. 兵五进一　炮7进3

19. 炮六平三　车2平7　　　20. 炮三平四　车7平2

21. 车九进二　炮3平1　　　22. 炮四平三　将5平4

23. 车一平二　卒1进1　　　24. 兵一进一　炮1进3

25. 兵一进一　车2退2　　　26. 兵一进一　车2平5

27. 车九进二　车5平7　　　28. 车九平八　车7进3

29. 车八进五　将4进1　　　30. 车二退一　车7平9

31. 相五退三　车9进2　　　32. 相七进五　士5进6

33. 兵一进一　车9退7　　　34. 车八平五

第 21 局　谢岿 负 张申宏

1. 兵七进一　炮2平3　　　2. 炮二平五　象3进5

3. 马二进三　车9进1　　　4. 车一平二　车9平2

5. 马八进七　马2进4　　　6. 炮八平九　马8进9

7. 马七进六　卒9进1　　　8. 炮五平六　车2进6

9. 仕六进五　车1进1　　　10. 车二进四　炮8进2

11. 相三进五　车1平2　　　12. 兵三进一　马4进6

13. 马三进四　炮3退1　　　14. 马四进三　后车进3

15. 兵七进一　后车平3　　　16. 马六进五　马9进7

17. 兵三进一　车3平5　　　18. 兵三进一　车5退1

19. 车二进一　车5平7　　　20. 炮九进四　卒3进1

21. 炮九退二　炮3平1　　　22. 车九进二　车2退1

23. 炮六进三　马6进7　　　24. 车九平六　马7进6
25. 炮九平五　士4进5　　　26. 炮六平一　车2平5
27. 炮五进四　车5平1　　　28. 车六进五　炮1进3
29. 车二进三　炮1平9　　　30. 炮五平九　炮9退2
31. 车六进一　车1退5

第22局　洪智　胜　柳大华

1. 兵七进一　炮2平3　　　2. 炮二平五　象3进5
3. 马二进三　车9进1　　　4. 车一平二　车9平2
5. 马八进七　马2进4　　　6. 炮八平九　马8进9
7. 马七进六　士4进5　　　8. 车二进四　车2进3
9. 炮五平六　车1进1　　　10. 兵九进一　车1平2
11. 炮九进四　卒9进1　　　12. 兵九进一　前车平5
13. 车二进二　车2进5　　　14. 兵三进一　炮8平6
15. 仕六进五　马4进2　　　16. 兵七进一　车2退1
17. 兵七平六　车5平8　　　18. 车二退一　马9进8
19. 马六进四　卒3进1　　　20. 相七进五　马8退9
21. 兵九平八　炮3退2　　　22. 兵八平七　炮3平1
23. 炮九平七　炮1平3　　　24. 马四进六　马2进4
25. 炮六进四　炮6平7　　　26. 马三进二　车2平1
27. 炮七平五　车2平5　　　28. 炮五退一　车5平8
29. 炮六平八　车8平2　　　30. 兵七平八　车2平4
31. 炮八进三　炮3平5　　　32. 马二进一　炮7平6
33. 车九进九　将5平4　　　34. 炮八平四　将4进1
35. 炮四退一　士5退6　　　36. 炮五平二　马9退7
37. 炮二进三　将4平5　　　38. 车九退一　将5退1
39. 炮四平六

第 23 局　许银川　胜　才溢

1. 兵七进一	炮 2 平 3	2. 炮二平五	象 3 进 5
3. 马二进三	车 9 进 1	4. 车一平二	车 9 平 2
5. 马八进七	马 2 进 4	6. 车二进四	马 8 进 9
7. 兵一进一	士 4 进 5	8. 车九平八	炮 8 平 6
9. 马三退五	卒 7 进 1	10. 车二平六	车 1 进 1
11. 炮八进四	马 9 退 7	12. 炮五平一	马 7 进 8
13. 车六平二	马 8 进 6	14. 炮一进四	马 6 进 7
15. 炮一进二	卒 3 进 1	16. 兵七进一	象 5 进 3
17. 相三进五	象 3 退 5	18. 炮一平三	炮 6 平 7
19. 马七进六	卒 1 进 1	20. 马五进七	车 1 进 2
21. 炮八退五	炮 3 进 4	22. 仕六进五	卒 5 进 1
23. 炮八进三	车 1 平 4	24. 车八进三	炮 3 退 4
25. 马六退四	车 2 进 3	26. 车二平六	车 4 进 2
27. 马七进六	车 2 平 4	28. 兵五进一	马 4 进 3
29. 兵五进一	马 3 进 5	30. 炮八进五	马 7 进 9
31. 炮八平九	炮 3 平 2	32. 炮三退三	马 5 进 6
33. 马六退四	将 5 平 4	34. 炮三退一	车 4 平 8
35. 炮三平六	车 8 平 3	36. 炮六退二	马 9 进 8
37. 仕五进四	将 4 平 5	38. 仕四进五	马 8 退 7
39. 炮六平九	马 7 退 6	40. 马四退六	车 3 平 8
41. 相五进三	车 8 平 4	42. 马六进五	车 4 平 5
43. 车八进一	将 5 平 4	44. 后炮平六	将 4 平 5
45. 炮六平八	将 5 平 4	46. 炮八进五	炮 7 平 2
47. 马五退六	马 6 进 4	48. 车八平六	

第 24 局 赵鑫鑫 和 陶汉明

1. 兵七进一	炮 2 平 3	**2.** 炮二平五	象 3 进 5
3. 马二进三	卒 3 进 1	**4.** 车一平二	卒 3 进 1
5. 马八进九	车 9 进 1	**6.** 车九平八	车 9 平 4
7. 炮五进四	士 4 进 5	**8.** 炮五平一	马 8 进 9
9. 车二进四	卒 7 进 1	**10.** 车二平七	车 4 进 2
11. 炮一退二	马 2 进 4	**12.** 仕六进五	车 1 平 2
13. 相三进五	炮 8 平 7	**14.** 兵九进一	马 4 进 5
15. 车七平五	炮 7 进 4	**16.** 马九进八	炮 3 平 2
17. 炮八进五	车 2 进 2	**18.** 车八进二	车 2 进 2
19. 马八退六	车 2 进 3	**20.** 马六退八	车 4 平 2
21. 马八进七	马 5 进 3	**22.** 车五平二	车 2 平 7
23. 仕五进六	马 9 退 7	**24.** 车二退一	卒 7 进 1
25. 相五进三	炮 7 平 9	**26.** 相七进五	炮 9 进 1
27. 车二退三	车 7 平 9	**28.** 炮一退一	炮 9 进 1
29. 仕四进五	炮 9 平 6	**30.** 炮一平三	马 7 进 6
31. 炮三平四	炮 6 平 9	**32.** 车二平一	炮 9 退 4
33. 车一进四	马 6 退 8	**34.** 马三进二	车 9 平 8
35. 相三退一	车 8 平 6	**36.** 炮四退三	车 6 进 2
37. 相一进三	炮 9 平 4	**38.** 车一进二	车 6 退 2
39. 车一平四	马 8 进 6	**40.** 马二进三	炮 4 平 8
41. 炮四进五	马 6 退 4	**42.** 兵九进一	卒 1 进 1
43. 马七进九	马 4 进 5	**44.** 相五进七	马 5 进 6
45. 仕五进四	马 3 退 5	**46.** 马九进七	炮 8 进 2
47. 马七退五	炮 8 平 5		

第 25 局　谢岿 和 陈卓

1. 兵七进一	炮 2 平 3	2. 炮二平五	象 3 进 5
3. 马二进三	卒 3 进 1	4. 车一平二	卒 3 进 1
5. 马八进九	车 9 进 1	6. 车九平八	车 9 平 4
7. 炮五进四	士 4 进 5	8. 炮五平一	马 8 进 9
9. 车二进四	卒 7 进 1	10. 车二平七	车 4 进 2
11. 炮一退二	马 2 进 4	12. 仕六进五	车 1 平 2
13. 相三进五	马 9 进 8	14. 炮一平二	炮 8 平 7
15. 兵九进一	车 2 进 6	16. 炮八平六	车 2 进 3
17. 马九退八	马 4 进 3	18. 车七平四	炮 7 进 4
19. 马八进九	马 8 退 7	20. 兵一进一	车 4 平 8
21. 马九进八	马 7 进 5	22. 车四平五	马 5 进 3
23. 马八进六	炮 3 退 2	24. 兵一进一	前马进 2
25. 炮六平八	马 2 退 3	26. 炮八平六	卒 1 进 1

第 26 局　黄竹风 和 汪洋

1. 兵七进一	炮 2 平 3	2. 炮二平五	象 3 进 5
3. 马二进三	卒 3 进 1	4. 车一平二	卒 3 进 1
5. 马八进九	车 9 进 1	6. 车九平八	车 9 平 4
7. 炮五进四	士 4 进 5	8. 炮五平一	马 2 进 1
9. 仕六进五	马 8 进 9	10. 车二进四	卒 3 进 1
11. 炮八平四	炮 8 平 7	12. 相七进五	卒 3 平 4
13. 炮四进六	车 4 进 1	14. 车二平五	炮 3 进 5
15. 马三退一	车 1 平 3	16. 兵九进一	炮 3 退 6
17. 炮四平七	车 3 进 1	18. 兵三进一	车 3 进 3
19. 马一进二	卒 1 进 1	20. 兵九进一	车 3 平 1
21. 马九进八	车 1 平 2	22. 马二进四	炮 7 平 6

23. 车八进三　车4平2　　24. 车五平六　卒4平3
25. 车八退三　前车平9　　26. 炮一平二　车9进2
27. 车六进二　车9平8　　28. 炮二平一　车8平5
29. 车六平八　车2进1　　30. 炮一平八　车5退2
31. 马四进六　车5退1　　32. 炮八进二　车5平4
33. 马六退七　车4平2　　34. 马八退九

第27局　王天一 负 许银川

1. 兵七进一　炮2平3　　2. 炮二平五　象3进5
3. 马二进三　卒3进1　　4. 车一平二　卒3进1
5. 马八进九　车9进1　　6. 车九平八　车9平4
7. 仕六进五　车4进2　　8. 炮五平四　马2进4
9. 炮八平六　马8进9　　10. 车二进四　车1平2
11. 车八进九　马4退2　　12. 车二平七　马2进4
13. 相七进五　马4进3　　14. 车七平四　炮8平7
15. 炮四进七　车4进2　　16. 车四平六　马3进4
17. 炮四退三　炮7进4　　18. 炮四平一　卒7进1
19. 兵九进一　卒5进1　　20. 马九进八　卒7进1
21. 马八进九　炮3退1　　22. 马三退二　卒7平6
23. 马二进一　炮7退3　　24. 马九退八　炮7平5
25. 马八退六　炮3平4　　26. 炮六进二　炮4进5
27. 炮六进三　马9退7　　28. 兵一进一　炮4退1
29. 马一进三　炮5进3　　30. 马三进二　象5进7
31. 马二进三　炮4平9　　32. 兵九进一　炮9平7
33. 炮一平五　炮7退3　　34. 炮五退三　士4进5
35. 炮六平七　炮7平4　　36. 炮五平八　象7退5
37. 炮八进六　将5平4　　38. 炮七进二　将4进1
39. 炮七退八　士5进6　　40. 兵九平八　卒5进1
41. 兵八进一　马7进6　　42. 兵八平七　将4平5

43. 兵七平六　炮4平2　　44. 兵六平五　马6进8
45. 仕五进六　卒6进1　　46. 仕四进五　卒5进1
47. 兵五平六　马8进6　　48. 炮八平九　卒5平4
49. 炮九退五　马6退4　　50. 炮九平五　将5平6
51. 炮七进三　炮2进2　　52. 炮七平六　士6退5
53. 帅五平四　象5退3　　54. 兵六平五　炮2平1
55. 帅四平五　卒6平5　　56. 炮六平七　将6退1
57. 兵五平六　卒4平3　　58. 炮五平二　马4进6
59. 相五进三　马6退7　　60. 炮二退一　卒3平4
61. 相三进五　马7进9　　62. 炮二平三　象7进5
63. 炮七退三　卒4进1　　64. 仕五进六　卒5平6
65. 炮三退二　马9进7　　66. 帅五平六　马7进5
67. 炮三平四　将6平5　　68. 炮四平五　马5进3
69. 相五退三　卒6平5　　70. 炮五平三　炮1进5
71. 炮三进一　马3退4　　72. 帅六进一　炮1退5
73. 炮七进四　炮1进2　　74. 炮七平六　马4退2

第28局　柳大华 和 苗利明

1. 兵七进一　炮2平3　　2. 炮二平五　象3进5
3. 马二进三　卒3进1　　4. 车一平二　卒3进1
5. 马八进九　车9进1　　6. 车九平八　车9平4
7. 炮五进四　士4进5　　8. 炮五平一　马8进9
9. 仕六进五　卒7进1　　10. 车二进六　炮8平7
11. 相三进五　卒1进1　　12. 炮八平六　马2进1
13. 兵五进一　车4进5　　14. 兵五进一　卒3进1
15. 兵五进一　卒3进1　　16. 炮六退二　象5退3
17. 车二退二　炮3退1　　18. 车二平七　卒7进1
19. 车七退二　卒7进1　　20. 马三退二　马9进7
21. 车八进四　车4平6　　22. 炮六进六　马7进5

23. 车八平五　马5退3　　24. 车七平八　车1平2
25. 车八进七　马1退2　　26. 炮六退四　马2进1
27. 兵一进一　卒7平8　　28. 马二进三　车6平7
29. 马三进五　车7退3　　30. 炮六进四　车7进1
31. 马五进七　炮3进4　　32. 车五平七　炮7平3
33. 车七平二　车7平5　　34. 兵五平四　车5平6
35. 兵四平五　车6平5　　36. 兵五平四　车5平6
37. 兵四平五　车6平5　　38. 兵五平四　车5平6
39. 兵四平五　车6平5　　40. 兵五平四　车5平6
41. 兵四平五　车6平5　　42. 兵五平四　马1进2
43. 车二平三　象3进5

第29局　王琳娜 和 徐天红

1. 兵七进一　炮2平3　　2. 炮二平五　象3进5
3. 马二进三　卒3进1　　4. 车一平二　卒3进1
5. 马八进九　车9进1　　6. 车九平八　车9平4
7. 炮五进四　士4进5　　8. 炮五平一　马8进9
9. 车二进四　卒7进1　　10. 车二平七　车4进2
11. 炮一退二　马2进4　　12. 仕六进五　车1平2
13. 相三进五　马4进5　　14. 兵九进一　马9进8
15. 炮一平二　车4进2　　16. 车七平六　马5进4
17. 炮八进五　炮3进5　　18. 炮八平二　车2进9
19. 马九退八　炮3平7　　20. 兵五进一　卒7进1
21. 兵三进一　马8退6　　22. 前炮进一　马4进2
23. 仕五进四　马6进5　　24. 后炮平五　马2进4
25. 帅五平六　马4退5　　26. 马八进七　马5退3
27. 马七进八　炮7退1　　28. 炮二退七　炮7平8
29. 相五进七　炮8平4　　30. 马八进七　马3进1
31. 马七退八　马1进2　　32. 马八进九　炮4退3

33. 马九进八　马2退3　　34. 帅六平五　炮4平5

第30局　赵鑫鑫 胜 谢岿

1. 兵七进一　炮2平3　　2. 炮二平五　象3进5
3. 马二进三　卒3进1　　4. 车一平二　卒3进1
5. 马八进九　车9进1　　6. 车九平八　车9平4
7. 炮五进四　士4进5　　8. 炮五平一　马8进9
9. 车二进四　卒7进1　　10. 车二平七　车4进2
11. 炮一退二　马2进4　　12. 仕六进五　车1平2
13. 相三进五　马9进8　　14. 炮一平二　马4进3
15. 车七平四　炮8进3　　16. 车四平二　车4进5
17. 炮八进五　车2平4　　18. 车二进一　马3进4
19. 车八进二　炮3进5　　20. 马三退二　后车平3
21. 马九退八　炮3退3　　22. 相七进九　炮3平8
23. 马八进六　车3进8　　24. 车八平六　马4进2
25. 车六进四　炮8进3　　26. 相五进七　炮8进1
27. 仕五退六　车3退1　　28. 车六平八　马2进3
29. 车八平二　炮8平7　　30. 车二退五　车3平7
31. 炮八平七　马3退2　　32. 炮七退一　炮7退2
33. 马二进四　炮7平6　　34. 车二进二　炮6退5
35. 兵五进一　马2进4　　36. 马四进五　车7进1
37. 炮七平三　车7平9　　38. 兵五进一

第31局　蒋川 胜 陶汉明

1. 兵七进一　炮2平3　　2. 炮二平五　象3进5
3. 马二进三　卒3进1　　4. 车一平二　卒3进1
5. 马八进九　车9进1　　6. 车九平八　车9平4
7. 炮五进四　士4进5　　8. 炮五平一　马8进9

9. 车二进四　卒7进1　　10. 车二平七　车4进2

11. 炮一退二　马2进4　　12. 仕六进五　车1平2

13. 相三进五　炮8平7　　14. 兵九进一　马4进5

15. 车七平五　炮7进4　　16. 炮八平六　车2进9

17. 马九退八　车4平2　　18. 马八进九　马5进3

19. 车五平八　车2进2　　20. 马九进八　炮3平1

21. 炮一平七　马9进7　　22. 炮六平七　炮1进3

23. 前炮平九　马3进1　　24. 马八进九　马1退3

25. 马九退七　象5进3　　26. 兵五进一　象7进5

27. 炮七平六　炮7平6　　28. 马三进二　炮6平7

29. 马二退三　炮7平6　　30. 炮六进二　士5进4

31. 马三进二　炮6平7　　32. 仕五进四　卒7进1

33. 马二退一　炮7平8　　34. 相五进三　炮8退5

35. 马一进三　炮8平7　　36. 帅五平六　马7进9

37. 相三退五　马9进7　　38. 炮六平三　炮7进5

39. 兵五进一　士4退5　　40. 仕四进五　炮7平2

41. 兵五平六　将5平4　　42. 炮三平六　将4平5

43. 炮六平八　炮2平1　　44. 炮八平九　炮1平2

45. 兵一进一　炮2进3　　46. 相七进九　炮2退5

47. 兵六进一　将5平4　　48. 炮九平六　将4平5

49. 仕五退四　象5退7　　50. 炮六退三　象3退1

51. 相五进三　象7进5　　52. 兵六平七　将5平4

53. 兵一进一　象1进3　　54. 兵一进一　炮2平1

55. 兵七平八　炮1进2　　56. 炮六进二　象5退7

57. 兵一平二　象3退5　　58. 兵二平三　炮1退2

59. 兵八平七　炮1退1　　60. 兵七进一　炮1进1

61. 炮六进二　炮1进2　　62. 兵七平六　将4平5

63. 炮六平五　炮1平4　　64. 兵六进一　象7进9

65. 兵三平四　炮4退2　　66. 帅六进一　炮4进2

67. 仕四进五　炮4退2　　68. 仕五退六　炮4进2

69. 兵四进一　象9进7　　70. 兵四进一　炮4退3
71. 兵四平五　士6进5　　72. 兵六平五　将5平6
73. 炮五退五

第32局　潘振波 和 蒋川

1. 兵七进一　炮2平3　　2. 炮二平五　象3进5
3. 马二进三　卒3进1　　4. 车一平二　卒3进1
5. 马八进九　车9进1　　6. 车九平八　车9平4
7. 车二进四　车4进2　　8. 仕六进五　马2进4
9. 炮八平六　车1平2　　10. 炮六进六　车2进9
11. 马九退八　车4退2　　12. 车二平七　士6进5
13. 炮五进四　卒7进1　　14. 车七进二　车4平2
15. 马八进九　炮3进7　　16. 车七退六　车2进6
17. 车七进六　车2平1　　18. 炮五平九　车1退1
19. 炮九平一　马8进9　　20. 兵一进一　炮8平7
21. 马三进一　车1平5　　22. 兵一进一　炮7进4
23. 马一进二　炮7进2　　24. 马二进二　象7进9
25. 炮一平三　炮7平8　　26. 兵一平二　卒7进1
27. 炮三平二

第33局　聂铁文 负 才溢

1. 兵七进一　炮2平3　　2. 炮二平五　象3进5
3. 马二进三　卒3进1　　4. 车一平二　卒3进1
5. 马八进九　车9进1　　6. 车九平八　车9平4
7. 仕六进五　车4进2　　8. 车二进四　马2进4
9. 炮八平六　车1平2　　10. 车八进九　马4退2
11. 车二平七　卒7进1　　12. 兵九进一　炮8平7
13. 马九进八　炮3退2　　14. 车七平二　炮7进4

15. 相三进一　马8进7　16. 车二平七　车4退1

17. 马八进九　车4平2　18. 兵九进一　士4进5

19. 兵五进一　车2进1　20. 车七退一　马7进6

21. 炮六进三　马6进4　22. 车七平三　马2进3

23. 车三平六　马4进2　24. 炮六平四　马2退1

25. 炮四进一　卒5进1　26. 兵五进一　车2平1

27. 炮四进二　炮3进9　28. 炮五进五　士5进6

29. 马三进四　车1平2　30. 兵五平四　炮3平1

31. 帅五平六　车2平5　32. 车六进四　马1进3

33. 炮五平七　车5平2　34. 炮四平九　车2进6

35. 帅六进一　马3进5　36. 马四退五　车2退1

37. 帅六退一　马5进3　38. 马五退七　车2进1

第 34 局　郑一泓　胜　王瑞祥

1. 兵七进一　炮2平3　2. 炮二平五　象3进5

3. 马二进三　卒3进1　4. 车一平二　卒3进1

5. 马八进九　车9进1　6. 车九平八　车9平4

7. 车二进四　车4进2　8. 仕六进五　马2进4

9. 炮八平六　车1平2　10. 炮六进六　车2进9

11. 马九退八　车4退2　12. 车二平七　卒7进1

13. 炮五进四　士4进5　14. 车七进二　马8进7

15. 炮五平九　马7进6　16. 车七平八　车4进5

17. 兵九进一　卒7进1　18. 兵三进一　炮8平7

19. 炮九进三　将5平4　20. 车八平三　马6进4

21. 马三进四　车4进2　22. 车三平六　炮3平4

23. 仕五退六　炮7平8　24. 仕四进五　炮8进3

25. 马四进五　车4平2　26. 马五退六　炮8平4

27. 车六退二　车2进1　28. 车六平七　车2退5

29. 兵五进一　卒9进1　30. 相三进五　将4平5

31. 车七进五	士 5 退 4	**32.** 车七退二	士 4 进 5
33. 车七进二	士 5 退 4	**34.** 车七退六	士 4 进 5
35. 车七平五	车 2 退 3	**36.** 兵五进一	车 2 平 1
37. 炮九平八	车 1 进 4	**38.** 炮八退四	车 1 退 2
39. 炮八平一	车 1 平 9	**40.** 炮一平四	炮 4 退 1
41. 兵五进一			

第 35 局　朱晓虎　负　张强

1. 兵七进一	炮 2 平 3	**2.** 炮二平五	象 3 进 5
3. 马二进三	卒 3 进 1	**4.** 车一平二	卒 3 进 1
5. 马八进九	车 9 进 1	**6.** 车九平八	车 9 平 4
7. 炮五进四	士 4 进 5	**8.** 炮五平一	马 2 进 1
9. 炮一进三	马 8 进 9	**10.** 炮八平五	马 1 进 3
11. 车八进六	马 3 进 4	**12.** 仕六进五	车 4 进 3
13. 炮五进五	将 5 平 4	**14.** 炮五退三	炮 3 进 7
15. 仕五进六	马 4 进 3	**16.** 马三退五	马 9 进 8
17. 车二平一	车 4 进 3	**18.** 马五进七	马 8 进 6
19. 车一进二	车 4 进 2	**20.** 帅五进一	车 4 退 1
21. 帅五退一	车 4 进 1	**22.** 帅五进一	车 4 退 1
23. 帅五退一	车 1 进 2	**24.** 车八进三	将 4 进 1
25. 炮一退一	士 5 进 6	**26.** 车八退一	将 4 退 1
27. 炮一平六	马 6 进 8	**28.** 炮五平六	车 4 退 3
29. 马七进六	马 8 进 7	**30.** 帅五平六	马 7 退 9
31. 相三进一	车 1 平 4	**32.** 帅六平五	车 4 进 3

第 36 局　胡荣华　和　张强

1. 兵七进一	炮 2 平 3	**2.** 炮二平五	象 3 进 5
3. 马二进三	卒 3 进 1	**4.** 车一平二	卒 3 进 1

5. 马八进九　车9进1　　　　6. 车九平八　车9平4

7. 炮五进四　士4进5　　　　8. 炮五平一　马8进9

9. 车二进四　卒7进1　　　　10. 车二平七　车4进2

11. 炮一退二　马2进4　　　　12. 相七进五　车1平2

13. 兵九进一　马9进8　　　　14. 马九进八　炮3平2

15. 炮八进五　车2进2　　　　16. 炮一平二　炮8进3

17. 车七平二　马4进3　　　　18. 马八退七　车2进7

19. 马七退八　马8退7　　　　20. 马八进七　马7进6

21. 兵三进一　卒7进1　　　　22. 车二平三　马6进4

23. 马七进六　马3进4　　　　24. 仕四进五　马4进2

25. 车三平八　马2进3　　　　26. 帅五平四　车4平7

27. 相五进三　车7进3　　　　28. 仕五进四　卒1进1

29. 兵九进一　车7平1　　　　30. 马三进四　车1平6

31. 仕六进五　士5退4　　　　32. 兵一进一　士6进5

33. 相三退五　士5进4　　　　34. 车八平七　士4退5

35. 马四退二　马3退2　　　　36. 马二进四　马2退3

第37局　汪洋　负　蒋川

1. 兵七进一　炮2平3　　　　2. 炮二平五　象3进5

3. 马二进三　卒3进1　　　　4. 车一平二　卒3进1

5. 马八进九　车9进1　　　　6. 车九平八　车9平4

7. 炮五进四　士4进5　　　　8. 炮五平一　马8进9

9. 车二进四　卒7进1　　　　10. 车二平七　车4进2

11. 炮一退二　马2进4　　　　12. 仕六进五　车1平2

13. 相三进五　马9进8　　　　14. 炮一平二　马4进3

15. 车七平五　炮8进3　　　　16. 车五平二　车4进5

17. 炮八进五　车2平5　　　　18. 炮八进二　后车进3

19. 炮八平九　将5平4　　　　20. 马三退二　马8退7

21. 车二平四　卒7进1　　　　22. 兵三进一　马7进8

23. 车四进一　马3进4　　　24. 车四平七　后车退1
25. 车七退四　马4进5　　　26. 车七平六　车4进6
27. 仕五进四　象5进3　　　28. 仕四进五　炮3平5
29. 兵三进一　马8进9

第 38 局　许银川　胜　赵国荣

1. 兵七进一　炮2平3　　　2. 炮二平五　象3进5
3. 马二进三　卒3进1　　　4. 车一平二　卒3进1
5. 马八进九　车9进1　　　6. 车九平八　车9平4
7. 炮五进四　士4进5　　　8. 炮五平一　马8进9
9. 车二进四　卒7进1　　　10. 车二平七　车4进2
11. 炮一退二　马2进4　　　12. 仕六进五　车1平2
13. 相三进五　马9进8　　　14. 炮一平二　马4进3
15. 车七平五　炮8进3　　　16. 车五平二　马3进4
17. 炮八进五　炮3平2　　　18. 兵五进一　炮3平2
19. 炮八平七　车2进3　　　20. 马三进五　炮2平3
21. 车八进六　车4平2　　　22. 马五进七　车2退1
23. 炮七进一　车2退1　　　24. 炮七退一　车2平3
25. 炮七平八　车3平2　　　26. 炮八退五　车2平5
27. 兵三进一　马8退7　　　28. 兵三进一　象5进7
29. 炮八平六　象7退5　　　30. 兵一进一　炮3退2
31. 车二进二　马7进5　　　32. 马七进六　士5进4
33. 车二平四　车2平5　　　34. 兵九进一　士6进5
35. 马九进八　炮3平1　　　36. 马八进六　炮1进3
37. 车四平五　炮1进4　　　38. 仕五退六　车5进6
39. 仕四进五　马4进2　　　40. 后马退七　车5退1
41. 马六退八　卒1进1　　　42. 炮六退一　卒1进1
43. 车五平六　马2进1　　　44. 马七退八　马1退2
45. 后马进七　马2进1　　　46. 马七退八　马1退2

47. 后马进六	马 2 进 4	48. 车六退四	车 5 退 1
49. 车六进二	车 5 退 1	50. 车六平九	车 5 平 2
51. 车九退四	车 2 进 1	52. 车九进九	士 5 退 4
53. 车九平六	将 5 进 1	54. 车六退一	将 5 退 1
55. 车六平一	车 2 平 7	56. 车一退二	象 5 退 3
57. 车一平五	将 5 平 6	58. 仕五进四	车 7 进 4
59. 帅五进一	象 7 进 5	60. 兵一进一	车 7 平 4
61. 车五平四	将 6 平 5	62. 车四平七	士 4 退 5
63. 兵一进一	将 5 平 4	64. 车七平六	将 4 平 5
65. 相七进九	车 4 平 6	66. 车六平四	车 6 平 1
67. 相九进七	车 1 退 5	68. 帅五平四	车 1 平 3
69. 相七退五	车 3 平 5	70. 相五进三	车 5 进 1
71. 相三退一	车 5 平 9	72. 炮六进一	车 9 平 8
73. 兵一平二	车 8 进 3	74. 帅四退一	车 8 退 3
75. 兵二平三	车 8 进 4	76. 帅四进一	车 8 退 1
77. 帅四退一	车 8 退 4	78. 炮六平五	

第 39 局　郑一泓　负　武俊强

1. 兵七进一	炮 2 平 3	2. 炮二平五	象 3 进 5
3. 马二进三	卒 3 进 1	4. 车一平二	卒 3 进 1
5. 马八进九	车 9 进 1	6. 车九平八	车 9 平 4
7. 炮五进四	士 4 进 5	8. 炮五平一	马 8 进 9
9. 车二进四	卒 7 进 1	10. 车二平七	车 4 进 2
11. 炮一退二	马 2 进 4	12. 相七进五	车 4 进 3
13. 炮八进一	马 4 进 5	14. 马九进七	车 4 退 6
15. 马七进五	车 1 平 2	16. 车七平八	车 2 进 5
17. 炮一平八	车 4 进 5	18. 前炮平七	马 5 进 6
19. 马三退二	炮 8 进 4	20. 兵三进一	炮 8 平 2
21. 车八进三	卒 7 进 1	22. 马二进一	马 9 进 7

23. 仕六进五	马7进5	24. 炮七退二	炮3进1
25. 炮七平九	炮3平5	26. 炮九进四	将5平4
27. 炮九退二	马6进7	28. 车八进三	炮5平3
29. 车八退一	马5退4	30. 马五进四	马7退5
31. 马四进六	车4退3	32. 车八平五	马5进3
33. 车五退一	车4进4	34. 炮九平三	炮3平2
35. 炮三退二	炮2进6	36. 仕五进六	车4平2
37. 炮三退一	炮2平1	38. 帅五进一	车2平4
39. 炮三进一	车4平1	40. 炮三退一	车1平4
41. 炮三进一	马3退4	42. 帅五退一	炮1退4
43. 车五进一	马4进2	44. 车五退一	马2退4
45. 车五进一	马4进2	46. 车五退一	马2进3
47. 帅五平六	炮1平4	48. 车五平六	车4退1
49. 马一进三	车4平2	50. 帅六进一	车2进4
51. 炮三退一	马3退1	52. 帅六平五	车2平6
53. 马三进五	车6退4	54. 马五进六	马1退3
55. 马六退七	象5进3	56. 炮三进二	车6平4
57. 炮三退一	车4平8	58. 炮三平四	车8进2
59. 炮四退二	车8进1	60. 帅五退一	车8平6
61. 仕六退五	将4平5	62. 兵一进一	马3进1
63. 马七退八	马1退2	64. 马八进七	马2进3
65. 马七退六	士5进4	66. 兵一进一	马3退4
67. 兵一平二	车6退4	68. 兵二进一	车6退1
69. 兵二进一	车6退1	70. 兵二进一	车6退1
71. 兵二进一	象7进9	72. 马六进五	士6进5
73. 马五退四	车6平8	74. 兵二平一	车8平7
75. 兵一平二	马4进2	76. 马四进三	车7平8
77. 兵二平一	象9进7	78. 马三退四	象3退5
79. 炮四进一	车8进2	80. 炮四平三	车8平1
81. 相五退七	士5进6	82. 帅五平四	车1进6

83. 相三进五 马2退4　84. 炮三进一 将5进1
85. 炮三平二 车1退9　86. 炮二进七 马4进6
87. 帅四平五 马6退8　88. 马四进三 车1进3
89. 炮二平八 车1平9　90. 相五退三 车9退3
91. 炮八退五 马8进7　92. 相七进五 马7退6
93. 炮八平五 象5进3　94. 炮五平六 车9平1
95. 炮六退四 车1进9　96. 仕五进六 车1退4
97. 马三退四 车1进2　98. 仕六退五 马6进4
99. 马四进五 车1进1　100. 马五退六 车1平4
101. 炮六平八 车4平1　102. 炮八进一 马4退6
103. 相五退七 马6进7　104. 相七进五 车1进1
105. 仕五退六 象7退5　106. 相五退七 车1退3
107. 仕六进五 车1平3　108. 炮八进三 象5进7
109. 相七进五 将5退1　110. 炮八平五 车3平5
111. 炮五平八 车5平3　112. 炮八平五 将5平6
113. 炮五平八 士6退5　114. 炮八平九 马7进9
115. 相三进一 车3平5　116. 炮九退二 马9退7
117. 相一退三 马7退6　118. 炮九退一 马6进8
119. 帅五平六 车5平3　120. 炮九进三 马8进7
121. 炮九平五 车3平6　122. 炮五平八 车6进2
123. 炮八平五 士5进6　124. 炮五退一 车6退2
125. 炮五进一 将6平5　126. 炮五平八 车6平3
127. 炮八平五 将5平4　128. 马六进七 车3平4
129. 仕五进六 士4退5　130. 炮五退一 车4平3
131. 炮五进一 马7退6　132. 炮五平一 马6进8
133. 炮一退二 马8进7　134. 相五退三 车3退1

第40局　宇兵 负 陈翀

1. 兵七进一 炮2平3　2. 炮二平五 象3进5

3. 马二进三　卒 3 进 1　　　4. 车一平二　卒 3 进 1

5. 马八进九　车 9 进 1　　　6. 车九平八　车 9 平 4

7. 炮五进四　士 4 进 5　　　8. 炮五平一　马 8 进 9

9. 仕六进五　炮 8 平 7　　　10. 相三进五　车 4 进 5

11. 车二进四　卒 3 进 1　　　12. 炮八进二　马 2 进 4

13. 炮八平四　卒 3 进 1　　　14. 车二进二　卒 7 进 1

15. 炮四退一　车 4 退 1　　　16. 炮四退一　卒 7 进 1

17. 相五进三　车 1 平 3　　　18. 相七进五　炮 3 平 1

19. 兵九进一　卒 3 进 1　　　20. 马九进八　卒 3 平 4

21. 炮一退二　车 4 退 3　　　22. 车二平九　炮 1 平 2

23. 车八平九　炮 2 退 2　　　24. 兵九进一　马 4 进 2

25. 兵九平八　炮 2 进 4　　　26. 前车平八　炮 2 平 8

27. 兵五进一　车 3 进 6　　　28. 炮一进二　车 3 平 7

29. 马三退二　炮 7 进 1　　　30. 兵五进一　车 7 平 8

31. 马二进一　炮 8 退 1　　　32. 车八平三　马 9 进 7

33. 炮一平三　马 2 进 3　　　34. 兵五平六　马 3 进 4

35. 车九进九　士 5 退 4　　　36. 炮三平五　士 6 进 5

37. 炮四进五　卒 4 平 5　　　38. 炮五退五　士 5 进 6

39. 马八退六　车 8 平 4

第 41 局　靳玉砚 和 金波

1. 兵七进一　炮 2 平 3　　　2. 炮二平五　象 3 进 5

3. 马二进三　卒 3 进 1　　　4. 车一平二　卒 3 进 1

5. 马八进九　车 9 进 1　　　6. 车九平八　车 9 平 4

7. 炮五进四　士 4 进 5　　　8. 炮五平一　马 8 进 9

9. 仕六进五　车 4 进 4　　　10. 炮八平六　马 2 进 4

11. 相三进五　卒 3 平 2　　　12. 兵九进一　卒 2 平 1

13. 马九进七　车 4 进 1　　　14. 马七进九　卒 1 进 1

15. 马九进七　车 4 退 2　　　16. 马七进九　炮 3 平 4

17. 马九进七　车4平9　　18. 车二进六　马4进2

19. 兵一进一　车9平3　　20. 马七退六　车3平4

21. 炮六进五　炮8平4　　22. 车八进七　车1平3

23. 车二退二　车3进7　　24. 车二平七　车3退2

25. 相五进七　车4进1　　26. 炮一退一　马9进8

27. 相七退五　马8进7　　28. 车八退一　炮4进1

29. 相五退三　马7退9　　30. 马三进二　车4平8

31. 车八平六　车8退1　　32. 炮一平九

第 42 局　谢靖 胜 孙勇征

1. 兵七进一　炮2平3　　2. 炮二平五　象3进5

3. 马二进三　卒3进1　　4. 车一平二　卒3进1

5. 马八进九　车9进1　　6. 车九平八　车9平4

7. 仕六进五　车4进4　　8. 炮八平六　士4进5

9. 炮五进四　马8进9　　10. 车二进五　马2进4

11. 炮五退二　卒9进1　　12. 车二平四　卒3平2

13. 炮五平八　马4进5　　14. 相七进五　马5进3

15. 车四平一　卒1进1　　16. 车一退一　车4进1

17. 炮八平七　马9进8　　18. 车八进六　马8进7

19. 车一平三　卒7进1　　20. 车三退一　炮3进3

21. 车三平二　炮8平7　　22. 马三进四　车4平1

23. 车二进四　炮7进7　　24. 相五退三　前车进1

25. 马四进六　前车进2　　26. 炮六退二　炮3平7

27. 马六进四　卒1进1　　28. 车二平三　炮7平6

29. 马四进三　炮6退4　　30. 车三平五　卒1平2

31. 车八平四　马3进2　　32. 车五平七

第43局　许银川　胜　谢靖

1. 兵七进一　炮2平3　　　2. 炮二平五　象3进5
3. 马二进三　卒3进1　　　4. 车一平二　卒3进1
5. 马八进九　车9进1　　　6. 车九平八　车9平4
7. 炮五进四　士4进5　　　8. 炮五平一　马8进9
9. 仕六进五　车4进4　　　10. 炮八平六　马2进1
11. 兵九进一　炮3平4　　　12. 相三进五　炮4进5
13. 仕五进六　炮8平6　　　14. 仕四进五　车1平3
15. 车八进三　车4平6　　　16. 兵五进一　车6平5
17. 炮一退二　车3平2　　　18. 车八进六　马1退2
19. 兵三进一　车5退1　　　20. 炮一平七　马2进4
21. 车二进三　马4进2　　　22. 马九退七　卒1进1
23. 兵九进一　马2进1　　　24. 炮七平九　马9进8
25. 兵一进一　马1退2　　　26. 马七进八　马2进3
27. 马八进七　车5平3　　　28. 车二平八　士5退4
29. 车八平四　士4进5　　　30. 兵一进一　马8退7
31. 车四进三　车3平9　　　32. 车四平三　车9平1
33. 炮九退二　马7退8　　　34. 马三进五　马8进9
35. 车三平一　士5退4　　　36. 马五进七　车1平3
37. 炮九平七　车3平4　　　38. 马七进八　车4退3
39. 炮七进七　士4进5　　　40. 炮七平九　车4平2
41. 车一平七　车2进1　　　42. 兵三进一　车2平3
43. 车七平四　马9退7　　　44. 车四平三　马7进9
45. 车三平四　马9退7　　　46. 车四平六　炮6退1
47. 兵三进一　车3平1　　　48. 炮九平八　车1平2
49. 炮八平九　车2平1　　　50. 炮九平八　车1退2
51. 炮八退一

第44局　蒋川 和 孙勇征

1. 兵七进一　炮2平3　　2. 炮二平五　象3进5
3. 马二进三　卒3进1　　4. 车一平二　卒3进1
5. 马八进九　车9进1　　6. 车九平八　车9平4
7. 炮五进四　士4进5　　8. 炮五平一　马8进9
9. 车二进四　卒7进1　　10. 车二平七　车4进2
11. 炮一退二　马2进4　　12. 仕六进五　车1平2
13. 相三进五　马9进8　　14. 炮一平二　马4进3
15. 车七平四　炮8进3　　16. 车四平二　马3进4
17. 炮八进五　炮3进5　　18. 相五进七　马4进6
19. 马三退二　马6进7　　20. 马二进四　车4平6
21. 炮八退六　炮3进1　　22. 仕五进六　马8退7
23. 马九退七　车6进5　　24. 炮八平四　车2进9
25. 相七退五　车2退1　　26. 车二平七　后马进8
27. 帅五平六　车2退5　　28. 炮四进四　马8进7
29. 炮四平五　车2平5　　30. 马七进六　前马退6
31. 车七平四　马7进6　　32. 仕四进五　前马退8
33. 炮五退一　卒7进1　　34. 车四进一　马6退7
35. 马六进五　车5平4　　36. 马五退七　车4平5
37. 炮五进一　马7退6　　38. 炮五平八　卒7进1
39. 车四平六　车5平3　　40. 炮八退二　马8进6
41. 兵五进一　后马进7　　42. 炮八退二　马6退8
43. 兵五进一　象5进3　　44. 车六退二　马7进6
45. 兵五平六　车3平2　　46. 炮八平七　车2进2
47. 相七进九　象3退5　　48. 马七进六　士5进4
49. 马六进四　将5平4　　50. 炮七进三　马8退7
51. 兵一进一　士6进5　　52. 马四进二　将4平5
53. 炮七进二　马7退6　　54. 兵六进一　前马退5

55. 车六平三　马5退3　　56. 兵六平七　车2平8
57. 马二退三　车8平9　　58. 兵七进一　车9进4
59. 相五退三　马6进5　　60. 车三进一　马5退6
61. 车三退一　车9退4　　62. 马三进四　车9平7
63. 车三平八　将5平6　　64. 相三进五　车7平9
65. 马四退三　将6平5　　66. 车八进三　车9进4
67. 仕五退四　车9平6　　68. 帅六进一　车6退1
69. 帅六退一　士5退4　　70. 车八平九　士4退5
71. 车九平五　马6退7　　72. 车五退三　车6进1
73. 帅六进一　车6退1　　74. 帅六退一　车6退5
75. 马三退二　车6平3　　76. 兵七平八　车3平2
77. 兵八平七　车2平3　　78. 兵七平八　马7进6
79. 马二进四　车3平2　　80. 兵八平九　车2平1
81. 前兵平八　车1平2　　82. 兵八平九　马6退4
83. 车五平二　马4进3　　84. 马四进二　车2平7
85. 相九进七　象5退3　　86. 前兵进一　马3退4
87. 帅六平五　象3进5　　88. 仕六退五　士5进6
89. 相七退九　士6退5　　90. 相九进七　士5进6
91. 后兵进一　马4进2

第 45 局　王天一　胜　赵国荣

1. 兵七进一　炮2平3　　2. 炮二平五　象3进5
3. 马二进三　卒3进1　　4. 车一平二　卒3进1
5. 马八进九　车9进1　　6. 车九平八　车9平4
7. 炮五进四　士4进5　　8. 炮五平一　马8进9
9. 仕六进五　车4进4　　10. 炮八平六　炮3平2
11. 车八进三　马2进4　　12. 相三进五　车1平3
13. 兵三进一　车4退1　　14. 兵五进一　车4平9
15. 车二进六　炮8平6　　16. 兵一进一　车9进1

17. 炮一平三　车 9 退 1　18. 炮三进一　马 4 进 3
19. 车八进三　马 3 进 2　20. 马九退八　车 9 平 8
21. 车二平六　车 8 退 2　22. 炮三退二　象 5 进 7
23. 车八进一　象 7 退 5　24. 车八退二　车 8 进 4
25. 相五进七　车 8 平 2　26. 马八进七　车 3 进 5
27. 车六进二　车 3 退 5　28. 马七进八　炮 6 退 1
29. 车六退五　车 2 进 3　30. 炮六退二　车 3 进 9
31. 车六进一　炮 6 进 7　32. 车六进四　车 3 退 9
33. 车八进一　炮 6 平 7　34. 马三退一　车 2 退 2
35. 车六退六　车 2 退 1　36. 车六平三　炮 7 平 6
37. 车八平四　炮 6 平 8　38. 车四平二　炮 8 退 4
39. 马八进六　车 2 平 1　40. 车二进一　车 3 进 1
41. 车三平四　车 3 平 7　42. 车四平八　象 5 退 3
43. 车八进七　车 7 平 3　44. 马六进七　士 5 退 4
45. 车八平七　车 1 平 4　46. 兵三进一　炮 8 平 9
47. 炮六进九

第 46 局　聂铁文　胜　葛维蒲

1. 兵七进一　炮 2 平 3　2. 炮二平五　象 3 进 5
3. 马二进三　卒 3 进 1　4. 车一平二　卒 3 进 1
5. 马八进九　车 9 进 1　6. 车九平八　车 9 平 4
7. 仕六进五　士 4 进 5　8. 炮八平六　车 4 进 4
9. 车八进八　马 8 进 9　10. 炮五进四　炮 8 平 7
11. 相三进五　炮 7 退 1　12. 车八退一　炮 7 平 1
13. 车八进一　炮 7 退 1　14. 车八退二　卒 7 进 1
15. 车二进六　炮 3 退 2　16. 炮五平一　马 2 进 3
17. 炮一退二　炮 7 进 5　18. 车二退三　炮 7 平 1
19. 兵五进一　卒 3 进 1　20. 车二平七　车 4 进 2
21. 仕五进六　马 3 进 4　22. 车八退一　马 4 进 3

23. 马九进七　炮3平4　　24. 仕四进五　车1平3

25. 马七进六　炮1进3　　26. 车八退五　车3进4

27. 车八平九　车3平4　　28. 车九进三　炮4平3

29. 车九平五　车4平3　　30. 马三进二　卒7进1

31. 炮一平三　车3平8　　32. 马二退三　马9进7

33. 车五平七　炮3平4　　34. 车七进三　马7进8

35. 马三退二　炮4进5　　36. 车七平九　炮4平7

37. 相五进三　车8平7　　38. 相七进五　马8退7

39. 马二进三　马7退8　　40. 车九退三　马8进6

41. 车九平五　车7平9　　42. 马三退四　士5退4

43. 马四进二　士6进5　　44. 相五退三　象5退3

45. 相三退五　马6进4　　46. 马二进四　马4退6

47. 马四进三　车9平7　　48. 车五平二　马6进4

49. 车二平五　马4退6　　50. 车五平七　马6进8

51. 马三退四　象3进5　　52. 车七进三　马8退6

53. 车七平四　马6退8　　54. 马四进三　车7退1

55. 车四退一　车7进1　　56. 车四退三　马8进9

57. 兵一进一　马9退7　　58. 兵五进一　士5退6

59. 兵一进一　士4进5　　60. 车四进四　士5退4

61. 相三进一　士4进5　　62. 兵一进一　马7进8

63. 车四退三　车7退1　　64. 兵一平二　车7平2

65. 相一退三　象5进7　　66. 兵二平八　车2平8

67. 兵二平三　车8平7　　68. 兵三平二　车7平8

69. 兵二平三　车8平7　　70. 兵三平二　车7平8

71. 兵二平三　车8退3　　72. 兵三进一　马8退9

73. 兵三平四　车8进2　　74. 车四进二　象7退5

75. 兵五进一　车8平6　　76. 车四进二　士5进6

77. 兵五进一　士6进5　　78. 马三进四　马9进7

79. 兵四平五　士6退5　　80. 兵五进一　将5平6

81. 相五退七　象7进5　　82. 马四进六　马7退9

83. 马六进八 马9进8　　　**84.** 马八进六

第 47 局　蒋川 和 卜凤波

1. 兵七进一　炮2平3　　　**2.** 炮二平五　象3进5
3. 马二进三　卒3进1　　　**4.** 车一平二　卒3进1
5. 马八进九　车9进1　　　**6.** 车九平八　车9平4
7. 仕六进五　士4进5　　　**8.** 车二进四　车4进4
9. 炮八进二　车4退2　　　**10.** 炮八平九　马2进1
11. 车二平七　卒1进1　　　**12.** 炮九进三　车1进2
13. 兵三进一　炮3退2　　　**14.** 炮五平四　车1平3
15. 车七进三　炮8平3　　　**16.** 马三进四　卒7进1
17. 兵三进一　象5进7　　　**18.** 相七进五　马8进7
19. 车八进五　象7退5　　　**20.** 车八平九　车4进2
21. 车九退一　车4退2　　　**22.** 车九平八　前炮进2
23. 兵九进一　前炮平6　　　**24.** 炮四平三　卒5进1
25. 车八平七　马7进5　　　**26.** 马九进八　炮3平4
27. 炮三进二　卒9进1　　　**28.** 兵九进一　车4平2
29. 兵九进一　车2进1　　　**30.** 马四退六　炮6进2
31. 兵五进一　卒5进1　　　**32.** 车七平五　马5进7
33. 车五进一　车2平5　　　**34.** 马六进五　炮6退1
35. 马八退六　炮6平5　　　**36.** 马六退四　炮4进4
37. 马五进三　炮5进1　　　**38.** 炮三平九　马7进6
39. 炮九退一　炮5退3　　　**40.** 炮九平五　炮4退1
41. 马三退一　炮5平1　　　**42.** 马一退三　炮4平5
43. 兵一进一　象5进7　　　**44.** 马四进二　将5平4
45. 仕五进四　炮5进2　　　**46.** 马二退三　炮1进3
47. 兵一进一　象7进5　　　**48.** 仕四进五　马6退8
49. 兵一平二　马8进7　　　**50.** 炮五平三　马7退9
51. 前马退一　炮1平9　　　**52.** 兵二进一　士5进6

53. 兵二平三　士6进5　　54. 炮三平二　象7退9
55. 炮二进四　炮9平5　　56. 马三进一　象5进7
57. 马一进二　后炮平7　　58. 兵三平四　炮5退1
59. 马二退一　炮5进1　　60. 炮二退一　炮5退2
61. 马一进三　炮7平1　　62. 马三进五　炮1退1
63. 相五进三　象9退7　　64. 相三进五　象7进5
65. 马五退六　炮1平2　　66. 马六进七　炮5平3
67. 马七退九　炮2进2　　68. 马九进八　炮2平9
69. 炮二退三　炮9退5　　70. 炮二平五　炮3退3
71. 马八进六　炮3进3　　72. 马六退八　炮3退3
73. 马八进七　炮9平6　　74. 兵四平三　象5进3
75. 仕五进六　象7退5　　76. 炮五进三　炮6进6
77. 相五进七　炮6平8　　78. 兵三进一　炮8退6
79. 炮五退五　炮9平9　　80. 相七退九　炮9平8
81. 马七退五　士5进4　　82. 兵三进一　炮8平9
83. 兵三平四　炮9退1　　84. 炮五平六　炮9进4
85. 马五进三　炮9平5　　86. 帅五平四　将4进1
87. 马三进二　炮5平6

第48局　李少庚　负　万春林

1. 兵七进一　炮2平3　　2. 炮二平五　象3进5
3. 马二进三　卒3进1　　4. 车一平二　卒3进1
5. 马八进九　车9进1　　6. 车九平八　车9平4
7. 炮五进四　士4进5　　8. 炮五平一　马8进9
9. 仕六进五　车4进4　　10. 炮八平六　马2进1
11. 兵三进一　车1平2　　12. 车八进九　马1退2
13. 相七进五　车4退1　　14. 车二进四　车4平9
15. 炮六进四　炮8平7　　16. 兵一进一　车9平4
17. 炮六平四　卒7进1　　18. 马三进一　马2进4

19. 炮四退四　卒7进1　　20. 马一进三　马9进7

21. 车二进二　炮7进3　　22. 车二平三　炮7平6

23. 炮一进二　马4进2　　24. 车三平八　马2退3

25. 车八平七　车4平3　　26. 车七退一　象5进3

27. 相五进七　炮3平1　　28. 炮一退二　炮1进4

29. 炮四平七　马3进2　　30. 炮一平八　象3退5

31. 相七退五　炮6平2　　32. 炮七进四　卒1进1

33. 马九退七　马2退4　　34. 炮七进三　士5进6

35. 兵一进一　马4进5　　36. 炮八进三　将5进1

37. 炮七退五　炮2退4　　38. 炮七平八　卒1进1

39. 后炮退二　马5退3　　40. 兵五进一　将5退1

41. 兵五进一　炮2平5　　42. 前炮退二　炮5进3

43. 马七进六　炮5退1　　44. 后炮平六　马3进2

45. 马六退八　马2进4　　46. 炮六进一　卒1平2

47. 炮八平四　炮1退2　　48. 炮四退三　卒2进1

49. 马八退九　卒2平3　　50. 炮六平五　马4进6

51. 马九进八　马6进7　　52. 炮四退三　炮1进4

53. 仕五进四　卒3平2　　54. 马八退九　士6进5

55. 帅五平六　卒2平3　　56. 炮五平四　炮5平6

57. 帅六进一　炮1退4　　58. 仕四进五　炮1平4

59. 帅六退一　卒3平4　　60. 帅六平五　炮6进2

第49局　谢卓淼 负 孙勇征

1. 兵七进一　炮2平3　　2. 炮二平五　象3进5

3. 马二进三　卒3进1　　4. 车一平二　卒3进1

5. 马八进九　车9进1　　6. 车九平八　车9平4

7. 炮五进四　士4进5　　8. 炮五平一　马8进9

9. 车二进四　卒7进1　　10. 车二平七　车4进2

11. 炮一退二　马2进4　　12. 相七进五　车4进3

13. 炮八进一　马 4 进 5	14. 马九进七　车 4 退 6
15. 车七平二　车 1 平 2	16. 马七进五　炮 8 平 7
17. 车二进二　马 5 进 6	18. 马三退一　车 4 进 6
19. 炮八进三　炮 7 进 1	20. 炮八进一　炮 3 进 4
21. 马五退七　车 4 平 3	22. 炮一进二　马 9 退 7
23. 车二进二　炮 7 进 3	24. 兵五进一　马 7 进 6
25. 仕四进五　后马进 5	26. 车二退四　车 3 平 6
27. 炮一退二　卒 7 进 1	28. 车二平三　马 5 退 6
29. 车三平二　前马进 4	30. 仕五进六　马 4 进 6
31. 帅五进一　炮 7 退 4	32. 炮八退三　车 6 平 1
33. 相五退七　炮 7 平 6	

第 50 局　赵鑫鑫 胜 张强

1. 兵七进一　炮 2 平 3	2. 炮二平五　象 3 进 5
3. 马二进三　卒 3 进 1	4. 车一平二　卒 3 进 1
5. 马八进九　车 9 进 1	6. 车九平八　车 9 平 4
7. 炮五进四　士 4 进 5	8. 炮五平一　马 8 进 9
9. 车二进四　卒 7 进 1	10. 车二平七　车 4 进 2
11. 炮一退二　马 2 进 4	12. 仕六进五　车 1 平 2
13. 相三进五　马 9 进 8	14. 兵三进一　马 4 进 3
15. 车七平四　卒 7 进 1	16. 车四平三　车 4 进 5
17. 炮八进五　将 5 平 4	18. 炮一平二　炮 8 平 7
19. 炮二退三　车 4 退 3	20. 车三平二　车 4 平 8
21. 马三进二　炮 7 平 8	22. 炮二进四　炮 8 进 3
23. 车八进六　马 3 进 5	24. 仕五进四　炮 8 进 1
25. 仕四进五　马 5 进 4	26. 炮二平八　炮 3 进 1
27. 兵九进一　将 4 平 5	28. 车八平七　车 2 进 2
29. 炮八平六　车 2 进 2	30. 炮六进一　炮 8 退 3
31. 炮六退二　炮 8 进 3	32. 车七平九　车 2 平 5

33. 炮六平五	马4退3	34. 车九平二	炮8平6
35. 车二平四	炮6平8	36. 马九进八	马3进5
37. 马八进七	车5平9	38. 兵五进一	象5进3
39. 马七退五	车9进2	40. 马五退三	车9进3
41. 仕五退四	炮8进3	42. 相五退三	炮8退4
43. 车四平二	炮8平5	44. 车二平七	车9平7
45. 马三进四	车7退7	46. 车七进三	士5退4
47. 车七退四	炮5退4	48. 车七平六	炮5进1
49. 马四进六	将5进1	50. 马六进八	将5平6
51. 车六进三	将6进1	52. 车六进一	士6进5
53. 车六退一	车7进3	54. 车六平五	车7平1
55. 车五进一	车1平5	56. 帅五平六	车5平4
57. 帅六平五	车4平5	58. 帅五平六	车5平4
59. 帅六平五	车4平5	60. 帅五平六	将6退1
61. 马八进六	炮5退1	62. 车五平三	炮5退1
63. 车三退一	将6退1	64. 车三退三	车5平4
65. 帅六平五	车4平6	66. 帅五平六	车6平4
67. 帅六平五	车4平6	68. 帅五平六	车6平4
69. 帅六平五	车4平6	70. 帅五进一	车6退3
71. 车三平六	炮5进1	72. 帅五平六	炮5退1
73. 仕四进五	炮5进1	74. 马六退八	车6平2
75. 车六进四	将6进1	76. 马八退六	炮5进1
77. 马六退七	车2进6	78. 帅六退一	车2退5
79. 车六退一	将6退1	80. 车六退一	车2平3
81. 马七退六	炮5退1	82. 相七进五	车3平6
83. 马六进五	车6平5	84. 马五退三	炮5进1
85. 马三退一	将6进1	86. 马一进二	车5平8
87. 马二退四	炮5退1	88. 车六退二	将6退1
89. 车六平五	车8平4	90. 帅六平五	将6平5
91. 车五进二	车4平9	92. 马四进五	车9进6

93. 仕五退四　车9退8　　　94. 帅五平六　车9平7

95. 车五平六　将5平6　　　96. 车六进一

第51局　李少庚 胜 朱晓虎

1. 兵七进一　炮2平3　　　2. 炮二平五　象3进5

3. 马二进三　卒3进1　　　4. 车一平二　卒3进1

5. 马八进九　车9进1　　　6. 车九平八　车9平4

7. 炮五进四　士4进5　　　8. 炮五平一　马8进9

9. 仕六进五　车4进4　　　10. 炮八平六　炮3平2

11. 车八进六　马2进4　　　12. 相七进五　车1平3

13. 兵三进一　车4进1　　　14. 炮六进六　车4退5

15. 马三进四　炮8平6　　　16. 车二进五　卒3平4

17. 兵九进一　卒4进1　　　18. 车二平五　炮2平1

19. 马九进八　卒4平5　　　20. 车五退二　炮1进3

21. 马八进七　车4进7　　　22. 车五平六　车4退2

23. 马四退六　卒1进1　　　24. 马六进五　炮1进4

25. 炮一退二　炮6进1　　　26. 车八退一　炮6平5

27. 车八平九　炮1平2　　　28. 车九退五　炮2退7

29. 兵三进一　卒7进1　　　30. 马七进六　车3进4

31. 炮一平五　车3平5　　　32. 炮五进二　炮2退2

33. 车九平七　将5平4　　　34. 马六进八

第52局　金波 负 谢靖

1. 兵七进一　炮2平3　　　2. 炮二平五　象3进5

3. 马二进三　卒3进1　　　4. 车一平二　卒3进1

5. 马八进九　车9进1　　　6. 车九平八　车9平4

7. 仕六进五　车4进2　　　8. 炮八平六　马2进1

9. 兵三进一　马8进9　　　10. 马三进四　卒9进1

11. 兵五进一　士4进5　　12. 马四进三　炮8平7
13. 马三进一　象7进9　　14. 兵五进一　车1平2
15. 兵五平六　车2进9　　16. 炮五进五　士5进4
17. 马九退八　车4进1　　18. 炮五平一　车4平8
19. 车二平一　卒3进1　　20. 相三进五　马1进3
21. 兵一进一　卒3进1　　22. 兵一进一　车8进2
23. 炮六进三　卒3平2　　24. 兵三进一　炮3平2
25. 炮一进二　士6进5　　26. 兵三进一　马3进4
27. 兵三进一　炮2进7　　28. 相七进九　马4进5
29. 车一进三　马5进3　　30. 帅五平六　车8平9
31. 炮一退六　马3退1　　32. 仕五进四　卒2平3
33. 炮一退一　马1退3　　34. 炮六平七　马3退5
35. 炮七进二　卒3进1　　36. 仕四进五　卒3进1
37. 帅六进一　马5进3　　38. 帅六进一　卒5进1

第 53 局　郑一泓 和 金波

1. 兵七进一　炮2平3　　2. 炮二平五　象3进5
3. 马二进三　卒3进1　　4. 车一平二　卒3进1
5. 马八进九　车9进1　　6. 车九平八　车9平4
7. 炮五进四　士4进5　　8. 炮五平一　马8进9
9. 车二进四　卒7进1　　10. 车二平七　车4进2
11. 炮一退二　马2进4　　12. 相七进五　车4进3
13. 炮八进一　马4进5　　14. 马九进七　车4退6
15. 马七进五　车1平2　　16. 车七平八　车2进5
17. 炮一平八　车4进5　　18. 前炮平七　马5进6
19. 马三退二　炮8进4　　20. 兵三进一　炮8平2
21. 车八进三　卒7进1　　22. 车八进六　炮3退2
23. 车八退三　马9进8　　24. 车八平六　车4退2
25. 马五进六　马6退4　　26. 相五进三　马8进9

27. 相三进五　炮3平4　　　　**28.** 马六进七　炮4进1

29. 炮七平六

第54局　于幼华 和 赵国荣

1. 兵七进一　炮2平3　　　　**2.** 炮二平五　象3进5

3. 马二进三　卒3进1　　　　**4.** 车一平二　卒3进1

5. 马八进九　车9进1　　　　**6.** 车九平八　车9平4

7. 炮五进四　士4进5　　　　**8.** 炮五平一　马8进9

9. 车二进四　卒3进1　　　　**10.** 炮八平四　卒3平4

11. 炮四进六　车4进3　　　　**12.** 车八进八　车4平6

13. 炮四平一　车6进3　　　　**14.** 马三退二　车6平3

15. 相三进五　卒4平5　　　　**16.** 马九退八　车3退3

17. 马二进四　车3平5　　　　**18.** 仕六进五　卒5进1

19. 相七进五　车5进3　　　　**20.** 马八进六　车5退3

21. 马六进五　炮3平4　　　　**22.** 马五进七　车5平3

23. 马四进五　炮8平7　　　　**24.** 车二平四　炮4平3

25. 车四进一　炮7平8　　　　**26.** 帅五平六　炮8进7

27. 帅六进一　炮8退8　　　　**28.** 车四平七　象5进3

29. 车八退一　炮3进3　　　　**30.** 马五进七　马2进1

31. 仕五进六　车1平2　　　　**32.** 车八平二　炮8平7

33. 前炮进一　车2进8　　　　**34.** 帅六退一　车2进1

35. 帅六进一　车2退1　　　　**36.** 帅六退一　车2进1

37. 帅六进一　车2退4　　　　**38.** 马七进五　车2平5

39. 马五进三　炮7进5　　　　**40.** 车二退四　炮7平9

41. 车二平一　马9进7　　　　**42.** 车一平三　马7退6

43. 车三进五　车5平6　　　　**44.** 后炮进二　马6进5

45. 车三进一　车6平8　　　　**46.** 兵九进一　车8进3

47. 仕六退五　象3退5　　　　**48.** 车三退三　车8退8

49. 车三平五　车8平9　　　　**50.** 炮一退二　车9进2

51. 车五平九　马1退2	52. 兵九进一　马2进3
53. 车九平七　象5退7	54. 兵九进八　车9平4
55. 仕五进六　车4平5	56. 炮一退五　马3退4
57. 兵八进一　车5进3	58. 炮一平五　马4进5
59. 车七退四　士5退4	60. 帅六退一　士6进5
61. 炮五退一　车5平6	62. 仕四进五　马5进4
63. 车七进三　车6退1	64. 兵八平七　将5平6
65. 仕五进四　车6平7	66. 兵七平六　象7进9
67. 兵六平五　马4进5	68. 车七退二　车7进2
69. 仕四退五　马5退6	70. 车七进一　马6进5
71. 车七进三　象9退7	72. 兵五平四　马5退4
73. 车七退二　马4进3	74. 兵四平三　马3进2
75. 车七退四　马2退3	76. 兵三进一　象7进5
77. 兵三进一　马3退4	78. 兵三平二　车7平8
79. 兵二平三　车8平7	80. 兵三平二　车7平8
81. 兵二平三　马4退6	82. 车七进五　马6退7
83. 车七平三　马7进8	84. 炮五进七　车8进3
85. 帅六进一　车8退4	86. 车三平四　马8退6
87. 炮五平九　车8平1	88. 炮九平八　车1平2
89. 炮八平九　车2进3	90. 帅六退一　车2进1
91. 帅六进一　车2退7	92. 炮九进二　车2退2
93. 炮九退五　车2进8	94. 帅六退一　车2进1
95. 帅六进一　车2退4	96. 炮九进五　车2退5
97. 炮九退五　车2进5	98. 炮九进五　车2退5
99. 炮九退五　车2进8	100. 帅六退一　车2进1
101. 帅六进一　车2退5	102. 炮九平四　将6平5
103. 炮四退四　车2进5	104. 炮四进二　车2退1
105. 帅六退一　车2进1	106. 帅六进一

第55局　蒋川 胜 才溢

1. 兵七进一　炮2平3　　2. 炮二平五　象3进5
3. 马二进三　卒3进1　　4. 车一平二　卒3进1
5. 马八进九　车9进1　　6. 车九平八　车9平4
7. 仕六进五　车4进4　　8. 炮五进四　士4进5
9. 炮五平一　马8进9　　10. 炮八平六　马2进1
11. 相七进五　车1平2　　12. 车八进九　马1退2
13. 兵九进一　炮3平4　　14. 炮一退二　马2进3
15. 兵三进一　车4进1　　16. 车二进三　卒3平4
17. 炮六进二　炮8平7　　18. 马九进八　车4平2
19. 马八进七　卒7进1　　20. 马三进二　卒7进1
21. 炮一平三　车2平3　　22. 马七退五　马3进2
23. 炮三退一　车3进3　　24. 炮六退四　车3退5
25. 兵五进一　马2进3　　26. 马二进四　炮4平2
27. 马四进三　马3进1　　28. 相五进七　马1进3
29. 炮六进一　炮2平7　　30. 相三进五　车3平4
31. 炮三退二　马9进7　　32. 马五退三　马7进6
33. 炮三平二　车4进2　　34. 车二平六　马3退4
35. 马三进二　马4进2　　36. 炮六进三　马6退8
37. 兵五进一　士5进6　　38. 马二进三　将5进1
39. 炮六平二

第56局　汪洋 胜 孙勇征

1. 兵七进一　炮2平3　　2. 炮二平五　象3进5
3. 马二进三　卒3进1　　4. 车一平二　卒3进1
5. 马八进九　车9进1　　6. 车九平八　车9平4
7. 炮五进四　士4进5　　8. 炮五平一　马8进9

9. 仕六进五　车4进4　　**10.** 炮八平六　马2进1

11. 兵三进一　车1平2　　**12.** 车八进九　马1退2

13. 相七进五　炮3平4　　**14.** 炮一退二　车4进1

15. 车二进三　卒3平4　　**16.** 相五退七　车4平1

17. 炮一平六　炮4进5　　**18.** 仕五进六　车1平4

19. 炮六平五　车4进1　　**20.** 相三进五　炮8平6

21. 车二平四　将5平4　　**22.** 仕四进五　车4退4

23. 炮五平七　马2进1　　**24.** 兵五进一　车4平5

25. 车四平五　马1进3　　**26.** 车五平八　马3退1

27. 车八平五　马1进3　　**28.** 车五平八　马3退1

29. 炮七平九　将4平5　　**30.** 马九进七　卒1进1

31. 炮九退二　象5退3　　**32.** 车八平九　马1进3

33. 马七进六　车5进2　　**34.** 车九平七　马3退5

35. 车七进六　士5退4　　**36.** 马六退七　车5退2

37. 车七平九　马5进3　　**38.** 炮九平八　炮6平2

39. 车九平八　炮2平5　　**40.** 马七进六　车5平4

41. 马三进五　炮5进3　　**42.** 车八退三　马9退7

43. 马五进七　车4进1　　**44.** 车八平七　马7进5

45. 炮八进七　将5进1　　**46.** 车七平五　炮5平4

47. 炮八平四　卒1进1　　**48.** 炮四退六　卒1平2

49. 马七进八　车4平3　　**50.** 炮四平五　炮4进3

51. 马八进六　车3进5　　**52.** 仕五退六　车3退3

53. 车五平七　马5进4　　**54.** 马六退四

第57局　李鸿嘉　和　万春林

1. 兵七进一　炮2平3　　**2.** 炮二平五　象3进5

3. 马二进三　卒3进1　　**4.** 车一平二　卒3进1

5. 马八进九　车9进1　　**6.** 车九平八　车9平4

7. 炮五进四　士4进5　　**8.** 炮五平一　马8进9

9. 仕六进五　车4进4　　　　10. 炮八平四　马2进4

11. 相七进五　炮8平7　　　　12. 兵三进一　卒7进1

13. 炮一退二　车4退2　　　　14. 马三进二　炮7平8

15. 炮四平二　炮8进5　　　　16. 车二进二　卒7进1

17. 炮一平三　卒3平4　　　　18. 炮三退三　车1平2

19. 车八进九　马4退2　　　　20. 马二进四　车4进1

21. 马四进二　炮3退1　　　　22. 马二退三　马9进8

23. 炮三平二　马8进6　　　　24. 车二进四　马2进3

25. 车二平八　车4平2　　　　26. 车八平六　车2平4

27. 车六平八　车4平2　　　　28. 车八平六　车2平4

29. 车六平八　车4平2　　　　30. 车八平六　车2平4

31. 车六平八

第 58 局　汪洋 和 才溢

1. 兵七进一　炮2平3　　　　2. 炮二平五　象3进5

3. 马二进三　卒3进1　　　　4. 车一平二　卒3进1

5. 马八进九　车9进1　　　　6. 车九平八　车9平4

7. 炮五进四　士4进5　　　　8. 炮五平一　马8进9

9. 仕六进五　炮8平7　　　　10. 相三进五　卒3进1

11. 炮八进二　卒3平4　　　　12. 炮八平九　炮3平1

13. 兵三进一　车4进3　　　　14. 车八进三　卒1进1

15. 炮九进三　马2进1　　　　16. 兵一进一　炮7平6

17. 马三进四　车4进1　　　　18. 马四进五　车4退3

19. 车二进三　卒4平5　　　　20. 车八平五　车4进2

21. 马九进七　车4平6　　　　22. 炮一退一　车1平4

23. 兵三进一　车6进4　　　　24. 兵三平二　炮6平8

25. 车二平四　车6退2　　　　26. 车五平四　马9进8

27. 炮一进一　马1进3　　　　28. 兵一进一　马3进5

29. 车四平五　马8进6　　　　30. 车五进二　车4进6

31. 马七退八　车4进2　　32. 马八进六　马6进5

33. 兵一平二　马5进7　　34. 马六退四　象5退3

35. 马五进三　车4退6　　36. 马三进二　车4平6

37. 炮一进三　象3进5　　38. 帅五平六　炮8退1

39. 车五平九　士5退4　　40. 车九平六　士6进5

41. 兵二进一　车6平9　　42. 兵二进一　车9平8

43. 马四进五　车8平9　　44. 车六平二　车9退2

45. 车二进三　车9进6　　46. 马五进七　车9平3

47. 车二退四　车3进3　　48. 帅六进一　车3退1

49. 帅六退一　车3进1　　50. 帅六进一　车3退1

51. 帅六退一　车3退2　　52. 车二平五　马7退5

53. 车五退二　车3进3　　54. 帅六进一　车3退1

55. 帅六退一　车3进1　　56. 帅六进一　车3退4

57. 马二退三　车3平4　　58. 仕五进六　车4进1

59. 兵九进一　车4退1

第59局　郑一泓 负 张强

1. 兵七进一　炮2平3　　2. 炮二平五　象3进5

3. 马二进三　卒3进1　　4. 车一平二　卒3进1

5. 马八进九　车9进1　　6. 车九平八　车9平4

7. 炮五进四　士4进5　　8. 炮五平一　马8进9

9. 车二进四　车4进4　　10. 车二平六　卒3平4

11. 兵三进一　马2进1　　12. 炮八进五　车1平4

13. 马三进四　炮8进3　　14. 马四进五　车4进3

15. 仕六进五　卒4进1　　16. 兵三进一　象5进7

17. 马五进四　车4进1　　18. 炮一退一　车4退1

19. 炮一进一　车4进1　　20. 车八进四　炮8退1

21. 车八平七　炮3进2　　22. 兵五进一　车4退2

23. 炮八退一　车4平6　　24. 炮八平五　将5平4

25. 马九退七	车 6 退 1	26. 马七进六	炮 3 退 3
27. 兵一进一	车 6 进 5	28. 车七平六	炮 3 平 4
29. 车六平八	炮 4 平 3	30. 车八平六	炮 3 平 4
31. 车六进二	炮 8 退 2	32. 马六进五	车 6 平 1
33. 车六平八	车 1 进 3	34. 仕五退六	车 1 平 3
35. 相三进五	车 3 退 7	36. 马五退七	炮 8 平 5
37. 兵五进一	炮 4 进 4	38. 车八平六	车 3 平 4
39. 炮五平九	马 1 退 3	40. 车六进一	士 5 进 4
41. 兵一进一	炮 5 进 5	42. 帅五进一	炮 5 退 2
43. 马七进九	象 7 退 5	44. 兵一平二	卒 7 进 1
45. 兵二进一	马 9 退 7	46. 马九进七	象 5 进 3
47. 兵二平三	马 7 进 5	48. 兵三平四	士 4 退 5
49. 马七退九	马 5 退 7	50. 马九退八	炮 4 平 7
51. 兵四平三	炮 5 平 7	52. 兵五进一	炮 2 退 2
53. 兵三平四	炮 7 平 2	54. 马八退六	象 3 退 5
55. 炮一退三	前炮平 9	56. 炮一平七	卒 7 进 1
57. 炮七退二	卒 7 平 6	58. 炮九退一	炮 2 进 1
59. 兵四平三	马 7 进 9	60. 兵三平四	将 4 平 5
61. 炮七进六	炮 2 退 1	62. 炮九进一	马 9 进 8
63. 马六退八	马 8 进 9		

第 60 局 张江 和 卜凤波

1. 兵七进一	炮 2 平 3	2. 炮二平五	象 3 进 5
3. 马二进三	卒 3 进 1	4. 车一平二	卒 3 进 1
5. 马八进九	车 9 进 1	6. 车九平八	车 9 平 4
7. 仕六进五	车 4 进 4	8. 炮五进四	士 4 进 5
9. 炮五平一	马 8 进 9	10. 炮八平六	马 2 进 1
11. 兵三进一	车 1 平 2	12. 车八进九	马 1 退 2
13. 相三进五	车 4 退 1	14. 车二进四	车 4 平 3

15. 兵三进一	卒 7 进 1	**16.** 炮六平七	卒 3 平 4
17. 炮七进五	炮 8 平 3	**18.** 车二平六	车 3 退 1
19. 炮一退二	马 9 进 8	**20.** 马三进二	炮 3 平 1
21. 兵五进一	炮 1 进 4	**22.** 车六退一	炮 1 退 1
23. 马二进四	炮 1 平 9	**24.** 兵一进一	马 2 进 1
25. 兵一进一	马 8 退 9	**26.** 马九进七	马 1 退 3
27. 车六平五	车 3 进 1	**28.** 马四退六	马 9 进 7
29. 兵一平二	马 3 进 4	**30.** 马六退八	车 3 退 1
31. 兵二进一	马 7 退 6	**32.** 马七进六	象 5 退 3
33. 车五平一	马 4 退 6	**34.** 车一进五	后马退 8
35. 兵二进一	车 3 平 8	**36.** 车一退五	车 8 退 1
37. 马六进八	马 6 进 4	**38.** 车一平七	马 4 退 2
39. 车七进三	车 8 平 4	**40.** 前马退七	象 7 进 5
41. 车七平八	马 2 退 4	**42.** 车八平九	车 4 进 4
43. 马八进九	象 5 进 3	**44.** 车九平八	车 4 退 4
45. 兵五进一	马 8 进 6	**46.** 仕五进六	马 6 进 8
47. 车八平七	象 3 进 1	**48.** 车七平八	马 8 退 7

第 61 局 蒋川 和 徐超

1. 兵七进一	炮 2 平 3	**2.** 炮二平五	象 3 进 5
3. 马二进三	卒 3 进 1	**4.** 车一平二	卒 3 进 1
5. 马八进九	车 9 进 1	**6.** 车九平八	车 9 平 4
7. 炮五进四	士 4 进 5	**8.** 炮五平一	马 8 进 9
9. 车二进四	卒 7 进 1	**10.** 车二平七	车 4 进 2
11. 炮一退二	马 2 进 4	**12.** 相七进五	马 9 进 8
13. 兵三进一	卒 7 进 1	**14.** 车七平三	车 1 平 2
15. 炮八平七	车 2 进 9	**16.** 马九退八	马 4 进 2
17. 车三平七	炮 3 进 5	**18.** 马八进七	车 4 平 7
19. 车七平三	车 7 平 9	**20.** 马七进六	马 2 进 3

21. 仕四进五 炮8平9	22. 炮一进三 车9退1
23. 兵一进一 车9进1	24. 车三平二 马8退7
25. 马三进一 马7进5	26. 马六进五 马3退5
27. 马一进三 马5进7	28. 马三退二 车9平5
29. 马二进三 车5平9	30. 马三进五 车9进2
31. 车二平一 马7进9	32. 马五进七 马9进7
33. 相五进三 马7进6	34. 兵五进一 马6退5
35. 相三退五 象5进3	36. 兵九进一 马5进3
37. 马七进八 马3退2	38. 相五进七 象3退5
39. 相三进五 象7进9	40. 兵五进一 象9退7
41. 兵五进一 象7进9	42. 兵五平六 象9退7
43. 兵六平七 象7进9	44. 兵七平八

第62局 王跃飞 负 张强

1. 兵七进一 炮2平3	2. 炮二平五 象3进5
3. 马二进三 卒3进1	4. 车一平二 卒3进1
5. 马八进九 车9进1	6. 车九平八 车9平4
7. 炮五进四 士4进5	8. 炮五平一 马8进9
9. 车二进四 卒7进1	10. 车二平七 车4进2
11. 炮一退二 马2进4	12. 相七进五 马9进8
13. 兵三进一 马4进5	14. 兵三进一 马5进7
15. 炮一平三 马7退5	16. 炮八进五 马5进4
17. 仕六进五 马4进6	18. 炮八退四 车4进3
19. 马九进七 车4退3	20. 马七进五 车4进3
21. 马五退七 车4退3	22. 马七进五 车4进3
23. 马五退七 车4退3	24. 兵五进一 车1平2
25. 车八进一 车2进6	26. 车八进二 马8进7
27. 马七退六 马6进7	28. 帅五平六 炮3平4
29. 车八平三 车4平2	30. 马六进七 炮8进1

31. 炮三进二	车2平4	32. 马七退六	车4平7
33. 车三平六	车7进4	34. 兵五进一	马7退5
35. 车七平二	车7进2	36. 帅六平五	马5进7
37. 帅五平六	马7退6	38. 车二退三	马6进5
39. 车二平五	炮8进6		

第63局 许银川 和 柳大华

1. 兵七进一	炮2平3	2. 炮二平五	象3进5
3. 马二进三	卒3进1	4. 车一平二	卒3进1
5. 马八进九	车9进1	6. 车九平八	车9平4
7. 仕六进五	车4进2	8. 炮八平六	马2进1
9. 兵三进一	马8进9	10. 马三进四	卒9进1
11. 车二进三	士4进5	12. 兵五进一	车1平2
13. 车八进九	马1退2	14. 马四进五	炮8平6
15. 车二平八	马2进1	16. 兵五进一	马9进8
17. 炮六进三	马8进6	18. 炮五平六	车4平3
19. 马五进七	车3退1	20. 前炮平一	卒7进1
21. 车八平三	马6退7	22. 兵三进一	马7进9
23. 炮六平一	马9退8	24. 兵三平四	车3进2
25. 车三平二	马8进7	26. 兵四平三	车3平5
27. 兵三进一	炮6进3	28. 相七进五	卒3平4
29. 车二平四	炮6平5	30. 马九进七	炮5进1
31. 马七退六	炮5退1	32. 马六退八	马1进3
33. 马八进七	卒4平3	34. 兵三平四	马3进4
35. 车四平六	车5平6	36. 车六平五	车6平5
37. 兵一进一	卒1进1	38. 车五平六	车5平6
39. 车六平五	车6平5	40. 炮一平二	马4进3
41. 炮二平七	卒3平4	42. 炮七平六	车5平2
43. 炮六退二	象5退3	44. 车五平七	象7进5

45. 兵四平五	卒 1 进 1	46. 兵五进一	象 3 进 5
47. 兵九进一	炮 5 平 1	48. 车七平九	炮 1 退 1
49. 相五退七	车 2 平 7	50. 相七进五	车 7 平 2
51. 车九进一	卒 4 进 1	52. 车九退一	卒 4 平 5
53. 相五进七	车 2 平 5	54. 炮六进二	炮 1 平 3
55. 车九平八	车 5 进 1	56. 兵一进一	炮 3 平 5
57. 炮六退二	炮 5 平 7	58. 兵一平二	炮 7 进 2
59. 车八进六	士 5 退 4	60. 车八退二	士 6 进 5
61. 相七退五	卒 5 进 1	62. 车八退四	炮 7 退 1
63. 相三进五	车 5 进 2	64. 车八平三	炮 7 平 5
65. 炮六进六	车 5 平 8	66. 车三平五	炮 5 平 7
67. 车五平三	炮 7 平 5	68. 车三平五	炮 5 平 7

第 64 局　蒋川 胜 赵国荣

1. 兵七进一	炮 2 平 3	2. 炮二平五	象 3 进 5
3. 马二进三	卒 3 进 1	4. 车一平二	卒 3 进 1
5. 马八进九	车 9 进 1	6. 车九平八	车 9 平 4
7. 炮五进四	士 4 进 5	8. 炮五平一	马 8 进 9
9. 车二进四	卒 3 进 1	10. 炮八平四	卒 3 平 4
11. 炮四进六	车 4 进 3	12. 车八进八	车 4 平 6
13. 炮四平一	车 6 进 3	14. 马三退二	车 6 平 3
15. 相三进五	卒 4 平 5	16. 马九退八	车 3 退 3
17. 马二进四	卒 5 进 1	18. 相七进五	车 3 平 5
19. 马八进六	车 5 进 3	20. 仕六进五	车 5 退 3
21. 马六进五	车 5 平 3	22. 前炮进一	炮 8 平 6
23. 车二平八	象 5 退 3	24. 后炮退二	象 3 进 5
25. 后炮平五	车 3 平 5	26. 马五进三	车 5 退 1
27. 前车进一	车 1 平 2	28. 车八进五	士 5 退 4
29. 炮五进一	炮 6 进 3	30. 车八退五	马 9 进 8

31. 马三进二　炮 6 退 4　　32. 车八进三　车 5 进 1
33. 车八平七　士 4 进 5　　34. 车七退一　车 5 平 4
35. 车七平三　将 5 平 4　　36. 马四进五　车 4 进 2
37. 马五进四　炮 6 进 2　　38. 马二进三　车 4 平 1
39. 仕五退六　车 1 平 4　　40. 仕四进五　炮 6 退 2
41. 马四进五　炮 6 进 4　　42. 车三平九　车 4 退 4
43. 马三退四

第 65 局　许银川 胜 张强

1. 兵七进一　炮 2 平 3　　2. 炮二平五　象 3 进 5
3. 马二进三　卒 3 进 1　　4. 车一平二　卒 3 进 1
5. 马八进九　车 9 进 1　　6. 车九平八　车 9 平 4
7. 炮五进四　士 4 进 5　　8. 炮五平一　马 8 进 9
9. 仕六进五　车 4 进 4　　10. 炮八平六　马 2 进 4
11. 兵三进一　车 1 平 2　　12. 车八进九　马 4 退 2
13. 相三进五　车 4 退 1　　14. 车二进四　车 4 平 3
15. 兵三进一　卒 7 进 1　　16. 炮六平七　卒 3 平 2
17. 炮七进五　炮 8 平 3　　18. 车二平八　马 2 进 4
19. 马三进二　卒 1 进 1　　20. 兵九进一　卒 1 进 1
21. 车八平九　车 3 退 1　　22. 炮一退二　马 4 进 2
23. 马九进八　车 3 平 5　　24. 马八进六　车 5 平 4
25. 车九平六　卒 7 进 1　　26. 炮一平三　炮 3 平 4
27. 车六平八　车 4 平 1　　28. 车八进三　车 4 平 8
29. 马二退三　车 8 进 2　　30. 马三进四　车 8 平 5
31. 马四进六　车 5 退 3　　32. 炮三平九　炮 4 退 2
33. 马六进八　车 5 平 3　　34. 炮九进二　车 3 退 3
35. 车八进一　马 9 进 8　　36. 车八平六　马 8 进 6
37. 马八进七　马 6 进 4　　38. 仕五进六　马 4 进 6
39. 帅五进一　车 3 平 2　　40. 炮九进三

第 66 局　郑一泓 负 朱少钧

1. 兵七进一	炮 2 平 3	2. 炮二平五	象 3 进 5
3. 马二进三	卒 3 进 1	4. 车一平二	卒 3 进 1
5. 马八进九	车 9 进 1	6. 车九平八	车 9 平 4
7. 车二进四	车 4 进 4	8. 炮八进二	车 4 退 2
9. 车二平七	马 2 进 4	10. 车七平二	马 8 进 9
11. 仕六进五	士 4 进 5	12. 炮五平六	马 4 进 3
13. 炮八平九	车 1 平 3	14. 相三进五	车 4 进 2
15. 车二平六	马 3 进 4	16. 炮九平七	炮 3 平 4
17. 炮六进五	士 5 进 4	18. 兵五进一	士 4 退 5
19. 车八进四	卒 7 进 1	20. 仕五进六	卒 5 进 1
21. 仕四进五	炮 8 进 2	22. 马三进五	马 9 退 8
23. 兵三进一	马 4 退 5	24. 兵五进一	炮 8 平 5
25. 车八进二	马 8 进 7	26. 车八平九	卒 7 进 1
27. 车九退一	马 5 进 3	28. 炮七进五	炮 5 平 1
29. 炮七平八	卒 7 平 8	30. 马九进七	马 7 进 6
31. 马五进七	炮 1 退 3	32. 前马进五	卒 9 进 1
33. 兵九进一	炮 1 平 3	34. 马七进八	马 3 退 2
35. 马八退六	马 6 退 8	36. 马五进七	士 5 进 4
37. 马七退五	士 6 进 5	38. 马五进三	卒 8 进 1
39. 马六进七	马 2 进 3	40. 兵九进一	马 3 进 2
41. 兵九平八	马 2 进 3	42. 帅五平四	卒 8 平 9
43. 马七进九	炮 3 平 4	44. 炮八平九	士 5 进 6
45. 马九进八	炮 4 退 1	46. 马八退九	将 5 进 1
47. 炮九退一	马 8 进 9	48. 马三退五	马 9 进 7
49. 马五进六	前卒进 1	50. 马九退七	前卒进 1
51. 炮九平七	马 7 进 8	52. 帅四进一	马 3 退 2
53. 炮七平八	马 2 进 3	54. 马六退八	马 8 退 7

55. 帅四退一　炮 4 平 6　　　　**56.** 仕五进四　将 5 退 1

57. 马八进七　将 5 平 4　　　　**58.** 后马退六　士 6 退 5

59. 马六退四　前卒平 8　　　　**60.** 炮八平九　马 7 退 6

61. 马四进五　马 6 进 8

第 67 局　郑一泓 负 洪智

1. 兵七进一　炮 2 平 3　　　　**2.** 炮二平五　象 3 进 5

3. 马二进三　卒 3 进 1　　　　**4.** 车一平二　卒 3 进 1

5. 马八进九　车 9 进 1　　　　**6.** 车九平八　车 9 平 4

7. 炮五进四　士 4 进 5　　　　**8.** 炮五平一　马 8 进 9

9. 车二进四　卒 7 进 1　　　　**10.** 车二平七　车 4 进 2

11. 炮一退二　马 2 进 4　　　　**12.** 相七进五　马 9 进 8

13. 兵三进一　卒 7 进 1　　　　**14.** 车七平三　车 1 平 2

15. 炮八进三　车 4 进 4　　　　**16.** 炮八平五　将 5 平 4

17. 车三进二　车 4 平 1　　　　**18.** 炮一平六　将 4 平 5

19. 车八进九　马 4 退 2　　　　**20.** 炮六平三　将 5 平 4

21. 车三平六　将 4 平 5　　　　**22.** 车六平二　马 8 进 7

23. 车二平三　将 5 平 4　　　　**24.** 车三平六　将 4 平 5

25. 车六平八　炮 3 平 2　　　　**26.** 仕四进五　象 7 进 9

27. 炮三进三　马 2 进 4　　　　**28.** 炮三进一　马 4 退 2

29. 炮三退一　马 2 进 4　　　　**30.** 炮三进一　马 4 退 2

31. 炮三退一　马 2 进 4　　　　**32.** 炮三进一　马 4 进 2

33. 炮三平二　车 1 平 3　　　　**34.** 兵五进一　车 3 退 3

35. 马三进五　马 7 退 5　　　　**36.** 马五进三　马 5 退 7

37. 炮五退二　车 3 进 2　　　　**38.** 兵九进一　马 2 进 1

39. 炮二平四　炮 2 退 2　　　　**40.** 炮四平一　象 9 退 7

41. 炮一进一　炮 8 平 7　　　　**42.** 炮五进二　车 3 退 3

43. 车八进二　车 3 平 5　　　　**44.** 炮五平四　炮 2 平 3

45. 马三退四　马 1 进 3

第68局　潘振波　负　赵国荣

1. 兵七进一	炮2平3	2. 炮二平五	象3进5
3. 马二进三	卒3进1	4. 车一平二	卒3进1
5. 马八进九	车9进1	6. 车九平八	车9平4
7. 炮五进四	士4进5	8. 炮五平一	马8进9
9. 仕六进五	炮8平7	10. 炮八平六	卒7进1
11. 相三进五	车4进2	12. 炮一退二	车4平3
13. 兵九进一	卒3进1	14. 车二进四	卒3进1
15. 马九进八	车3进1	16. 炮六进一	卒3进1
17. 相七进九	卒7进1	18. 车二平三	马2进4
19. 马三退一	马4进5	20. 车三平五	马5进7
21. 车五平六	车1平2	22. 炮一平二	马7退5
23. 车六平五	马9进7	24. 炮二平三	马7进6
25. 相五退三	炮7平8	26. 炮六进一	马5进4
27. 车五平六	炮8进3	28. 车八进二	马6退5
29. 车六进二	车2进5	30. 车八进二	炮8平2
31. 车六平五	炮2进4	32. 车五平六	炮2平1
33. 仕五进四	车3平2		

第69局　靳玉砚　负　赵鑫鑫

1. 兵七进一	炮2平3	2. 炮二平五	象3进5
3. 马二进三	卒3进1	4. 车一平二	卒3进1
5. 马八进九	车9进1	6. 车九平八	车9平4
7. 炮五进四	士4进5	8. 炮五平一	马8进9
9. 仕六进五	车4进4	10. 炮八平六	马2进1
11. 相三进五	卒3平2	12. 兵九进一	车1平2
13. 兵三进一	卒2进1	14. 炮一退二	车4退2

15. 马三进四 炮3平4	16. 马九退七 车4平3
17. 马七进六 车2进4	18. 马四进六 炮4平2
19. 炮一进二 卒7进1	20. 炮一退一 炮8进2
21. 前马退四 车3进2	22. 兵三进一 车3平6
23. 兵三平二 车2平8	24. 车八进三 车8进5
25. 车八进四 车8退5	26. 车八平九 车8平9
27. 车九进二 士5退4	28. 车九平六 将5进1
29. 马六退八 马9进7	30. 马八进七 象5进3
31. 车六退三 马7进8	32. 炮六平八 车9退1
33. 车六退一 车6退1	34. 车六退一 马8进6
35. 炮八进一 马6进7	36. 帅五平六 车9平2
37. 马七退六 象7进5	38. 车六平三 车6平7
39. 车三平六 车7退1	40. 炮八退二 马7退6
41. 炮八进二 马6进7	42. 炮八退二 马7退6
43. 炮八进二 马6退7	44. 炮八平九 车7平4
45. 车六平三 车4进3	46. 炮九退一 车4平5
47. 帅六平五 车5平4	48. 炮九退一 车2平5
49. 兵一进一 马7进5	50. 马六退八 车4平2
51. 马八退六 车2进2	52. 马六进七 车2平4
53. 炮九进一 马5进3	54. 车三平七 马3进1
55. 相七进九 车5进4	56. 相九退七 车5退4

第70局 黄海林 负 谢靖

1. 兵七进一 炮2平3	2. 炮二平五 象3进5
3. 马二进三 卒3进1	4. 车一平二 卒3进1
5. 马八进九 车9进1	6. 车九平八 车9平4
7. 仕六进五 车4进2	8. 兵三进一 马8进9
9. 炮八平六 马2进1	10. 马三进四 卒9进1
11. 兵五进一 士4进5	12. 马四进五 车1平2

13. 车八进九　马1退2	14. 车二进三　炮8平6
15. 车二平八　马2进1	16. 兵五进一　马9进8
17. 炮五平二　炮3进7	18. 车八退三　炮3退3
19. 马九进七　卒3进1	20. 车八进四　炮6进4
21. 车八平五　炮6平1	22. 炮六进三　炮1退2
23. 炮六平二　炮1平8	24. 炮二平三　马1进3
25. 炮三进四　车4进2	26. 车五平六　马3进4
27. 兵五平六　马4退6	28. 马五退四　炮8进1
29. 马四退三　炮8退1	30. 马三进四　炮8进1
31. 马四退三　炮8退1	32. 马三进四　炮8进1
33. 马四退三　炮8进1	34. 炮三平五　炮8平7
35. 相三进一　卒3平4	36. 兵三进一　马6进5
37. 马三进五　卒4平5	38. 炮五退一　炮7进1
39. 仕五进四　炮7进1	40. 仕四进五　卒5平6
41. 兵三平四　炮7平9	42. 相一进三　卒6平7
43. 兵六进一　将5平4	44. 炮五平六　将4平5
45. 帅五平六　卒7平8	46. 兵六平七　士5进4
47. 炮六进一　卒8平9	48. 炮六平九　炮9平6
49. 兵四平五　炮6平8	50. 炮九退二　炮8退7
51. 兵五平四　士6进5	52. 炮九平五　将5平6
53. 兵七平六　前卒平8	54. 兵六平五　卒8平7
55. 兵五平四　炮8进7	56. 炮五平四　炮8退7
57. 前兵平三　炮8平6	58. 炮四平六　士5进6
59. 兵四平五　炮6平5	60. 兵五平四　炮5平6
61. 兵四平五　炮6平5	62. 兵五平四　炮5平6
63. 兵四平五　炮6平1	64. 兵五进一　士6退5
65. 炮六平五　炮1进4	66. 兵三进一　炮1退3
67. 兵五平四　象5进3	68. 兵三进一　象7进5

第71局 张申宏 胜 黄海林

1. 兵七进一	炮 2 平 3	2. 炮二平五	象 3 进 5
3. 马二进三	卒 3 进 1	4. 车一平二	卒 3 进 1
5. 马八进九	车 9 进 1	6. 车九平八	车 9 平 4
7. 炮五进四	士 4 进 5	8. 炮五平一	马 8 进 9
9. 仕六进五	炮 8 平 7	10. 相三进五	卒 7 进 1
11. 车二进六	车 4 进 3	12. 炮八平六	马 2 进 4
13. 兵一进一	车 1 平 3	14. 兵五进一	炮 3 平 4
15. 兵五进一	车 4 进 2	16. 马九退七	车 4 平 7
17. 炮六进六	车 7 进 1	18. 马七进六	卒 7 进 1
19. 兵五进一	卒 3 平 4	20. 马六进八	卒 4 平 3
21. 兵五进一	卒 3 平 2	22. 兵五平六	士 5 进 4
23. 车二进一	卒 7 平 6	24. 炮六平二	炮 7 退 1
25. 车二平一	车 7 平 8	26. 炮一平三	炮 7 平 2
27. 车八进四	车 8 退 6	28. 车一平三	车 3 进 1
29. 炮三进三	士 6 进 5	30. 炮三平一	车 8 平 9
31. 车三进二	士 5 退 6	32. 车三退一	

第72局 赵国荣 胜 郝继超

1. 兵七进一	炮 2 平 3	2. 炮二平五	象 3 进 5
3. 马二进三	卒 3 进 1	4. 车一平二	卒 3 进 1
5. 马八进九	车 9 进 1	6. 车九平八	车 9 平 4
7. 仕六进五	车 4 进 4	8. 炮五进四	士 4 进 5
9. 炮五平一	马 8 进 9	10. 炮八平六	马 2 进 1
11. 兵九进一	炮 8 平 7	12. 相三进五	车 1 平 2
13. 车八进九	马 1 退 2	14. 炮一退二	卒 7 进 1
15. 车二进六	炮 3 退 2	16. 车二进一	炮 3 进 2

17. 炮一平七　炮 7 进 1　　18. 车二退一　炮 3 进 1

19. 车二进一　炮 3 进 6　　20. 相五退七　车 4 平 3

21. 相七进五　车 3 平 4　　22. 马九进七　马 2 进 3

23. 马七进五　炮 7 平 5　　24. 车二退一　车 4 平 1

25. 兵一进一　车 1 进 4　　26. 仕五退六　车 1 退 5

27. 仕四进五　车 1 平 5　　28. 马五退七　车 5 平 3

29. 马七进五　车 3 平 5　　30. 兵一进一　卒 7 进 1

31. 兵三进一　车 5 平 9　　32. 兵三进一　象 5 进 7

33. 马五进六　车 9 进 5　　34. 仕五退四　车 9 退 4

35. 兵五进一

第 73 局　于幼华 和 申鹏

1. 兵七进一　炮 2 平 3　　2. 炮二平五　象 3 进 5

3. 马二进三　卒 3 进 1　　4. 车一平二　卒 3 进 1

5. 马八进九　车 9 进 1　　6. 车九平八　车 9 平 4

7. 炮五进四　士 4 进 5　　8. 炮五平一　马 8 进 9

9. 仕六进五　卒 7 进 1　　10. 车二进六　卒 1 进 1

11. 炮八平六　马 2 进 1　　12. 相三进五　车 4 进 5

13. 兵三进一　卒 7 进 1　　14. 相五进三　卒 3 进 1

15. 马三进四　车 4 平 5　　16. 马四进六　车 5 平 9

17. 炮六平三　车 9 平 7　　18. 炮三平一　车 7 平 9

19. 相七进五　卒 3 平 2　　20. 车八平七　马 1 进 2

21. 车七进四　车 1 平 4　　22. 马六进八　炮 3 平 2

23. 后炮平三　车 9 平 7　　24. 炮三平四　马 2 进 4

25. 炮一退一　马 4 退 6　　26. 炮一平三　车 7 平 4

27. 车二平四　炮 8 进 7　　28. 相五退三　炮 8 退 3

29. 相三退五　炮 8 平 5　　30. 马八退六　马 6 进 4

31. 马九退七　前车平 3　　32. 车七平六　车 3 进 2

33. 车六退四　炮 5 平 1　　34. 车四平八　象 5 进 7

35. 车八进一 炮 1 进 3　　**36.** 车六平九 车 4 进 4
37. 车八进二 士 5 退 4　　**38.** 车八退六 象 7 退 5

第 74 局　郑一泓 和 赵鑫鑫

1. 兵七进一 炮 2 平 3　　**2.** 炮二平五 象 3 进 5
3. 马二进三 卒 3 进 1　　**4.** 车一平二 卒 3 进 1
5. 马八进九 车 9 进 1　　**6.** 车九平八 车 9 平 4
7. 炮五进四 士 4 进 5　　**8.** 炮五平一 马 8 进 9
9. 车二进四 卒 7 进 1　　**10.** 车二平七 车 4 进 2
11. 炮一退二 马 2 进 4　　**12.** 相七进五 马 9 进 8
13. 兵三进一 卒 7 进 1　　**14.** 车七平三 炮 3 进 5
15. 炮八进二 车 1 平 2　　**16.** 马三进四 马 4 进 3
17. 炮八平五 车 2 进 9　　**18.** 马九退八 炮 3 退 1
19. 车三进二 车 4 平 7　　**20.** 马四进三 炮 3 平 9
21. 炮一平三 将 5 平 4　　**22.** 马八进七 马 8 退 6
23. 炮三平二 炮 8 进 1　　**24.** 仕六进五 马 3 进 5
25. 马三进四 马 6 进 5　　**26.** 兵五进一 马 5 退 6
27. 炮二平四 炮 9 退 5　　**28.** 马七进五 炮 9 平 7
29. 炮四进二 炮 8 退 2　　**30.** 马五进七 炮 8 平 6
31. 炮四进二 士 5 进 4　　**32.** 炮四平八 炮 7 平 5
33. 炮八退四 象 5 进 3　　**34.** 兵五进一 炮 5 平 3
35. 兵五平六 炮 3 进 4　　**36.** 相五进七 象 3 退 5

第 75 局　张申宏 胜 孙浩宇

1. 兵七进一 炮 2 平 3　　**2.** 炮二平五 象 3 进 5
3. 马二进三 卒 3 进 1　　**4.** 车一平二 卒 3 进 1
5. 马八进九 车 9 进 1　　**6.** 车九平八 车 9 平 4
7. 炮五进四 士 4 进 5　　**8.** 炮五平一 马 8 进 9

9. 仕六进五　卒 1 进 1　　10. 炮八平六　马 2 进 1

11. 相三进五　车 4 进 5　　12. 车二进四　卒 3 进 1

13. 车二平七　卒 3 平 2　　14. 兵九进一　卒 2 平 1

15. 车七退一　车 4 退 2　　16. 车七平九　车 4 平 9

17. 炮一平二　车 9 平 8　　18. 炮二平一　马 1 进 2

19. 车九平六　炮 3 平 2　　20. 车八平九　卒 1 进 1

21. 马九进七　马 2 进 3　　22. 车六平七　车 1 进 4

23. 炮一退二　卒 1 平 2　　24. 炮一平五　炮 2 平 3

25. 车九进五　车 8 平 1　　26. 车七进三　车 1 平 5

27. 兵三进一　卒 2 进 1　　28. 相五退三　卒 7 进 1

29. 兵三进一　车 5 平 7　　30. 相七进五　炮 8 平 7

31. 马三进二　车 7 平 8　　32. 马二退四　车 8 平 2

33. 炮五进一　马 9 进 8　　34. 兵五进一　车 2 进 1

35. 马四进三

第 76 局　靳玉砚 负 洪智

1. 兵七进一　炮 2 平 3　　2. 炮二平五　象 3 进 5

3. 马二进三　卒 3 进 1　　4. 车一平二　卒 3 进 1

5. 马八进九　车 9 进 1　　6. 车九平八　车 9 平 4

7. 炮五进四　士 4 进 5　　8. 仕六进五　马 8 进 9

9. 炮五平一　车 4 进 4　　10. 炮八平六　马 2 进 1

11. 相三进五　卒 3 平 2　　12. 兵九进一　车 1 平 2

13. 兵三进一　卒 2 进 1　　14. 炮一退二　车 4 退 1

15. 马九进八　车 4 平 2　　16. 车八进三　马 1 进 3

17. 炮六平八　马 9 进 8　　18. 炮一平二　炮 8 进 3

19. 车二进四　后车平 4　　20. 兵三进一　马 3 进 4

21. 车八平七　马 4 进 6　　22. 车二平四　车 2 进 1

23. 车四退一　卒 7 进 1　　24. 炮八平六　炮 3 进 2

25. 马三进四　车 2 平 1　　26. 马四进五　车 4 进 3

27. 马五退三	象 5 进 7	28. 车七进二	车 1 退 1
29. 车七进四	士 5 退 4	30. 兵五进一	象 7 退 5
31. 车七平八	士 6 进 5	32. 车四平五	马 8 进 6
33. 车八退六	马 6 退 7	34. 车五平二	车 1 平 7
35. 车二进三	卒 1 进 1	36. 车八平五	车 4 平 3
37. 车五平六	马 7 进 5	38. 车二进二	马 5 退 6
39. 车二平四	马 6 进 8	40. 车六平二	车 3 平 4
41. 炮六平八	车 4 平 2	42. 炮八平七	车 2 平 3
43. 炮七平六	车 3 平 4	44. 相五进七	车 7 进 1
45. 相七进五	车 7 退 1	46. 相五退三	车 7 进 1
47. 相七退五	车 7 退 1	48. 相三进一	马 8 退 6
49. 车二平八	马 6 进 8	50. 车八平二	马 8 退 6
51. 相五退三	车 7 平 2	52. 车二进六	车 2 进 5
53. 仕五退六	车 4 平 7	54. 炮六平五	车 2 退 4
55. 炮五进五	士 5 退 6	56. 炮五平九	车 2 平 5
57. 仕四进五	士 4 进 5	58. 炮九进二	车 5 退 2
59. 车二退五	车 7 平 8	60. 车二平三	车 8 平 7
61. 车四平三	车 7 退 2	62. 车三进四	象 7 进 5
63. 车三退五	马 6 进 7	64. 车三平八	将 5 平 4
65. 相一进三	卒 1 进 1	66. 相三进五	马 7 进 5
67. 车八平六	车 5 平 4	68. 车六平五	车 4 平 1
69. 炮九平八	车 1 平 2	70. 炮八平九	车 2 平 1
71. 炮九平八	车 1 平 2	72. 炮八平九	车 2 平 1
73. 炮九平八	车 1 平 2	74. 炮八平九	车 2 平 5
75. 相五进七	卒 1 平 2	76. 相三退五	马 5 退 7
77. 车五平三	车 5 平 1	78. 炮九平八	车 1 平 8
79. 相五进三	卒 2 平 3	80. 炮八退七	马 7 进 5
81. 车三平五	卒 3 平 4	82. 炮八平四	车 8 进 6
83. 炮四退二	车 8 平 7	84. 相三退五	车 7 退 3

第77局 汪洋 负 赵国荣

1. 兵七进一　炮2平3　　　　2. 炮二平五　象3进5

3. 马二进三　卒3进1　　　　4. 车一平二　卒3进1

5. 马八进九　车9进1　　　　6. 车九平八　车9平4

7. 炮五进四　士4进5　　　　8. 炮五平一　马8进9

9. 车二进四　卒3进1　　　　10. 炮八平四　卒3平4

11. 炮四进六　车4进3　　　　12. 车八进八　车4平6

13. 炮四平一　车6进3　　　　14. 马三退一　车6平3

15. 相三进五　卒4进1　　　　16. 马九退八　车3退1

17. 马一进三　卒4进1　　　　18. 相七进九　车3平4

19. 仕四进五　士5退4　　　　20. 前炮平四　马2进4

21. 炮四退七　卒4进1　　　　22. 仕五退六　马4进2

23. 相九进七　车4平2　　　　24. 马八进六　炮8平6

25. 车二进四　士4进5　　　　26. 炮一退二　车1平4

27. 仕六进五　车2退2　　　　28. 车二平四　炮3进1

29. 炮一平三　车2平7　　　　30. 车四平二　炮3平2

31. 车八平七　炮2平5　　　　32. 马六进八　马9进8

33. 炮三平一　车7平2　　　　34. 马八退七　马2进4

35. 车七平九　马8进7　　　　36. 炮一进五　车2平6

37. 炮四平三　炮6平7　　　　38. 炮三进二　炮7进4

39. 车九平八　车6平2　　　　40. 车八退三　马4进2

41. 车二退五　炮7平1　　　　42. 兵五进一　炮1退2

43. 马三进四　炮5平2　　　　44. 马四进三　炮1进5

45. 马七进九　马2退4　　　　46. 马九进八　炮2平7

47. 兵五进一　马4退6　　　　48. 兵五进一　马6进7

49. 车二平五　象5退3

第78局 汪洋 胜 申鹏

1. 兵七进一 炮2平3	2. 炮二平五 象3进5
3. 马二进三 卒3进1	4. 车一平二 卒3进1
5. 马八进九 车9进1	6. 车九平八 车9平4
7. 炮五进四 士4进5	8. 炮五平一 马8进9
9. 车二进四 卒7进1	10. 车二平七 车4进2
11. 炮一退二 马2进4	12. 相七进五 车1平2
13. 兵九进一 车2进6	14. 炮八平七 车2进3
15. 马九退八 马4进3	16. 车七平二 炮8平7
17. 仕四进五 车4平6	18. 炮七进五 炮7平3
19. 马八进九 马9退7	20. 马九进八 马3进2
21. 车二平八 车6进3	22. 炮一平五 将5平4
23. 炮五进二 车6平7	24. 炮五平三 车7平6
25. 马三进四 炮3退2	26. 马四进六 马7进6
27. 马六进七 将4平5	28. 炮三平九 士5退4
29. 车八进二 马6退4	30. 车八平六 士6进5
31. 马七退六 车6平9	32. 炮九进三 将5平6
33. 兵九进一 车9平6	34. 兵九平八 卒7进1
35. 兵八进一 象5进7	36. 兵八进一

第79局 徐天红 和 聂铁文

1. 兵七进一 炮2平3	2. 炮二平五 象3进5
3. 马二进三 卒3进1	4. 车一平二 卒3进1
5. 马八进九 车9进1	6. 车九平八 车9平4
7. 仕六进五 车4进4	8. 炮五进四 士4进5
9. 炮五平一 马8进9	10. 炮八平四 马2进4
11. 相七进五 炮8平7	12. 炮一退二 车4平6

13. 车二进三　车 6 进 1　　14. 马三退一　车 6 平 5

15. 兵三进一　车 5 退 2　　16. 炮一平七　卒 7 进 1

17. 兵三进一　马 4 进 5　　18. 兵三平四　车 5 平 6

19. 车二平五　马 5 进 3　　20. 炮七进三　炮 7 平 3

21. 车八进六　车 1 平 4　　22. 车八平七　炮 3 平 2

23. 相五进七　马 9 进 8　　24. 马一进二　车 6 退 1

25. 车七平四　马 8 退 6　　26. 马九退七　马 6 进 7

27. 车五平三　马 7 退 5　　28. 相三进五　车 4 进 5

29. 马七进八　车 4 进 1　　30. 车三平六　马 5 进 4

31. 马八进七

第 80 局　张申宏 和 李雪松

1. 兵七进一　炮 2 平 3　　2. 炮二平五　象 3 进 5

3. 马二进三　卒 3 进 1　　4. 车一平二　卒 3 进 1

5. 马八进九　车 9 进 1　　6. 车九平八　车 9 平 4

7. 炮五进四　士 4 进 5　　8. 炮五平一　马 8 进 9

9. 车二进四　卒 7 进 1　　10. 车二平七　车 4 进 2

11. 炮一退二　马 2 进 4　　12. 相七进五　车 1 平 2

13. 兵九进一　马 9 进 8　　14. 马九进八　炮 3 平 2

15. 炮一平二　炮 8 进 3　　16. 车七平二　炮 2 进 5

17. 车八进二　马 4 进 3　　18. 马八退六　车 2 平 4

19. 车二进一　前车进 3　　20. 仕四进五　前车退 1

21. 车二进一　马 3 进 2　　22. 车八退一　后车进 4

23. 车二平四　马 2 进 4　　24. 帅五平四　象 5 退 3

25. 相三进一　后车退 1　　26. 车四退四　前车平 1

27. 车八平六　车 1 进 1　　28. 兵三进一　卒 7 进 1

29. 相五进三　车 4 平 8　　30. 兵一进一　车 8 进 3

31. 兵一进一　象 7 进 5　　32. 车六进一　马 4 退 5

第81局 张江 和 徐天红

1. 兵七进一	炮2平3	2. 炮二平五	象3进5
3. 马二进三	卒3进1	4. 车一平二	卒3进1
5. 马八进九	车9进1	6. 车九平八	车9平4
7. 仕六进五	车4进4	8. 炮八平六	士4进5
9. 车八进八	马8进9	10. 炮五进四	炮8平7
11. 相三进五	车4退2	12. 炮五退一	炮7退1
13. 车八退一	车4平3	14. 车二进四	车3进1
15. 炮六平七	车3平5	16. 炮七进五	马2进3
17. 车八平七	车5平7	18. 兵三进一	车7平3
19. 车七退二	象5进3	20. 相五进七	车1平4
21. 相七退五	车4进6	22. 兵九进一	车4退1
23. 马九进七	卒7进1	24. 马七进五	卒7进1
25. 车二平三	炮7进6	26. 车三退二	象3退5
27. 马五进四	车4平1	28. 车三平四	车1平8
29. 兵五进一	卒9进1	30. 车四进一	卒9进1
31. 车四平八	象5退3	32. 兵五进一	卒9进1
33. 车八进六	象7进5	34. 兵五进一	车8平6
35. 车八退三	象5进3	36. 车八平九	

第82局 靳玉砚 和 申鹏

1. 兵七进一	炮2平3	2. 炮二平五	象3进5
3. 马二进三	卒3进1	4. 车一平二	卒3进1
5. 马八进九	车9进1	6. 车九平八	车9平4
7. 炮五进四	士4进5	8. 炮五平一	马8进9
9. 仕六进五	卒7进1	10. 车二进六	卒1进1
11. 炮八平四	马2进1	12. 炮四进六	车4进4

13. 车二平五	车1平2	14. 车五进一	车2进9
15. 马九退八	车4退3	16. 车五平六	士5进4
17. 相七进五	卒3平4	18. 马八进六	炮8平7
19. 兵五进一	马1进3	20. 炮四退二	炮7进1
21. 马三退一	马9退7	22. 炮四平六	卒4平5
23. 马一进二	象7进5	24. 兵三进一	卒7进1
25. 马二进一	炮7平5	26. 马一退三	士6进5
27. 炮一退二	卒5平4	28. 马六进五	炮3平1
29. 马五进六	炮1进4	30. 炮六退二	炮1退1
31. 炮六退一	象5进7	32. 炮六平五	炮1平9
33. 兵一进一	马7进8	34. 兵一进一	马8进7
35. 相五进三	炮5进1	36. 兵一进一	卒1进1
37. 相三退五	将5平6	38. 兵一平二	卒1平2
39. 炮五平三	卒2平3	40. 兵二平三	卒3平4
41. 兵三平四	马3进1	42. 马六进八	马1进3
43. 马八进七	马3进4	44. 帅五平六	马4进2
45. 帅六平五	卒4平5	46. 炮三退二	马2退3
47. 炮三平四	卒5平6	48. 兵四平三	士5进6
49. 炮四进六	马3退5	50. 帅五平六	炮5退3
51. 炮四退二	炮5平4	52. 帅六平五	将6平5
53. 炮四平五	马5退3	54. 相五进七	卒6平5
55. 兵三平四	将5平4	56. 相三进五	士4退5
57. 炮五平四	卒5平6	58. 兵四平三	士5进4
59. 马七退八	将4平5	60. 炮四进三	将5平4
61. 炮四平二	士4退5	62. 炮二退三	马3退4
63. 马八进七	象7退5	64. 兵三平四	卒6进1
65. 兵四平五	象5进7	66. 相五退三	卒6平5
67. 炮二退三	马4进5	68. 马七退六	马5进6
69. 炮二平四	士5进4	70. 马六退五	炮4平7
71. 相三进一	炮7平8	72. 相一退三	炮8平7

73. 相七退五 炮7平8		**74.** 帅五平六 炮8平4	
75. 仕五进六 士4退5		**76.** 帅六平五 炮4进3	
77. 马五进四 炮4平5		**78.** 仕四进五 卒5平4	
79. 帅五平四 士5退6		**80.** 马四进二 士6进5	
81. 炮四退一 马6退4		**82.** 兵五平六 马4退2	
83. 兵六平五 马2进4		**84.** 兵五平六 马4退2	
85. 兵六平五 马2进4		**86.** 兵五平六 炮5平6	
87. 帅四平五 马4退2		**88.** 兵六平五 马2进4	
89. 兵五平六 马4退2		**90.** 兵六平五 马2进4	
91. 兵五平六 炮6退4		**92.** 炮四平一 马4退6	
93. 炮一进八 将4进1		**94.** 兵六平七 象7退9	
95. 马二进四 马6退7		**96.** 马四退三 象9进7	
97. 马三退五 卒4平3		**98.** 兵七平六 炮6平3	
99. 马五进七 炮3进2		**100.** 炮一平九 象7退5	
101. 马七进九 炮3退2		**102.** 兵六平七 士5进6	
103. 兵七进一 炮3平8		**104.** 马九进七 炮8进9	
105. 相三进一 马7退6		**106.** 炮九退一 将4退1	
107. 兵七平六 士6退5		**108.** 炮九平五 炮8退7	
109. 马七退八 炮8平4			

第83局 郑一泓 和 胡荣华

1. 兵七进一 炮2平3		**2.** 炮二平五 象3进5	
3. 马二进三 卒3进1		**4.** 车一平二 卒3进1	
5. 马八进九 车9进1		**6.** 车九平八 车9平4	
7. 车二进四 车4进2		**8.** 仕六进五 马2进1	
9. 车二平七 卒7进1		**10.** 炮八进五 炮8平7	
11. 兵三进一 马1退2		**12.** 马三进二 马2进4	
13. 马二进一 马4进2		**14.** 车八进七 士4进5	
15. 车八退四 车1平4		**16.** 兵一进一 卒7进1	

17. 马一进三　炮3平7
18. 车七平三　炮7进2
19. 车八平七　马8进7
20. 兵一进一　前车进2
21. 兵五进一　后车进4
22. 相三进一　后车平2
23. 马九退七　车2进1
24. 兵一平二　马7进8
25. 炮五进四　将5平4
26. 马七进五　车4退2
27. 炮五退一　马8退7
28. 仕五退六　马7退9
29. 仕四进五　马9进8
30. 车三平四　马8退6
31. 炮五平四　车4平6
32. 车七平三　炮7平9
33. 车三平一　炮9平7
34. 车一进二　车6平8
35. 车一退二　车8平6
36. 车一平三　炮7平9
37. 车三平六　将4平5
38. 车六平七　车6平5
39. 马五进三　车2退1
40. 车四平一　炮9退2
41. 炮四退三　车5平8
42. 车一平四　车8进3
43. 马三退五　车8进3
44. 仕五退四　马6进7
45. 炮四退一　车8退2
46. 车七平一　车2平3
47. 炮四平七　炮9进5
48. 马五退三　车3进4
49. 车一退一　车8进1
50. 马三进五　车3进1
51. 车四平三　车3退4
52. 车一进一　车8平1
53. 车一平五　车1退1
54. 仕四进五　马7退5
55. 车三退一　马5进4
56. 马五退三　马4进3
57. 车五退一　车1进1
58. 车三平六　车3退1
59. 马三进四　车1退2
60. 车六平九　马3退1
61. 车五平八　卒1进1
62. 车八进一　马1退2
63. 车八进一　马2退1
64. 马四进五　马1进2
65. 马五退三　象5进7
66. 兵五进一　象7进5
67. 帅五平四　象5退3
68. 帅四平五　马2退1
69. 车八平六　马1进3
70. 兵五平六　车3进2
71. 车六平五

第84局 靳玉砚 负 李雪松

1. 兵七进一	炮2平3	2. 炮二平五	象3进5
3. 马二进三	卒3进1	4. 车一平二	卒3进1
5. 马八进九	车9进1	6. 车九平八	车9平4
7. 炮五进四	士4进5	8. 炮五平一	马8进9
9. 车二进四	卒7进1	10. 车二平七	车4进2
11. 炮一退二	马2进4	12. 炮八平四	车1平4
13. 相七进五	马4进5	14. 仕六进五	炮8平7
15. 兵九进一	前车进3	16. 炮一平五	马9进8
17. 炮五进一	马8进7	18. 炮四进六	马7退6
19. 马三进二	前车平5	20. 车八进五	炮3进2
21. 马二进三	车4进4	22. 炮五退一	车5平1
23. 车八进四	车4退4	24. 车八平六	将5平4
25. 马三退五	马5退3	26. 车七平六	炮3平4
27. 马九退七	车1平5	28. 炮四退二	马6进7
29. 炮四平五	将4平5	30. 后炮平三	马3进5
31. 炮三进三	马7进5	32. 相三进五	车5退2
33. 炮三退一	车5平6	34. 车六平七	马5进6
35. 车七进二	车6平5	36. 炮三平九	炮4退2
37. 炮九进三	将5平4	38. 车七进三	将4进1
39. 炮九退三	车5退1	40. 炮九退一	马6进8
41. 仕五进四	马8进6	42. 帅五进一	车5平4
43. 车七退六	马6退5	44. 车七进一	马5进6
45. 车七退一	卒7进1	46. 车七平四	马6进8
47. 帅五退一	卒7进1	48. 车四进二	象5进7
49. 仕四进五	车4进5	50. 马七进八	炮4平5
51. 车四平五	卒7进1	52. 马八进七	马8退6
53. 帅五平四	炮5平6	54. 车五平四	车4平5

55. 马七进五　　象7退5

第85局　洪智 胜 谢靖

1. 兵七进一　炮2平3　　　　**2.** 炮二平五　象3进5

3. 马二进三　卒3进1　　　　**4.** 车一平二　卒3进1

5. 马八进九　车9进1　　　　**6.** 车九平八　车9平4

7. 炮五进四　士4进5　　　　**8.** 炮五平一　马8进9

9. 仕六进五　车4进4　　　　**10.** 炮八平六　马2进1

11. 相三进五　卒3平2　　　　**12.** 兵九进一　车1平2

13. 兵三进一　卒2进1　　　　**14.** 炮一退二　车4退1

15. 马九进八　车4平2　　　　**16.** 车八进三　马9进8

17. 炮一平二　马1进3　　　　**18.** 炮六平八　马3进2

19. 车八进一　前车进1　　　　**20.** 炮八进七　车2退1

21. 炮八平九　卒1进1　　　　**22.** 兵三进一　车2平7

23. 马三进四　炮8平9　　　　**24.** 炮二平三　马8退7

25. 车二进六　车7平6　　　　**26.** 马四退六　车6平7

27. 兵五进一　卒1进1　　　　**28.** 兵五进一　炮9进2

29. 炮九退四

第86局　李鸿嘉 和 徐天红

1. 兵七进一　炮2平3　　　　**2.** 炮二平五　象3进5

3. 马二进三　卒3进1　　　　**4.** 车一平二　卒3进1

5. 马八进九　车9进1　　　　**6.** 车九平八　车9平4

7. 仕六进五　车4进4　　　　**8.** 炮五进四　士4进5

9. 炮五平一　马8进9　　　　**10.** 炮八平六　卒1进1

11. 车八进八　炮8平7　　　　**12.** 相三进五　炮7退1

13. 车八退二　马2进4　　　　**14.** 炮一退二　车1平2

15. 车八平四　车2进4　　　　**16.** 兵三进一　车4进1

17. 炮一平七　马4进2　　18. 车二进三　车4平1
19. 车二平四　卒1进1　　20. 后车进二　车1平2
21. 后车平八　车2退2　　22. 炮七平五　马2进3
23. 车四平九　马3进5　　24. 兵五进一　卒1平2
25. 车九平七　炮3平4　　26. 马九退七　卒7进1
27. 马三进五　马9进8　　28. 兵三进一　车2平7
29. 兵五进一　车7平5　　30. 马五进三　车5平7
31. 马七进六　炮4进5　　32. 仕五进六　炮7进4
33. 相五进三　车7进1　　34. 仕六退五　马8进9
35. 车七平八

第87局　徐天红 和 张强

1. 兵七进一　炮2平3　　2. 炮二平五　象3进5
3. 马二进三　卒3进1　　4. 车一平二　卒3进1
5. 马八进九　车9进1　　6. 车九平八　车9平4
7. 仕六进五　车4进4　　8. 炮五进四　士4进5
9. 炮五平一　马8进9　　10. 炮八平四　马2进4
11. 相七进五　车4平6　　12. 炮一退二　炮8平7
13. 车二进三　车6进1　　14. 马三退一　卒7进1
15. 兵三进一　车6平8　　16. 马一进二　卒7进1
17. 炮四进六　马4进3　　18. 车八进六　马3进5
19. 马二进一　卒7平8　　20. 炮一进三　象7进9
21. 兵五进一　马5退6　　22. 马一进三　车1平4
23. 马三进一　炮7平8　　24. 马一退二　炮8退1
25. 车八平七　炮3平4　　26. 马二进四　炮4退1
27. 炮四平六　车4进1　　28. 兵五进一　车4平3
29. 车七平九　卒3平2　　30. 兵九进一　卒2平1
31. 车九进三　象5退3　　32. 兵五平六　卒1进1
33. 车九退六　车3平1　　34. 马四进六　将5平4

35. 车九进五	炮8平1	36. 马六进七	炮1进5
37. 马七退九	马6进7	38. 前马退七	将4平5
39. 马七退八	炮1平6	40. 马八退六	炮6退5
41. 兵六平五	炮6平9	42. 马九进七	卒8进1
43. 兵五平六	马7退9	44. 马七进五	卒8平9
45. 马五进四	士5进6	46. 马四进六	将5平4

第88局　郑一泓 和 金波

1. 兵七进一	炮2平3	2. 炮二平五	象3进5
3. 马二进三	卒3进1	4. 车一平二	卒3进1
5. 马八进九	车9进1	6. 车九平八	车9平4
7. 车二进四	车4进2	8. 仕六进五	马2进1
9. 车二平七	车1平2	10. 炮八进五	卒7进1
11. 兵五进一	炮8平7	12. 兵五进一	卒5进1
13. 车七进一	卒5进1	14. 车七退一	炮3退1
15. 车七进四	车2进2	16. 车八进七	炮7平2
17. 车七平二	车4平3	18. 仕五进六	车3进6
19. 帅五进一	炮2进5	20. 炮五平八	车3退2
21. 炮八进三	车3平1	22. 车二进一	车1平4
23. 相三进五	车4退3	24. 炮八进二	车4平2
25. 炮八平六	马1进3	26. 车二退五	车2平4
27. 炮六平七	马3进4	28. 炮七退六	车4平3
29. 炮七进三	马4进3	30. 帅五退一	卒5平4
31. 马三退五	马3进5	32. 仕四进五	卒4平3
33. 车二平七	车3平5	34. 兵三进一	车5进3
35. 兵三进一	车5退1	36. 兵九进一	车5平9
37. 兵三平二	车9平5	38. 车七进二	象5退3
39. 车七平九			

第89局 许银川 和 汪洋

1. 兵七进一 炮2平3   2. 炮二平五 象3进5
3. 马二进三 卒3进1   4. 车一平二 卒3进1
5. 马八进九 车9进1   6. 车九平八 车9平4
7. 仕六进五 车4进2   8. 兵三进一 马2进4
9. 炮八平六 马8进9   10. 车二进五 卒9进1
11. 车二平八 炮3平2   12. 炮六平八 车1平3
13. 炮五平七 卒3平2   14. 炮七平四 车4进5
15. 前车退一 马4进3   16. 前车进二 炮2进5
17. 前车退四 马3进5   18. 相三进五 马5进6
19. 前车平六 车4退1   20. 仕五进六 炮8进4
21. 帅五平六 车3进4   22. 车八进四 马9进8
23. 仕四进五 车3平5   24. 炮四退二 马6进7
25. 兵九进一 炮8进1   26. 兵三进一 马8进9
27. 车八平二 车5平7   28. 车二退二 车7进3
29. 车二平三 马9进7   30. 兵五进一 后马退8
31. 马九进八 马7退6   32. 马八进九 马6退7
33. 马九进七

第90局 王跃飞 和 金波

1. 兵七进一 炮2平3   2. 炮二平五 象3进5
3. 马二进三 卒3进1   4. 车一平二 卒3进1
5. 马八进九 车9进1   6. 车九平八 车9平4
7. 炮五进四 士4进5   8. 炮五平一 马8进9
9. 车二进四 马2进1   10. 车二平七 卒7进1
11. 炮八进五 车4进2   12. 炮一退二 马1退2
13. 相七进五 马2进4   14. 炮八退五 马4进3

15. 车七平二	炮 8 平 7	**16.** 仕六进五	炮 7 进 4
17. 炮八平六	车 4 进 3	**18.** 车二平五	马 9 进 7
19. 车五进二	马 3 进 4	**20.** 炮六进二	车 4 退 1
21. 兵九进一	车 1 平 4	**22.** 马九进八	前车退 2
23. 车五平六	车 4 进 3	**24.** 炮一平五	马 7 进 5
25. 车八平七	车 4 平 2	**26.** 马八进六	炮 3 进 2
27. 马三退二	炮 7 平 6	**28.** 马六进五	象 7 进 5
29. 炮五进三	士 5 进 6	**30.** 车七进五	马 5 进 4
31. 车七进四	将 5 进 1	**32.** 炮五平六	将 5 平 4
33. 炮六退二	车 2 进 6	**34.** 仕五退六	车 2 退 5
35. 炮六进一	卒 7 进 1	**36.** 马二进一	车 2 平 5
37. 炮六平八	车 5 进 2	**38.** 车七退一	将 4 退 1
39. 车七进一	将 4 进 1	**40.** 车七退一	将 4 退 1
41. 车七进一	将 4 进 1	**42.** 炮八退三	马 4 退 5
43. 炮八平四	马 5 进 6	**44.** 车七平四	卒 7 平 8
45. 车四平三	卒 8 进 1	**46.** 马一退三	马 6 进 7
47. 车三退八	卒 8 平 9	**48.** 车三进五	车 5 平 4
49. 仕四进五	车 4 平 1		

第 91 局　张申宏 和 徐超

1. 兵七进一	炮 2 平 3	**2.** 炮二平五	象 3 进 5
3. 马二进三	卒 3 进 1	**4.** 车一平二	卒 3 进 1
5. 马八进九	车 9 进 1	**6.** 车九平八	车 9 平 4
7. 仕六进五	车 4 进 4	**8.** 炮五进四	士 4 进 5
9. 炮五平一	马 8 进 9	**10.** 炮八平六	马 2 进 1
11. 兵九进一	炮 3 平 4	**12.** 相三进五	炮 4 进 5
13. 仕五进六	炮 8 平 6	**14.** 仕六退五	车 1 平 3
15. 兵三进一	卒 3 进 1	**16.** 车二进三	卒 3 进 1
17. 炮一退二	车 4 进 3	**18.** 马九进八	卒 3 进 1

19. 相七进九 车3平2	20. 车八平六 象5退3
21. 马八退六 炮6平4	22. 兵五进一 马1进3
23. 马三进四 象3进5	24. 车二平五 车2进6
25. 马四退三 车2进2	26. 兵五进一 车4进1
27. 仕五退六 炮4进7	28. 马六退七 炮4退2
29. 车五平七 马3进5	30. 马三进四 炮4退7
31. 仕四进五 炮4平1	32. 马七进六 马5进4
33. 车七平六 炮1进5	34. 车六进三 炮1平5
35. 马四进三 炮5进1	36. 马三进一 象7进9
37. 帅五平六 卒1进1	38. 车六平九 炮5平4
39. 车九退一 炮4退6	40. 车九平五 象9退7
41. 炮一进五 车2退5	42. 炮一退四 车2进3
43. 兵一进一 车2平8	

第 92 局　蒋川　和　徐天红

1. 兵七进一 炮2平3	2. 炮二平五 象3进5
3. 马二进三 卒3进1	4. 车一平二 卒3进1
5. 马八进九 车9进1	6. 车九平八 车9平4
7. 仕六进五 车4进4	8. 炮五进四 士4进5
9. 炮五平一 马8进9	10. 炮八平六 卒1进1
11. 车八进八 炮8平7	12. 相三进五 炮7退1
13. 车八退二 炮3退1	14. 炮一退二 马2进3
15. 兵三进一 车4进1	16. 车二进三 卒3平4
17. 马三进四 卒4平5	18. 马四进五 马3进5
19. 车八平五 卒5进1	20. 车五退三 车4平5
21. 车二平五 车1平2	22. 马九进七 车2进6
23. 马七进六 车2平5	24. 马六退五 马9进8
25. 炮六平九 马8进9	26. 炮九进三 卒7进1
27. 兵三进一 象5进7	28. 炮九平五 象7退5

29. 兵九进一　炮7平8　　30. 兵九进一　炮8进3
31. 兵九进一　马9进8　　32. 炮一进五　马8退7
33. 马五进三　马7进9　　34. 马三进四　炮8进5
35. 相五退三　炮3平4　　36. 帅五平六　马9进7
37. 炮一退一　马7退6　　38. 炮五退二　马6进5
39. 帅六进一　马5退7　　40. 炮一平六　马7退5
41. 相三进五　士5进6

第93局　张申宏　胜　黄海林

1. 兵七进一　炮2平3　　2. 炮二平五　象3进5
3. 马二进三　卒3进1　　4. 车一平二　卒3进1
5. 马八进九　车9进1　　6. 车九平八　车9平4
7. 仕六进五　车4进4　　8. 炮五进四　士4进5
9. 炮五平一　马8进9　　10. 炮八平六　马2进1
11. 兵九进一　车1平2　　12. 车八进九　马1退2
13. 相三进五　卒3平2　　14. 车二进五　马2进1
15. 车二平八　卒2平1　　16. 马九进七　炮3退2
17. 兵三进一　车4进1　　18. 马七进六　后卒进1
19. 车八平九　炮3平1　　20. 马六退四　车4平2
21. 车九平二　炮8平6　　22. 车二平五　马1进2
23. 车五进一　马2进4　　24. 马四进六　炮1平4
25. 马三进四　炮4进2　　26. 仕五进四　车2进3
27. 仕四进五　马4进2　　28. 炮六进五　马2进3
29. 帅五平四　士5进4　　30. 车五平九　士6进5
31. 车九退二　炮6退2　　32. 兵一进一　车2退5
33. 车九平六　卒7进1　　34. 兵三进一　象5进7
35. 炮一平五　象7退5　　36. 车六退三　马9进8
37. 车六平七　马8退7　　38. 炮五退一　车2平4
39. 车七进八　炮6平3　　40. 马四进六　马7进6

41. 炮五进一	将5平6	42. 兵一进一	象5进3
43. 炮五退二	马6进5	44. 马六退五	炮3平5
45. 炮五进五	将6平5	46. 兵一平二	象7进5
47. 兵二进一	将5平6	48. 马五进三	象3退1
49. 马三进五	象1进3	50. 兵二平三	象5进7
51. 帅四平五	象3退5	52. 仕五退四	象5进3
53. 相五退三	象3退5	54. 兵三进一	将6进1
55. 兵三进一	将6退1	56. 帅五平六	象5进3
57. 马五进三	将6平5	58. 兵三平四	士5进6
59. 马三退五	士4退5	60. 马五退七	象7退5
61. 马七退八	士5进4	62. 马八进九	将5平4
63. 马九进八	将4进1	64. 马八退七	士6退5
65. 马七退五	士5退6	66. 马五进四	士6进5
67. 马四退二	象5进7	68. 马二进一	象7退9
69. 马一退三			

第 94 局　于幼华　负　赵鑫鑫

1. 兵七进一	炮2平3	2. 炮二平五	象3进5
3. 马二进三	卒3进1	4. 车一平二	卒3进1
5. 马八进九	车9进1	6. 车九平八	车9平4
7. 仕六进五	车4进2	8. 炮八平六	马2进4
9. 兵三进一	车1平2	10. 车八进九	马4退2
11. 车二进五	马8进9	12. 车二平八	马2进4
13. 马三进四	车4进2	14. 炮六进六	车4退4
15. 炮五进四	士6进5	16. 相七进五	车4进2
17. 车八平六	车4平3	18. 炮五平一	卒7进1
19. 炮一退二	炮8进2	20. 车六退三	炮8进3
21. 相五进七	炮8平1	22. 相七退九	卒7进1
23. 马四进六	车3平4	24. 马六退七	车4平5

25. 马七进六	炮 3 平 4	**26.** 车六平四	卒 7 平 8
27. 马六退四	车 5 进 1	**28.** 炮一进二	卒 8 平 7
29. 马四退六	车 5 进 2	**30.** 马六进八	车 5 退 3
31. 炮一退一	车 5 平 2	**32.** 马八退七	象 5 进 7
33. 车四进三	车 2 进 4	**34.** 马七退六	象 7 进 5
35. 相九退七	车 2 退 1	**36.** 兵一进一	车 2 退 3
37. 相七进五	卒 7 进 1	**38.** 车四平八	车 2 平 3
39. 车八退二	马 9 进 8	**40.** 炮一进三	车 3 平 9
41. 炮一平二	象 7 退 9	**42.** 马六进七	车 9 进 2
43. 马七进五	车 9 平 5	**44.** 马五进七	象 5 进 3
45. 车八平五	车 5 进 1	**46.** 马七退五	马 8 进 6
47. 马五进七	马 6 进 4	**48.** 炮二退二	卒 7 平 6
49. 炮二平八	士 5 进 6	**50.** 炮八平一	马 4 进 3
51. 帅五平六	炮 4 进 3	**52.** 炮一退五	马 3 退 4
53. 帅六平五	士 4 进 5	**54.** 马七退六	炮 4 退 3
55. 炮一进二	马 4 退 2	**56.** 马六进七	炮 4 平 1
57. 兵九进一	将 5 平 4	**58.** 炮一进一	马 2 进 1
59. 马七退八	炮 1 进 3	**60.** 相五进七	炮 1 平 9
61. 相七退九	卒 1 进 1	**62.** 相九退七	炮 9 平 5
63. 相七进五	士 5 退 6	**64.** 马八退六	炮 5 退 5
65. 马六进八	士 6 进 5	**66.** 仕五进六	卒 6 平 5
67. 仕四进五	将 4 进 1	**68.** 帅五平四	象 9 进 7
69. 相五进三	卒 5 平 6	**70.** 相三退一	炮 5 平 2
71. 相三进五	象 7 退 5	**72.** 相一退三	炮 2 进 6
73. 马八进六	卒 1 进 1	**74.** 马六进五	卒 6 平 7
75. 马五进七	将 4 退 1	**76.** 马七退五	炮 2 退 3
77. 帅四平五	炮 2 平 8	**78.** 相三进一	卒 1 平 2
79. 相一进三	卒 2 进 1	**80.** 帅五平四	卒 2 平 3
81. 帅四平五	象 5 进 7	**82.** 帅五平四	炮 8 退 3
83. 马五退七	卒 7 平 6	**84.** 马七进五	炮 8 平 5

85. 马五退四 炮5平6	**86.** 相三退一 炮6进6
87. 相一进三 卒3进1	**88.** 帅四平五 将4进1
89. 帅五平四 将4进1	**90.** 相三退一 炮6平8
91. 相一退三 将4退1	**92.** 相三进一 将4退1
93. 相一退三 炮8退5	**94.** 相三进一 士5进4
95. 相一进三 将4平5	**96.** 相三退一 将5平6
97. 相一进三 象7退9	**98.** 相五退七 象3退5
99. 相七进五 象5进7	**100.** 相三退一 炮8平6
101. 帅四平五 炮6平9	**102.** 相一进三 士6退5
103. 相五进七 士5退4	**104.** 相七退五 炮9平5
105. 帅五平六 炮5进2	**106.** 相五进七 将6平5
107. 相三退五 士4进5	**108.** 相七退九 士5进6
109. 相五进七 炮5平4	**110.** 帅六平五 卒3平4

第95局 许银川 胜 柳大华

1. 兵七进一 炮2平3	**2.** 炮二平五 象3进5
3. 马二进三 卒3进1	**4.** 车一平二 卒3进1
5. 马八进九 车9进1	**6.** 车九平八 车9平4
7. 仕六进五 车4进2	**8.** 兵三进一 马8进9
9. 车二进五 马2进1	**10.** 炮八平六 炮8平7
11. 相三进一 车4进2	**12.** 炮五进四 士4进5
13. 相七进五 车1平2	**14.** 车八进九 马1退2
15. 车二平八 马2进1	**16.** 兵九进一 炮3平4
17. 炮六进五 车4退3	**18.** 马三进四 车4进3
19. 马四进六 车4进1	**20.** 马九退七 车4退2
21. 马七进八 车4平2	**22.** 相五进七 卒1进1
23. 车八进一 卒1进1	**24.** 马八退六 车2退5
25. 前马进八 卒1平2	**26.** 炮五平一 马1进2
27. 相七退五 马2进4	**28.** 炮一退二 马4退3

29. 炮一进二	马 3 进 4	**30.** 炮一退二	马 4 进 3
31. 炮一平二	马 9 进 8	**32.** 兵一进一	马 8 退 6
33. 兵一进一	马 6 退 4	**34.** 马八进七	将 5 平 4
35. 马七退六	马 4 进 2	**36.** 兵一平二	炮 7 平 9
37. 相一退三	炮 9 进 4	**38.** 炮二退二	马 2 进 4
39. 前马退四	马 3 进 1	**40.** 炮二平三	卒 2 进 1
41. 炮三退一	马 1 退 3	**42.** 马六进七	炮 9 退 1
43. 仕五进六	将 4 平 5	**44.** 马七进六	士 5 进 4
45. 马六进四	将 5 进 1	**46.** 仕四进五	卒 2 平 3
47. 前马退五	将 5 平 4	**48.** 炮三进五	士 4 退 5
49. 相三进一	马 3 进 1	**50.** 炮三平一	马 1 退 2
51. 兵二平一	炮 9 退 2	**52.** 兵一进一	卒 3 平 4
53. 兵五进一	马 2 进 3	**54.** 帅五平四	马 3 退 5
55. 相一退三	马 5 退 6	**56.** 马四退二	卒 4 平 5
57. 兵一平二	将 4 退 1	**58.** 马五进三	马 6 退 7
59. 兵二平三	马 4 进 3	**60.** 兵五进一	马 3 退 5
61. 前兵平四	将 4 平 5	**62.** 马二进三	卒 5 平 6
63. 兵五平四	马 5 退 4	**64.** 兵三进一	马 4 进 5
65. 马三退一	卒 6 平 7	**66.** 兵三进一	卒 7 进 1
67. 马一退三	卒 7 进 1	**68.** 后兵平五	将 5 平 4
69. 马三退五	象 5 进 3	**70.** 马五进七	象 7 进 5
71. 相三进五	马 5 进 7	**72.** 相五退七	卒 7 平 6
73. 帅四平五	马 7 退 5	**74.** 兵五进一	象 5 退 3
75. 马七进五	象 3 退 1	**76.** 兵五平六	马 5 进 3
77. 马五退七	马 3 退 5	**78.** 兵六平七	马 5 退 3
79. 兵七进一	象 3 进 5	**80.** 兵七进一	马 3 退 2
81. 兵四平五	象 5 进 3	**82.** 马七进五	马 2 退 1
83. 兵七平八	马 1 进 2	**84.** 马五进七	卒 6 平 7
85. 兵八平七	卒 7 平 6	**86.** 兵三进一	象 1 退 3
87. 兵三进一	象 3 进 5	**88.** 兵三平四	象 5 进 7

89. 兵五平四　卒6平7　　**90.** 仕五进四　卒7平6

91. 前兵进一

第96局　才溢 负 许银川

1. 兵七进一　炮2平3　　**2.** 炮二平五　象3进5

3. 马二进三　卒3进1　　**4.** 车一平二　卒3进1

5. 马八进九　车9进1　　**6.** 车九平八　车9平4

7. 仕六进五　车4进2　　**8.** 车二进四　马2进4

9. 炮八平六　车1平2　　**10.** 炮六进六　车2进9

11. 马九退八　车4退2　　**12.** 车二平七　卒7进1

13. 车七进二　士4进5　　**14.** 炮五进四　马8进7

15. 炮五退二　马7进6　　**16.** 马八进七　马6进7

17. 炮五进二　卒7进1　　**18.** 马七进八　卒7平6

19. 相七进五　卒1进1　　**20.** 炮五退一　车4进4

21. 马八进九　车4退1　　**22.** 炮五进一　炮3平1

23. 车七进三　车4退4　　**24.** 车七退五　车4进3

25. 车七进五　车4退3　　**26.** 车七退五　车4进3

27. 车七进五　车4退3　　**28.** 车七退五　车4进3

29. 车七进五　车4退3　　**30.** 车七退三　炮8平7

31. 马三退一　马7退6　　**32.** 炮五退一　马6进8

33. 马一进二　马8进6　　**34.** 车七退二　卒6平7

35. 炮五进一　卒7进1　　**36.** 车七平四　车4进3

37. 马九退七　车4平3　　**38.** 马二进三　马6进7

39. 车四退三　车3进1

第97局　景学义 和 李雪松

1. 兵七进一　炮2平3　　**2.** 炮二平五　象3进5

3. 马二进三　卒3进1　　**4.** 车一平二　卒3进1

5. 马八进九　车 9 进 1	6. 车九平八　车 9 平 4
7. 仕六进五　车 4 进 2	8. 炮八平六　马 2 进 1
9. 车二进四　车 1 平 2	10. 车八进九　马 1 退 2
11. 车二平七　马 2 进 1	12. 兵九进一　马 1 进 3
13. 车七平二　士 4 进 5	14. 马九进八　马 3 进 2
15. 车二平八　卒 7 进 1	16. 兵三进一　卒 7 进 1
17. 车八平三　马 8 进 7	18. 炮五平四　马 7 进 8
19. 相七进五　卒 5 进 1	20. 炮四进六　炮 8 平 7
21. 车三平二　炮 3 进 2	22. 炮四退三　车 4 平 7
23. 炮四平七　象 5 进 3	24. 车二进一　炮 7 进 5
25. 炮六进三　象 3 退 5	26. 车二平五　车 7 平 4
27. 炮六平七　炮 7 退 6	28. 炮七进二　炮 7 平 9
29. 车五平八　象 5 退 3	30. 炮七平三　炮 9 进 5
31. 车八进四　车 4 平 3	32. 炮三退五　象 7 进 5
33. 兵五进一　炮 9 平 5	34. 帅五平六　车 3 平 4
35. 仕五进六　炮 5 平 4	36. 帅六平五　车 4 平 7
37. 炮三平二　车 7 平 8	38. 炮二平三　士 5 退 4
39. 车八退六　炮 4 退 5	40. 兵五进一　炮 4 平 5
41. 兵五平四　炮 5 平 1	42. 车八进一　士 6 进 5
43. 车八平四　车 8 平 2	44. 炮三平二　车 2 进 6
45. 帅五进一　车 2 平 1	46. 炮二进二　卒 1 进 1
47. 兵九进一　车 1 退 5	48. 兵四进一

第 98 局　赵国荣 和 柳大华

1. 兵七进一　炮 2 平 3	2. 炮二平五　象 3 进 5
3. 马二进三　卒 3 进 1	4. 车一平二　卒 3 进 1
5. 马八进九　车 9 进 1	6. 车九平八　车 9 平 4
7. 仕六进五　士 4 进 5	8. 车二进四　车 4 进 2
9. 车二平七　马 2 进 4	10. 炮八平六　马 4 进 3

11. 车七平二　马8进9　　12. 兵三进一　车4进1
13. 炮五进四　卒9进1　　14. 车八进六　马9进8
15. 车二进一　车4平8　　16. 车八平七　卒7进1
17. 兵三进一　车8平7　　18. 相七进五　车7进2
19. 兵五进一　车7平1　　20. 马九退七　后车平4
21. 马三进五　炮3进6　　22. 车七退五　车1平5
23. 炮五退三　车4进6　　24. 炮五进四　象7进5
25. 兵五进一　车4平5　　26. 兵五平四　车5平9
27. 车七进五　车9平6　　28. 兵四平五　车6平5
29. 兵五平四　卒1进1　　30. 炮六进三　卒9进1
31. 炮六平五　车5平4　　32. 兵四进一　将5平4
33. 炮五平一　车4退2　　34. 炮一进三　炮8退1
35. 炮一退二　车4平9　　36. 炮一平二　车9平8
37. 兵四平三　车8平7　　38. 车七平六　将4平5
39. 车六平八　士5退4　　40. 车八平五　士6进5
41. 炮二退三　车7进2　　42. 炮二进二　车7退2
43. 炮二退二　象5退3　　44. 炮二平五　炮8平6
45. 车五平四　车7平5　　46. 炮五平七　车5平3
47. 炮七平五　车3平5　　48. 炮五平七　炮6退1
49. 车四退二　车5平7　　50. 车四平七　象3进5
51. 兵三平四　车7平6　　52. 兵四平五　车6平5
53. 兵五平六　车5进2　　54. 炮七退二　车5平4

第 99 局　程鸣 和 张学潮

1. 兵七进一　炮2平3　　2. 炮二平五　象3进5
3. 马二进三　卒3进1　　4. 车一平二　卒3进1
5. 马八进九　马2进4　　6. 车九平八　士4进5
7. 炮八进六　炮3平2　　8. 车八进六　车1进1
9. 炮五平八　马8进9　　10. 车八平六　炮2平3

11. 车六进二	炮3进7	12. 仕六进五	车9平8
13. 车二进四	炮8退1	14. 车六退六	车1平2
15. 车二平七	炮8进6	16. 相三进五	车8进6
17. 兵九进一	炮3平2	18. 马九退八	车8平7
19. 马八进九	车7进1	20. 帅五平六	车7退1
21. 马九进八	车2进4	22. 车七平八	炮8平4
23. 仕五进六	车7平5	24. 兵一进一	车5平1
25. 仕六退五	士5退4	26. 车八平五	车1进3
27. 帅六进一	卒5进1	28. 车五进一	车1退4
29. 车五平六	士6进5	30. 炮八进七	象5退3
31. 炮八退三	车1平9	32. 炮八平五	士5进4
33. 车六进二	卒9进1	34. 车六进二	将5进1
35. 车六退一	将5退1	36. 炮五平七	马9进8
37. 炮七退六	象7进5	38. 炮七平五	车9平6
39. 车六进一	将5进1	40. 车六退三	车6退2
41. 车六退一	马8进6	42. 车六平一	车6平4
43. 仕五进六	将5平4	44. 仕四进五	车4平2
45. 帅六退一	卒7进1	46. 车一进三	将4退1
47. 车一进一	将4进1	48. 车一平七	马6进7
49. 车七退一	将4退1	50. 车七退一	车2平4
51. 帅六进一	马7进5	52. 帅六平五	车4进4
53. 炮五平四	卒1进1		

第100局　程鸣　负　柳大华

1. 兵七进一	炮2平3	2. 炮二平五	象3进5
3. 马二进三	卒3进1	4. 车一平二	卒3进1
5. 马八进九	马2进4	6. 车九平八	士4进5
7. 炮八平六	马4进3	8. 炮五进四	卒3平2
9. 炮五退二	车1平4	10. 仕六进五	炮3平2

11. 车八平九	卒2进1	12. 相七进五	卒2进1
13. 车九平七	马3退1	14. 车二进五	卒2平1
15. 兵三进一	马8进9	16. 马三进四	炮8平6
17. 炮五进二	车9平8	18. 车二平六	车4平1
19. 车六平八	炮2平4	20. 车八平七	炮4平3
21. 炮六平七	炮3进5	22. 后车进二	车1平4
23. 前车平六	车4进4	24. 马四进六	将5平4
25. 马六进八	将4进1	26. 车七平六	士5进4
27. 帅五平六	马1进3	28. 车六进四	马3退2
29. 炮五退一	车8进4	30. 兵五进一	车8平6
31. 马八退七	炮6退1	32. 炮五平六	将4平5
33. 炮六平五	将5平4	34. 炮五平六	将4平5
35. 炮六平五	将5平4	36. 炮五平六	将4平5
37. 兵五进一	车6进2	38. 兵五进一	将5退1
39. 炮六退三	车6平2	40. 兵五进一	炮6平4
41. 车六平五	炮4进6	42. 仕五进六	士6进5
43. 相五退七	象7进5	44. 车五进一	马9退8
45. 车五退一	前卒平2	46. 帅六平五	马8进6
47. 车五平四	将5平6	48. 仕四进五	车2退2
49. 帅五平四	马2退4	50. 马七退五	车2进1
51. 相三进五	车2平5	52. 马五退三	车5退1
53. 马三进四	马4进5	54. 马四退六	车5平6
55. 车四退一	马5进6	56. 马六退八	前马进7
57. 马八进六	马7进8	58. 帅四平五	马8退9
59. 马六进七	卒9进1	60. 马七进九	卒9进1
61. 马九退七	卒9平8	62. 马七退五	马6进8

第101局 谢靖 胜 卜凤波

1. 兵七进一	炮2平3	2. 炮二平五	象3进5

3. 马二进三　卒 3 进 1
4. 车一平二　卒 3 进 1
5. 马八进九　马 2 进 4
6. 车九平八　士 4 进 5
7. 炮八平六　马 4 进 3
8. 炮五进四　卒 3 平 2
9. 炮五退二　车 1 平 4
10. 仕六进五　炮 3 平 2
11. 车八平九　马 8 进 9
12. 车二进五　车 9 平 8
13. 相七进五　炮 2 平 3
14. 兵三进一　卒 9 进 1
15. 车二平八　炮 8 平 7
16. 车八进一　马 3 进 5
17. 车八退二　车 8 进 4
18. 车九平七　卒 7 进 1
19. 炮五平六　车 4 平 3
20. 前炮进一　车 8 进 2
21. 车八平五　马 5 退 6
22. 马三进四　卒 7 进 1
23. 马四进五　马 6 进 7
24. 马五退三　象 5 进 7
25. 车七进六　象 7 退 5
26. 兵九进一　马 9 进 8
27. 马九进八　马 8 进 7
28. 车五平三　马 7 进 6
29. 车三平四　车 8 平 7
30. 相三进一　马 6 退 5
31. 前炮平五　马 5 进 7
32. 车四进一　马 7 退 9
33. 马八进六　炮 7 平 8
34. 马六进八　车 7 平 5
35. 车七平四　车 5 退 2
36. 后车平五　炮 3 平 2
37. 马八退七　卒 9 进 1
38. 车四平二　炮 8 平 6
39. 车五退一　炮 2 进 3
40. 马七进六　炮 2 进 2
41. 相一退三　炮 6 退 1
42. 车五平一　炮 2 进 2
43. 马六退七

第 102 局　聂铁文 负 张学潮

1. 兵七进一　炮 2 平 3
2. 炮二平五　象 3 进 5
3. 马二进三　卒 3 进 1
4. 车一平二　卒 3 进 1
5. 马八进九　马 2 进 4
6. 车九平八　士 4 进 5
7. 炮八平六　马 4 进 3
8. 炮五进四　卒 3 平 2
9. 相七进五　马 8 进 7
10. 炮五退二　马 7 进 5
11. 兵三进一　车 9 进 1
12. 车二进五　车 1 平 2

13. 车二平六　卒2进1　　14. 车六进一　马5进4
15. 相五进七　炮8进4　　16. 车八进一　车9平6
17. 马三进二　炮3平2　　18. 马二进三　车6进3
19. 车八平二　炮2进1　　20. 车六退一　车6平4
21. 炮六进三　炮2平7　　22. 车二进二　车2进4
23. 炮六进一　炮7进6　　24. 仕四进五　炮7退2
25. 车二平四　炮7平3　　26. 帅五平四　将5平4
27. 马九退七　卒2进1　　28. 炮六平二　卒2进1
29. 马七退五　车2平8　　30. 车四进三　马3进5
31. 相七退五　将4平5　　32. 兵三进一　车8进5
33. 帅四进一　车8退1　　34. 帅四退一　马4进5
35. 炮五退二　马5进7　　36. 车四平八　马7进9
37. 仕五进四　车8平9　　38. 兵三平二　炮3进2
39. 车八平三　车9进1　　40. 帅四进一　车9平5
41. 炮五进五　象7进5　　42. 炮二进三　象5退7
43. 车三进三　将5平4　　44. 车三退六　将4进1
45. 车三平一　车5平6　　46. 帅四平五　车6平5
47. 帅五平四　车5平6　　48. 帅四平五　卒2平3
49. 兵五进一　车6平4　　50. 帅五平四　车4退5
51. 兵二进一　卒3平4　　52. 兵五进一　炮3退1
53. 帅四退一　车4平2　　54. 车一平五　车2进5
55. 车五退三　车2退2

第 103 局　于幼华 和 黄海林

1. 兵七进一　炮2平3　　2. 炮二平五　象3进5
3. 马二进三　卒3进1　　4. 车一平二　卒3进1
5. 马八进九　马2进4　　6. 车九平八　士4进5
7. 炮八平六　马4进3　　8. 车八进六　马3进4
9. 兵三进一　马8进9　　10. 马三进四　车9平8

11. 车二进六	车1平3	12. 马四进六	炮3进7
13. 仕六进五	马4进5	14. 相三进五	炮3退2
15. 相五进七	车3进4	16. 马六进四	炮8平6
17. 车二进三	马9退8	18. 马九退八	炮3退1
19. 兵一进一	车3退1	20. 车八平七	炮3退3
21. 炮六进四	卒1进1	22. 相七退五	马8进9
23. 马八进七	马9退7	24. 马七进八	炮3平2
25. 马四退五	马7进8	26. 马五退七	炮6进1
27. 炮六退二	象5进3	28. 炮六平四	象7进5
29. 兵九进一	卒1进1	30. 马七进九	炮2进1
31. 马八退七	卒7进1	32. 马七进六	卒7进1
33. 相五进三	炮2平1	34. 相三退五	马8进9
35. 炮四平二	士5进4	36. 马六进五	士6进5
37. 炮二平五	将5平6	38. 马五退四	马9退7
39. 马九退七	炮6平3	40. 马七退八	炮3平8
41. 仕五进四	卒9进1	42. 炮五平九	将6平5
43. 马八进六	卒9进1	44. 仕四进五	炮8进2
45. 炮九退一	炮1进1	46. 马四进六	炮8进1
47. 兵五进一	卒9平8	48. 前马进四	马7进6
49. 相五进七	马6进8	50. 相七退五	炮8平9
51. 马六进七	炮9进3	52. 帅五平六	卒8进1
53. 兵五进一	炮1退4	54. 马七退五	马8进7
55. 帅六进一	马7退9	56. 兵五平六	炮9平2
57. 帅六退一	卒8进1	58. 马四退三	卒8平7
59. 帅六平五	卒7进1	60. 帅五平六	炮1平4
61. 炮九平八	炮2平1	62. 炮八平九	炮1平2

第104局　徐天红 胜 李鸿嘉

1. 兵七进一	炮2平3	2. 炮二平五	象3进5

3. 马二进三　卒3进1　　4. 车一平二　卒3进1

5. 马八进九　马2进4　　6. 车九平八　马4进3

7. 炮五进四　士4进5　　8. 炮八平六　卒3平2

9. 相七进五　马8进7　　10. 炮五平四　车9平8

11. 车二进六　炮8平9　　12. 兵三进一　车1平4

13. 仕六进五　卒1进1　　14. 马三进四　炮9进4

15. 车二进三　马7退8　　16. 炮四平一　炮3平2

17. 车八平七　马3进5　　18. 兵五进一　马5退6

19. 车七进七　炮2进2　　20. 车七平八　炮2平6

21. 车八退三　卒7进1　　22. 马四退三　炮9退2

23. 马三进五　车4进3　　24. 炮一进二　马8进7

25. 车八进五　车4退3　　26. 车八平六　士5退4

27. 炮一平八　炮6进2　　28. 炮八退一　马7进6

29. 马五进七　卒7进1　　30. 兵五进一　前马退8

31. 马七进六　士6进5　　32. 炮八退一　炮9退3

33. 马九进七　马6进5　　34. 炮八平二　炮9平8

35. 马七进六　炮6平4　　36. 后马退八　炮4平9

37. 炮六平九　炮9退2　　38. 炮二平一　炮8平9

39. 相五进三　士5进4　　40. 相三退五　士4进5

41. 马八进七　后炮平6　　42. 炮九进三　马5进4

43. 炮九平四　炮9进5　　44. 炮一进三　士5退6

45. 马六进四　将5进1　　46. 炮四进三

第 105 局　谢卓淼　和　张强

1. 兵七进一　炮2平3　　2. 炮二平五　象3进5

3. 马二进三　卒3进1　　4. 车一平二　卒3进1

5. 马八进九　马2进4　　6. 车九平八　士4进5

7. 炮八平六　马4进3　　8. 炮五进四　卒3平2

9. 兵九进一　炮3平2　　10. 车八平九　马3进4

11. 炮五平八　卒2平1　　　12. 马九退七　车1平3
13. 车九进四　车3进8　　　14. 车九平六　车3进1
15. 兵三进一　车3退6　　　16. 炮八退五　马8进9
17. 车二进五　车3平2　　　18. 炮八平五　车9平8
19. 马三进四　卒7进1　　　20. 兵三进一　卒9进1
21. 车二退二　炮8平7　　　22. 相三进五　车8进6
23. 马四退二　象5进7　　　24. 马二进三　象7进5
25. 马三退五　车2平4　　　26. 炮五平六　车4进2
27. 后炮进三　马9进8　　　28. 兵一进一　卒9进1
29. 前炮平一　士5进4　　　30. 马五进六　炮2退1
31. 马六退四　马8退6　　　32. 炮六进二　士6进5
33. 炮六平二　炮2退1　　　34. 兵五进一　炮7平6
35. 马四进二　炮6平8　　　36. 炮二进三　马6退8
37. 兵五进一　炮2进3　　　38. 炮一平二　马8进6
39. 马二退四　象5进3　　　40. 兵五进一　马6进8
41. 相五进三

第二章　红左马屯边

第 106 局　党国蕾 负 郭莉萍

1. 兵七进一　炮 2 平 3　　2. 炮二平五　象 3 进 5

3. 马八进九　马 8 进 7　　4. 马二进三　车 9 平 8

5. 兵三进一　炮 8 平 9　　6. 车九平八　车 8 进 4

7. 车一平二　车 8 进 5　　8. 马三退二　炮 3 进 3

9. 炮八进五　马 2 进 3　　10. 马二进三　车 1 平 2

11. 炮五平七　卒 5 进 1　　12. 炮七平五　士 4 进 5

13. 炮五进三　炮 3 退 1　　14. 炮八退二　马 7 进 5

15. 马三进四　卒 7 进 1　　16. 炮八进一　马 5 退 7

17. 兵三进一　炮 3 平 7　　18. 相七进五　炮 9 进 4

19. 兵九进一　炮 7 平 6　　20. 仕六进五　卒 3 进 1

21. 车八进四　炮 9 退 2　　22. 马四进二　马 7 进 8

23. 炮五平二　卒 3 进 1　　24. 相五进七　炮 6 进 1

25. 车八退四　马 3 进 4　　26. 炮八平五　车 2 进 9

27. 马九退八　马 4 进 5　　28. 相七退五　马 5 退 6

29. 马八进七　炮 9 进 1　　30. 炮五退一　炮 6 平 5

31. 帅五平六　炮 9 平 8　　32. 相五进三　炮 5 平 4

33. 炮二平三　炮 4 退 4　　34. 相三退五　马 6 进 7

35. 帅六平五　马 7 退 5　　36. 炮三退四　炮 8 平 1

37. 马七进六　炮 4 平 2　　38. 相五进三　将 5 平 4

39. 炮五平八　卒 9 进 1

第 107 局　　金松 负 许文学

1. 兵七进一　炮 2 平 3　　2. 炮二平五　象 3 进 5

3. 马八进九　马 8 进 7　　4. 马二进三　卒 7 进 1

5. 车一平二　车 9 平 8　　6. 车九平八　士 4 进 5

7. 车二进六　马 2 进 4　　8. 炮五平六　炮 8 平 9

9. 车二平三　车 1 平 2　　10. 相七进五　车 2 进 6

11. 炮八平七　车 2 进 3　　12. 马九退八　炮 9 退 1

13. 仕六进五　炮 9 平 7　　14. 车三平四　马 7 进 8

15. 车四退一　炮 3 退 2　　16. 炮七平九　马 8 进 7

17. 车四平八　炮 3 平 4　　18. 炮六平八　炮 4 平 1

19. 马八进七　卒 5 进 1　　20. 马七进六　车 8 进 3

21. 炮八平六　炮 1 进 6　　22. 车八进三　炮 1 平 4

23. 车八退五　卒 5 进 1　　24. 车八平六　卒 5 平 4

25. 车六进一　马 4 进 2　　26. 车六退一　炮 7 进 1

27. 车六平八　卒 3 进 1　　28. 炮六平八　马 2 退 3

29. 兵七进一　象 5 进 3　　30. 炮八平六　象 3 退 5

31. 炮六进一　车 8 平 3　　32. 炮九平六　马 7 退 6

33. 马三进四　车 3 平 5　　34. 车八进六　车 5 进 3

35. 前炮进五　车 5 平 3　　36. 前炮平九　马 6 进 4

37. 马四进六　车 3 退 2　　38. 马六进四　炮 7 平 6

39. 马四退五　车 3 平 5　　40. 炮九平六　车 5 进 1

41. 车八平七　士 5 退 4　　42. 后炮平八　马 4 进 2

43. 车七退三　车 5 进 1　　44. 炮六平九　士 4 进 5

45. 炮九进一　士 5 进 4　　46. 车七平九　车 5 平 3

47. 车九平四　炮 6 平 8　　48. 车四平八　炮 8 平 7

49. 相三进一　车 3 平 9　　50. 车八进三　将 5 进 1

51. 车八退一　将 5 退 1　　52. 车八进一　将 5 进 1

53. 车八退一　将 5 退 1　　54. 车八退四　车 9 平 4

55. 炮九退六　马2退4　　56. 炮九进五　马4进2
57. 炮九退五　马2退4　　58. 炮九进五　马4进2
59. 相一退三　象5进3　　60. 炮九平六　车4平3
61. 仕五进六　炮7平5　　62. 帅五平六　将5平4
63. 炮六平九　车3进1　　64. 仕六退五　车3平2
65. 炮九平八　车2进2　　66. 帅六进一　炮5退1
67. 炮八退五　炮5平4　　68. 仕五进六　将4平5
69. 帅六平五　卒9进1　　70. 车八进四　炮4进6
71. 车八进一　将5进1　　72. 车八退三　车2平6

第108局　才溢 和 庄玉庭

1. 兵七进一　炮2平3　　2. 炮二平五　象3进5
3. 马八进九　马8进7　　4. 马二进三　车9平8
5. 车一平二　炮8进4　　6. 车九平八　卒7进1
7. 车二进一　士4进5　　8. 车二平四　车8进5
9. 炮八进二　车8平3　　10. 炮八平九　马2进1
11. 车八进七　卒1进1　　12. 车八平九　车1平3
13. 车九退二　前车平2　　14. 马九退七　车2进3
15. 炮五平九　车3平4　　16. 车四平二　车2平3
17. 车二平七　炮3进6　　18. 车九平八　车4进6
19. 车八进四　士5退4　　20. 前炮进五　车4平1
21. 前炮平六　马7进6　　22. 炮六退七　将5进1
23. 车八退五　马6进5　　24. 车八平二　马5进7
25. 车二退一　马7退5　　26. 炮六平五　马5退6
27. 车二进一　马6进7　　28. 车二平七　炮3平2
29. 炮九平六　马7进5　　30. 相三进五　卒3进1
31. 车七平五　车1平9　　32. 车五进二　卒9进1
33. 炮六进三　卒9进1　　34. 车五平八　炮2平9
35. 炮六平五　象5退3　　36. 车八平五　将5平4

37. 车五平六	将 4 平 5	**38.** 车六平五	将 5 平 4
39. 车五平六	将 4 平 5	**40.** 车六平五	将 5 平 4
41. 车五平六	将 4 平 5	**42.** 车六退二	炮 9 平 8
43. 车六平五	炮 8 进 1	**44.** 相五退三	车 9 平 6
45. 仕六进五	卒 9 进 1	**46.** 炮五平六	象 7 进 5
47. 炮六退三	将 5 退 1	**48.** 炮六平九	卒 9 平 8
49. 炮九进七	将 5 进 1	**50.** 炮九退四	车 6 平 7
51. 炮九进一	车 7 平 4	**52.** 炮九退一	车 4 平 1
53. 炮九平三	车 1 进 3	**54.** 炮三平五	象 5 进 7
55. 炮五进一	车 1 平 3	**56.** 仕五退六	车 3 退 4
57. 车五退一	车 3 平 8	**58.** 炮五平四	将 5 平 6
59. 炮四退五	象 3 进 5	**60.** 车五平四	将 6 平 5
61. 炮四平五	象 5 退 7	**62.** 车四平五	将 5 平 4
63. 炮五平六	象 7 进 5	**64.** 车五平六	将 4 平 5
65. 炮六平五	象 5 退 7	**66.** 车六平五	将 5 平 4
67. 炮五平六	象 7 进 5	**68.** 车五平四	卒 8 进 1
69. 车四退一	卒 8 进 1	**70.** 车四退一	炮 8 平 9
71. 炮六平二	车 8 平 4	**72.** 仕六进五	炮 9 退 4
73. 车四进七	士 6 进 5	**74.** 车四退六	车 4 平 8
75. 炮二平一	车 8 平 2	**76.** 车四平六	士 5 进 4
77. 相三进五	炮 9 进 2	**78.** 相五退三	炮 9 退 7
79. 相三进五	炮 9 进 7	**80.** 相五退三	炮 9 退 4
81. 相三进五	车 2 进 1	**82.** 炮一进一	车 2 平 5
83. 帅五平六	将 4 平 5	**84.** 车六平八	炮 9 退 3
85. 车八平六	将 5 退 1	**86.** 仕五进四	士 4 退 5
87. 车六进四	炮 9 进 2	**88.** 仕四进五	车 5 平 2
89. 炮一退二	炮 9 进 4	**90.** 相五进三	炮 9 平 7
91. 车六平二	卒 3 进 1	**92.** 车二退四	炮 7 进 2
93. 帅六平五	卒 3 平 4	**94.** 车二平三	炮 7 平 8
95. 车三平二	炮 8 平 7	**96.** 车二平三	炮 7 平 8

97. 车三平二　炮8平7　　98. 车二平三　炮7平8
99. 车三平二　炮8平7　　100. 相三退五　炮7退2
101. 车二进七　士5退6　　102. 炮一进九　车2进3
103. 仕五退六　炮7平5　　104. 仕四退五　卒4进1
105. 车二退六　士6进5　　106. 炮一退六　炮5退2
107. 车二平六　车2退2　　108. 车六平五　炮5平3
109. 帅五平四

第 109 局　尚威 负 景学义

1. 兵七进一　炮2平3　　2. 炮二平五　象3进5
3. 马八进九　马8进7　　4. 马二进三　车9平8
5. 车一平二　卒7进1　　6. 车二进六　马2进4
7. 车九平八　士4进5　　8. 炮八平七　炮8平9
9. 车二平三　车1平2　　10. 车八进九　马4退2
11. 炮五平六　车8进5　　12. 相三进五　车8平4
13. 仕四进五　炮9退1　　14. 兵九进一　车4退1
15. 马九进八　车4平2　　16. 炮六进二　炮9平7
17. 车三平四　马2进1　　18. 炮七平八　车2平6
19. 车四退一　马7进6　　20. 炮六退二　炮7进5
21. 炮八平九　象5退3　　22. 炮九进四　马6进4
23. 兵九进一　炮3平6　　24. 兵九平八　马1退3
25. 炮六平八　炮6平2　　26. 炮九平八　马3进2
27. 马八退九　炮2进2　　28. 炮八进四　象3进5
29. 兵五进一　卒9进1　　30. 马九进八　卒3进1
31. 兵七进一　象5进3　　32. 马八退六　炮7平6
33. 马三进二　卒7进1　　34. 马二进三　卒7进1
35. 马六进四　士5进6　　36. 相五进七　炮6平5
37. 帅五平四　卒7平6　　38. 炮八平九　炮2平1
39. 炮九平八　炮5平9　　40. 炮八退二　马4进3

41. 炮八平九　炮9退1　　　42. 马四进五　炮9平3

43. 相七进五　炮3平2　　　44. 马五退七　士6进5

45. 相五退七　炮1平2

第110局　李鸿嘉 胜 于幼华

1. 兵七进一　炮2平3　　　2. 炮二平五　象3进5

3. 马八进九　马8进7　　　4. 马二进三　车9平8

5. 兵三进一　炮8平9　　　6. 车九平八　士4进5

7. 车一平二　车8进9　　　8. 马三退二　卒1进1

9. 炮五平三　卒1进1　　　10. 兵九进一　车1进5

11. 炮三进四　车1平3　　　12. 相三进五　车3平4

13. 马二进三　马2进4　　　14. 炮八进六　卒5进1

15. 炮八平七　马4进5　　　16. 车八进九　士5退4

17. 车八退五　车4平2　　　18. 马九进八　马5进3

19. 兵三进一　卒5进1　　　20. 马八进六　马7进5

21. 兵三平四　卒5进1　　　22. 兵四平五　马5进7

23. 相五进三　马3进2　　　24. 兵五平四　马2进4

25. 帅五进一　马4退6　　　26. 帅五退一　炮3平2

27. 马六退五　士4进5　　　28. 炮七平九　卒9进1

29. 兵四平三　象5进7　　　30. 炮九退五　炮9平5

31. 仕六进五　炮2进4　　　32. 马三进四　炮5进3

33. 帅五平六　象7退5　　　34. 仕五进四　卒3进1

35. 炮三平八　炮5平1　　　36. 仕四进五　卒3进1

37. 马四进六　炮2平4　　　38. 帅六平五　卒3平4

39. 炮八平六　炮1平7　　　40. 炮六退二　炮4退2

41. 炮九平四　炮7平5　　　42. 相七进五　炮4平5

43. 马五退七　后炮平8　　　44. 炮四平九　炮8退3

45. 炮六进一　炮8平9　　　46. 马七进五　炮5退2

47. 马五进三　士5进4　　　48. 马三进二　炮9平3

49. 炮九进二

第 111 局 郑一泓 和 蒋川

1. 兵七进一 炮2平3	**2.** 炮二平五 象3进5
3. 马八进九 马8进7	**4.** 马二进三 车9平8
5. 车九平八 炮8平9	**6.** 兵三进一 士4进5
7. 车一平二 车8进9	**8.** 马三退二 马2进4
9. 炮五平三 车1平2	**10.** 炮八进四 炮9进4
11. 相七进五 象7进9	**12.** 炮三进四 卒3进1
13. 马二进三 炮9退1	**14.** 兵七进一 象5进3
15. 马三进二 卒5进1	**16.** 兵三进一 象9进7
17. 炮八平一 象7退9	**18.** 炮一平九 车2进9
19. 马九退八 马4进5	**20.** 马二进四 象9进7
21. 马八进六 炮9退1	**22.** 马四进三 马5退7
23. 炮九退一 炮3平5	**24.** 炮九平八 士5进4
25. 炮三平六 马7进5	**26.** 兵九进一 炮9退3
27. 仕六进五 炮9平5	**28.** 马六进七 马5退7
29. 兵九进一 前炮进4	**30.** 兵九进一 前炮退1
31. 兵九平八 前炮平2	**32.** 兵八平七 炮5进2
33. 炮六退一 士6进5	**34.** 炮六平三 象3退5
35. 炮三进一 炮5平6	**36.** 炮八进二 炮2平5
37. 兵七平六 炮6进1	**38.** 帅五平六 将5平6
39. 马七进九 马7进9	**40.** 炮三退二 炮6退1
41. 马九进七 炮5平7	**42.** 相五进三 马9退7
43. 相三进五 将6进1	**44.** 帅六平五 将6退1
45. 仕五进四 炮6退1	**46.** 马七退六 卒5进1
47. 炮八平五 卒5平4	**48.** 马六进八 炮6平5
49. 仕四进五 马7进6	**50.** 炮五平一 炮5进1
51. 马八进七 马6退4	

第 112 局　汪洋 和 郑惟桐

1. 兵七进一　炮2平3	2. 炮二平五　象3进5
3. 马八进九　车9进1	4. 炮五进四　士4进5
5. 车一进二　马2进4	6. 炮五退一　车1平2
7. 车九平八　车9平6	8. 车一平六　车6进5
9. 马二进三　马4进5	10. 炮八进一　车6退2
11. 车六进三　车6进3	12. 马三退二　车2平4
13. 车六进四　将5平4	14. 仕六进五　车6退3
15. 炮五退一　卒3进1	16. 兵七进一　车6平3
17. 炮八平六　炮8进4	18. 马二进三　炮3进7
19. 兵九进一　炮3退3	20. 车八进九　象5退3
21. 马九进七　车3进2	22. 炮六退三　马8进7
23. 兵三进一　炮8平7	24. 相三进一　马5进6
25. 马三退二　马7进5	26. 马二进四　炮7平8
27. 仕五进六　士5进4	28. 车八退三　象7进5
29. 车八平六　士6进5	30. 炮五平八　车3平2
31. 炮八进二　炮8退3	32. 炮八平五　马6退5
33. 兵五进一　车2平6	34. 兵五进一　车6进2
35. 兵五进一　将4平5	36. 仕四进五　车6退2
37. 兵一进一　车6平9	38. 车六平七　车9进1
39. 兵三进一　象5进7	40. 车七进三　士5退4
41. 车七退三　车9退2	42. 车七平九　士4退5
43. 兵九进一　车9平1	44. 兵五平四　卒9进1
45. 仕五进四　卒9进1	46. 车九平六　将5平6
47. 兵九平八　车1平6	48. 仕六退五　车6退2
49. 车六退二　炮8进1	50. 车六平八　卒9进1
51. 车八退一　卒9平8	52. 兵八进一　炮8退2
53. 炮六平九　炮8平5	54. 帅五平四　炮5平6

55. 帅四平五	炮6平5	56. 帅五平四	炮5平6
57. 帅四平五	炮6平5	58. 帅五平四	卒8进1
59. 炮九进九	将6进1	60. 车八平二	车6平2
61. 车二进五	将6进1	62. 车二退六	炮5平1
63. 车二进二	将6退1	64. 车二进四	将6进1
65. 车二退四	将6退1	66. 车二进四	将6进1
67. 车二退四	象7退9	68. 车二平四	将6平5
69. 车四平五	将5平6	70. 车五平四	将6平5
71. 车四平五	将5平6	72. 车五平九	炮1进1
73. 车九平四	将6平5	74. 炮九平七	车2平3
75. 炮七平八	车3进6	76. 帅四进一	炮1进5
77. 仕五进六	车3退1	78. 帅四退一	车3进1
79. 帅四进一	车3平5	80. 车四平九	炮1平2
81. 车九平八	炮2平1	82. 车八平九	炮1平2
83. 车九平八	炮2平1	84. 车八平九	炮1平2
85. 车九平八	炮2平1	86. 车八平七	士5进6
87. 炮八退七	卒7进1	88. 车七平九	炮1平3
89. 车九平七	炮3平1	90. 车七平九	炮1平2
91. 车九平七	车5退6	92. 帅四退一	车5进6
93. 帅四进一	车5平4	94. 车七平五	将5平4
95. 车五平六	将4平5	96. 炮八进一	将5退1
97. 炮八进六	车4平3	98. 车六平八	炮2平1
99. 车八平九	炮1平2	100. 车九平八	炮2平1
101. 车八平九	炮1平2	102. 车九平八	炮2平1
103. 车八进四	将5进1	104. 车八退四	车3退2
105. 车八平五	将5平4	106. 车五平六	将4平5
107. 炮八退六	车3退1	108. 炮八进二	车3平5
109. 车六平九	炮1平3	110. 车九平七	炮3平1
111. 车七平九	炮1平3	112. 车九平七	炮3平1
113. 车七平九	炮1平3	114. 炮八退三	炮3退5

115. 帅四退一	将5退1	116. 仕六退五	炮3平6
117. 车九平四	车5退3	118. 帅四平五	炮6进4
119. 车四退二	车5进5	120. 帅五平六	车5退2
121. 车四平六	卒7进1	122. 车六进六	将5进1
123. 车六退六	卒7平6	124. 帅六进一	卒6进1
125. 帅六退一	士6退5	126. 炮八平九	士5退6
127. 炮九平八	车5平2	128. 炮八平九	卒6平5
129. 帅六平五	象9退7	130. 帅五进一	将5退1
131. 帅五退一	象7进5	132. 炮九进二	车2退1
133. 炮九退二	将5退1	134. 帅五进一	士4进5
135. 帅五退一	车2进1	136. 炮九进二	卒5平4
137. 车六退二	卒4平5	138. 车六进二	车2退1
139. 炮九退二	车2平5	140. 帅五平六	卒5平6
141. 帅六进一	士5进4	142. 帅六退一	象5退7
143. 炮九平八	车5进4	144. 帅六进一	卒6平5
145. 炮八平九	车5平8	146. 炮九平八	车8退3
147. 炮八进一	车8进2	148. 帅六退一	车8退4
149. 炮八退一	士6进5	150. 炮八平九	车8平1
151. 炮九平八	车1进2	152. 帅六平五	卒5平4
153. 车六退二	象7进5	154. 炮八进二	将5平6
155. 炮八进二	卒4平5	156. 车六进二	车1退1
157. 炮八退四	车1进2	158. 车六平四	将6平5
159. 车四平六	象5退7	160. 车六平七	车1进2
161. 帅五进一	车1退1	162. 帅五退一	象7进5
163. 车七平六	象5进3	164. 炮八进二	士5进6
165. 炮八进二	车1退5	166. 炮八退四	车1进4
167. 帅五进一	士6退5	168. 帅五退一	车1进2
169. 帅五进一	车1退3	170. 炮八进二	卒5平4
171. 车六退一			

第113局 郝继超 负 许银川

1. 兵七进一	炮2平3	2. 炮二平五	象3进5
3. 马八进九	车9进1	4. 炮五进四	士4进5
5. 马二进三	马2进4	6. 炮五退一	车9平6
7. 兵三进一	车1平2	8. 车九平八	车2进4
9. 兵五进一	车6进5	10. 相三进五	马8进9
11. 仕四进五	炮8平6	12. 兵九进一	马9退7
13. 马三进二	车6平8	14. 马二进三	马7进6
15. 炮八进二	车2退1	16. 兵三进一	卒3进1
17. 兵七进一	马6进5	18. 兵七平六	炮6平7
19. 炮八平七	车2进6	20. 马九退八	车8平3
21. 相七进九	马5退7	22. 炮七平三	车3平4
23. 兵六平七	将5平4	24. 车一平四	象5进3
25. 车四进五	象7进5	26. 炮五平三	炮7进3
27. 炮三平二	士5进6	28. 炮二进五	士6进5
29. 马三进二	炮7退3	30. 车四进一	马4进2
31. 车四平八	炮3退2	32. 炮二平七	马2退3
33. 车八平一	马3进4	34. 马二退三	炮7退1
35. 相九退七	象5进7	36. 马八进九	车4平1
37. 车一退二	将4平5	38. 车一平六	车1平9
39. 车六进二	炮7平6	40. 相五退三	马4进6
41. 马三进二	炮6进1	42. 车六平九	车9平8
43. 车九进三	士5退4	44. 马二退四	马6进5
45. 相七进五	车8退4	46. 马四退五	炮6平9
47. 相三进一	马5进7	48. 相五退三	炮9平5
49. 马九退七	马7进9	50. 帅五平四	车8进7

第 114 局　陈卓 胜 谢岿

1. 兵七进一	炮 2 平 3	2. 炮二平五	象 3 进 5
3. 马八进九	车 9 进 1	4. 炮五进四	士 4 进 5
5. 马二进三	马 2 进 4	6. 炮五退一	车 1 平 2
7. 车九平八	车 9 平 6	8. 兵三进一	车 2 进 4
9. 兵五进一	车 6 进 5	10. 相三进五	马 8 进 9
11. 兵一进一	炮 3 平 1	12. 仕四进五	炮 8 平 6
13. 车一平二	炮 1 进 4	14. 兵七进一	车 2 进 1
15. 兵七平六	车 2 平 5	16. 炮八平六	马 4 进 2
17. 车二进七	车 5 平 4	18. 车八进五	炮 1 退 2
19. 炮五退二	卒 3 进 1	20. 马九进八	卒 3 进 1
21. 车二平四	车 6 退 4	22. 车八进二	车 4 退 1
23. 马八进七	车 4 退 4	24. 马七退五	车 6 进 1
25. 马五进六	车 4 进 2	26. 车八平六	车 6 平 5
27. 车六平八	炮 1 平 3	28. 车八进二	士 5 退 4
29. 炮六进六	士 6 进 5	30. 炮六平九	炮 3 退 4
31. 车八退四	卒 3 进 1	32. 炮五进二	将 5 平 6
33. 炮九进一	卒 7 进 1	34. 马三进四	车 5 平 6
35. 马四进六	卒 7 进 1	36. 炮五进三	车 6 平 8
37. 仕五退四	卒 3 进 1	38. 炮五平一	车 8 平 4
39. 炮一进一	将 6 进 1	40. 炮九退一	马 9 进 7

第 115 局　谢岿 胜 陈翀

1. 兵七进一	炮 2 平 3	2. 炮二平五	象 3 进 5
3. 马八进九	车 9 进 1	4. 炮五进四	士 4 进 5
5. 马二进三	马 2 进 4	6. 炮五退一	车 1 平 2
7. 车九平八	车 9 平 6	8. 兵三进一	车 2 进 4

9. 兵五进一　车6进5　　　10. 相三进五　卒7进1
11. 兵三进一　马4进5　　　12. 兵三平四　马8进7
13. 兵四进一　车6退3　　　14. 车一平二　车6进5
15. 车二进七　马5进7　　　16. 车二退一　前马进5
17. 仕六进五　车2平5　　　18. 炮八进七　马7进5
19. 车八进三　前马退7　　　20. 马三进二　车5平4
21. 兵九进一　车6平8　　　22. 炮八平九　将5平4
23. 车八进六　将4进1　　　24. 兵七进一　车4进1
25. 车八退一　将4退1　　　26. 车八进一　将4进1
27. 炮九平四　马7进8　　　28. 炮四退一　士5退6
29. 马二退四　马8进7　　　30. 马四退三　车8退5
31. 兵七进一　炮3进7　　　32. 相五退七　马5进7
33. 马九进八　将4平5　　　34. 炮四退六　车4平3
35. 车八退一　将5退1　　　36. 炮四平五　将5平4
37. 相七进九　车3进1　　　38. 车八退一　车8平5
39. 马八进九

第116局　于幼华 和 庄玉庭

1. 兵七进一　炮2平3　　　2. 炮二平五　象3进5
3. 马八进九　车9进1　　　4. 炮五进四　士4进5
5. 马二进三　马2进4　　　6. 炮五退一　车9平6
7. 相三进五　车6进5　　　8. 兵三进一　马4进5
9. 车一平二　卒3进1　　　10. 车九平八　卒3进1
11. 相五进七　车1平2　　　12. 相七进五　车2进6
13. 炮八平六　车2进3　　　14. 马九退八　马8进9
15. 仕四进五　炮8平6　　　16. 兵一进一　马9退7
17. 车二进五　车6平7　　　18. 车二平四　炮3进1
19. 炮五平六　马5进4　　　20. 兵五进一　炮3平4
21. 马八进九　炮6平9　　　22. 兵一进一　炮9进2

23. 前炮平一	炮 4 进 4	**24.** 仕五进六	卒 9 进 1
25. 马三退四	卒 9 进 1	**26.** 兵九进一	车 7 平 1
27. 车四平六	马 4 进 3	**28.** 车六进一	马 7 进 9
29. 车六平九	卒 9 平 8	**30.** 车九平四	车 1 退 1
31. 车四退三	马 3 退 4	**32.** 车四平七	马 9 进 8
33. 仕六退五	马 8 退 6	**34.** 车七平四	马 6 退 4
35. 车四进一	车 1 进 1	**36.** 兵五进一	前马进 6
37. 兵五平四	卒 8 进 1	**38.** 相五退七	马 6 进 7
39. 车四退三	车 1 平 7	**40.** 马九退七	车 7 退 1
41. 马七进五	马 7 退 9	**42.** 相七进九	马 4 进 3
43. 车四平一	卒 8 进 1	**44.** 车一平三	车 7 进 3
45. 马五退三	马 9 退 8	**46.** 兵四进一	卒 7 进 1

第 117 局　赵鑫鑫 和 吕钦

1. 兵七进一	炮 2 平 3	**2.** 炮二平五	象 3 进 5
3. 马八进九	车 9 进 1	**4.** 炮五进四	士 4 进 5
5. 马二进三	马 2 进 4	**6.** 炮五退一	车 9 平 6
7. 兵三进一	车 1 平 2	**8.** 车九平八	车 2 进 4
9. 兵五进一	车 6 进 5	**10.** 相三进五	马 8 进 9
11. 仕四进五	炮 8 平 6	**12.** 兵九进一	炮 3 平 2
13. 兵七进一	车 2 进 2	**14.** 炮八进五	车 2 进 3
15. 马九退八	炮 6 平 2	**16.** 兵七平六	车 6 平 4
17. 车一平四	车 4 退 2	**18.** 车四进三	车 4 进 1
19. 车四平五	炮 2 平 3	**20.** 马八进九	卒 3 进 1
21. 炮五平四	卒 3 进 1	**22.** 仕五退四	马 4 进 5
23. 兵五进一	马 5 进 3	**24.** 炮四平二	卒 7 进 1
25. 炮二退一	车 4 进 3	**26.** 兵三进一	车 4 平 7
27. 马三进四	车 7 退 4	**28.** 仕六进五	炮 3 退 2
29. 马四进五	车 7 平 8	**30.** 炮二平四	马 3 退 4

31. 炮四进二　车 8 平 5　　　　**32.** 车五进二　马 4 进 5
33. 炮四平九　马 9 进 7

第 118 局　卜凤波 和 洪智

1. 兵七进一　炮 2 平 3　　　　**2.** 炮二平五　象 3 进 5
3. 马八进九　车 9 进 1　　　　**4.** 炮五进四　士 4 进 5
5. 马二进三　马 2 进 4　　　　**6.** 炮五退一　车 1 平 2
7. 车九平八　车 9 平 6　　　　**8.** 兵三进一　车 2 进 4
9. 兵五进一　车 6 进 5　　　　**10.** 相三进五　马 8 进 9
11. 仕四进五　炮 8 平 6　　　　**12.** 兵一进一　车 2 进 2
13. 炮八平六　车 2 进 3　　　　**14.** 马九退八　马 9 退 7
15. 炮五平六　马 4 进 2　　　　**16.** 车一进三　车 6 平 9
17. 马三进一　卒 3 进 1　　　　**18.** 相七进九　马 7 进 6
19. 兵五进一　马 6 进 5　　　　**20.** 兵七进一　马 2 进 3
21. 相九进七　炮 6 平 9　　　　**22.** 后炮平七　炮 9 进 3
23. 炮六进一　炮 3 平 1　　　　**24.** 炮七进三　马 5 退 3
25. 马八进七　卒 7 进 1　　　　**26.** 兵三进一　象 5 进 7
27. 兵五平六　马 3 退 2　　　　**28.** 炮六平五　象 7 进 5
29. 马一进三　炮 9 退 1　　　　**30.** 马三退五　炮 9 平 8
31. 炮五平八　炮 8 进 2　　　　**32.** 马五退三　炮 8 平 7
33. 相七退九　卒 9 进 1　　　　**34.** 相九退七　卒 9 进 1
35. 炮八退五　炮 7 平 3　　　　**36.** 马三进五　马 2 进 1
37. 炮八平九　炮 1 平 3　　　　**38.** 帅五平四　马 1 退 3
39. 马七退八　马 3 进 2　　　　**40.** 马五进七　前炮进 2
41. 马八进九　前炮平 4　　　　**42.** 炮九平七　炮 3 进 6
43. 马九退七　炮 4 退 3　　　　**44.** 后马进八　炮 4 进 1
45. 兵九进一　卒 9 平 8　　　　**46.** 兵六进一

第 119 局　林宏敏 和 黎德志

1. 兵七进一	炮 2 平 3	2. 炮二平五	象 3 进 5
3. 马八进九	车 9 进 1	4. 炮五进四	士 4 进 5
5. 马二进三	马 2 进 4	6. 炮五退一	车 9 平 6
7. 兵三进一	车 1 平 2	8. 车九平八	车 6 进 3
9. 兵五进一	卒 7 进 1	10. 兵三进一	车 6 平 7
11. 马三进五	马 8 进 7	12. 炮八进三	车 7 进 2
13. 车一平二	马 7 进 5	14. 炮八退二	车 7 进 2
15. 仕六进五	马 5 进 7	16. 相七进五	炮 8 平 7
17. 相三进一	车 2 进 4	18. 炮八平六	车 2 进 5
19. 马九退八	车 7 平 6	20. 炮五平六	车 6 退 4
21. 前炮平三	象 5 进 7	22. 车二进六	炮 3 平 5
23. 马八进七	炮 5 进 1	24. 相一退三	炮 7 平 5
25. 马五退三	车 6 进 2	26. 炮六平五	前炮进 3
27. 马三进五	炮 5 进 4	28. 车二平六	炮 5 平 9
29. 车六进二	车 6 平 3	30. 马七退六	车 3 平 1
31. 车六退二	卒 9 进 1	32. 车六平七	卒 1 进 1
33. 车七平六	卒 1 进 1	34. 兵七进一	车 1 平 5
35. 车六退二	炮 9 退 1	36. 兵五进一	车 5 退 2
37. 车六进一	车 5 平 4	38. 兵七平六	炮 9 平 8
39. 马六进七	卒 9 进 1	40. 兵六进一	象 7 进 9
41. 兵六平五	卒 9 进 1	42. 马七进五	卒 9 平 8
43. 马五进六	卒 8 平 7	44. 马六退七	卒 1 平 2
45. 马七进五	卒 7 平 6	46. 兵五平六	将 5 平 4
47. 马五进四	炮 8 平 4	48. 马四退三	炮 4 平 6
49. 马三退二	卒 6 平 5	50. 马二进一	卒 2 进 1
51. 马一退三	卒 2 平 3	52. 马三进五	卒 3 进 1
53. 马五退七	炮 6 进 3	54. 相五进三	卒 3 进 1

55. 马七退九	卒 3 平 4	56. 马九进七	卒 5 平 4
57. 马七进九	炮 6 退 3	58. 马九退八	炮 6 平 5
59. 相三退五	后卒进 1	60. 马八退六	卒 4 进 1
61. 相三进一	将 4 进 1	62. 相一退三	士 5 进 6
63. 相三进一	炮 5 退 5	64. 相一退三	士 6 进 5
65. 相五进三			

第 120 局 林宏敏 负 赵国荣

1. 兵七进一	炮 2 平 3	2. 炮二平五	象 3 进 5
3. 马八进九	车 9 进 1	4. 炮五进四	士 4 进 5
5. 马二进三	马 2 进 4	6. 炮五退一	车 9 平 6
7. 兵三进一	车 1 平 2	8. 车九平八	车 2 进 4
9. 兵五进一	车 6 进 5	10. 相三进五	马 8 进 9
11. 车一进一	车 6 平 4	12. 车一平二	卒 1 进 1
13. 仕四进五	卒 9 进 1	14. 车二进五	炮 8 平 6
15. 车二平一	车 4 平 1	16. 兵三进一	车 1 平 7
17. 兵三平四	卒 1 进 1	18. 炮八平六	车 2 进 5
19. 马九退八	炮 6 退 1	20. 车一平二	卒 1 平 2
21. 马三进五	车 7 平 9	22. 车二退六	炮 6 平 7
23. 马八进七	卒 2 平 3	24. 马七进九	后卒进 1
25. 马九进八	炮 3 平 2	26. 相五进七	炮 2 进 1
27. 相七退九	马 4 进 3	28. 马五退七	车 9 退 1
29. 炮六平五	车 9 平 5	30. 车二进三	马 3 进 5
31. 炮五进三	炮 7 进 1	32. 车二平九	炮 2 平 4
33. 车九进三	炮 4 退 3	34. 车九平七	车 5 平 6
35. 兵四进一	炮 7 平 8	36. 兵四平三	炮 8 进 7
37. 炮五退三	车 6 平 7	38. 兵三平四	车 7 进 4
39. 仕五退四	马 9 进 8	40. 马八进九	马 8 退 6
41. 马九进七	炮 4 进 1	42. 炮五进四	马 6 进 7

43. 后马进五　车7退3　　　　**44.** 仕四进五　车7平5

45. 相七进五　马7进8　　　　**46.** 相九退七　车5平7

第 121 局　曹岩磊 和 陈富杰

1. 兵七进一　炮2平3　　　　**2.** 炮二平五　象3进5

3. 马八进九　车9进1　　　　**4.** 炮五进四　士4进5

5. 马二进三　马2进4　　　　**6.** 炮五退一　车1平2

7. 车九平八　车9平6　　　　**8.** 兵三进一　车2进4

9. 兵五进一　车6进5　　　　**10.** 车一平二　马8进9

11. 相三进五　卒9进1　　　　**12.** 炮八平七　车2进5

13. 马九退八　车6平4　　　　**14.** 炮七退一　马4进2

15. 马三进五　马2进1　　　　**16.** 马八进七　炮8平6

17. 兵九进一　马1进3　　　　**18.** 炮七进三　炮3进3

19. 仕四进五　炮3进1　　　　**20.** 车二平四　炮6平8

21. 炮五进一　炮3平5　　　　**22.** 马七进五　炮8进1

23. 炮五平二　车4平5　　　　**24.** 车四进四　马9进8

25. 车四进一　马8进7　　　　**26.** 兵五进一　马7进9

27. 炮二平七　车5平3　　　　**28.** 炮七平六　车3平9

29. 兵五进一　马9进7　　　　**30.** 车四退四　马7退6

31. 炮六平三　卒9进1

第 122 局　王琳娜 胜 张国凤

1. 兵七进一　炮2平3　　　　**2.** 炮二平五　象3进5

3. 马八进九　车9进1　　　　**4.** 炮五进四　士4进5

5. 马二进三　马2进4　　　　**6.** 炮五退一　车1平2

7. 车九平八　车9平6　　　　**8.** 兵三进一　车2进4

9. 兵五进一　车6进5　　　　**10.** 相三进五　马8进9

11. 仕四进五　炮8平6　　　　**12.** 兵九进一　马9退7

13. 马三进二	马7进6	14. 兵三进一	车6退1
15. 炮八进二	车2平4	16. 炮五平四	车4进2
17. 马二进三	炮6平7	18. 兵五进一	车6平3
19. 炮八进二	马6退4	20. 炮四进三	后马进2
21. 马九进八	象5进7	22. 相七进九	车3平2
23. 车八进四	马4退6	24. 车一平四	马6进8
25. 车四进六	炮7平5	26. 车四平五	车4平9
27. 马三进五	象7退5	28. 车五平七	炮3平4
29. 车七进一	马8进9	30. 车七平八	车9进3
31. 仕五退四	马9进8	32. 后车退三	车9退5
33. 前车平七	车9平5	34. 炮八进三	车5进3
35. 仕四进五	车5退3	36. 炮八平九	马8进7
37. 帅五平四	车5平6	38. 仕五进四	车6进3
39. 车八平四	车6进1	40. 帅四进一	将5平4
41. 车七进二	将4进1	42. 车七退六	卒9进1
43. 炮九平八	炮4平2	44. 车七平八	炮2平1
45. 炮八平九	炮1平4	46. 车八平六	卒9进1
47. 炮九平八	马7退9	48. 帅四平五	将4退1
49. 相九退七	马9退8	50. 帅五退一	马8退6
51. 仕六进五	卒9平8	52. 车六进二	马6进5
53. 车六进一	卒8平7	54. 车六平九	卒7进1
55. 车九平六	将4平5	56. 车六退三	马5退6
57. 相七进五	炮4进3	58. 兵九进一	士5进4
59. 兵九平八	士6进5	60. 炮八平九	炮4平9
61. 车六平七	士5进6	62. 兵八进一	

第 123 局　卜凤波 和 赵鑫鑫

1. 兵七进一	炮2平3	2. 炮二平五	象3进5
3. 马八进九	车9进1	4. 炮五进四	士4进5

5. 马二进三　马2进4　　　6. 炮五退一　车9平6

7. 兵三进一　车1平2　　　8. 车九平八　车2进4

9. 兵五进一　车6进5　　　10. 相三进五　炮8进4

11. 仕四进五　炮8平1　　　12. 车一平四　车6进3

13. 帅五平四　车2进2　　　14. 炮八平六　车2进3

15. 马九退八　炮1退1　　　16. 马八进九　炮1进1

17. 马九退七　马4进2　　　18. 马七进八　马2进1

19. 马八进九　卒1进1　　　20. 炮五平二　马8进7

21. 兵五进一　卒7进1　　　22. 兵三进一　象5进7

23. 炮二进一　象7进5　　　24. 马三进四　炮3平4

25. 炮六进四　炮1平3　　　26. 炮六平三　炮4退1

27. 马四进六　炮3平2　　　28. 炮二平七　士5进4

29. 马六进八　炮2平8　　　30. 炮七平四　炮4平6

31. 帅四平五　士6进5　　　32. 兵五进一　炮8退4

33. 兵五平六　炮8平9　　　34. 兵七进一　炮9进4

35. 兵七进一　炮8平7　　　36. 兵七进一　炮8退6

37. 兵七平六　炮8平6　　　38. 炮四平五　后炮平8

39. 炮五退二　炮8进3　　　40. 马八退七　卒1进1

41. 前兵平五　象7退5　　　42. 炮五平九　卒9进1

43. 炮九退一　卒9进1　　　44. 炮九平三　象5进7

45. 前炮平五　象7退5　　　46. 炮五退一　将5平6

47. 炮三平五　象5退3　　　48. 兵六平五　炮6进5

49. 仕五进四　士5退4　　　50. 兵五平四　马7进6

51. 兵四平三　炮8平9　　　52. 后炮进一　卒9平8

53. 后炮平四　将6平5　　　54. 炮四平五　将5平6

55. 后炮平四　将6平5　　　56. 炮四平六　将5平6

57. 炮六进二　炮9进2　　　58. 马七进八　士4进5

59. 炮六平五　将6进1　　　60. 马八进七　卒8平7

61. 前炮平四　炮6平7　　　62. 炮五进一　马6进4

63. 炮五平八　马4退5　　　64. 炮八进二　炮7退3

65. 相五进三　炮9退1	66. 马七退五　将6进1
67. 马五退七　炮9平2	68. 仕四退五　炮2退1
69. 炮八平六　马5退4	70. 马七进六　炮7退2
71. 马六退八　炮2平5	72. 相三退五　象3进5
73. 马八退六　炮7平6	74. 炮四平二　炮6退1
75. 炮二退三　将6退1	76. 炮二平五　炮6平5
77. 马六进七　象5进7	78. 马七进五　炮5退3
79. 炮五进六　象7退9	80. 炮五平八　象9进7
81. 仕五进四　象7进5	82. 相五进三　士5进6
83. 炮八退八　士6退5	84. 相七进五　士5进6
85. 仕六进五　士6进5	86. 仕五进六　象5进3
87. 帅五平四　象3退5	88. 炮八平四　士5进6
89. 相五进七　象5进3	90. 炮四平七　象3退1
91. 仕四退五　将6平5	92. 帅四进一　将5退1
93. 帅四进一　士6进5	94. 炮七退一　将5平4
95. 炮七平六　将4平5	96. 仕五退四　象1进3
97. 炮六平五　士5进4	98. 炮五平七　象3退1
99. 炮七平六　士4退5	100. 相三退五　象1进3
101. 相五退七　象3退1	102. 相七进九　象1进3
103. 仕四进五　象3退1	104. 炮六平九　象1进3
105. 炮九平四　士5进4	106. 炮四平七　象3退1
107. 炮七平六　士4退5	108. 帅四平五　将5平6
109. 炮六平五　将6进1	

第 124 局　汪洋 胜 谢靖

1. 兵七进一　炮2平3	2. 炮二平五　象3进5
3. 马八进九　车9进1	4. 炮五进四　士4进5
5. 马二进三　马2进4	6. 炮五退二　车9平6
7. 车九平八　车6进3	8. 相三进五　车1平2

9. 仕四进五　炮 8 平 6　　10. 兵九进一　马 8 进 9

11. 兵三进一　车 2 进 6　　12. 炮八平七　车 2 进 3

13. 马九退八　马 4 进 2　　14. 兵一进一　卒 1 进 1

15. 车一进三　卒 3 进 1　　16. 兵七进一　马 2 进 3

17. 炮七进五　炮 6 平 3　　18. 兵九进一　马 3 进 5

19. 兵五进一　车 6 平 1　　20. 马八进七　卒 7 进 1

21. 马七进五　马 9 退 7　　22. 马五进七　车 1 平 3

23. 马七进五　卒 7 进 1　　24. 马五退三　车 3 平 7

25. 后马进五　马 7 进 6　　26. 马三退四　车 7 平 3

27. 马五进三　车 3 平 7　　28. 车一平八　马 6 进 7

29. 马四进三　炮 3 进 3　　30. 车八进六　炮 3 退 5

31. 车八退三　炮 3 进 6　　32. 车八平一　炮 3 平 6

33. 马三退二　炮 6 退 5　　34. 车一平四　炮 6 平 9

35. 车四进二　炮 9 进 1　　36. 马二进三　炮 9 平 7

37. 马三进五　炮 7 平 6　　38. 车四平二　象 5 退 3

39. 车二退二　炮 6 平 4　　40. 车二平六　象 7 进 5

41. 马五退三　象 5 退 7　　42. 车六平七　象 7 进 5

43. 兵五进一　炮 4 进 4　　44. 兵五进一　炮 4 平 6

45. 车七退二　炮 6 退 5　　46. 车七平五　炮 6 平 7

47. 马三进五　车 7 平 7　　48. 马五退七　象 5 进 3

49. 车五平三　炮 7 平 6　　50. 马七退八　象 3 退 1

51. 车三进二　炮 6 进 1　　52. 马八进七　车 6 平 3

53. 马七退五　炮 6 平 2　　54. 兵五平六　象 3 进 5

55. 马五进三　车 3 平 7　　56. 车三平五　象 1 退 3

57. 兵六平七　炮 2 进 2　　58. 兵七进一　炮 2 平 6

59. 车五平四　炮 6 进 2　　60. 马三退五　炮 6 平 8

61. 兵七进一　炮 8 退 5　　62. 车四进二　炮 8 进 1

63. 兵七平六　炮 8 平 6　　64. 车四平二　象 5 进 3

65. 车二进一　炮 6 平 5　　66. 帅五平四　车 7 平 5

67. 马五进三　车 5 平 6　　68. 帅四平五　车 6 平 7

69. 马三退四

第 125 局 柳大华 和 赵国荣

1. 兵七进一 炮 2 平 3	**2.** 炮二平五 象 3 进 5
3. 马八进九 车 9 进 1	**4.** 炮五进四 士 4 进 5
5. 马二进三 马 2 进 4	**6.** 炮五退一 车 9 平 6
7. 兵三进一 车 1 平 2	**8.** 车九平八 车 2 进 4
9. 兵五进一 车 6 进 5	**10.** 相三进五 马 8 进 9
11. 仕四进五 炮 8 平 6	**12.** 车一平二 卒 9 进 1
13. 兵九进一 车 2 进 2	**14.** 炮八平六 车 2 进 3
15. 马九退八 马 4 进 2	**16.** 炮五进一 卒 3 进 1
17. 马三进五 卒 3 进 1	**18.** 马五进七 马 2 进 3
19. 兵五进一 炮 3 进 3	**20.** 相五进七 炮 6 进 3
21. 马八进九 马 3 退 4	**22.** 车二进二 马 4 进 5
23. 车二平五 马 5 进 3	**24.** 车五进二 马 3 进 4
25. 仕五进六 车 6 平 4	**26.** 车五平四 车 4 平 5
27. 仕六退五 车 5 退 3	**28.** 马九进七 车 5 进 3
29. 马七进六 车 5 平 9	**30.** 马六进八 车 9 平 4
31. 车四进二 车 4 平 3	**32.** 相七进五 卒 9 进 1
33. 马八退六 车 3 平 4	**34.** 马六退四 车 4 平 6
35. 马四进六 车 6 平 4	**36.** 马六退四 车 4 退 1
37. 马四进三 马 9 进 7	**38.** 车四平三 车 4 平 1
39. 车三平一 卒 9 平 8	**40.** 车一平二 卒 8 平 9
41. 车二平一 卒 9 平 8	**42.** 车一平二 卒 8 平 9
43. 车二平七 车 1 进 1	**44.** 相五退七 卒 1 进 1
45. 车七退四	

第 126 局　卜凤波 负 孙勇征

1. 兵七进一　炮 2 平 3　　　2. 炮二平五　象 3 进 5

3. 马八进九　车 9 进 1　　　4. 炮五进四　士 4 进 5

5. 马二进三　马 2 进 4　　　6. 炮五退一　车 9 平 6

7. 兵三进一　车 6 进 5　　　8. 车一平二　马 8 进 9

9. 车九平八　车 1 平 2　　　10. 相三进五　炮 8 进 4

11. 兵五进一　炮 8 平 1　　　12. 炮五平二　车 2 进 4

13. 仕四进五　炮 3 平 2　　　14. 炮八进五　车 2 进 5

15. 马九退八　马 4 进 2　　　16. 马八进七　马 2 进 1

17. 车二平四　马 1 进 2　　　18. 炮二退四　车 6 平 8

19. 马七进九　车 8 进 2　　　20. 车四进三　马 2 进 3

21. 帅五平四　车 8 退 1　　　22. 马三进四　车 8 进 2

23. 帅四进一　车 8 退 1　　　24. 帅四退一　车 8 进 1

25. 帅四进一　车 8 退 5　　　26. 兵一进一　卒 9 进 1

27. 兵一进一　车 8 平 9　　　28. 兵五进一　马 9 进 8

29. 马四进三　车 9 进 4　　　30. 帅四退一　车 9 进 1

31. 帅四进一　车 9 退 1　　　32. 帅四退一　车 9 进 1

33. 帅四进一　马 8 进 9　　　34. 车四平三　车 9 退 1

35. 帅四退一　车 9 进 1　　　36. 帅四进一　车 9 退 1

37. 帅四退一　车 9 进 1　　　38. 帅四进一　马 3 进 5

39. 车三平二　马 5 退 7　　　40. 车二平八　车 9 退 1

41. 帅四退一　马 9 进 8

第 127 局　陶汉明 胜 吕钦

1. 兵七进一　炮 2 平 3　　　2. 炮二平五　象 3 进 5

3. 马八进九　车 9 进 1　　　4. 炮五进四　士 4 进 5

5. 马二进三　车 9 平 6　　　6. 车一平二　马 8 进 9

7. 炮五平一	车 6 进 3	**8.** 车九平八	马 2 进 1
9. 炮八平六	卒 1 进 1	**10.** 仕四进五	车 1 平 4
11. 车八进七	马 1 进 2	**12.** 相三进五	炮 8 平 6
13. 车八退一	马 2 进 1	**14.** 车二进四	车 6 平 2
15. 车八平七	马 1 进 3	**16.** 兵一进一	马 3 进 1
17. 炮六进二	马 1 退 3	**18.** 炮六进二	车 2 平 7
19. 兵七进一	车 7 进 2	**20.** 兵七平六	马 3 退 1
21. 车二平三	车 7 平 8	**22.** 兵五进一	炮 6 平 7
23. 车三平二	车 8 平 7	**24.** 马三进一	马 1 退 2
25. 兵五进一	马 2 退 4	**26.** 兵六进一	卒 7 进 1
27. 兵五进一	马 9 进 7	**28.** 车七退三	卒 7 进 1
29. 车二进二	马 7 进 5	**30.** 炮一进三	马 5 进 6
31. 兵五进一	士 5 进 6	**32.** 帅五平四	炮 3 进 7
33. 车七退三	马 6 进 7	**34.** 车七进三	炮 7 平 5
35. 车二进三			

第 128 局　张申宏 和 党斐

1. 兵七进一	炮 2 平 3	**2.** 炮二平五	象 3 进 5
3. 马八进九	车 9 进 1	**4.** 炮五进四	士 4 进 5
5. 马二进三	马 2 进 4	**6.** 炮五退一	车 1 平 2
7. 车九平八	车 9 平 6	**8.** 兵三进一	车 6 进 5
9. 相三进五	车 2 进 4	**10.** 兵五进一	马 8 进 9
11. 仕四进五	炮 8 平 6	**12.** 车一平二	卒 9 进 1
13. 兵九进一	炮 3 平 1	**14.** 兵七进一	车 2 进 2
15. 兵七平六	车 6 平 4	**16.** 炮八平六	车 2 进 3
17. 马九退八	车 4 退 2	**18.** 车二进三	马 9 退 7
19. 马八进九	马 4 进 2	**20.** 马九进七	车 4 进 1
21. 炮五平二	马 2 进 3	**22.** 兵五进一	车 4 进 1
23. 车二平六	马 3 进 4	**24.** 兵五平四	卒 3 进 1

25. 炮二退一　炮6平9　　26. 马七进八　炮1平4

27. 炮六进五　士5进4　　28. 炮二退三　士4退5

29. 炮二平一　象5退3　　30. 马三进五　炮9进4

31. 马八进七　炮9平8　　32. 炮一平三　象3进5

33. 马七退九　马7进9　　34. 仕五进六　卒9进1

35. 马九进七　卒9平8　　36. 马七进九　卒8平7

37. 相五进三　炮8退3　　38. 兵九进一　卒3进1

39. 仕六进五　卒3平2　　40. 兵九平八　炮8进1

41. 马九退七　士5进4　　42. 炮三进二　炮8进2

43. 马五进六　士6进5　　44. 马六进八　炮8退5

45. 马七退六　卒2平3　　46. 相七进五　卒3平4

47. 兵四进一　卒4平5　　48. 兵四平三　马9进8

49. 炮三退二　马4退5　　50. 兵三进一　马8退6

51. 马六进七　炮8平9　　52. 仕五进四　卒5平6

53. 炮三平九　卒6进1　　54. 仕四退五　马5进7

55. 炮九进八　马7退8　　56. 马七进八　象5退3

57. 炮九平七　象7进5　　58. 炮七退五　卒6平5

59. 炮七平九　卒5进1　　60. 炮九退二　马6进5

61. 炮九平五　马8进6　　62. 兵三进一　将5平6

63. 后马进七　马6退8　　64. 兵三平二　炮9进3

65. 马八退六　炮9平8　　66. 炮五平二　炮8平5

67. 帅五平六

第 129 局　谢岿 和 黄竹风

1. 兵七进一　炮2平3　　2. 炮二平五　象3进5

3. 马八进九　车9进1　　4. 炮五进四　士4进5

5. 马二进三　马2进4　　6. 炮五退一　车1平2

7. 车九平八　车9平6　　8. 兵三进一　车2进4

9. 兵五进一　车6进5　　10. 相三进五　马8进7

11. 马三进二	车6退3	12. 炮八平六	车2进5
13. 马九退八	炮8进2	14. 马二退三	车6进3
15. 仕四进五	马7进5	16. 车一平四	车6进3
17. 帅五平四	卒3进1	18. 兵三进一	炮8退3
19. 兵三进一	炮3进1	20. 炮五平六	炮3平7
21. 兵五进一	马5退7	22. 兵七进一	象5进3
23. 马八进七	马4进2	24. 马七进八	象3退5
25. 马八进九	炮7进3	26. 兵九进一	炮8平9
27. 后炮平七	士5进4	28. 马三进五	炮7平6
29. 马五进七	士6进5	30. 兵九进一	炮9进5
31. 兵九平八	炮6退3	32. 帅四平五	炮9平3
33. 马九退八	炮6进2	34. 马八退九	炮3平4
35. 马九进七	马2进4	36. 前马退五	炮6进1
37. 马七进九	马4进2	38. 马九进八	炮6退5
39. 炮七进五	炮4平2	40. 马五进七	炮2退3
41. 马七进八	将5平6	42. 仕五进四	炮6进5
43. 炮七退六	马2进4	44. 炮七平三	马7退9
45. 炮六进一	马9进8	46. 仕四退五	炮6退5
47. 炮三平四	马4进6	48. 帅五平四	炮6进7
49. 帅四进一	马8进7	50. 兵五进一	卒9进1
51. 帅四退一	马7进9	52. 炮六退五	马9进7
53. 帅四平五	马6退4	54. 兵五平四	马4进5
55. 仕五进六	马5退6	56. 炮六平四	卒9进1
57. 仕六进五	卒9平8	58. 仕五进四	马6进4
59. 兵四平五	将6平5	60. 马八进七	将5平4
61. 仕四退五	马7退6	62. 兵五平六	马4退5
63. 帅五平六	卒8进1	64. 仕五退四	马5进3
65. 炮四平六	马3进2	66. 炮六平八	马6退4
67. 炮八平一	象5进7	68. 相七进九	马2退1
69. 仕四进五	马1进3	70. 相九退七	象7进5

71. 炮一进五　马3退5　　**72.** 炮一平五　象5退3

73. 炮五退一　象7退5　　**74.** 兵六平五　卒8平7

第 130 局　才溢 胜 洪智

1. 兵七进一　炮2平3　　**2.** 炮二平五　象3进5

3. 马八进九　车9进1　　**4.** 炮五进四　士4进5

5. 马二进三　马2进4　　**6.** 炮五退一　车9平6

7. 兵三进一　车1平2　　**8.** 车九平八　车2进4

9. 兵五进一　车6进5　　**10.** 相三进五　马8进9

11. 仕四进五　炮8平6　　**12.** 兵九进一　马9退7

13. 兵七进一　车2平3　　**14.** 炮八进六　车3平4

15. 炮八平七　炮3平2　　**16.** 马三进二　马7进9

17. 车八进六　车4退2　　**18.** 兵三进一　车6退1

19. 马二进三　马9进7　　**20.** 兵三进一　车6平5

21. 炮五平四　车4平3　　**22.** 炮七平九　马4进5

23. 车一平三　马5进3　　**24.** 炮九退一　炮2退1

25. 车八进二　车3平1　　**26.** 车八进一　士5退4

27. 炮四进四　车1平2　　**28.** 车八平九　车2平1

29. 车九平八　车1平2　　**30.** 车八平九　车2平1

31. 车九平八　车1平2　　**32.** 车八退二　炮6平2

33. 炮四退一　车5平8　　**34.** 车三进三　象5退3

35. 炮四退三　车8平6　　**36.** 炮四平二　将5平6

37. 兵三进一　炮2平5　　**38.** 炮二平五　车6退1

39. 炮五退二　马3进5　　**40.** 车三平二　马5退7

41. 车二进二　炮5进2　　**42.** 马九进八　车6进5

43. 仕五退四　炮5平8　　**44.** 马八进七　马7进6

45. 仕六进五　炮8进5　　**46.** 相五退三　炮8退3

47. 炮五平二　马6进7　　**48.** 帅五平六　马7退8

49. 马七进八　马8退6　　**50.** 马八退九　马6退8

51. 兵三进一　马8退6　　52. 兵三平二　士4进5
53. 兵一进一　将6平5　　54. 马九退七　马6退8
55. 马七进五　卒9进1　　56. 兵一进一　马8进9
57. 兵二平三　马9退7　　58. 兵三平四　象3进5
59. 马五进三　士5进6　　60. 兵九进一　象7进9
61. 兵九平八　象5进7　　62. 仕五进四　马7进5
63. 马三退四　马5退4　　64. 兵四平三　将5平6
65. 马四进六　士6退5　　66. 马六退五　马4进5
67. 兵八平七　象7退5　　68. 兵七平六　马5退7
69. 马五进四　士5进6　　70. 兵六进一　象5退3
71. 帅六平五　象9退7　　72. 仕四退五　象7进5
73. 仕五退六　马7进6　　74. 马四进二　将6平5
75. 兵三平四　将5平4　　76. 仕六进五　象3进1
77. 帅五平六　象5退3　　78. 仕五进四　将4平5
79. 相三进一　象1进3　　80. 马二退四　马6退7
81. 兵四平三　象3退1　　82. 马四退三　将5平4
83. 马三进二　士6退5　　84. 马二进一　马7进5
85. 兵三平四　士5进6　　86. 马一进三　象1进3
87. 帅六平五　马5退7　　88. 马三退二　马7进6
89. 马二退四　象3进5　　90. 马四退五　象3退1
91. 帅五平六　马6退7　　92. 兵四平三　马7退9
93. 兵三平四　马9退8　　94. 兵四平三　马8进9
95. 兵三平四　马9进7　　96. 兵四平三　马7退9
97. 兵三平四　马9进7　　98. 兵四平三　马7退9
99. 兵三平二　马9进7　　100. 兵二平三　马7进5
101. 马五退三　马5退7　　102. 马三进四　象1退3
103. 兵六进一　将4平5　　104. 马四进六　士6退5
105. 兵六进一　士5进4　　106. 马六进四　将5平6
107. 兵六进一

第 131 局　潘振波 胜 李群

1. 兵七进一	炮 2 平 3	**2.** 炮二平五	象 3 进 5
3. 马八进九	车 9 进 1	**4.** 炮五进四	士 4 进 5
5. 马二进三	马 2 进 4	**6.** 炮五退二	车 9 平 6
7. 车九平八	车 6 进 5	**8.** 兵三进一	马 4 进 5
9. 相三进五	车 6 平 7	**10.** 炮五进一	炮 8 进 4
11. 兵五进一	炮 8 退 1	**12.** 仕四进五	炮 8 平 5
13. 车一平四	车 1 平 4	**14.** 车四进四	炮 3 平 2
15. 炮八平七	炮 2 进 3	**16.** 车四进二	车 4 进 4
17. 兵九进一	车 4 平 5	**18.** 马九进八	炮 5 平 2
19. 车八进四	马 8 进 7	**20.** 车四平三	卒 1 进 1
21. 马三退四	车 7 平 3	**22.** 炮七平六	车 3 平 4
23. 兵九进一	车 5 平 1	**24.** 马四进二	卒 3 进 1
25. 兵七进一	车 1 平 3	**26.** 炮六平九	车 3 平 1
27. 马二进四	车 4 平 6	**28.** 兵一进一	象 5 退 3
29. 车八进二	象 7 进 5	**30.** 车八平六	士 5 退 4
31. 炮九平八	车 1 平 2	**32.** 炮八平七	士 6 进 5
33. 炮七进五	卒 9 进 1	**34.** 兵一进一	车 2 平 9
35. 炮七平三	马 5 退 7	**36.** 车三进一	车 9 平 6
37. 车三退一	后车平 5	**38.** 车六进二	车 6 退 2
39. 车三平六	将 5 平 6	**40.** 后车平七	车 5 平 3
41. 车七平二	车 6 平 8	**42.** 车二平六	车 3 平 5
43. 仕五退四	将 6 平 5	**44.** 仕六进五	车 8 平 6
45. 帅五平六	象 3 进 1	**46.** 相五退三	车 5 平 3
47. 相三进五	车 3 平 5	**48.** 相五进七	象 1 退 3
49. 相七退九	象 3 进 1	**50.** 后车退二	象 1 退 3
51. 前车退二	车 6 进 2	**52.** 前车平二	车 6 退 2
53. 车二平六	车 6 进 2	**54.** 前车进二	车 6 退 2

55. 马四进六　车5平2　　56. 前车退二　象5退7
57. 马六进八　车2退2　　58. 前车进二　象7进5
59. 帅六平五　车2进2　　60. 马八进六　车2退2
61. 后车平五　车6退2　　62. 车六平九　车6进2
63. 车九平六　车6退2　　64. 车六平九　车6进2
65. 马六退五　车2进2　　66. 马五进七　车2平3
67. 车九平六　车6平4　　68. 车六平八　象5退7
69. 车八退二　车4平6　　70. 车八平二　象7进5
71. 相七进五　士5退6　　72. 车二平六　士6进5
73. 车五平六　象5退7　　74. 前车进二　象7进5
75. 相五退三　象5退7　　76. 后车退二　象7进5
77. 帅五平六　象5退7　　78. 相三进五　象7进5
79. 相五退七　象5退7　　80. 马七退五　车6平5
81. 马五退三　车5平6　　82. 马三进五　车6平5
83. 马五进七　车5平6　　84. 后车进四　车6平8
85. 马七退五　车8平5　　86. 后车平三　象7进5
87. 车三平一　车5平9　　88. 车一退一　车3平9
89. 马五进六　车9平5　　90. 马六进八　车5平6
91. 车六退二　象5退7　　92. 兵三进一　车6退2
93. 兵三进一　车6平2　　94. 帅六平五　车2平3
95. 仕五进六　车3平5　　96. 仕四进五　车5平3
97. 相七进五　象7进9　　98. 车六平四　象9退7
99. 兵三进一　士5退6　　100. 兵三进一　象3进5
101. 车四进二

第 132 局　李群 负 孙勇征

1. 兵七进一　炮2平3　　2. 炮二平五　象3进5
3. 马八进九　车9进1　　4. 炮五进四　士4进5
5. 马二进三　马2进4　　6. 炮五退一　车9平6

7. 车九平八　车6进5　　8. 兵三进一　车1平2

9. 车一平二　马8进9　　10. 车二进一　车2进4

11. 炮八平五　车2进5　　12. 马九退八　车6平7

13. 车二进一　车7退1　　14. 相七进九　马4进2

15. 相三进一　车7进1　　16. 兵五进一　车7平1

17. 马三进五　车1平4　　18. 车二退一　马2进1

19. 兵一进一　马1进2　　20. 车二平六　车4进2

21. 马八进六　炮8进5　　22. 后炮平三　将5平4

23. 炮五进一　炮8平1　　24. 兵五进一　炮1平5

25. 马五进六　炮5退4　　26. 兵五进一　炮3进3

27. 仕六进五　卒3进1　　28. 后马进五　炮3平5

29. 帅五平六　卒7进1　　30. 炮三进一　马2进3

31. 相一退三　马3退1　　32. 兵五平六　马1退2

33. 马六进四　炮5平4　　34. 帅六平五　卒1进1

35. 相三进五　卒1进1　　36. 炮三退二　卒1进1

37. 马五进四　炮4进1　　38. 前马进二　炮4平6

39. 马四退六　炮6平7　　40. 马二进四　马2进4

41. 马六进四　马4退6　　42. 后马进五　马6进5

43. 仕五进四　马5退4　　44. 炮三平六　卒3进1

45. 马五进七　卒1平2　　46. 马七退八　将4平5

47. 兵六进一　炮7平4　　48. 兵六进一　炮4平5

49. 炮六平三　士5进6　　50. 马四退六　士6进5

51. 马六退五　卒3进1　　52. 马八进七　马4退5

53. 马五进七　卒7进1　　54. 帅五平六　将5平6

55. 炮三平九　卒2平1　　56. 炮九平五　马5进6

57. 兵六平五　士6退5　　58. 炮五进七　马9退7

59. 炮五退三　马7进5　　60. 后马进六　将6进1

61. 马七退六　炮5平4　　62. 后马退五　卒3进1

63. 帅六平五　炮4退2　　64. 仕四进五　卒1平2

65. 马六退八　马5进7　　66. 炮五平四　炮4平5

67. 帅五平六　马7退5　　68. 炮四进一　马5进4
69. 炮四平九　卒3进1　　70. 马八进六　将6平5
71. 马六退七　炮5退1　　72. 马七进八　卒3进1

第 133 局　吕钦 胜 景学义

1. 兵七进一　炮2平3　　2. 炮二平五　象3进5
3. 马八进九　车9进1　　4. 炮五进四　士4进5
5. 车九平八　马2进4　　6. 炮五退一　车9平6
7. 马二进三　车1平2　　8. 车一进一　车6进3
9. 炮八平五　车2进9　　10. 马九退八　车6平7
11. 兵五进一　车7进2　　12. 马三进五　卒3进1
13. 后炮平七　马4进3　　14. 炮七进一　车7退2
15. 炮五进一　马8进7　　16. 炮五平九　马3退1
17. 炮九退一　车7进5　　18. 车一平二　炮8平9
19. 兵五进一　卒7进1　　20. 炮九进一　车7平9
21. 马八进九　炮9进4　　22. 马五进六　炮3进3
23. 炮七平三　炮9退2　　24. 兵五平四　马7进6
25. 马六进四　车9退4　　26. 炮三平六　车9进1
27. 马九退七　车9平5　　28. 相七进五　炮3平7
29. 仕四进五　炮7进2　　30. 炮九平一　卒3进1
31. 车二平一　炮9平8　　32. 车一平三　卒3进1
33. 车三进一　炮8进4　　34. 炮六进二

第 134 局　谢业枧 负 孙勇征

1. 兵七进一　炮2平3　　2. 炮二平五　象3进5
3. 马八进九　车9进1　　4. 炮五进四　士4进5
5. 马二进三　马2进4　　6. 炮五退一　车9平6
7. 车一进一　车6进5　　8. 车九平八　车6平7

9. 相七进五	马 8 进 7	10. 炮八平七	马 4 进 5
11. 车一平六	卒 3 进 1	12. 马九进七	车 7 退 2
13. 车六进四	车 1 平 4	14. 兵七进一	车 4 进 4
15. 兵七平六	炮 3 进 5	16. 马三退五	炮 3 平 4
17. 马七进五	车 7 平 6	18. 后马退七	炮 4 退 2
19. 马七进六	士 5 退 4	20. 车八进四	炮 8 进 3
21. 马六进八	炮 4 进 3	22. 马五退七	炮 4 退 2
23. 马八退七	炮 8 进 4	24. 后马进六	车 6 进 5
25. 帅五进一	车 6 平 5	26. 帅五平四	车 5 平 4
27. 马六进七	士 6 进 5	28. 前马进八	车 4 退 3
29. 车八平二	车 4 平 3	30. 车二退四	车 3 平 5
31. 车二进七	车 5 平 6	32. 帅四平五	将 5 平 6
33. 马八退六	卒 7 进 1	34. 相三进一	马 7 进 6
35. 车二退三	马 6 进 5	36. 车二平六	前马进 3
37. 车六退二	马 3 退 1	38. 兵一进一	卒 1 进 1
39. 相五退三	马 1 退 3	40. 车六平五	卒 1 进 1
41. 兵六平七	卒 1 平 2	42. 兵七进一	车 6 进 2
43. 帅五退一	车 6 进 1	44. 帅五进一	车 6 退 5
45. 马六退七	卒 2 平 3	46. 兵七平六	马 5 退 7
47. 炮五退二	卒 3 进 1		

第 135 局　许银川　和　赵鑫鑫

1. 兵七进一	炮 2 平 3	2. 炮二平五	象 3 进 5
3. 马八进九	车 9 进 1	4. 炮五进四	士 4 进 5
5. 车九平八	马 2 进 4	6. 炮五退一	车 1 平 2
7. 马二进三	车 9 平 6	8. 兵三进一	马 8 进 7
9. 车一平二	炮 8 平 9	10. 相七进五	车 2 进 4
11. 兵五进一	车 6 进 5	12. 车二进一	车 6 平 1
13. 炮八平六	车 1 平 2	14. 车八进三	车 2 进 2

15. 马九退七	车 2 进 2	16. 炮六进五	马 7 进 5
17. 炮六平一	炮 3 平 9	18. 车二平六	炮 9 退 1
19. 炮五平二	卒 7 进 1	20. 兵五进一	马 5 退 7
21. 炮二进三	卒 7 进 1	22. 车六进七	车 2 平 3
23. 马三进五	车 3 平 8	24. 炮二平三	卒 7 平 6
25. 马五进六	卒 3 进 1	26. 兵七进一	象 5 进 3
27. 车六平九	车 8 退 5	28. 车九进一	士 5 退 4
29. 炮三平八	象 7 进 5	30. 炮八退一	马 7 退 5
31. 兵五平四	象 5 退 3	32. 炮八退六	车 8 进 1
33. 马六退四	车 8 平 6	34. 马四退六	车 6 平 4
35. 马六退四	车 4 进 4	36. 炮八进三	车 4 退 3
37. 炮八退三	车 4 进 3	38. 炮八进三	车 4 退 3
39. 炮八退三	炮 9 进 1	40. 炮八平五	炮 9 平 5
41. 马四进五	象 3 进 1	42. 马五进四	马 5 退 3
43. 马四进三	将 5 进 1	44. 炮五进六	象 3 退 5
45. 车九退二	将 5 平 6	46. 车九退一	车 4 平 6
47. 仕六进五	士 6 进 5	48. 车九平一	车 6 退 3
49. 马三退二	车 6 平 8	50. 马二退四	马 3 进 4
51. 兵一进一	象 5 进 7	52. 车一平三	象 7 退 9
53. 兵一进一	将 6 退 1	54. 马四进六	将 6 平 5
55. 兵一进一	车 8 平 5	56. 马六退四	车 5 平 8
57. 马四进二	马 4 进 5	58. 车三平四	马 5 退 6
59. 马二退三	象 9 退 7	60. 兵一平二	马 6 进 8
61. 马三进二	车 8 平 7	62. 车四进二	车 7 平 8
63. 马二退三	车 8 平 7	64. 仕五进六	车 7 进 2
65. 马三退五	车 7 退 2	66. 马五进六	车 7 平 4
67. 马六进八	车 4 平 2	68. 马八退七	车 2 平 7
69. 马七进六	车 7 平 4	70. 车四退二	象 7 进 9
71. 仕四进五	象 9 退 7	72. 相五进三	象 7 进 9
73. 车四平五	象 9 退 7	74. 仕五退六	象 7 进 9

75. 车五平二　象9退7　　　76. 车二进三　车4平7

77. 帅五平四　士5进4　　　78. 车二退三　象7进9

79. 相三进五　象9退7　　　80. 车二平五　士4进5

81. 帅四平五　车7平8　　　82. 车五退一　车8平7

83. 马六退八　车7平6　　　84. 马八进九　将5平6

85. 马九进七　车6进7　　　86. 帅五进一　车6退1

87. 帅五退一　车6进1　　　88. 帅五进一　车6退1

89. 帅五退一　车6进1　　　90. 帅五进一　车6退7

91. 车五平三　象7进9　　　92. 车三平二　象9退7

93. 车二进一　车6进6　　　94. 帅五退一　车6进1

95. 帅五进一　车6退1　　　96. 帅五退一　车6进1

97. 帅五进一　车6退7　　　98. 帅五平六　车6进6

99. 仕六进五　车6退6　　　100. 帅六退一　车6平7

101. 车二平四　车7平6　　　102. 车四平八　车6平7

103. 车八进三　将6进1　　　104. 马七退六　车7进2

105. 马六退五　车7退1　　　106. 马五进七　象7进9

107. 马七退八　车7进1　　　108. 相三退一　车7退1

109. 马八进六　象9退7　　　110. 马六进四　车7退1

111. 马四进五　车7退2　　　112. 马五退六　象7进9

113. 马六进四　车7平6　　　114. 马四退二　车6平8

115. 马二进四　车8平6　　　116. 马四退二

第136局　黄海林 负 孙勇征

1. 兵七进一　炮2平3　　　2. 炮二平五　象3进5

3. 马八进九　车9进1　　　4. 炮五进四　士4进5

5. 马二进三　马2进4　　　6. 炮五退一　车9平6

7. 相三进五　车6进5　　　8. 炮八进一　车6进1

9. 车一平三　车1平2　　　10. 车九平八　炮8进4

11. 仕四进五　炮8平5　　　12. 炮八退一　车6退3

13. 马三进五　车6平5　　14. 马五进三　车5退1

15. 马三进二　马8进9　　16. 炮八进六　卒3进1

17. 兵七进一　车5进1　　18. 马二退三　车5平3

19. 车三平四　炮3平2　　20. 炮八平九　车2平1

21. 炮九平七　车1进2　　22. 炮七平八　车1退1

23. 炮八进一　炮2退1　　24. 炮八平九　卒7进1

25. 马三退五　马4进3　　26. 炮九平八　车1退1

27. 炮八平四　士5退6　　28. 车八进六　炮2平3

29. 兵九进一　车1平4　　30. 马九进八　马3进5

31. 马八进六　马5退7　　32. 车八平九　车4进1

33. 车四进六　炮3退1　　34. 兵九进一　卒9进1

35. 马六退四　马7退8　　36. 马五进六　马9进8

37. 马四进二　车3平4　　38. 马二进一　后车平3

39. 车九进三　炮3平4　　40. 车九退二　炮4进2

41. 车九进二　象5退3　　42. 车四平五　炮4平5

43. 兵九平八　马8进6　　44. 兵八进一　将5平4

45. 马一进三　炮5退1　　46. 马三退四　车4进4

47. 马四退五　炮5退1　　48. 车五平四　车3平8

49. 车九退七　士6进5　　50. 马五退七　车4退2

51. 车九平六　车8进8　　52. 车四退六　车4进1

53. 车四平二　车4退1　　54. 马七退八　车4平7

55. 马八进六　车7平9　　56. 车二进四　士5进4

57. 车二平五　车9进3　　58. 仕五退四　车9退4

59. 车五退一　车9进1　　60. 车五进一　车9退1

61. 车五退一　车9进1　　62. 车五进一　车9平4

63. 仕四进五　马6进4　　64. 车五进二　士4退5

65. 车五平一　马4进5　　66. 兵八平七　士5进6

67. 车一平五　马5进7

第 137 局　吕钦　胜　万春林

1. 兵七进一	炮 2 平 3	2. 炮二平五	象 3 进 5
3. 马八进九	车 9 进 1	4. 炮五进四	士 4 进 5
5. 车九平八	马 2 进 4	6. 炮五退一	车 9 平 6
7. 马二进三	车 6 进 5	8. 车一平二	车 6 平 7
9. 相七进五	车 1 平 2	10. 炮八平六	车 2 进 9
11. 马九退八	炮 8 进 4	12. 仕六进五	马 8 进 7
13. 炮五平六	车 7 退 2	14. 车二进三	车 7 平 4
15. 兵五进一	马 4 进 5	16. 车二平五	车 4 平 2
17. 马八进七	象 5 退 3	18. 马三进二	车 2 平 8
19. 兵五进一	炮 3 平 5	20. 马二退四	马 5 进 7
21. 兵五平四	前马进 6	22. 车五平四	马 7 进 5
23. 炮六进四	车 8 进 1	24. 炮六平九	马 5 进 4
25. 炮九进三	象 3 进 1	26. 马七进六	车 8 平 4
27. 车四平八	将 5 平 4	28. 兵四平五	炮 5 平 9
29. 车八进六	将 4 进 1	30. 车八退三	象 7 进 5
31. 兵五进一	象 5 进 7	32. 兵九进一	车 4 进 1
33. 仕五进六	炮 9 进 4	34. 仕四进五	炮 9 平 5
35. 帅五平四	炮 5 平 8	36. 兵九进一	炮 8 进 3
37. 相三进一	炮 8 退 6	38. 车八平七	车 4 平 5
39. 兵五平六	车 5 平 4	40. 车七进二	将 4 退 1
41. 兵六平七	车 4 平 2	42. 车七退一	车 2 平 6
43. 帅四平五	车 6 退 4	44. 车七进二	将 4 进 1
45. 车七退一	将 4 退 1	46. 前兵进一	炮 8 退 1
47. 兵九进一	炮 8 平 3	48. 兵九进一	炮 3 平 5
49. 车七进一	将 4 进 1	50. 兵九平八	炮 5 进 4
51. 车七退一	将 4 退 1	52. 兵八进一	

第 138 局 金松 胜 孙勇征

1. 兵七进一	炮 2 平 3	2. 炮二平五	象 3 进 5
3. 马八进九	车 9 进 1	4. 炮五进四	士 4 进 5
5. 马二进三	马 2 进 4	6. 炮五退二	车 9 平 6
7. 相三进五	车 6 进 3	8. 车九平八	马 8 进 7
9. 炮八平六	马 4 进 5	10. 车一平二	炮 8 平 9
11. 车二进六	卒 7 进 1	12. 仕四进五	卒 1 进 1
13. 炮五平二	卒 3 进 1	14. 马九进七	卒 3 进 1
15. 马七进五	卒 3 平 4	16. 炮二平六	马 5 进 4
17. 马五进六	炮 3 平 4	18. 马六退四	马 7 进 6
19. 炮六进五	炮 9 平 4	20. 兵五进一	卒 7 进 1
21. 车二平四	卒 7 进 1	22. 马三退二	马 6 进 5
23. 车八进四	马 5 进 3	24. 车八平七	卒 9 进 1
25. 马二进四	车 1 平 2	26. 车七退一	卒 7 进 1
27. 马四进三	车 2 进 6	28. 车四退三	马 3 进 1
29. 马三进四	车 2 退 1	30. 车七进一	车 2 平 3
31. 相五进七	炮 4 平 3	32. 相七进九	马 1 退 3
33. 车四平三	马 4 退 3	34. 车三平七	后马进 2
35. 相七退五	炮 3 平 1	36. 马四进六	将 5 平 4
37. 马六进七	炮 1 进 4	38. 相五进七	士 5 进 4
39. 兵五进一	卒 7 进 1	40. 兵五进一	卒 7 平 6
41. 仕五进六	士 6 进 5	42. 兵五平六	卒 1 进 1
43. 马七退八	马 3 进 2	44. 马八退九	后马进 3
45. 仕六进五	象 5 退 3	46. 相七退五	象 3 进 5
47. 相五退七	将 4 平 5	48. 仕五进四	将 5 平 4
49. 马九进八	炮 1 退 6	50. 马八退六	马 3 进 1
51. 车七平八			

第 139 局　黄海林 胜 汪洋

1. 兵七进一	炮 2 平 3	2. 炮二平五	象 3 进 5
3. 马八进九	车 9 进 1	4. 炮五进四	士 4 进 5
5. 车九平八	马 2 进 4	6. 炮五退一	车 9 平 6
7. 马二进三	车 1 平 2	8. 兵三进一	车 6 进 3
9. 兵五进一	卒 3 进 1	10. 兵七进一	车 2 进 5
11. 相三进五	车 2 平 5	12. 兵七平六	炮 3 平 2
13. 炮八平六	马 4 进 3	14. 车八进六	马 3 进 5
15. 兵六平五	车 6 平 5	16. 仕四进五	后车退 1
17. 车八平五	车 5 退 2	18. 车一平二	马 8 进 9
19. 马九进七	卒 9 进 1	20. 马三进四	车 5 平 3
21. 马七进六	炮 2 平 4	22. 车二进三	炮 8 平 6
23. 炮六平九	车 3 平 4	24. 马六退五	车 4 进 2
25. 马五退三	车 4 退 2	26. 车二平八	卒 7 进 1
27. 兵三进一	象 5 进 7	28. 车八进二	象 7 进 5
29. 马三进五	车 4 平 8	30. 仕五退四	炮 4 平 3
31. 马五进六	炮 3 进 2	32. 马四退六	炮 6 进 2
33. 车八进四	士 5 退 4	34. 前马进七	士 6 进 5
35. 马六进五	象 5 退 3	36. 炮九进四	象 7 退 5
37. 炮九进三	炮 6 退 3	38. 车八退六	车 8 平 6
39. 车八平六	炮 6 平 8	40. 仕四进五	马 9 退 7
41. 车六平三	马 7 进 8	42. 车三进四	

第 140 局　王斌 负 许银川

1. 兵七进一	炮 2 平 3	2. 炮二平五	象 3 进 5
3. 马八进九	车 9 进 1	4. 炮五进四	士 4 进 5
5. 车九平八	马 2 进 4	6. 炮五退一	车 9 平 6

7. 马二进三　车6进3　　8. 炮八平五　车6平7

9. 车一平二　车7进2　　10. 车二进二　马8进9

11. 前炮平六　炮8平7　　12. 炮六退三　车7退1

13. 车二进二　车7平3　　14. 车二平七　炮3进3

15. 车八进四　卒3进1　　16. 车八进二　车1平2

17. 车八平九　车2进6　　18. 相三进一　马4进2

19. 马三进二　车2平4　　20. 仕六进五　车4退3

21. 车九退二　车4平6　　22. 车九平八　马2退3

23. 马九进七　卒7进1　　24. 相七进九　卒7进1

25. 马七进五　车6平3　　26. 马二退三　卒7平6

27. 马五退七　炮7进4　　28. 兵五进一　马9进7

29. 马七退八　马7进8　　30. 炮六平七　马8进6

31. 相九进七　卒3进1　　32. 炮七进四　卒3平2

33. 炮五平四　卒6平5　　34. 马八进六　马6进4

35. 仕五进六　马3进4　　36. 炮四进四　卒9进1

37. 炮七平六　马4退3　　38. 炮四平二　马3进2

39. 炮六退一　马2进3　　40. 炮二退三　炮7平9

41. 炮二进一　卒2进1　　42. 兵九进一　炮9平8

43. 兵九进一　卒9进1　　44. 炮二进二　卒2平3

45. 兵九平八　马3进2　　46. 仕四进五　卒3平4

47. 兵八进一　卒4平5　　48. 兵八平七　马2进3

49. 帅五平四　前卒平6　　50. 炮六平四　炮8进2

51. 帅四进一　炮8平7　　52. 仕五退六　马3退2

53. 仕六进五　卒6平7　　54. 马三退一　炮7平8

55. 兵七进一　卒5平6　　56. 兵七进一　马2退4

57. 炮四平九　马4退5　　58. 炮九退二　卒7进1

59. 炮二退三　马5进3　　60. 炮二平五　卒7平8

61. 相一进三　卒9平8　　62. 炮九退一　后卒进1

63. 帅四退一　将5平4　　64. 帅四平五　卒6平7

65. 炮五进二　前卒平9　　66. 炮九平一　卒8进1

67. 炮一进六　士 5 进 6　　68. 炮五平四　将 4 平 5

第 141 局　王斌 负 赵国荣

1. 兵七进一　炮 2 平 3　　2. 炮二平五　象 3 进 5
3. 马八进九　车 9 进 1　　4. 炮五进四　士 4 进 5
5. 车九平八　马 2 进 4　　6. 炮五退一　车 9 平 6
7. 马二进三　车 1 平 2　　8. 车一进一　车 2 进 4
9. 车一平六　车 6 进 3　　10. 兵七进一　车 2 平 3
11. 炮八平五　炮 8 退 1　　12. 车八进八　炮 8 平 7
13. 兵五进一　马 8 进 7　　14. 兵九进一　炮 3 退 2
15. 马三进五　车 3 进 5　　16. 仕四进五　车 3 退 5
17. 马九进八　炮 3 平 4　　18. 车六进七　炮 7 平 4
19. 车八平六　车 3 平 2　　20. 马八进六　车 2 退 2
21. 后炮平六　马 7 进 5　　22. 车六退二　车 2 平 4
23. 车六平五　车 4 进 2　　24. 炮六平二　车 6 平 8
25. 炮二平八　车 4 平 2　　26. 马五进七　车 2 平 3
27. 马七退五　炮 4 平 1　　28. 车五平四　炮 1 进 5
29. 帅五平四　将 5 平 4　　30. 车四平三　炮 1 进 4
31. 炮八退二　车 8 平 6　　32. 帅四平五　车 3 进 5
33. 马五退六　车 3 退 4　　34. 马六进八　车 3 平 5
35. 炮五进三　士 6 进 5　　36. 马八退九　车 6 平 2
37. 炮八进二　车 5 平 1　　38. 炮八平五　车 1 进 4
39. 车三平六　将 4 平 5　　40. 车六平七　车 2 平 3
41. 车七平一　车 1 退 5　　42. 兵一进一　车 5 平 7
43. 车一平八　车 1 平 2　　44. 车八平九　车 2 平 1

第 142 局　金松 胜 苗利明

1. 兵七进一　炮 2 平 3　　2. 炮二平五　象 3 进 5

3. 马八进九　车9进1　　　　4. 炮五进四　士4进5

5. 马二进三　马2进4　　　　6. 炮五退二　车9平6

7. 车一平二　车6进5　　　　8. 相七进五　车6平7

9. 车二进二　马4进5　　　　10. 炮八进一　车7退2

11. 炮五平三　车7平2　　　　12. 车九平八　卒7进1

13. 炮三进五　象5退7　　　　14. 车二进五　马8进7

15. 车二退四　炮3平5　　　　16. 仕四进五　卒3进1

17. 兵五进一　卒3进1　　　　18. 炮八平五　车1平2

19. 车八进五　车2进4　　　　20. 车二进三　车2进3

21. 炮五进三　马7进5　　　　22. 车二平五　车2平1

23. 车五平九　卒7进1　　　　24. 兵一进一　炮5平8

25. 车九平二　炮8平5　　　　26. 车二平九　炮5平8

27. 马三进五　炮8进7　　　　28. 相三进一　车1平5

29. 马五进三　车5平7　　　　30. 仕五进四　卒3平4

31. 兵五进一　炮8退8　　　　32. 兵五平四　象7进5

33. 车九进一　车7平9　　　　34. 车九平五　车9进2

35. 帅五进一　车9退1　　　　36. 帅五退一　车9进1

37. 帅五进一　车9退1　　　　38. 帅五退一　车9进1

39. 帅五进一　车9退4　　　　40. 车五平八　卒4平5

41. 马三进二　车9进3　　　　42. 帅五退一　车9进1

43. 帅五进一　将5平4　　　　44. 车八退三　车9退1

45. 帅五退一　车9进1　　　　46. 帅五进一　车9平4

47. 车八平五　车4退1　　　　48. 帅五退一　车4进1

49. 帅五进一　车4退6　　　　50. 马二进三　炮8进1

51. 马三退五　卒9进1　　　　52. 兵四平五　车4退1

53. 兵五进一　将4平5　　　　54. 马五进三　将5平4

55. 兵五进一　车4进6　　　　56. 帅五退一　车4进1

57. 帅五进一　炮8退1　　　　58. 马三退四　车4退6

59. 兵五进一　士6进5　　　　60. 马四进五　车4退2

61. 马五退三

第三章　红方上左仕

第143局　金松 负 孙勇征

1. 兵七进一	炮2平3	**2.** 炮二平五	象3进5
3. 仕六进五	马8进7	**4.** 马二进三	车9平8
5. 兵三进一	炮8平9	**6.** 炮八平六	马2进1
7. 马八进七	车1平2	**8.** 马七进六	士4进5
9. 车一进二	车2进4	**10.** 马三进四	卒7进1
11. 马四进六	马7进6	**12.** 后马进四	炮3退1
13. 马六进四	车2平6	**14.** 车一平四	车6进3
15. 仕五进四	卒7进1	**16.** 炮五进四	卒7平6
17. 车九平八	炮9平6	**18.** 车八进三	车8进5
19. 炮六进二	车8进1	**20.** 炮六进二	车8平7
21. 车八平六	炮3平4	**22.** 炮六平九	将5平4
23. 相三进五	卒9进1	**24.** 仕四退五	车7退2
25. 炮五平六	将4平5	**26.** 车六平八	车7平1
27. 车八进五	炮4退1	**28.** 兵九进一	车1进1
29. 车八平九	炮4平2	**30.** 马四进二	卒3进1
31. 炮九平八	车1平2	**32.** 炮八进二	车2退2
33. 炮六退四	卒3进1	**34.** 马二进一	卒3进1
35. 炮六退二	炮2平3	**36.** 仕五进六	卒3平4
37. 炮六进三	炮3进1	**38.** 马一退三	炮3平7
39. 炮八平三	车2平4	**40.** 炮六平八	车4进4
41. 炮八进六	车4平2	**42.** 炮八平九	象5进3
43. 炮三平四	炮6平4	**44.** 炮四退三	车2退1
45. 炮四平五	将5平4	**46.** 炮五平六	炮4平5

47. 炮六进三　车2平5	**48.** 炮六平八　马1退3
49. 仕四进五　车5平9	**50.** 帅五平四　车9平6
51. 帅四平五　车6平8	**52.** 帅五平四　车8进3
53. 帅四进一　车8退1	**54.** 帅四退一　车8平5

第 144 局　李鸿嘉 负 陈翀

1. 兵七进一　炮2平3	**2.** 炮二平五　象3进5
3. 仕六进五　马8进7	**4.** 马二进三　车9平8
5. 兵三进一　炮8平9	**6.** 炮八平六　马2进4
7. 马八进七　卒3进1	**8.** 兵七进一　车8进4
9. 马七进六　车8平3	**10.** 相七进九　车1进1
11. 车一平二　卒7进1	**12.** 兵三进一　车3平7
13. 车九平七　象5进3	**14.** 车七平八　炮3平4
15. 马六进五　马7进5	**16.** 炮五进四　炮4平7
17. 炮五退二　车7进3	**18.** 炮六进三　将5进1
19. 相三进五　车7退4	**20.** 车二进八　炮7退1
21. 炮六平五　将5平6	**22.** 后炮平三　马4进6
23. 炮三进四　士6进5	**24.** 炮三退一　将6退1
25. 炮五平四　将6平5	**26.** 车二平三　炮9进4
27. 炮四平二　炮9进3	**28.** 炮二退五　车1平4
29. 车八进四　卒9进1	**30.** 车八平三　车7平8
31. 炮二平三　车4进7	**32.** 前炮退一　象3退5
33. 后车退三　马6进7	**34.** 后车平四　象7进9
35. 前炮平四　车8进4	**36.** 相九进七　卒9进1
37. 炮四平八　车4平2	**38.** 炮八平六　车2平4
39. 炮六平八　车4平2	**40.** 炮八平六　车8退1
41. 炮六退六　车8平5	**42.** 车四平一　车5平9
43. 车一平二　车9平8	**44.** 车二平一　炮9平8
45. 兵九进一　马7进6	

第 145 局　金松 和 金波

1. 兵七进一	炮 2 平 3	2. 炮二平五	象 3 进 5
3. 仕六进五	马 8 进 7	4. 马二进三	车 9 平 8
5. 兵三进一	炮 8 平 9	6. 炮八平六	士 4 进 5
7. 马八进七	马 2 进 1	8. 车九平八	车 1 平 2
9. 车八进九	马 1 退 2	10. 马七进六	卒 3 进 1
11. 兵七进一	车 8 进 4	12. 兵七平八	卒 7 进 1
13. 兵三进一	车 8 平 7	14. 车一平二	炮 3 平 1
15. 车二进四	炮 1 进 4	16. 相七进九	炮 1 平 9
17. 兵八进一	前炮进 3	18. 兵八进一	马 7 进 6
19. 马六进四	车 7 平 6	20. 车二退四	前炮退 5
21. 兵八进一	马 2 进 4	22. 兵八平七	马 4 进 3
23. 车二进四	前炮平 7	24. 相三进一	炮 7 退 3
25. 车二平七	马 3 进 1	26. 车七平八	炮 7 平 3
27. 炮五进四	炮 3 退 1	28. 相一退三	马 1 退 3
29. 车八进五	炮 3 平 4	30. 相九退七	卒 1 进 1
31. 兵五进一	车 6 退 1	32. 炮五退一	车 6 平 7
33. 相七进五	车 7 进 3	34. 炮五进一	车 7 退 3
35. 炮五退一	马 3 进 5	36. 兵五进一	车 7 进 3
37. 车八退三	卒 9 进 1	38. 车八退二	炮 9 平 7
39. 马三退二	车 7 平 5	40. 车八平三	炮 7 平 8
41. 兵五平四	炮 8 进 6	42. 车三平二	炮 8 平 6
43. 马二进一	车 5 平 2	44. 车二平七	炮 6 退 2
45. 马一进二	炮 6 平 5	46. 兵四平五	士 5 进 4
47. 帅五平六	士 4 退 5	48. 帅六平五	车 2 进 3
49. 炮六退二	士 5 进 4	50. 炮六平七	炮 5 平 1
51. 仕五退六	炮 4 进 9	52. 帅五平六	炮 1 进 3
53. 帅六进一	炮 1 平 3	54. 车七退三	卒 1 进 1

55. 马二进三	卒 9 进 1	56. 兵五进一	士 6 进 5
57. 兵五进一	象 7 进 5	58. 马三进五	士 5 进 6
59. 马五退四	炮 3 平 7	60. 马四进二	车 2 平 6
61. 帅六平五	车 6 平 4	62. 车七进八	将 5 进 1
63. 车七退一	将 5 退 1	64. 马二进三	将 5 平 4
65. 相五退三	车 4 平 7	66. 车七进一	将 4 进 1
67. 车七退五	卒 1 进 1	68. 马三退五	将 4 平 5
69. 车七平一	车 7 退 5	70. 车一平五	卒 1 平 2
71. 马五退四	将 5 平 6	72. 马四退六	车 7 进 2

第 146 局　张强 和 徐超

1. 兵七进一	炮 2 平 3	2. 炮二平五	象 3 进 5
3. 仕六进五	卒 7 进 1	4. 马二进三	马 8 进 7
5. 车一平二	车 9 平 8	6. 车二进六	炮 8 平 9
7. 车二平三	马 2 进 1	8. 炮八平六	士 4 进 5
9. 马八进七	车 8 进 5	10. 相七进九	车 1 平 2
11. 相三进一	炮 3 平 4	12. 炮六退二	炮 9 退 1
13. 兵三进一	车 8 退 3	14. 马七进六	炮 9 平 7
15. 车三平四	炮 4 进 7	16. 车九平六	卒 7 进 1
17. 车四进二	卒 7 进 1	18. 车四平三	卒 7 进 1
19. 马六进五	马 7 进 5	20. 炮五进四	车 8 进 1
21. 炮五退一	车 8 平 5	22. 兵五进一	卒 7 平 8
23. 相一退三	车 2 进 6	24. 相三进五	马 1 退 3
25. 相九退七	车 5 平 4	26. 车三进一	车 4 进 6
27. 仕五退六	马 3 进 4	28. 车三退五	车 2 平 4
29. 炮五平二	车 4 平 8	30. 炮二平六	车 8 平 4
31. 炮六平二	车 4 平 8	32. 炮二平六	车 8 平 4
33. 炮六平二	车 4 平 8	34. 炮二平六	车 8 平 4
35. 炮六平二	将 5 平 4	36. 相七进九	马 4 进 5

37. 车三平五　车4进3　　38. 帅五进一　卒8平7
39. 车五平四　车4退1　　40. 帅五退一　车4进1
41. 帅五进一　车4退1　　42. 帅五退一　车4进1
43. 帅五进一　卒7进1　　44. 炮二平四　车4退1
45. 帅五退一　车4进1　　46. 帅五进一　车4退1
47. 帅五退一　车4进1　　48. 帅五进一　车4退3
49. 兵九进一　卒9进1　　50. 炮四进三　卒3进1
51. 兵七进一　象5进3　　52. 相九退七　象3退5
53. 相五进三　车4平5　　54. 相七进五　车5平4
55. 车四进二　象5退3　　56. 相三退一　象3进1
57. 车四退二　车4进2　　58. 帅五退一　车4进1
59. 帅五进一

第 147 局　王跃飞 和 黄海林

1. 兵七进一　炮2平3　　2. 炮二平五　象3进5
3. 仕六进五　卒7进1　　4. 马二进三　马8进7
5. 车一平二　车9平8　　6. 车二进六　炮8平9
7. 车二进三　马7退8　　8. 炮八平六　马8进7
9. 马八进七　士4进5　　10. 马七进六　炮3进3
11. 车九平八　马2进3　　12. 车八进六　卒3进1
13. 炮五进四　马7进5　　14. 马六进五　马3进5
15. 车八平五　车1平2　　16. 炮六平四　炮3进1
17. 车五平九　炮9平7　　18. 兵三进一　卒7进1
19. 车九平三　卒7进1　　20. 车三进一　卒7进1
21. 车三退五　车2进6　　22. 兵九进一　炮3平9
23. 车三进二　车2平5　　24. 炮四平一　车5平4
25. 炮一进四　炮9平5　　26. 仕五进四　炮5退2
27. 车三进二　卒3进1　　28. 车三平五　炮5平2
29. 车五平八　炮2平5　　30. 车八进三　士5退4

31. 车八退四　炮 5 退 1	**32.** 车八进一　炮 5 进 2
33. 车八平五　炮 5 平 1	**34.** 车五平九　炮 1 进 1
35. 相七进五　卒 3 平 2	**36.** 仕四退五　卒 2 进 1
37. 炮一平八　车 4 平 3	**38.** 车九退二　卒 2 进 1
39. 炮八进三　象 5 退 3	**40.** 炮八平九

第 148 局　洪智　胜　吕钦

1. 兵七进一　炮 2 平 3	**2.** 炮二平五　象 3 进 5
3. 仕六进五　卒 7 进 1	**4.** 马二进三　马 8 进 7
5. 车一平二　车 9 平 8	**6.** 车二进六　马 2 进 4
7. 炮八平六　马 7 进 6	**8.** 车二退二　车 1 平 2
9. 马八进七　马 6 进 7	**10.** 炮五平四　车 8 进 1
11. 相七进五　车 8 平 7	**12.** 马七进六　车 2 进 6
13. 炮四进一　车 2 退 2	**14.** 炮四退二　炮 8 平 7
15. 炮四平一　马 7 退 6	**16.** 车九平六　卒 7 进 1
17. 车二平三　马 6 进 4	**18.** 车三平六　马 4 进 6
19. 兵七进一　象 5 进 3	**20.** 马三进四　士 4 进 5
21. 马四进五　炮 7 平 9	**22.** 相五进三　炮 3 平 5
23. 炮一平三　车 7 平 8	**24.** 炮六平三　车 8 退 1
25. 马五退三　炮 5 平 4	**26.** 马三进四　士 5 进 6
27. 前炮进七　士 6 进 5	**28.** 前车平五　炮 9 平 7
29. 前炮退一　车 8 进 3	**30.** 相三退五　象 3 退 5
31. 后炮进五　卒 1 进 1	**32.** 车五进二　炮 4 平 1
33. 车五平七　炮 1 进 4	**34.** 前炮平一　士 5 退 4
35. 炮一退一　车 2 平 5	**36.** 炮一平四　车 5 进 2
37. 车六进八　炮 1 平 9	**38.** 车七进三　炮 7 退 2
39. 炮三平七　车 5 平 3	**40.** 炮七平五　象 5 进 3
41. 炮五退一　车 3 平 2	**42.** 车七退一

第 149 局　赵鑫鑫 和 孟辰

1. 兵七进一	炮 2 平 3	2. 炮二平五	象 3 进 5
3. 仕六进五	卒 7 进 1	4. 马二进三	马 8 进 7
5. 车一平二	车 9 平 8	6. 车二进六	马 2 进 4
7. 炮八平六	炮 8 平 9	8. 车二平三	士 4 进 5
9. 马八进七	车 1 平 2	10. 炮五平四	炮 9 退 1
11. 相七进五	卒 3 进 1	12. 马七进六	卒 3 进 1
13. 相五进七	车 8 进 5	14. 炮六进六	车 8 平 4
15. 炮六平一	马 7 退 9	16. 相七退五	马 9 进 7
17. 车九平七	炮 3 平 4	18. 兵三进一	卒 7 进 1
19. 相五进三	车 2 进 4	20. 相三退五	卒 1 进 1
21. 炮四进二	车 4 退 1	22. 兵五进一	车 4 平 7
23. 车三退一	车 2 平 7	24. 马三进五	卒 5 进 1
25. 兵五进一	车 7 平 5	26. 马五进三	马 7 进 5
27. 炮四退二	车 5 平 3	28. 车七进五	马 5 进 3
29. 马三进五	马 3 进 2	30. 炮四退一	炮 4 平 1
31. 马五退七	象 5 进 3		

第 150 局　庄玉庭 和 谢岿

1. 兵七进一	炮 2 平 3	2. 炮二平五	象 3 进 5
3. 仕六进五	卒 7 进 1	4. 马二进三	马 8 进 7
5. 车一平二	车 9 平 8	6. 车二进六	马 2 进 4
7. 炮八平六	马 7 进 6	8. 车二退二	车 1 平 2
9. 马八进七	马 6 进 7	10. 车九进二	车 8 进 1
11. 车九平八	马 7 进 5	12. 相七进五	卒 3 进 1
13. 车八进七	马 4 退 2	14. 马七进六	卒 3 进 1
15. 马六进五	卒 7 进 1	16. 车二平三	卒 3 进 1

17. 车三平八　马 2 进 4　　　**18.** 马五进七　炮 8 平 3

19. 车八平七　马 4 进 5　　　**20.** 车七进二　卒 3 进 1

21. 车七平五　卒 3 平 4　　　**22.** 仕五进六　炮 3 退 1

23. 车五平九　车 8 进 5　　　**24.** 马三进四　车 8 平 5

25. 马四进二　车 5 平 8　　　**26.** 马二进四　士 6 进 5

27. 马四退三　卒 9 进 1　　　**28.** 兵九进一　炮 3 进 5

29. 车九平四　炮 3 平 9　　　**30.** 马三进二　车 8 退 3

31. 车四平二　士 5 退 6　　　**32.** 车二退三　炮 9 退 1

33. 兵九进一　炮 9 平 2

第 151 局　金松 胜 谢岿

1. 兵七进一　炮 2 平 3　　　**2.** 炮二平五　象 3 进 5

3. 仕六进五　卒 7 进 1　　　**4.** 马二进三　马 8 进 7

5. 车一平二　车 9 平 8　　　**6.** 马八进七　炮 8 进 4

7. 马七进六　马 2 进 4　　　**8.** 相七进九　士 4 进 5

9. 车九平六　车 1 进 1　　　**10.** 炮八进四　卒 3 进 1

11. 兵七进一　象 5 进 3　　　**12.** 炮八退三　炮 3 退 2

13. 兵五进一　炮 8 平 2　　　**14.** 车二进九　马 7 退 8

15. 马六退八　象 7 进 5　　　**16.** 车六进三　马 8 进 7

17. 马三进五　炮 3 平 4　　　**18.** 车六平七　车 1 平 2

19. 兵三进一　马 7 进 6　　　**20.** 炮五平八　车 2 平 3

21. 兵三进一　马 6 进 7　　　**22.** 兵三进一　马 7 退 5

23. 车七进一　马 5 退 7　　　**24.** 车七平三　马 4 进 3

25. 炮八平二　士 5 进 4　　　**26.** 兵三平四　车 3 平 7

27. 马五进七　卒 5 进 1　　　**28.** 炮二进四　马 3 退 2

29. 马七进五　卒 9 进 1　　　**30.** 马五退四

第 152 局　张强 和 柳大华

1. 兵七进一	炮 2 平 3	2. 炮二平五	象 3 进 5
3. 仕六进五	卒 7 进 1	4. 马二进三	马 8 进 7
5. 车一平二	车 9 平 8	6. 车二进六	马 2 进 4
7. 炮八平六	炮 8 平 9	8. 车二进三	马 7 退 8
9. 马八进七	卒 3 进 1	10. 兵七进一	炮 3 进 5
11. 炮五平七	象 5 进 3	12. 相七进五	马 8 进 7
13. 兵三进一	卒 7 进 1	14. 相五进三	马 7 进 8
15. 相三退五	象 3 退 5	16. 炮七平九	士 4 进 5
17. 车九平七	马 4 进 2	18. 车七进四	车 1 平 3
19. 车七平二	车 3 进 4	20. 炮九进四	卒 9 进 1
21. 兵九进一	车 3 平 2	22. 炮六平七	炮 9 平 8
23. 车二平七	炮 8 平 9	24. 炮七进一	车 2 平 7
25. 马三进四	车 7 平 6	26. 马四退二	车 6 平 5
27. 兵五进一	车 5 平 2	28. 马二进一	炮 9 进 4
29. 炮七平五	车 2 进 5	30. 车七退四	车 2 退 4
31. 车七进四	车 2 进 4	32. 车七退四	车 2 退 4
33. 车七进四			

第 153 局　张强 负 谢靖

1. 兵七进一	炮 2 平 3	2. 炮二平五	象 3 进 5
3. 仕六进五	卒 7 进 1	4. 马二进三	马 8 进 7
5. 车一平二	车 9 平 8	6. 车二进六	马 2 进 4
7. 炮八平六	马 7 进 6	8. 车二退二	车 1 平 2
9. 马八进七	马 6 进 7	10. 炮五平四	车 8 进 1
11. 炮六进一	马 7 退 6	12. 相七进五	车 2 进 6
13. 车九平六	马 4 进 2	14. 马三进四	卒 3 进 1

15. 炮四进三	车8平6	16. 炮四进四	车6退1
17. 马四进六	士4进5	18. 马六进七	炮8平3
19. 炮六进三	卒9进1	20. 车六平八	车2进3
21. 马七退八	车6进4	22. 炮六退六	车6平4
23. 车二进二	车4平5	24. 马八进六	卒3进1
25. 相五进七	卒7进1	26. 相三进五	卒7进1
27. 车二平四	炮3进1	28. 车四退二	车5平2
29. 车四平六	卒7平6	30. 兵五进一	车2进4
31. 车六退一	马2进3	32. 车六进三	炮3退3
33. 马六进七	车2退2	34. 马七退六	炮3平4
35. 车六退四	士5进4	36. 车六平八	车2平1
37. 车八进七	马3进5	38. 马六进八	士4退5
39. 车八退三	马5退7	40. 相七退九	马7进8
41. 炮六进一	车1进1	42. 车八退三	马8退7
43. 炮六进一	车1退3	44. 车八平七	车1平5
45. 相五退三	车5平3	46. 车七进二	象5进3
47. 马八进九	象3退5	48. 马九进八	炮4进6
49. 炮六平一	马7退8	50. 马八退六	卒5进1
51. 马六退八	炮4平9		

第154局 李鸿嘉 负 谢靖

1. 兵七进一	炮2平3	2. 炮二平五	象3进5
3. 仕六进五	卒7进1	4. 马二进三	马8进7
5. 车一平二	车9平8	6. 车二进六	马2进4
7. 炮八平六	马7进6	8. 车二退二	车1平2
9. 马八进七	马6进7	10. 炮五平四	车8进1
11. 相七进五	车2进6	12. 车九平六	车2平5
13. 炮四进五	车5退1	14. 车二进三	马4进6
15. 车二进一	马6退8	16. 马七进八	车5平4

17. 马八进七	车 4 进 1	**18.** 炮六平七	车 4 平 3
19. 车六进七	车 3 进 1	**20.** 车六平七	马 8 进 6
21. 马七进九	士 6 进 5	**22.** 车七退一	卒 5 进 1
23. 车七平一	车 3 退 1	**24.** 马九进七	将 5 平 6
25. 车一平九	卒 5 进 1	**26.** 兵九进一	卒 5 进 1
27. 车九平五	卒 5 进 1	**28.** 相三进五	车 3 进 1
29. 仕五进六	车 3 平 4	**30.** 帅五进一	车 4 平 1
31. 兵一进一	卒 7 进 1	**32.** 兵一进一	车 1 进 1
33. 帅五退一	车 1 进 1	**34.** 帅五进一	马 7 进 9
35. 帅五平六	马 9 进 7	**36.** 马三进五	车 1 平 5
37. 马七退八	卒 7 进 1	**38.** 马八退六	卒 7 平 6
39. 车五平三	卒 6 平 5	**40.** 车三退五	卒 5 平 4
41. 仕四进五	车 5 平 2	**42.** 车三进二	马 6 进 5

第 155 局　赵鑫鑫　负　周小平

1. 兵七进一	炮 2 平 3	**2.** 炮二平五	象 3 进 5
3. 仕六进五	卒 7 进 1	**4.** 马二进三	马 8 进 7
5. 车一平二	车 9 平 8	**6.** 车二进六	马 2 进 4
7. 炮八平六	马 7 进 6	**8.** 车二退二	马 6 进 7
9. 马八进七	车 1 平 2	**10.** 炮五平四	车 8 进 1
11. 相七进五	车 8 平 6	**12.** 炮六进一	炮 8 平 7
13. 炮六平三	炮 7 进 4	**14.** 车九平六	炮 3 平 1
15. 车二平六	炮 1 进 4	**16.** 兵五进一	炮 1 平 1
17. 后车进三	炮 7 进 3	**18.** 相五退三	炮 1 平 6
19. 前车进四	车 6 平 4	**20.** 车六进五	车 2 平 7
21. 马七进五	车 2 退 1	**22.** 马五退六	炮 6 平 1
23. 马三进四	炮 1 进 2	**24.** 车六退六	车 2 进 3
25. 仕五退六	车 2 退 1	**26.** 仕六进五	车 2 进 1
27. 仕五退六	车 2 退 4	**28.** 仕六进五	车 2 平 3

29. 马六进八　车3平5　　30. 马四进三　炮1退5

31. 车六进四　车5平2　　32. 帅五平六　士6进5

33. 马八进六　车2进4　　34. 帅六进一　车2退1

35. 帅六退一　车2进1　　36. 帅六进一　车2退3

37. 兵一进一　炮1平6　　38. 马六退四　车2平6

39. 马四退二　炮6平2　　40. 马二进四　车6退3

41. 马三进二　炮2退2　　42. 马四进五　车6平8

43. 车六进一　卒5进1　　44. 马五退七　炮2进1

45. 车六退二　卒1进1　　46. 车六平八　卒3进1

47. 帅六退一　卒7进1　　48. 相三进一　卒3进1

49. 马七退五　卒5进1　　50. 相一进三　卒5进1

51. 马五进三　象5退3　　52. 相三退一　炮2平1

53. 车八平二　车8平2　　54. 帅六平五　卒5平4

55. 车二平三　象7进5　　56. 车三平九　炮1退1

57. 相一退三　卒3进1　　58. 相三进五　炮1平4

59. 相五退七　象5进3　　60. 马三进四　炮4退1

61. 马二退一　车2平9　　62. 车九平七　车9进2

63. 车七进四　车9退2　　64. 车七退四　车9平6

65. 马四退六　炮4进1　　66. 车七进一　车6进2

67. 马六进八　车6平2　　68. 马八进六　车2平6

69. 马六退七　炮4平5　　70. 帅五平六　车6平4

71. 马七进八　将5平6　　72. 马八进七　炮5平6

73. 车七平三　车4平2　　74. 马七退五　车2进4

75. 帅六平五　车2平3　　76. 仕五退六　车3退2

77. 车三进三　将6进1　　78. 马五退四　车3平5

79. 仕六进五　车5退3　　80. 车三退四　卒3进1

81. 车三平二　卒3进1　　82. 车二进三　将6退1

83. 车二进一　将6进1　　84. 马四退二　车5退1

85. 车二平三　炮6平5　　86. 帅五平六　卒3进1

87. 帅六进一　炮5平4

第156局　李鸿嘉　负　党斐

1. 兵七进一	炮2平3	2. 炮二平五	象3进5
3. 仕六进五	卒7进1	4. 马二进三	马8进7
5. 车一平二	车9平8	6. 车二进四	炮8平9
7. 车二平六	马2进1	8. 炮八平六	车1平2
9. 马八进七	士6进5	10. 兵九进一	车8进6
11. 炮六进一	卒3进1	12. 炮五平四	马7进6
13. 车六平四	卒3进1	14. 车四平七	炮3进5
15. 车七退二	车8退1	16. 炮四平六	车8平2
17. 车九进三	炮9平7	18. 相三进五	炮7进1
19. 车七进五	炮7退1	20. 车七退六	后车进3
21. 兵九进一	卒1进1	22. 车九进二	马1进2
23. 车七进二	炮7退1	24. 车九进四	马2进4
25. 前炮进六	后车退3	26. 车九平八	车2退5
27. 前炮退一	马4退2	28. 车七平六	炮7进1
29. 前炮平九	马6进7	30. 炮九退二	卒9进1
31. 车六平八	马2退3	32. 车八进六	马3退2
33. 炮九退一	卒5进1	34. 炮九退二	马2进3
35. 炮九平三	炮7进4	36. 马三退一	马3进2
37. 马一进二	马2进4	38. 帅五平六	马4进6
39. 炮六进一	炮7平5	40. 马二进一	炮5退1
41. 炮六退二	炮5平8	42. 仕五进四	炮8进4
43. 相五退三	马6进8	44. 炮六平三	卒5进1
45. 帅六平五	卒5进1	46. 炮三平八	马8进7
47. 炮八平三	炮8平9	48. 马一进二	卒5平6
49. 相七进五	马7退9	50. 仕四进五	卒6进1

第157局 聂铁文 负 李艾东

1. 兵七进一　炮2平3　　2. 炮二平五　象3进5
3. 仕六进五　卒7进1　　4. 马二进三　马8进7
5. 车一平二　车9平8　　6. 车二进六　马2进4
7. 炮八平六　车1平2　　8. 马八进七　马7进6
9. 车二退二　马6进7　　10. 炮五平四　车8进1
11. 炮六进一　马7退6　　12. 相七进五　卒7进1
13. 车二平三　炮8平6　　14. 马七进六　车2进4
15. 马六进四　车2平6　　16. 车三平六　炮6进5
17. 炮六进五　炮6进1　　18. 车九平六　炮3退2
19. 炮六平九　车8平1　　20. 前车进五　将5进1
21. 后车进四　车1平2　　22. 马三进二　车6退1
23. 马二退三　车6进1　　24. 马三进二　车6退1
25. 马二退三　车6进1　　26. 后车进二　车2进8
27. 仕五退六　车2退8　　28. 仕六进五　车2进8
29. 仕五退六　车2退8　　30. 仕六进五　车2进8
31. 相五退七　车2退8　　32. 后车平五　炮3进5
33. 马三进二　车6退2　　34. 车五平二　车6退1
35. 马二进三　车6平7　　36. 车六平四　炮6平9
37. 马三退五　炮3退1　　38. 马五进六　车2进8
39. 车四平五　将5平4　　40. 车二平七　车2平3
41. 仕五退六　炮3平5

第158局 蒋川 胜 谢靖

1. 兵七进一　炮2平3　　2. 炮二平五　象3进5
3. 仕六进五　卒7进1　　4. 马二进三　马8进7
5. 车一平二　车9平8　　6. 车二进六　马2进4

7. 炮八平六　马7进6　　8. 车二退二　车1平2
9. 马八进七　马6进7　　10. 炮五平四　车8进1
11. 相七进五　车2进6　　12. 车九平六　车2平5
13. 炮六进四　车5平2　　14. 炮六平九　卒5进1
15. 炮四进四　卒5进1　　16. 炮九进三　车2退6
17. 炮九退五　车2进6　　18. 炮四平三　马4进5
19. 炮三退三　车2平7　　20. 炮九进五　士4进5
21. 车二平五　马5退7　　22. 马三进五　士5进6
23. 车五平六　车8平3　　24. 前车进五　将5进1
25. 后车进六

第159局　谢岿 和 武俊强

1. 兵七进一　炮2平3　　2. 炮二平五　象3进5
3. 仕六进五　卒7进1　　4. 马二进三　马8进7
5. 车一平二　车9平8　　6. 车二进六　马2进4
7. 炮八平六　炮8平9　　8. 车二平三　士4进5
9. 马八进七　车1平2　　10. 马七进六　炮9退1
11. 炮六退二　车2进8　　12. 炮五平六　炮9平7
13. 车三平四　马4进2　　14. 马六进七　马7进8
15. 车四退二　马2进1　　16. 马七退九　卒1进1
17. 车九平八　车2进1　　18. 后炮平八　卒7进1
19. 车四平三　马8退7　　20. 车三平四　车8进4
21. 相三进五　车8平2　　22. 炮八平九　马7进8
23. 车四平三　象5进7　　24. 车三平二　象7退9
25. 炮九进二　炮3平8　　26. 车二平三　象9进7
27. 车三平四　马8进7　　28. 车四平二　炮8平3
29. 车二进二　车2平5　　30. 车二平三　炮3退1
31. 相五进三　车5平4　　32. 相七进五　象7退5
33. 车三平五　卒9进1　　34. 车五平九　炮7进3

35. 炮九退二　炮 3 退 1　　36. 车九平八　卒 9 进 1

第 160 局　汪洋 胜 申鹏

1. 兵七进一	炮 2 平 3	2. 炮二平五	象 3 进 5
3. 仕六进五	卒 7 进 1	4. 马二进三	马 8 进 7
5. 车一平二	车 9 平 8	6. 车二进六	马 2 进 4
7. 炮八平六	车 1 平 2	8. 马八进七	马 7 进 6
9. 车二退二	卒 7 进 1	10. 车二平三	炮 8 平 7
11. 车三平四	车 8 进 4	12. 兵三进一	炮 7 平 6
13. 炮六进三	马 6 进 8	14. 炮六退三	马 8 进 7
15. 炮六平三	炮 6 平 7	16. 炮三进五	炮 3 平 7
17. 相三进一	卒 3 进 1	18. 相七进九	卒 3 进 1
19. 车九平六	马 4 进 2	20. 相九进七	车 2 平 3
21. 马七进六	车 3 进 5	22. 车四进四	士 4 进 5
23. 马六进五	车 8 进 3	24. 马五进三	车 8 平 5
25. 马三退四	车 3 退 3	26. 马四进二	车 3 平 4
27. 马二进三	将 5 平 4	28. 车六进七	士 5 进 4
29. 车四进一	将 4 进 1	30. 车四退一	将 4 退 1
31. 车四退五	车 5 平 9	32. 马三退四	马 2 进 3
33. 兵三进一	车 9 平 5	34. 兵三进一	车 5 平 7
35. 兵三平二	卒 9 进 1	36. 兵五进一	车 7 平 5
37. 兵二进一	将 4 进 1	38. 帅五平六	卒 1 进 1
39. 兵二平三	车 5 平 2	40. 兵五进一	车 2 进 3
41. 帅六进一	车 2 退 1	42. 帅六退一	车 2 进 1
43. 帅六进一	车 2 退 4	44. 仕五进六	车 2 平 4
45. 仕四进五	卒 1 进 1	46. 兵五平六	马 3 进 4
47. 兵九进一	马 4 进 2	48. 帅六退一	车 4 平 1
49. 帅六平五	车 1 进 4	50. 仕五退六	车 1 退 6
51. 仕六退五	车 1 平 5	52. 马四退三	车 5 平 7

53. 马三退四　马2退3　　54. 兵三平四　车7平8

55. 车四平六　车8平6　　56. 车六进一　马3退2

57. 兵六进一　车6退1　　58. 车六平八　马2进4

59. 兵六进一

第 161 局　金波 负 洪智

1. 兵七进一　炮2平3　　2. 炮二平五　象3进5

3. 仕六进五　卒7进1　　4. 马二进三　马8进7

5. 车一平二　车9平8　　6. 车二进六　马2进4

7. 炮八平六　车1平2　　8. 马八进七　马7进6

9. 车二退二　马6进7　　10. 炮五平四　车8进1

11. 相七进五　车2进6　　12. 车九平六　车2平5

13. 炮六进四　车5平2　　14. 炮六平九　卒5进1

15. 炮四进四　车8平6　　16. 车二进二　卒5进1

17. 炮九进二　马4进5　　18. 炮九进一　士4进5

19. 炮四平七　车6进7　　20. 相五退七　车6平7

21. 车二平五　车2退3　　22. 车六进八　炮8退1

23. 车六退六　车7进1　　24. 车五平六　炮3平4

25. 炮七进三　车2退3　　26. 炮七平四　车2平1

27. 炮四平九　炮4进5　　28. 车六退四　车7退1

29. 帅五平六　士5进4　　30. 车六进五　车7退1

31. 车六进二　将5进1　　32. 车六退七　炮8进8

33. 帅六进一　车7平4　　34. 仕五进六　炮8平3

35. 马七进八　炮3退3　　36. 炮九退四　卒7进1

37. 炮九平五　将5平6

第 162 局　郝继超 和 蒋川

1. 兵七进一　炮2平3　　2. 炮二平五　象3进5

3. 仕六进五	卒 7 进 1	4. 马二进三	马 8 进 7
5. 车一平二	车 9 平 8	6. 车二进六	马 2 进 4
7. 炮八平六	炮 8 平 9	8. 车二平三	士 4 进 5
9. 马八进七	车 8 进 5	10. 兵五进一	车 1 平 2
11. 炮六进二	车 8 退 3	12. 马七进五	车 2 进 4
13. 炮六退四	炮 3 平 4	14. 车三平四	马 4 进 2
15. 车九平八	车 2 进 5	16. 炮六平八	炮 4 进 1
17. 车四退四	车 8 进 4	18. 炮五平八	马 7 进 8
19. 车四平六	炮 4 退 3	20. 前炮进四	马 8 进 7
21. 后炮进三	卒 7 进 1	22. 马五进三	马 7 退 5
23. 后马进五	车 8 退 2	24. 后炮进四	炮 9 平 2
25. 炮八平五	车 8 平 7	26. 相七进五	车 7 退 1
27. 炮五退一	车 7 平 5	28. 车六进二	马 5 退 7
29. 马五进四	炮 2 进 3	30. 车六进一	炮 2 平 7
31. 相五进三	士 5 进 4	32. 车六平八	士 6 进 5
33. 炮五平三	象 5 进 7	34. 相三退五	象 7 进 5
35. 兵九进一	车 5 平 6	36. 兵一进一	卒 3 进 1
37. 马四退五	车 6 进 3	38. 车八退二	卒 3 进 1
39. 相五进七	象 5 进 3	40. 相七退五	象 7 退 5
41. 车八平九	炮 4 平 1	42. 马五进七	车 6 退 1
43. 车九平八	炮 1 进 5	44. 车八进三	车 6 平 9
45. 车八平九	炮 1 平 2	46. 车九平八	炮 2 平 1
47. 马七进五	象 5 退 3	48. 车八进三	

第 163 局 庄玉庭 胜 葛维蒲

1. 兵七进一	炮 2 平 3	2. 炮二平五	象 3 进 5
3. 仕六进五	卒 7 进 1	4. 马二进三	马 8 进 7
5. 车一平二	车 9 平 8	6. 车二进六	马 2 进 4
7. 炮八平六	炮 8 平 9	8. 车二平三	车 8 进 5

9. 兵五进一　车1平2　　10. 马八进七　车2进6

11. 炮六进五　马7退8　　12. 炮六退三　车8退3

13. 车九平八　车2进3　　14. 马七退八　车8平7

15. 车三平一　车7平6　　16. 兵五进一　卒5进1

17. 马三进五　车6进3　　18. 马八进七　马8进7

19. 车一平六　马4进5　　20. 马五进六　卒3进1

21. 炮五进四　马7进5　　22. 车六平五　士6进5

23. 马六进七　炮9平3　　24. 车五平七　卒3进1

25. 炮六进四　炮3平2　　26. 炮六平八　将5平6

27. 炮八进一　将6进1　　28. 相七进五　卒3平4

29. 马七进八　车6退3　　30. 车七平二　车6平8

31. 车二平九　卒5进1　　32. 马八进六　象5退3

33. 车九平四　车8平6

第 164 局　金波 和 武俊强

1. 兵七进一　炮2平3　　2. 炮二平五　象3进5

3. 仕六进五　卒7进1　　4. 马二进三　马8进7

5. 车一平二　车9平8　　6. 车二进六　马2进4

7. 炮八平六　炮8平9　　8. 车二进三　马7退8

9. 马八进七　卒3进1　　10. 兵七进一　炮3进5

11. 炮五平七　象5进3　　12. 相七进五　象3退5

13. 兵五进一　车1平3　　14. 炮七退二　车3平2

15. 车九平六　车2进6　　16. 炮六进一　马4进6

17. 炮六平五　车2退3　　18. 车六进五　士4进5

19. 兵三进一　卒7进1　　20. 炮七平三　炮9平7

21. 马三进四　马6进7　　22. 兵五进一　炮7进3

23. 相五进三　车2进6　　24. 仕五退六　车2退4

25. 马四进三　车2平7　　26. 兵五平四　车7平5

27. 车六退二　马7进6　　28. 仕六进五　马8进7

29. 帅五平六	卒 1 进 1	**30.** 仕五进四	车 5 平 7
31. 马三进五	象 7 进 5	**32.** 炮五进四	士 5 退 4
33. 车六平四	车 7 平 4	**34.** 帅六平五	车 4 退 3
35. 兵四进一	车 4 平 5	**36.** 兵四进一	车 5 平 3

第 165 局　庄玉庭 胜 党斐

1. 兵七进一	炮 2 平 3	**2.** 炮二平五	象 3 进 5
3. 仕六进五	卒 7 进 1	**4.** 马二进三	马 8 进 7
5. 车一平二	车 9 平 8	**6.** 车二进六	马 2 进 4
7. 炮八平六	炮 8 平 9	**8.** 车二进三	马 7 退 8
9. 马八进七	卒 3 进 1	**10.** 兵七进一	炮 3 进 5
11. 炮五平七	象 5 进 3	**12.** 相七进五	象 3 退 5
13. 炮七平九	炮 9 平 7	**14.** 兵五进一	马 4 进 2
15. 马三进五	马 2 进 3	**16.** 车九平八	车 1 进 2
17. 炮六进四	马 3 进 4	**18.** 炮九平六	车 1 平 2
19. 车八平七	车 2 平 3	**20.** 车七进七	炮 7 平 3
21. 兵五进一	马 4 退 5	**22.** 前炮平一	卒 1 进 1
23. 马五进六	炮 3 平 1	**24.** 马六进八	炮 1 进 4
25. 马八进七	将 5 进 1	**26.** 炮六进五	马 8 进 9
27. 兵一进一	马 5 进 6	**28.** 兵一进一	将 5 平 6
29. 兵一平二	马 9 进 7	**30.** 炮六退六	马 7 进 5
31. 马七退五	士 6 进 5	**32.** 炮一退四	炮 1 平 7
33. 炮一平四	士 5 进 6	**34.** 马五进六	将 6 退 1
35. 炮四进五	将 6 平 5	**36.** 马六退七	象 7 进 5
37. 炮四退三	马 6 退 4	**38.** 马七退六	卒 7 进 1
39. 相五进三	马 5 进 7	**40.** 仕五进六	马 4 退 6
41. 相三进五	炮 7 平 6	**42.** 炮六平五	马 6 退 7
43. 马六进五	将 5 进 1	**44.** 马五退三	将 5 平 4
45. 兵二平三	卒 1 进 1	**46.** 炮五平六	将 4 平 5

47. 炮四平五　　将5平6　　　48. 炮六平四　　前马进6

49. 帅五进一　　炮6退4　　　50. 炮五退一

第 166 局　赵国荣 和 庄玉庭

1. 兵七进一　　炮2平3　　　2. 炮二平五　　象3进5

3. 仕六进五　　卒7进1　　　4. 马二进三　　马8进7

5. 车一平二　　车9平8　　　6. 车二进六　　马2进4

7. 炮八平六　　车1平2　　　8. 马八进七　　马7进6

9. 车二退二　　马6进7　　　10. 炮五平四　　车8进1

11. 相七进五　　车8平6　　　12. 车九平六　　炮8平7

13. 车二平六　　马4进2　　　14. 后车平八　　卒3进1

15. 车八进六　　卒3进1　　　16. 车六平七　　炮3进5

17. 车七退二　　车6进2　　　18. 炮六退二　　车2平3

19. 炮六平七　　车3进7　　　20. 炮四平七　　马7退8

21. 前炮进四　　车6进1　　　22. 前炮平九　　士4进5

23. 兵五进一　　马8进7　　　24. 炮九平五　　马7退5

25. 马三进五　　马2退4　　　26. 马五进七　　马4进5

27. 车八平五　　马5退3　　　28. 车五平一　　车6进2

29. 炮七进五　　象5进3　　　30. 兵九进一　　炮7平5

31. 兵九进一　　车6平2　　　32. 帅五平六　　车2平4

33. 仕五进六　　炮5平4　　　34. 帅六平五　　车4平2

35. 兵一进一　　车2进3　　　36. 帅五进一　　车2退1

37. 帅五退一　　车2进1　　　38. 帅五进一　　车2平6

39. 兵九平八　　炮4平5　　　40. 帅五平六　　车6退1

41. 帅六退一　　车6退4　　　42. 车一平七　　炮5平4

43. 帅六平五　　象7进5　　　44. 车七平六　　炮4平3

45. 车六平七　　炮3平4　　　46. 车七平五　　车6进1

47. 兵一进一　　炮4进2　　　48. 兵一进一　　炮4平2

49. 车五平八　　车6平3　　　50. 相五进七　　炮2平1

51. 车八平九　炮1平2　　52. 兵一平二　炮2进2
53. 车九退三　炮2退6　　54. 车九进二　炮2平4
55. 相三进一　炮4进4　　56. 车九进一　炮4退4
57. 车九退一　炮4进4　　58. 车九进一　炮4退4
59. 车九平六　炮4进2　　60. 车六平五　象5退7
61. 车五平六　象7进5　　62. 车六平五　象5退7
63. 车五平六　象7进5　　64. 兵二平三　象3退1
65. 兵三平四　象1退3　　66. 兵四平五　象5退7

第 167 局　吕钦 和 徐天红

1. 兵七进一　炮2平3　　2. 炮二平五　象3进5
3. 仕六进五　卒7进1　　4. 马二进三　马8进7
5. 车一平二　车9平8　　6. 车二进六　马2进4
7. 炮八平六　车1平2　　8. 马八进七　马7进6
9. 车二退二　马6进7　　10. 炮五平四　车8进1
11. 相七进五　车2进6　　12. 车九平八　车2进3
13. 马七退八　车8平6　　14. 马八进七　炮8平7
15. 车二平六　卒3进1　　16. 马七退八　马4进2
17. 马八进九　卒3进1　　18. 车六进二　炮3平4
19. 车六平五　车6进4　　20. 车五平八　马2退3
21. 马九进八　士4进5　　22. 炮六进四　炮7退1
23. 炮六平三　炮4进4　　24. 马八退七　马3进4
25. 车八平九　马4进3　　26. 车九平八　卒3进1
27. 马七退五　炮4退6　　28. 相五进七　车6退1
29. 马五进七　卒7进1　　30. 炮四平八　车6平7
31. 炮三平二　卒7平8　　32. 炮八进三　马3退5
33. 炮八平五　炮4进3　　34. 炮二平六　车7平5
35. 炮六进二　车5平7　　36. 炮六平三　车7退3
37. 马七退五　马5进3　　38. 相三进五　象5退3

39. 马三退一	车7进3	40. 车八平三	象7进5
41. 车三退一	象5进7	42. 马一退三	马7退6
43. 马三进四	象7退5	44. 兵五进一	卒3平4
45. 马五进七	马6进7	46. 相五退七	卒4平3
47. 兵五进一	马3进5	48. 马四退六	卒8进1
49. 马六进五	象5进7	50. 马五进三	卒3进1
51. 马七退六	卒3进1	52. 帅五平六	将5平4
53. 相七进九	马7进6	54. 帅六平五	卒8平7
55. 马六退七	马6退8	56. 马七进五	象3进5
57. 兵九进一	马8进9	58. 兵五平六	马9退7
59. 帅五平六	马5进3	60. 马五退七	马3退1
61. 兵一进一	马7进9	62. 马三进五	马9退8
63. 马五进三	马1进3	64. 仕五进四	卒7平6
65. 仕四进五	马8退9	66. 马三进二	马9进8
67. 马二退一	马8退7	68. 帅六平五	卒6进1
69. 仕五进四	马7进6	70. 帅五平四	马3退5
71. 马一退二	马6进8	72. 帅四进一	马5进4
73. 相七退五	马8退7	74. 帅四平五	马4退5
75. 相九进七	士5进4	76. 马二退三	士6进5
77. 兵六平五	将4平5	78. 相五进三	将5平6
79. 马七进五	马5进3	80. 帅五退一	马7退5
81. 帅五进一	马5退3	82. 马三进四	前马退5
83. 帅五退一	马3进1	84. 兵五平四	马1进2
85. 马四退三	马5进7	86. 相七退五	马2退4
87. 相五退三			

第168局　赵国荣 胜 孙勇征

1. 兵七进一	炮2平3	2. 炮二平五	象3进5
3. 仕六进五	卒7进1	4. 马二进三	马8进7

5. 车一平二	车9平8	6. 车二进六	马2进4
7. 炮八平六	马7进6	8. 马八进七	车1平2
9. 车二退二	马6进7	10. 炮五平四	车8进1
11. 相七进五	车8平7	12. 马七进六	车2进4
13. 车九平六	炮3平1	14. 炮四退一	马7退6
15. 炮四平一	马6进4	16. 车二平六	卒7进1
17. 炮六进六	卒7进1	18. 炮六退一	士4进5
19. 炮六平二	炮1平8	20. 前车平二	炮8平9
21. 马三退二	炮9进4	22. 炮一平三	卒7平8
23. 车二退一	车7进7	24. 马二进一	车7退4
25. 车二平一	卒9进1	26. 车一平四	卒3进1
27. 兵七进一	车7平3	28. 马一进三	车2进2
29. 车六进六	车2平1	30. 车六平五	车3平4
31. 仕五退六	车1平4	32. 仕四进五	后车退1
33. 车五退二	后车平8	34. 车四进五	车8进3
35. 马三进四	车8平6	36. 车五平八	象5退3
37. 车八进五	车4平3	38. 相五进七	车3平5
39. 车八平七	士5退4	40. 车四平六	

第169局　赵国荣 胜 洪智

1. 兵七进一	炮2平3	2. 炮二平五	象3进5
3. 仕六进五	卒7进1	4. 马二进三	马8进7
5. 车一平二	车9平8	6. 车二进六	马2进4
7. 炮八平六	马7进6	8. 马八进七	车1平2
9. 车二退二	卒7进1	10. 车二平三	炮8平7
11. 车三平四	车8进4	12. 兵三进一	车2进4
13. 马七进六	马6进4	14. 车四平六	马4进6
15. 炮五进四	士6进5	16. 相七进五	炮7进5
17. 炮六平三	车8退1	18. 炮五平九	卒3进1

19. 兵七进一　象5进3	20. 炮九平三　车2退1
21. 兵五进一　车8进3	22. 兵九进一　车2平5
23. 兵九进一　车8平9	24. 兵九平八　象3退5
25. 前炮进一　车9平5	26. 车九进四　卒9进1
27. 兵八平七　后车平2	28. 兵七平六　炮3平4
29. 车六平八　车2平8	30. 前炮退一　车5平4
31. 兵五进一　卒9进1	32. 前炮平九　车8平3
33. 炮九进三　象5退3	34. 车八平七　车4平3
35. 车七退一　车3进3	36. 兵五平四　象7进9
37. 兵四进一　马6退4	38. 兵六进一　炮4平8
39. 车九平八　卒9平8	40. 兵三进一　象9进7
41. 车八平二　炮8平1	42. 炮三进二　马4进2
43. 炮三平五　士5进6	44. 兵六平五　将5平6
45. 兵五进一	

第170局　蒋川　胜　杨德琪

1. 兵七进一　炮2平3	2. 炮二平五　象3进5
3. 仕六进五　卒7进1	4. 马二进三　马8进7
5. 车一平二　车9平8	6. 车二进六　马2进4
7. 炮八平六　车1平2	8. 马八进七　马7进6
9. 车二退二　卒7进1	10. 车二平三　炮8平7
11. 车三平四　车8进4	12. 兵三进一　士6进5
13. 马七进六　马6进4	14. 车四平六　马4进2
15. 车九平八　炮3退1	16. 车八进六　车2平3
17. 相七进九　炮3平2	18. 车八平九　车8平2
19. 仕五退六　卒3进1	20. 车六进一　车2进2
21. 车九平五　马2进1	22. 车五平三　炮7退1
23. 兵七进一　车2平3	24. 兵九进一　炮2进8
25. 帅五进一　前车进2	26. 炮六退一　炮2退1

27. 帅五退一　炮 2 进 1	28. 帅五进一　炮 7 平 8
29. 兵九进一　炮 8 进 7	30. 车三平八　炮 2 平 1
31. 车八退六　炮 1 退 1	32. 帅五退一　炮 1 平 4
33. 车八平七　前车平 1	34. 兵七平八　车 3 平 1
35. 车七进二　炮 4 平 2	36. 炮五退一　炮 2 进 1
37. 相九退七　后车进 2	38. 炮五平七　前车退 3
39. 相三进五　炮 8 退 1	40. 车七进四　后车平 4
41. 车六进二　士 5 进 4	42. 车七退二　车 1 进 2
43. 马三进四　车 1 平 4	44. 仕四进五　车 4 退 4
45. 车七平八　炮 2 平 1	46. 兵三进一　象 5 进 7
47. 炮七进八　士 4 进 5	48. 车八平七　象 7 进 5
49. 炮七平八	

第 171 局　孙勇征 胜 洪智

1. 兵七进一　炮 2 平 3	2. 炮二平五　象 3 进 5
3. 仕六进五　卒 7 进 1	4. 马二进三　马 8 进 7
5. 车一平二　车 9 平 8	6. 车二进六　马 2 进 4
7. 炮八平六　马 7 进 6	8. 马八进七　车 1 平 2
9. 车二平四　马 6 进 7	10. 马七进六　车 8 进 1
11. 炮五平四　炮 8 平 7	12. 相七进五　马 7 退 8
13. 马三退一　卒 7 进 1	14. 车四平三　卒 7 平 6
15. 车九平六　车 2 进 6	16. 马六进四　车 2 平 5
17. 炮六进五　炮 7 平 4	18. 车六进七　马 4 退 2
19. 马四进二　士 4 进 5	20. 车六退二　车 5 退 2
21. 车六平五　卒 5 进 1	22. 马一进二　炮 3 退 1
23. 炮四平二　马 8 进 9	24. 车三平七　马 2 进 1
25. 车七平九　象 5 退 3	26. 后马进四　车 8 平 6
27. 马四进三　车 6 进 5	28. 车九平六　车 6 平 8
29. 炮二平三　车 8 平 7	30. 炮三平一　马 9 退 8

31. 马三退五　马8进6　　**32.** 帅五平六　车7退4

33. 炮一进一　马6进8　　**34.** 炮一进一　马8退6

35. 炮一平三　车7平8　　**36.** 炮三退一　马1进2

37. 马二进四　士5进6　　**38.** 炮三平五　马6退5

39. 车六进三　将5进1　　**40.** 车六退一　将5退1

41. 车六进一　将5进1　　**42.** 车六退一　将5退1

43. 炮五进三　炮3进2　　**44.** 兵七进一　车8进1

45. 炮五平三

第172局　徐天红　胜　柳大华

1. 兵七进一　炮2平3　　**2.** 炮二平五　象3进5

3. 仕六进五　卒7进1　　**4.** 马二进三　马8进7

5. 车一平二　车9平8　　**6.** 车二进四　炮8平9

7. 车二平六　马2进1　　**8.** 炮八平六　车1平2

9. 马八进七　士6进5　　**10.** 车九平八　车2进9

11. 马七退八　卒1进1　　**12.** 车六进一　卒3进1

13. 车六退一　车8进4　　**14.** 相七进九　卒3进1

15. 车六平七　炮3平4　　**16.** 炮六平八　马7进6

17. 车七平四　卒7进1　　**18.** 车四平三　马6退7

19. 马八进七　炮9退1　　**20.** 车三平四　炮9平7

21. 兵三进一　马1进2　　**22.** 马七进八　象5退3

23. 炮五平七　象7进5　　**24.** 相三进五　炮4平1

25. 炮七退二　炮1退1　　**26.** 炮七平八　马2退1

27. 车四平六　炮7平9　　**28.** 车六退一　车8平3

29. 前炮平七　马1进2　　**30.** 兵五进一　炮1平2

31. 炮八平七　车3平6　　**32.** 车六进五　将5平6

33. 后炮进九　将6进1　　**34.** 车六平八　象5退3

35. 相五进七　将6退1　　**36.** 炮七进七　将6进1

37. 马八退七　马2退4　　**38.** 车八退五　炮9平7

39. 车八平六　马4退3　　　**40.** 马三退一　车6进1

41. 兵三进一　炮7进3　　　**42.** 车六平三　炮7进1

43. 兵五进一　马3进5　　　**44.** 马七进五

第 173 局　于幼华　负　陈富杰

1. 兵七进一　炮2平3　　　**2.** 炮二平五　象3进5

3. 仕六进五　卒7进1　　　**4.** 马二进三　马8进7

5. 车一平二　车9平8　　　**6.** 车二进六　马2进4

7. 炮八平六　车1平2　　　**8.** 马八进七　马7进6

9. 车二平四　马6进7　　　**10.** 马七进六　车8进1

11. 马六进五　卒7进1　　　**12.** 马五进七　炮8平3

13. 炮五平四　卒7平8　　　**14.** 相七进五　卒8进1

15. 车四平三　马4进6　　　**16.** 炮四进四　士4进5

17. 车九平六　马7退8　　　**18.** 兵五进一　卒8平7

19. 马三进五　卒7平6　　　**20.** 马五退七　卒3进1

21. 炮六进六　马8退9　　　**22.** 车三平一　车8进3

23. 马七进六　车8平4　　　**24.** 炮四平六　炮3平4

25. 兵七进一　车4平3　　　**26.** 车一平四　卒6平5

27. 车六平七　车3进5　　　**28.** 相五退七　车2进9

29. 仕五退六　车2平3　　　**30.** 仕四进五　车3退8

31. 马六退八　炮4平3　　　**32.** 马八退六　车3平4

33. 马六进七　马9进8　　　**34.** 车四退一　车4进2

第 174 局　陈富杰　和　黄海林

1. 兵七进一　炮2平3　　　**2.** 炮二平五　象3进5

3. 仕六进五　卒7进1　　　**4.** 马二进三　马8进7

5. 车一平二　车9平8　　　**6.** 车二进六　炮8平9

7. 车二平三　士4进5　　　**8.** 炮八平六　车8进5

9. 马八进七　车 8 平 3　　10. 车九平八　马 2 进 4

11. 车八进八　炮 9 退 1　　12. 车八平七　炮 3 平 2

13. 相七进九　车 3 进 1　　14. 兵三进一　卒 7 进 1

15. 车三退二　卒 5 进 1　　16. 车七平八　炮 2 平 3

17. 相三进一　马 4 进 5　　18. 车八退一　炮 9 平 7

19. 车三平八　车 1 平 4　　20. 马三进四　炮 3 退 1

21. 后车退一　卒 5 进 1　　22. 马四进五　马 7 进 5

23. 后车平七　炮 3 进 5　　24. 炮五进二　马 5 进 7

25. 炮六平五　炮 3 平 9　　26. 车八退二　马 7 进 8

27. 后炮平六　炮 7 进 3　　28. 马七进八　炮 9 平 5

29. 帅五平六　炮 7 平 5　　30. 炮五进三　前炮退 4

31. 车八平五　车 4 进 3　　32. 马八进六　车 4 平 7

33. 马六进五　象 7 进 5　　34. 车五进二　车 7 平 4

35. 车五退四　马 8 退 6　　36. 车五平四　马 6 退 7

37. 帅六平五　卒 9 进 1　　38. 相一退三　卒 9 进 1

39. 炮六平五　将 5 平 4　　40. 炮五平六　将 4 平 5

41. 炮六平五　将 5 平 4　　42. 车四平八　士 5 进 6

43. 车八进六　将 4 进 1　　44. 车八退一　将 4 退 1

45. 车八进一　将 4 进 1　　46. 车八退五　卒 9 平 8

47. 兵九进一　卒 3 进 1　　48. 车八平五　车 4 退 1

49. 炮五平六　车 4 平 2　　50. 车五平六　将 4 平 5

51. 相九退七

第 175 局　蒋川　胜　谢卓淼

1. 兵七进一　炮 2 平 3　　2. 炮二平五　象 3 进 5

3. 仕六进五　马 8 进 7　　4. 马二进三　卒 7 进 1

5. 车一平二　车 9 平 8　　6. 车二进六　炮 8 平 9

7. 车二平三　车 8 进 5　　8. 炮八平六　马 2 进 4

9. 兵五进一　士 4 进 5　　10. 马八进七　车 1 平 2

11. 炮六进二	车8退3	12. 马七进五	车2进4
13. 相七进九	炮9退1	14. 车三平一	车8进4
15. 车一平四	马7进6	16. 兵五进一	马6进5
17. 马三进五	卒5进1	18. 马五进四	炮9进3
19. 车九平六	炮9平6	20. 车四退一	车8退4
21. 炮六平五	车8平6	22. 车四平五	车2平5
23. 后炮进三	车6进2	24. 前炮进三	士6进5
25. 车六进八	车6平5	26. 炮五退二	炮3平1
27. 车六平八	炮1进4	28. 车八进一	士5退4
29. 帅五平六	炮1平4	30. 兵一进一	卒1进1
31. 兵一进一	卒1进1	32. 兵一平二	炮4退2
33. 兵二进一	卒1平2	34. 兵二进一	卒2平3
35. 相九进七	卒3进1	36. 相七退九	

第176局 金松 和 张江

1. 兵七进一	炮2平3	2. 炮二平五	象3进5
3. 仕六进五	卒7进1	4. 马二进三	马8进7
5. 车一平二	车9平8	6. 车二进四	炮8平9
7. 车二进五	马7退8	8. 兵五进一	马2进4
9. 炮八平六	车1平2	10. 马八进七	车2进6
11. 马七进六	车2平4	12. 马六进五	马4进5
13. 炮五进四	士6进5	14. 相七进五	马8进7
15. 炮五平九	炮3平1	16. 车九平八	车4平1
17. 车八进六	马7进8	18. 炮九平七	马8进7
19. 炮六进六	炮1平3	20. 兵五进一	炮9平7
21. 炮六平七	将5平6	22. 后炮平五	象5退3
23. 兵七进一	车1退5	24. 炮七平八	炮3平5
25. 车八退三	炮5进2	26. 车八平四	炮7平6
27. 炮八退八	车1进2	28. 车四平三	车1平5

29. 兵七平六　炮5进1　　30. 车三进二　象7进5
31. 车三退一　车5平2　　32. 炮八平七　炮5平2
33. 炮七进三　炮2进2　　34. 马三进二　炮2平1
35. 仕五进四　车2进6　　36. 帅五进一　车2退1
37. 帅五退一　车2进1　　38. 帅五进一　车2退1
39. 帅五退一　车2进1　　40. 帅五进一　车2退3
41. 炮七进三　车2平9　　42. 马二进三　将6平5
43. 炮七平九　车9平1　　44. 炮九平五　炮6退2
45. 兵六进一　车1平6　　46. 马三退五　车6退2
47. 马五退七　车6平3　　48. 炮五退三　炮1退6
49. 炮五平七　车3平2　　50. 兵六平五　士5进4
51. 炮七平二　炮1平8　　52. 车三进四　炮8进3

第 177 局　金松 负 万春林

1. 兵七进一　炮2平3　　2. 炮二平五　象3进5
3. 仕六进五　卒7进1　　4. 马二进三　马8进7
5. 车一平二　车9平8　　6. 车二进六　马2进4
7. 炮八平六　马7进6　　8. 车二退二　车1平2
9. 马八进七　马6进7　　10. 炮五平四　车8进1
11. 相七进五　车2进6　　12. 车九平六　车2平5
13. 炮六进七　车5退1　　14. 车二退一　卒7进1
15. 炮六平九　车8平7　　16. 相五进三　车5平7
17. 马七进五　前车平5　　18. 炮四平八　马4进2
19. 炮九平四　车7进3　　20. 炮八进二　车5退1
21. 马五进三　车5平2　　22. 炮八进三　车7进1
23. 炮四退二　象5退3　　24. 马三进五　车7退1
25. 兵七进一　车2平3　　26. 炮八进二　象3进1
27. 车二进三　炮3平5　　28. 车二平五　车7平5
29. 车五退一　车3平5　　30. 车六进三　炮8进4

31. 炮八退六　马7进8　　　**32.** 马五进三　车5平4

33. 车六平五　炮8平2

第178局　吕钦 胜 申鹏

1. 兵七进一　炮2平3　　　**2.** 炮二平五　象3进5

3. 仕六进五　卒7进1　　　**4.** 马二进三　马8进7

5. 车一平二　车9平8　　　**6.** 车二进六　马2进4

7. 炮八平六　马7进6　　　**8.** 车二退二　马6进7

9. 马八进七　车1平2　　　**10.** 车九平八　车2进9

11. 马七退八　车8进1　　　**12.** 马八进七　车8平7

13. 车二平六　卒3进1　　　**14.** 马七进八　卒3进1

15. 车六平七　马7进5　　　**16.** 相七进五　马4进2

17. 车七平二　卒7进1　　　**18.** 车二平三　车7进4

19. 相五进三　马2进3　　　**20.** 马八进六　马3进2

21. 炮六退一　炮3平1　　　**22.** 马三进四　炮1进4

23. 马四进五　马2进3　　　**24.** 马五进三　士4进5

25. 马六进四　炮1进2　　　**26.** 帅五平六　炮1平4

27. 帅六进一　炮8进6　　　**28.** 帅六退一　士5进6

29. 马三退一　士6进5　　　**30.** 兵一进一　炮8平6

31. 马四退六　将5平4　　　**32.** 仕五进六　卒1进1

33. 马一进三　马3退2　　　**34.** 仕四进五　马2退4

35. 兵五进一　炮6退2　　　**36.** 帅六平五　马4进2

37. 兵一进一　马2进3　　　**38.** 帅五平四　卒1进1

39. 兵一平二　将4平5　　　**40.** 兵二进一　象5进3

41. 马三退四　象7进5　　　**42.** 兵二平三　象5进7

43. 马四进六　象7退5　　　**44.** 帅四进一　马3退4

45. 前马进七　将5平6　　　**46.** 兵三进一　卒1平2

47. 马六进四　马4退6　　　**48.** 马四退二　马6退7

49. 马七退六　将6平5　　　**50.** 帅四退一　将5平4

51. 相三进五　炮6平1	52. 帅四平五　炮1退4
53. 马二进四　炮1平3	54. 马六退八　炮3退1
55. 马八进七　将4平5	56. 兵五进一　马7进8
57. 马四退二　卒2进1	58. 兵五进一　象5进7
59. 兵五平四　象3退5	60. 仕五进四　将5平4
61. 仕六退五　卒2平3	62. 马七退六　象5进3
63. 兵三平四　士5进6	64. 兵四进一　将4进1
65. 马六进四　卒3平4	66. 马二进三　马8退7
67. 兵四平五　炮3平1	68. 兵五平六　将4退1
69. 马三退五　炮1平9	70. 马四进三　马7退6
71. 兵六进一　将4平5	72. 马五退七　将5平6
73. 兵六平五　马6进7	74. 马三退二

第179局　才溢 和 胡荣华

1. 兵七进一　炮2平3	2. 炮二平五　象3进5
3. 仕六进五　卒7进1	4. 马二进三　马8进7
5. 车一平二　车9平8	6. 车二进六　炮8平9
7. 车二平三　马2进4	8. 炮八平六　车1平2
9. 马八进七　车2进6	10. 马七进六　车2平4
11. 马六进四　车8进2	12. 炮六退二　车4退2
13. 马四进三　车8平7	14. 车三平一　车4平2
15. 车九进二　马4进6	16. 炮五进四　士6进5
17. 相三进五　卒3进1	18. 车九平六　卒3进1
19. 炮六进九　车2退4	20. 炮六退一　马6进5
21. 车一平四　车7平6	22. 车四进一　炮3平6
23. 兵五进一　马5退3	24. 车六进四　马3退4
25. 车六进二　车2进3	26. 炮五退一　车2平5
27. 车六平八　炮6退2	28. 相五进七　炮9退1
29. 车八退六　炮9平7	30. 马三进五　炮7进5

31. 相七退五　炮7平1　　32. 马五进七　炮1平8
33. 车八进四　车5平2　　34. 马七进八　炮6进6
35. 兵一进一　卒7进1　　36. 炮五进一　卒1进1
37. 兵五进一　卒7平6　　38. 炮五平二　将5平4
39. 炮二平六　将4平5　　40. 兵一进一　炮6平5
41. 帅五平六　卒6平5　　42. 炮六平五　将5平6
43. 马八退七　炮5退2　　44. 炮五退二　炮5退1
45. 仕五进四　炮8平4　　46. 马七进九　炮4退2
47. 马九进八　象5进7　　48. 兵一进一　炮5平2
49. 相七进九　炮4平1　　50. 马八进七　炮1退1
51. 马七退五　将6进1　　52. 马五进七　象7退5
53. 马七退六　炮2平4　　54. 马六退八　炮4退2
55. 马八退七　象5进3　　56. 马七进五　炮1平4
57. 帅六平五　后炮平5　　58. 马五进六　将6进1
59. 马六进七　炮5进2　　60. 马七退五　炮4平9
61. 马五进三　将6退1　　62. 马三退二　将6退1
63. 马二退三　炮9进6　　64. 仕四进五　炮5进4
65. 仕五进六　炮5退1　　66. 马三进四　将6进1
67. 马四退二　炮9退9　　68. 马二退三　炮9平5
69. 马三进四　后炮进3　　70. 帅五平六　后炮平4
71. 帅六平五　炮4平5　　72. 帅五平六　前炮平4
73. 仕六退五　炮5平4　　74. 帅六平五　后炮平4
75. 相九退七　炮4退3　　76. 马四退二　炮5退1
77. 马二退四　将6退1　　78. 相七进五　炮4退2
79. 炮五退一　炮4平6　　80. 马四进三　炮6平2
81. 马三退二　炮2平6　　82. 马二进四　炮6进2
83. 帅五平六　炮5平4　　84. 相五进七　炮6平4
85. 帅六平五　前炮平6　　86. 马四进六　炮6平5
87. 相七退五　象3退1　　88. 马六退七　象1进3
89. 马七进九　炮4平5

第 180 局　金松 胜 李鸿嘉

1. 兵七进一　炮 2 平 3　　　　2. 炮二平五　象 3 进 5

3. 仕六进五　卒 7 进 1　　　　4. 马二进三　马 8 进 7

5. 车一平二　车 9 平 8　　　　6. 车二进六　炮 8 平 9

7. 车二平三　马 2 进 4　　　　8. 炮八平六　车 1 平 2

9. 马八进七　士 4 进 5　　　　10. 马七进六　炮 9 退 1

11. 炮六退二　炮 9 平 7　　　　12. 车三平四　马 7 进 8

13. 车四进二　炮 7 进 5　　　　14. 相三进一　车 2 进 1

15. 炮五平六　马 8 进 9　　　　16. 车四退五　马 9 进 7

17. 车四平三　马 7 进 8　　　　18. 前炮进六　马 8 退 9

19. 车三退一　马 9 进 8　　　　20. 车三退二　车 8 进 5

21. 马六进五　炮 3 进 3　　　　22. 前炮退六　卒 3 进 1

23. 仕五进四　马 8 退 9　　　　24. 仕四进五　车 8 退 2

25. 马五退六　马 9 退 8　　　　26. 相七进五　炮 3 平 2

27. 车九平八　车 8 平 2　　　　28. 车三平二　卒 9 进 1

29. 车八平七　前车平 6　　　　30. 前炮平八　车 2 平 1

31. 车七进三　卒 9 进 1　　　　32. 车七平八　炮 2 进 2

33. 车八退一　士 5 退 4　　　　34. 车二进三　车 1 平 3

35. 车八进二　士 6 进 5　　　　36. 马六退八　车 3 进 2

37. 马八退六　车 3 平 5　　　　38. 车八退一　马 8 进 6

39. 相五退三　马 6 退 8　　　　40. 车八进一　车 6 平 7

41. 相三进五　车 7 平 6　　　　42. 炮六平八　士 5 退 6

43. 炮八进三　士 6 进 5　　　　44. 兵九进一　士 5 退 6

45. 炮八平六　士 6 进 5　　　　46. 炮六进五　车 5 平 7

47. 车八进二　车 6 平 2　　　　48. 炮六平九　车 2 退 2

49. 炮九进一　车 2 退 1　　　　50. 炮九退一　车 2 进 1

51. 炮九进一　车 2 退 1　　　　52. 炮九退一　车 2 进 9

53. 仕五退六　车 2 退 8　　　　54. 炮九进一　车 2 退 1

55. 炮九退一	车 2 平 1	56. 炮九平六	卒 1 进 1
57. 兵九进一	车 1 进 4	58. 炮六退四	马 8 退 6
59. 炮六平四	车 1 进 2	60. 马六进五	士 5 进 6
61. 炮四进三	士 4 进 5	62. 炮四退一	卒 7 进 1
63. 相五进三	卒 3 进 1	64. 相三退五	卒 3 平 4
65. 马五进三	车 1 退 3	66. 马三进二	车 1 平 5
67. 车二进二	马 6 进 5	68. 仕六进五	马 5 进 7
69. 炮四进二	马 7 退 6	70. 车二平四	车 5 平 8
71. 车四退一	车 8 退 1	72. 车四平六	卒 9 进 1
73. 炮四退四	车 8 进 7	74. 仕五退四	车 8 退 6
75. 炮四平五	卒 9 平 8	76. 帅五平六	车 8 平 5
77. 相五退七	卒 8 平 7	78. 炮五退四	车 5 进 3
79. 炮五进二	卒 7 平 6	80. 仕四退五	车 5 退 3
81. 炮五平一	车 5 平 9	82. 炮一平九	卒 6 平 5
83. 炮九进七	士 5 进 6	84. 车六平五	车 9 平 3
85. 炮九平三	车 3 进 6	86. 帅六进一	车 3 退 1
87. 帅六退一	车 3 进 1	88. 帅六进一	卒 5 平 4
89. 车五进三	士 6 退 5	90. 车五退五	卒 4 平 3
91. 炮三退九	车 3 退 1	92. 帅六退一	卒 3 进 1
93. 帅六平五	将 5 平 4	94. 仕五退六	车 3 平 7
95. 炮三平一	车 7 平 9	96. 炮一平二	

第 181 局　金松 胜 赵鑫鑫

1. 兵七进一	炮 2 平 3	2. 炮二平五	象 3 进 5
3. 仕六进五	卒 7 进 1	4. 马二进三	马 8 进 7
5. 车一平二	车 9 平 8	6. 车二进六	炮 8 平 9
7. 车二平三	炮 9 退 1	8. 炮八平六	士 4 进 5
9. 马八进七	炮 9 平 7	10. 车三平四	马 7 进 8
11. 车四平三	马 8 退 7	12. 车三平四	马 7 进 8

13. 车四平五　炮 7 进 5　　14. 相三进一　卒 7 进 1

15. 相一进三　卒 3 进 1　　16. 车九平八　卒 3 进 1

17. 车八进八　马 8 进 6　　18. 车五平七　炮 7 平 8

19. 车七退二　炮 8 退 5　　20. 车八退二　马 6 进 7

21. 炮六平三　炮 8 进 8　　22. 炮三退二　炮 3 进 5

23. 车七退二　马 2 进 1　　24. 兵五进一　车 8 进 5

25. 车八平三　卒 1 进 1　　26. 兵五进一　马 1 进 2

27. 车七进二　车 1 平 4　　28. 兵五平六　车 8 进 1

29. 车三进三　车 4 进 4　　30. 车三退四　车 4 进 1

31. 车七进五

第 182 局　赵鑫鑫 胜 汪洋

1. 兵七进一　炮 2 平 3　　2. 炮二平五　象 3 进 5

3. 仕六进五　卒 7 进 1　　4. 马二进三　马 8 进 7

5. 车一平二　车 9 平 8　　6. 车二进六　马 2 进 4

7. 炮八平六　车 1 平 2　　8. 马八进七　炮 8 平 9

9. 车二平三　士 4 进 5　　10. 马七进六　车 8 进 5

11. 兵三进一　车 8 平 7　　12. 马六进四　马 7 退 8

13. 炮五进四　车 7 进 2　　14. 相七进五　马 4 进 5

15. 炮六平三　马 5 进 6　　16. 炮三平四　马 8 进 7

17. 车九平六　炮 9 进 4　　18. 车六进四　马 6 进 8

19. 炮四平二　炮 3 平 4　　20. 兵九进一　马 8 退 9

21. 车三平四　车 2 进 4　　22. 车六平一　炮 9 平 8

23. 兵七进一　卒 3 进 1　　24. 仕五退六　车 2 进 2

25. 马四退六　卒 3 进 1　　26. 马六进七　车 2 平 5

27. 车一平七　马 9 进 7　　28. 炮二退一　前马退 5

29. 马七退五　车 5 退 2　　30. 炮二平九　炮 8 进 3

31. 车四退四　炮 8 退 3　　32. 车四进一　炮 8 进 3

33. 车四平二　车 5 进 3　　34. 炮九平五　炮 8 平 9

35. 车七平一 马7进5	36. 车一退四 车5退2
37. 车一进三 炮4平3	38. 车二平七 马5进3
39. 车七平五 车5平1	40. 炮五进一 炮3进1
41. 车一进三 炮3平5	42. 炮五进四 马3退5
43. 车五进三 车1平6	44. 车一平三 车6退1
45. 仕六进五 卒1进1	46. 帅五平六 车6平4
47. 仕五进六 车4平6	48. 仕六退五 车6平4
49. 仕五进六 车4平6	50. 仕六退五 车6平4
51. 仕五进六 车4进3	52. 帅六平五 车4平6
53. 车五平六 车6退2	54. 帅五平六 车6进4
55. 帅六进一 车6退5	56. 车六退二 卒1进1
57. 车三平九 象5退3	58. 车六进四 车6退2
59. 车九平三 象7进5	60. 车三平七 象3进1
61. 车七平八	

第183局 赵鑫鑫 负 吕钦

1. 兵七进一 炮2平3	2. 炮二平五 象3进5
3. 仕六进五 马8进7	4. 马二进三 车9平8
5. 车一平二 炮8进4	6. 兵三进一 炮8平7
7. 马八进七 炮3进3	8. 马七进六 炮3平7
9. 相三进一 车8进9	10. 马三退二 卒7进1
11. 车九平八 卒3进1	12. 马二进四 前炮平8
13. 炮八进一 炮8平2	14. 车八进三 炮7平8
15. 炮五平三 卒7进1	16. 炮三进五 炮8平4
17. 车八进一 炮4平3	18. 车八进四 炮3平6
19. 炮三平四 士4进5	20. 炮四退一 将5平4
21. 马四进二 马2进4	22. 帅五平六 士5进4
23. 马二进三 车1平2	24. 车八平九 车2进9
25. 车九退二 炮6进3	26. 帅六平五 车2平3

27. 仕五退六　炮6平1　　28. 车九平五　车3平2
29. 炮四退一　车2退1　　30. 仕六进五　车2进1
31. 仕五退六　车2退1　　32. 炮四平六　炮1进1
33. 仕六进五　车2进1　　34. 炮六退五　卒3进1
35. 车五退二　车2退4　　36. 炮六进六　卒3平4
37. 车五进二　车2进4　　38. 仕五退六　卒4进1
39. 帅五进一　车2退1　　40. 帅五进一　炮1退2
41. 相一退三　卒4平3　　42. 帅五平四　车2平7
43. 车五平四　士6进5　　44. 炮六平九　炮1平2
45. 车四平八　卒3进1

第 184 局　张强 和 张申宏

1. 兵七进一　炮2平3　　2. 炮二平五　象3进5
3. 仕六进五　马8进7　　4. 马二进三　车9平8
5. 车一平二　炮8进4　　6. 兵三进一　炮3进3
7. 马八进七　卒3进1　　8. 相七进九　炮3进1
9. 车九平六　士4进5　　10. 马三退一　马2进3
11. 马一进二　车8进6　　12. 车二进三　炮3平8
13. 马七进六　卒7进1　　14. 兵三进一　象5进7
15. 炮五平三　象7退5　　16. 炮三进四　车1平4
17. 马六进四　车4进9　　18. 帅五平六　马7退8
19. 马四进二　马8进9　　20. 炮三平一　炮8平1
21. 炮八平七　炮1平3　　22. 兵一进一　卒1进1
23. 炮七平五　炮3平4　　24. 炮五进四　马3进5
25. 炮一平五　炮4退4　　26. 帅六平五　炮4平1
27. 相九退七　炮1进1

第 185 局　张强 胜 黎德志

1. 兵七进一　炮 2 平 3　　2. 炮二平五　象 3 进 5
3. 仕六进五　车 9 进 1　　4. 炮八平六　车 9 平 4
5. 马八进七　马 2 进 1　　6. 马二进三　士 4 进 5
7. 车一平二　车 1 平 2　　8. 车二进四　车 4 进 5
9. 马七进六　马 8 进 9　　10. 马六进五　炮 8 平 6
11. 炮五平四　车 4 平 2　　12. 兵九进一　炮 3 退 2
13. 炮四进一　前车进 3　　14. 车九平八　车 2 进 9
15. 相三进五　卒 1 进 1　　16. 兵九进一　炮 3 平 1
17. 兵七进一　卒 3 进 1　　18. 车二平九　车 2 退 6
19. 马五退六　卒 7 进 1　　20. 马六退八　炮 6 平 7
21. 兵三进一　卒 7 进 1　　22. 车九平三　马 9 进 7
23. 车三平五　车 2 平 6　　24. 炮四平二　车 6 进 3
25. 炮二退三　马 1 进 3　　26. 炮二平三　马 3 进 5
27. 马八进六　卒 3 进 1　　28. 马六进五　卒 3 平 4
29. 车五平六　车 6 退 3　　30. 兵五进一　马 5 退 3
31. 车六进二　马 3 进 1　　32. 车六平八　炮 1 平 4
33. 兵五进一　炮 7 进 5　　34. 兵五平四　马 1 进 3
35. 炮六平三　马 7 进 8　　36. 相五进七　马 8 退 6
37. 车八平七　马 6 进 8　　38. 前炮平九　马 8 进 6
39. 炮九进七　炮 4 进 2　　40. 车七进三　炮 4 退 2
41. 车七退三　炮 4 进 2　　42. 相七退五　马 6 进 7
43. 帅五平六　马 7 退 6　　44. 帅六平五　士 5 进 6
45. 炮九退八　马 6 退 5　　46. 车七平八　马 5 进 4
47. 炮三进一　士 6 进 5　　48. 炮九进八　将 5 平 6
49. 车八进三　将 6 进 1　　50. 马五进七　炮 4 进 3
51. 车八平三

第 186 局　　谢卓淼　胜　赵力

1. 兵七进一	炮 2 平 3	2. 炮二平五	象 3 进 5
3. 仕六进五	车 9 进 1	4. 炮八平六	车 9 平 2
5. 马八进七	车 2 进 5	6. 马二进三	卒 3 进 1
7. 兵七进一	炮 3 进 5	8. 炮五平七	车 2 平 3
9. 车一平二	炮 8 平 7	10. 炮七平九	马 8 进 9
11. 兵七平六	车 3 平 4	12. 相七进五	车 4 退 2
13. 车九平七	马 2 进 1	14. 兵三进一	炮 7 退 1
15. 车二进七	车 1 平 3	16. 车七进九	象 5 退 3
17. 车二平七	象 7 进 5	18. 炮九平七	马 9 退 8
19. 马三进四	车 4 平 6	20. 炮六进六	炮 7 进 1
21. 车七平五	士 4 进 5	22. 车五平七	车 6 进 1
23. 车七进二	士 5 退 4	24. 车七退二	马 1 退 2
25. 车七平五	士 4 进 5	26. 炮六平九	车 6 平 2
27. 炮七进七	将 5 平 4	28. 仕五退六	炮 7 平 6
29. 炮九进一	马 8 进 7	30. 车五退一	炮 6 平 4
31. 车五平三	马 7 退 9	32. 炮七平四	马 2 进 3
33. 炮四平二	车 2 退 1	34. 车三进三	将 4 进 1
35. 炮二退一	士 5 进 6	36. 炮九平四	车 2 平 8
37. 车三退一	士 6 退 5	38. 兵三进一	车 8 进 2
39. 兵三平四	炮 4 进 4	40. 兵四进一	马 3 进 4
41. 兵四平五	车 8 退 4	42. 炮四退一	将 4 进 1
43. 车三退三			

第 187 局　　赵鑫鑫　胜　徐超

1. 兵七进一	炮 2 平 3	2. 炮二平五	象 3 进 5
3. 仕六进五	车 9 进 1	4. 炮八平六	卒 7 进 1

5. 马二进三　马8进7　　6. 车一平二　马7进6

7. 马八进七　车9平2　　8. 炮五进四　士4进5

9. 车二进四　马2进4　　10. 炮五平四　车2进3

11. 兵三进一　卒7进1　　12. 车二平三　车1平2

13. 马七进六　马6进4　　14. 车三平六　马4进5

15. 车六平五　炮8进1　　16. 相七进五　前车平6

17. 炮六进四　卒1进1　　18. 兵一进一　卒9进1

19. 马三进二　车6平2　　20. 兵一进一　象5退3

21. 马二进三　炮8平6　　22. 炮六平四　前车平7

23. 马三进二　马5退6　　24. 车九平六　炮3平5

25. 炮四退四　车7退3　　26. 马二退一　车2进4

27. 车六进八　马6进7　　28. 车五平三　车2平9

29. 马一进二　车7平8　　30. 车三进二　车8进5

31. 炮四平三　象7进9　　32. 车三平七　象3进1

33. 车七平八　士5退4　　34. 炮三进四　车8平5

35. 炮三平五　车5退2　　36. 车八平五　象9退7

37. 车六平三

第 188 局　张申宏 和 徐超

1. 兵七进一　炮2平3　　2. 炮二平五　象3进5

3. 仕六进五　士4进5　　4. 马二进三　马8进9

5. 炮八平六　炮3进3　　6. 炮五进四　卒9进1

7. 相七进五　马2进3　　8. 炮五进二　士6进5

9. 相五进七　车9平8　　10. 马八进七　车1平2

11. 马七进六　炮8平6　　12. 相七退五　卒3进1

13. 兵三进一　车2进5　　14. 马六进四　车8进4

15. 马四进六　马3进5　　16. 马六退五　马5进4

17. 车九平七　马4进2　　18. 车一进一　车8平4

19. 车一平四　马2进4　　20. 仕五进六　车4进3

21. 车四进五　炮6平8　　　22. 车四平九　炮8进1
23. 车九进三　士5退4　　　24. 仕四进五　车4退6
25. 车九退五　车2退2　　　26. 车七平六　车4进8
27. 仕五退六　车2平5　　　28. 车九平八　车5进1
29. 兵九进一　马9进8　　　30. 兵九进一　卒3进1
31. 车八平七　车5平1　　　32. 仕六进五　车1平5
33. 车七平八　炮8平9　　　34. 相三进一　马8进9
35. 马三进一　炮9进3

第189局　洪智 胜 徐超

1. 兵七进一　炮2平3　　　2. 炮二平五　象3进5
3. 仕六进五　士4进5　　　4. 马二进三　马8进9
5. 炮八平六　炮3进3　　　6. 炮五进四　马2进3
7. 炮五平一　车9平8　　　8. 车一平二　车1平2
9. 马八进七　炮3进1　　　10. 兵三进一　炮8平7
11. 车二进九　马9退8　　　12. 相七进五　卒7进1
13. 兵三进一　车2进4　　　14. 兵三进一　炮7进5
15. 炮六平三　车2平7　　　16. 炮三平一　车7退1
17. 车九平八　炮3平9　　　18. 前炮退二　马8进9
19. 车八进七　马3进5　　　20. 前炮平八　马9进8
21. 炮八进二　马8进6　　　22. 帅五平六　马6退4
23. 兵五进一　马4退2　　　24. 车八退一　士5退4
25. 车八平七　马5进6　　　26. 车七退三　炮9退2
27. 车七平六　士4进5　　　28. 炮一进二　马6退5
29. 车六平二　车7进1　　　30. 车二进一　炮9退3
31. 炮一进二　马5退7　　　32. 炮一退四　马7进6
33. 车二进四　炮9进1　　　34. 车二退五　马6退7
35. 车二平五　炮9进1　　　36. 兵五进一　炮9进1
37. 兵五进一　车7平4　　　38. 仕五进六　象5进7

39. 炮一平三　象7退9　　　**40.** 帅六平五　炮9进1

41. 马七进八

第 190 局　陈富杰 胜 朱晓虎

1. 兵七进一　炮2平3　　　**2.** 炮二平五　象3进5

3. 仕六进五　士4进5　　　**4.** 马二进三　马8进9

5. 车一平二　车9平8　　　**6.** 相七进九　马2进1

7. 炮八平六　炮8平7　　　**8.** 车二进九　马9退8

9. 兵三进一　车1平4　　　**10.** 马八进七　车4进4

11. 车九平八　卒7进1　　　**12.** 兵三进一　车4平7

13. 马三退一　车7平4　　　**14.** 马一进二　马8进9

15. 马二退四　马9进7　　　**16.** 炮五进四　卒3进1

17. 兵七进一　车4进2　　　**18.** 相三进一　车4平3

19. 马四进五　车3进1　　　**20.** 马五进四　炮3退1

21. 炮五平三　车3退3　　　**22.** 车八进六　卒1进1

23. 炮六进三　炮7平6　　　**24.** 兵五进一　车3平2

25. 车八平九　炮3平1　　　**26.** 车九平六　马1退3

27. 车六平七　车2平3　　　**28.** 车七平九　马3进1

29. 车九平六　马1退3　　　**30.** 车六平九　马3进1

31. 车九平六　马1退3　　　**32.** 车六平九　炮1平2

33. 车九进三　士5退4　　　**34.** 马四进六　炮6平4

35. 炮三平五

第 191 局　李智屏 负 徐超

1. 兵七进一　炮2平3　　　**2.** 炮二平五　象3进5

3. 仕六进五　士4进5　　　**4.** 马二进三　马8进9

5. 车一平二　车9平8　　　**6.** 炮八平六　炮3进3

7. 炮五进四　卒9进1　　　**8.** 相七进五　炮3退1

9. 车二进六　马2进3　　　10. 炮五退一　炮8平7

11. 车二进三　马9退8　　　12. 马八进七　车1平2

13. 兵九进一　炮3进2　　　14. 兵九进一　炮7进4

15. 兵九进一　马8进7　　　16. 兵九进一　马7进5

17. 车九进四　车2进4　　　18. 炮五退一　马5进6

19. 马三退一　马3进5　　　20. 兵九进一　士5退4

21. 车九进二　士6进5　　　22. 车九平七　马5进4

23. 车七平四　马4进3　　　24. 车四退二　车2进5

25. 炮六退二　炮3平1　　　26. 炮六平七　车2退1

27. 仕五退六　车2平9　　　28. 仕四进五　炮7退2

29. 帅五平四　炮7平5　　　30. 车四进一　炮1进3

31. 仕五进六　车9平4　　　32. 车四平五　车4退1

33. 帅四进一　车4进1

第 192 局　洪智 胜 葛维蒲

1. 兵七进一　炮2平3　　　2. 炮二平五　象3进5

3. 仕六进五　士4进5　　　4. 马二进三　马8进9

5. 炮八平六　车9平8　　　6. 马八进七　炮3进3

7. 马七进六　马2进3　　　8. 车一平二　炮8平7

9. 车二进九　马9退8　　　10. 马六进四　车1平4

11. 炮六退二　卒7进1　　　12. 炮五平六　车4平2

13. 马四进六　马3退1　　　14. 兵九进一　炮7进1

15. 相七进五　炮7平4　　　16. 后炮进六　炮3进1

17. 车九进三　炮3平2　　　18. 前炮平一　卒3进1

19. 兵五进一　马1进3　　　20. 兵一进一　马8进7

21. 炮一平三　炮2退1　　　22. 兵一进一　卒3进1

23. 马三进五　卒3平4　　　24. 马五退七　炮2平5

25. 马七进六　车2进9　　　26. 炮六退二　马3进4

27. 兵一平二　马7进9　　　28. 炮三平二　车2退4

29. 马六退七　车 2 平 3　　**30.** 马七进五　马 4 进 5

31. 车九平五　车 3 平 1　　**32.** 车五平八　炮 5 退 1

33. 兵二平三　马 9 进 8　　**34.** 后兵进一　车 1 平 7

35. 兵三平四　车 7 退 2　　**36.** 炮六进六　车 7 进 6

37. 兵四平五　车 7 退 2　　**38.** 车八平二　马 8 退 9

39. 兵五进一　车 7 平 5　　**40.** 兵五平四　车 5 退 2

41. 炮六平五　马 9 进 8　　**42.** 炮二进三　车 5 平 4

43. 兵四进一

第 193 局　赵国荣 和 洪智

1. 兵七进一　炮 2 平 3　　**2.** 炮二平五　象 3 进 5

3. 仕六进五　士 4 进 5　　**4.** 马二进三　马 8 进 9

5. 炮八平六　炮 3 进 3　　**6.** 炮五进四　马 2 进 3

7. 炮五平一　车 9 平 8　　**8.** 车一平二　车 1 平 2

9. 马八进七　炮 3 进 1　　**10.** 兵三进一　车 2 进 4

11. 车九平八　车 2 平 9　　**12.** 炮一平七　车 9 平 3

13. 炮七退三　马 9 进 8　　**14.** 炮七进四　炮 8 进 7

15. 炮七平九　车 3 进 3　　**16.** 马三退二　马 8 进 9

17. 马二进一　车 3 退 7　　**18.** 马一进三　车 8 进 4

19. 相三进五　车 3 平 1　　**20.** 马三进五　车 8 平 5

21. 炮九平七　车 1 平 3　　**22.** 炮七平九　车 5 退 1

23. 车八进五　车 3 平 1　　**24.** 炮九平七　车 5 平 3

25. 炮七进一　车 1 进 1　　**26.** 炮七平八　马 9 退 8

27. 炮八进一　马 8 退 6　　**28.** 车八平四　马 6 退 7

29. 车四进三　马 7 进 9　　**30.** 炮八退二　车 3 退 1

31. 炮八退一　车 1 平 4　　**32.** 炮八平六　车 4 平 2

33. 前炮平五　车 2 平 4　　**34.** 炮五平六　车 4 平 2

35. 前炮平五　车 2 平 4　　**36.** 炮六进四　马 9 进 8

37. 仕五退六　车 3 平 2　　**38.** 车四退三　马 8 进 7

39. 仕四进五	马 7 进 8	**40.** 车四平七	车 2 退 2
41. 车七进一	车 2 进 4	**42.** 马五进七	车 2 平 3
43. 车七退一	车 4 进 2	**44.** 车七进四	车 4 退 3
45. 车七退三	车 4 进 6	**46.** 兵五进一	马 8 退 7
47. 兵五进一	马 7 进 9	**48.** 车七进三	车 4 退 6
49. 车七退六	马 9 进 7	**50.** 帅五平四	车 4 进 5
51. 车七进六	车 4 退 5	**52.** 车七退五	车 4 进 6
53. 车七进五	车 4 退 6	**54.** 车七退三	车 4 进 6
55. 帅四进一	将 5 平 4	**56.** 车七平九	马 7 退 9
57. 帅四退一	车 4 平 8	**58.** 车九平六	将 4 平 5
59. 仕五进四	车 8 进 3	**60.** 相五退三	车 8 平 7
61. 帅四进一	车 7 退 1	**62.** 帅四退一	车 7 退 3
63. 相七进五	车 7 平 8	**64.** 车六平八	将 5 平 4
65. 车八平六	将 4 平 5	**66.** 车六平七	将 5 平 4
67. 车七平六	将 4 平 5	**68.** 车六平九	将 5 平 4
69. 车九平六	将 4 平 5	**70.** 车六退三	车 8 进 4
71. 帅四进一	车 8 退 5	**72.** 车六平八	将 5 平 4
73. 车八平六	将 4 平 5	**74.** 车六平七	将 5 平 4
75. 车七平六	将 4 平 5	**76.** 兵五平六	车 8 进 4
77. 帅四退一	车 8 退 1	**78.** 帅四进一	车 8 进 1
79. 帅四退一	马 9 进 7	**80.** 相五退三	车 8 退 2
81. 车六平二	马 7 退 8		

第 194 局　赵国荣 和 李雪松

1. 兵七进一	炮 2 平 3	**2.** 炮二平五	象 3 进 5
3. 仕六进五	士 4 进 5	**4.** 马二进三	马 8 进 9
5. 炮八平六	炮 3 进 3	**6.** 炮五进四	马 2 进 3
7. 炮五平一	车 9 平 8	**8.** 相七进五	炮 3 进 1
9. 兵三进一	车 1 平 2	**10.** 马八进七	炮 8 平 7

11. 车一平二　车8进9　　12. 马三退二　卒7进1
13. 兵三进一　车2进4　　14. 车九平八　车2平7
15. 兵一进一　车7进1　　16. 兵一进一　车7退1
17. 车八进六　卒3进1　　18. 炮一平九　马3进1
19. 车八平九　车7平9　　20. 车九退二　马9进7
21. 马二进一　车9平4　　22. 炮六进二　马7进5
23. 炮六平五　象5退3　　24. 马一进二　炮7平5
25. 马二进四　炮5进3　　26. 兵五进一　马5退6
27. 马四退五　马6进8　　28. 车九进二　车4进2
29. 车九平二　炮3平5　　30. 车二退三　炮5平7
31. 兵九进一　卒3进1　　32. 兵九进一　将5平4

第195局　杨德琪 负 洪智

1. 兵七进一　炮2平3　　2. 炮二平五　象3进5
3. 仕六进五　士4进5　　4. 马二进三　马8进9
5. 车一平二　车9平8　　6. 炮八平六　炮3进3
7. 马八进七　炮3进1　　8. 炮五进四　马2进3
9. 炮五平一　炮8平7　　10. 车二进九　马9退8
11. 相七进五　炮7进4　　12. 车九平八　卒3进1
13. 兵五进一　马8进7　　14. 炮六进四　车1平4
15. 车八平六　卒7进1　　16. 炮一退一　卒3进1
17. 兵五进一　炮3平6　　18. 炮六平七　炮6平4
19. 兵五平六　卒3进1　　20. 马七进五　卒7进1
21. 马五进三　车4进4　　22. 炮一平五　车4退1
23. 炮七退一　车4平5　　24. 炮七退一　马7进8
25. 炮七平五　车5平4　　26. 后炮退一　炮4退1
27. 后马退二　将5平4　　28. 后炮平四　马8进6
29. 炮五退一　卒3平4　　30. 车六平七　马3进5
31. 马二进一　炮7进1　　32. 马三进四　炮7退4

33. 车七平八　卒4平5　　34. 车八进九　将4进1
35. 车八退一　将4退1　　36. 车八进一　将4进1
37. 炮四平三　马6退8　　38. 车八退一　将4退1
39. 车八进一　将4进1　　40. 马四进三　卒5平6
41. 车八退一　将4退1　　42. 车八进一　将4进1
43. 车八退一　将4退1　　44. 车八进一　将4进1
45. 车八退一　将4退1　　46. 炮三退一　炮4进1
47. 车八进一　将4进1　　48. 车八退一　将4退1
49. 车八进一　将4进1　　50. 马一进三　炮4平5
51. 车八退一　将4退1　　52. 车八进一　将4进1
53. 车八退九　马5进4　　54. 车八平六　炮5平7
55. 炮三进四　炮7退5　　56. 炮五进二　车4退1
57. 炮五退二　马8退6　　58. 炮五平一　马4进2
59. 车六平七　马6进5

第196局　潘振波 和 谢靖

1. 兵七进一　炮2平3　　2. 炮二平五　象3进5
3. 仕六进五　士4进5　　4. 马二进三　马8进9
5. 马八进九　车9平8　　6. 车九平八　炮8平7
7. 炮八平六　炮3进3　　8. 炮五进四　马2进3
9. 炮五平一　车8进3　　10. 炮一退二　车1平4
11. 车八进三　卒7进1　　12. 相七进五　炮3平8
13. 车一平二　马3进5　　14. 兵五进一　马5进3
15. 车八平七　炮7平8　　16. 兵五进一　前炮退1
17. 兵五平六　车4进4　　18. 车二进四　车8平5
19. 车二平八　车4退2　　20. 兵九进一　后炮平7
21. 车七进一　马9进7　　22. 车七平二　炮8平9
23. 马九进七　车4进4　　24. 车二平六　车4退1
25. 车八平六　炮9退3　　26. 车六平八　士5退4

27. 炮一平二　炮9平7　　28. 炮二进一　卒7进1
29. 相五进三　马7退9　　30. 炮二平六　前炮进4
31. 相三进五　马9进8　　32. 兵一进一　马8退6
33. 前炮平四　前炮平8　　34. 马七进八　炮7进6
35. 炮六平三　炮8进3　　36. 炮三退二　象5退3
37. 车八平七　车5进3　　38. 车七退一　车5平3
39. 马八退七　马3进4　　40. 马七退六　马6进4
41. 炮四平二　卒3进1　　42. 炮二退一　象3进5
43. 兵一进一　前马退5　　44. 炮二退三　马5进4
45. 炮二进三　前马退5　　46. 炮二退三　马5进4
47. 炮二进三　士4进5　　48. 炮二平一　将5平4
49. 帅五平六　将4平5　　50. 帅六平五　将5平4
51. 帅五平六　将4平5　　52. 帅六平五　前马进3
53. 帅五平六　炮8退6　　54. 炮三进一　炮8平4
55. 帅六平五　马4进3　　56. 兵一平二　卒3进1
57. 炮一平七　后马退1　　58. 炮七退二　马1退3
59. 仕五进四　后马进4　　60. 仕四进五　卒1进1
61. 帅五平四

第二部分　红炮二平五　黑飞左象

第 197 局　黄竹风　胜　陆伟韬

1. 兵七进一　炮 2 平 3　　　　2. 炮二平五　象 7 进 5
3. 马八进九　马 2 进 1　　　　4. 车九平八　车 1 进 1
5. 兵九进一　车 1 平 4　　　　6. 马二进三　士 6 进 5
7. 马九进八　马 8 进 6　　　　8. 马八进九　炮 3 退 1
9. 炮八进六　车 4 进 4　　　　10. 兵九进一　卒 7 进 1
11. 炮五平八　车 4 平 3　　　　12. 兵九平八　车 9 平 8
13. 相三进五　车 3 平 1　　　　14. 兵八进一　卒 3 进 1
15. 前炮平九　车 1 平 4　　　　16. 炮八平九　炮 3 平 2
17. 兵八平七　炮 2 平 4　　　　18. 仕四进五　车 4 进 3
19. 后炮进五　炮 8 进 5　　　　20. 相五退三　象 3 进 1
21. 车八进九　炮 4 进 8　　　　22. 仕五退六　车 4 平 7
23. 车一平二　车 7 退 1　　　　24. 马九进七　象 5 退 3
25. 车八退一　炮 8 退 2　　　　26. 相三进五　炮 8 进 1
27. 兵五进一　炮 8 退 4　　　　28. 炮九进一　炮 8 平 5
29. 车八平五　将 5 平 6　　　　30. 车二进九

第 198 局　江波　负　陶汉明

1. 兵七进一　炮 2 平 3　　　　2. 炮二平五　象 7 进 5

3. 马八进九　马2进1　　　4. 车九平八　车1进1
5. 兵九进一　车1平4　　　6. 马九进八　车4进5
7. 炮八平九　车4平5　　　8. 马二进三　车5平7
9. 车一平二　马8进6　　　10. 马八进九　炮3进3
11. 车八进四　车7平3　　　12. 车二进四　炮3进4
13. 仕六进五　炮3平1　　　14. 帅五平六　车3进1
15. 车八进四　车3平1　　　16. 车八平四　士6进5
17. 马九退八　车1平2　　　18. 马八进六　马1进2
19. 车四退五　车9平6　　　20. 车四进六　士5退6
21. 车二进三　马2进1　　　22. 马三进五　车2进2
23. 帅六进一　马1进2　　　24. 炮五进四　士4进5
25. 马五退七　车2平3

第199局　谢卓淼 胜 王瑞祥

1. 兵七进一　炮2平3　　　2. 炮二平五　象7进5
3. 马八进九　马2进1　　　4. 车九平八　车1进1
5. 兵九进一　车1平4　　　6. 马二进三　车4进3
7. 马九进八　卒1进1　　　8. 马八进九　卒1进1
9. 炮八进六　炮3退1　　　10. 炮八平九　士6进5
11. 兵五进一　马8进6　　　12. 兵五进一　车4平5
13. 车一进一　车9平6　　　14. 车一平二　炮8平7
15. 车八进三　车6平8　　　16. 车二平六　卒1平2
17. 车八平四　车8进4　　　18. 炮九进一　车8平6
19. 车四进二　车5平6　　　20. 炮五进五　士5进4
21. 炮五平九　炮7平1　　　22. 车六进五　炮3平1
23. 马九进七　后炮平5　　　24. 仕四进五　炮1进4
25. 车六进一　炮1平5　　　26. 相三进五　后炮进1
27. 车六进一

第 200 局　徐天红 和 阎文清

1. 兵七进一	炮 2 平 3	2. 炮二平五	象 7 进 5
3. 马八进九	马 2 进 1	4. 车九平八	车 1 进 1
5. 兵九进一	车 1 平 4	6. 马二进三	车 4 进 3
7. 炮五进四	士 6 进 5	8. 炮五平九	车 4 进 3
9. 马三退五	马 8 进 9	10. 马九进八	车 4 进 1
11. 马五进三	车 9 平 6	12. 车一进一	车 4 平 9
13. 马三退一	车 6 进 5	14. 炮八平六	卒 9 进 1
15. 相七进五	卒 7 进 1	16. 炮九退一	马 1 进 2
17. 车八进一	炮 3 平 2	18. 炮六平八	马 2 进 4
19. 炮八进五	炮 8 平 2	20. 马八进七	马 4 退 3
21. 车八进六	马 3 进 1	22. 兵九进一	马 9 进 8
23. 马一进二	车 6 平 8	24. 马二退三	车 8 平 6
25. 车八退四	马 8 进 9		

第 201 局　陈富杰 和 阎文清

1. 兵七进一	炮 2 平 3	2. 炮二平五	象 7 进 5
3. 马八进九	马 2 进 1	4. 车九平八	车 1 进 1
5. 兵九进一	车 1 平 4	6. 马二进三	士 6 进 5
7. 马九进八	车 4 进 4	8. 马八进九	车 4 平 3
9. 车一平二	车 3 平 1	10. 马九进七	炮 8 平 3
11. 炮八平六	马 8 进 7	12. 车二进六	卒 7 进 1
13. 仕六进五	卒 7 进 1	14. 兵三进一	车 1 平 7
15. 车二退二	车 7 平 8	16. 马三进二	车 9 平 8
17. 马二退三	车 8 进 4	18. 相七进九	马 1 进 2
19. 车八进四	车 8 平 7	20. 相三进一	炮 3 平 2
21. 车八平三	车 7 进 1	22. 相一进三	马 2 进 4

23. 炮六退一　卒3进1　　　24. 仕五进六　马4进2
25. 仕四进五　炮2进3　　　26. 马三进四　炮2平7
27. 炮五进四　马7进5　　　28. 马四进五　炮7进2
29. 马五进三　卒9进1　　　30. 相九退七　炮7退4
31. 帅五平四　卒3进1　　　32. 马三进一　炮7平6
33. 马一退二　炮6退2　　　34. 马二退三　士5进6
35. 帅四平五　卒3进1　　　36. 仕五进四　卒3平4
37. 仕六退五　炮6平5　　　38. 帅五平四　马2进3
39. 仕五退六　卒4平5　　　40. 炮六平一　马3退4
41. 炮一平四　马4进2　　　42. 相七进九　卒5进1
43. 仕六进五　炮5平9　　　44. 炮四平一　炮9平6
45. 炮一进一　马2退4　　　46. 炮一平五　士6退5
47. 马三进四　马4退6　　　48. 马四进二　炮6平9
49. 相九退七　马6退7　　　50. 帅四平五　炮9进5
51. 炮五进四　卒9进1　　　52. 马二退四　马7进6
53. 炮五退二　马6退7　　　54. 炮五进二　马7进6
55. 炮五退二　马6退7　　　56. 帅五平六　卒9平8
57. 炮五进二　马7进6　　　58. 炮五退二　马6退5
59. 炮五平七　炮9平4　　　60. 帅六平五　卒8进1
61. 马四退五　炮4退2　　　62. 仕五进六　炮4平5
63. 帅五平六　炮5平4　　　64. 帅六平五　马5进4
65. 仕四退五　炮4平3　　　66. 相七进九　将5平6
67. 炮七退一　炮3平5　　　68. 相九进七　卒8平7
69. 炮七退二　卒7平6　　　70. 帅五平四　炮5平6
71. 帅四平五　卒6平5　　　72. 炮七平六　马4退3
73. 马五进六　炮6平5　　　74. 相七退九　卒5平4
75. 帅五平六　炮5平4　　　76. 相九进七　马3进4
77. 仕五进四

第 202 局　靳玉砚 和 阎文清

1. 兵七进一　炮 2 平 3	2. 炮二平五　象 7 进 5
3. 马八进九　马 2 进 1	4. 车九平八　车 1 进 1
5. 兵九进一　车 1 平 4	6. 马二进三　车 4 进 3
7. 马九进八　卒 1 进 1	8. 兵九进一　车 4 平 1
9. 炮五进四　士 6 进 5	10. 车一平二　马 8 进 6
11. 炮五退二　车 9 平 8	12. 相七进五　炮 8 平 7
13. 车二进九　马 6 退 8	14. 车八进一　车 1 平 6
15. 兵三进一　马 8 进 9	16. 车八平二　卒 9 进 1
17. 炮八平七　卒 7 进 1	18. 兵三进一　车 6 平 7
19. 马三进四　车 7 平 6	20. 马四退三　马 9 进 8
21. 车二进三　将 5 平 6	22. 兵一进一　炮 7 平 8
23. 车二平三　炮 8 平 7	24. 车三平二　炮 7 平 8
25. 车二平三　炮 8 平 7	26. 车三平二　卒 9 进 1
27. 炮五平一　炮 7 平 8	28. 车二平三　炮 8 平 7
29. 车三平二　炮 7 平 8	30. 车二平三　炮 8 平 7
31. 车三平二　炮 7 平 8	32. 车二平三　炮 8 平 7
33. 车三平二　炮 7 平 8	34. 车二平三　炮 8 平 7
35. 车三平二　炮 7 平 8	36. 车二平三　卒 3 进 1
37. 兵七进一　炮 3 进 5	38. 马八退七　车 6 平 3
39. 马七进九　车 3 平 7	40. 车三进一　象 5 进 7

第 203 局　柳大华 负 陶汉明

1. 兵七进一　炮 2 平 3	2. 炮二平五　象 7 进 5
3. 马八进九　马 2 进 1	4. 车九平八　车 1 进 1
5. 兵九进一　车 1 平 4	6. 马二进三　车 4 进 3
7. 炮五进四　士 6 进 5	8. 相三进五　卒 1 进 1

9. 兵九进一　车4平1　　　10. 炮五退二　卒9进1

11. 兵三进一　卒7进1　　　12. 兵三进一　车1平7

13. 车八进一　马8进7　　　14. 车八平四　卒3进1

15. 兵七进一　车9进3　　　16. 仕四进五　车7平3

17. 车一平二　炮8退2　　　18. 炮八平六　炮8平6

19. 车四进七　马1进2　　　20. 马三进四　车3平5

21. 马四退三　马2进4　　　22. 炮五平三　车5平3

23. 兵五进一　马4进2　　　24. 车二进三　马2进1

25. 马三进五　炮3退1　　　26. 车四退六　马7进6

27. 炮三平四　马6退4　　　28. 炮四平二　马1进3

29. 炮二进五　炮6进1　　　30. 炮六进七　马4退6

31. 车四平二　将5平4　　　32. 马五进三　车9平4

33. 马九退八　马3退2　　　34. 炮二平一　炮6平8

35. 前车平八　马2退4　　　36. 仕五进六　车3进4

37. 仕六进五　马4退3　　　38. 车八进一　炮3平1

39. 马八进九　车3退1　　　40. 马九退八　车3退1

41. 兵五进一　炮1进8　　　42. 马八进九　车3进3

43. 仕五退六　车3退2　　　44. 仕六进五　马3进4

45. 车八退一　车3平1　　　46. 兵五进一　车4进2

47. 车八平七　车1平2　　　48. 兵五平四　车2退2

49. 仕五退六　车2退3　　　50. 车七退三　马4进2

第204局　李智屏 胜 谢业枧

1. 兵七进一　炮2平3　　　2. 炮二平五　象7进5

3. 马八进九　马2进1　　　4. 车九平八　车1进1

5. 兵九进一　车1平4　　　6. 马二进三　士6进5

7. 马九进八　马8进6　　　8. 马八进九　炮3退1

9. 炮八进六　车4进3　　　10. 炮五平九　车9平8

11. 车一平二　卒7进1　　　12. 车二进四　炮8平7

13. 车二平四　车8进8　　　14. 仕六进五　马6进8

15. 相三进五　车8退5　　　16. 炮八退一　车4退2

17. 炮八退一　炮3平2　　　18. 炮八平五　炮2平1

19. 炮五退二　炮1进2　　　20. 炮九进四　卒3进1

21. 车四进三　炮7进4　　　22. 兵七进一　马8退7

23. 车四退二　卒7进1　　　24. 兵九进一　马7进8

25. 相五进三　车4进4　　　26. 车八进二　车4平5

27. 车八平五　车5平3　　　28. 仕五退六　车8平6

29. 车四平二　马8进7　　　30. 车二进四　车6退3

31. 车二平四　将5平6　　　32. 兵七平八　马1进3

33. 炮五退一　马3进5　　　34. 仕四进五　炮7平6

35. 马三进四　车3退1　　　36. 马四进五　马5进4

37. 马五进三　将6进1　　　38. 仕五进六　车3平7

39. 炮九进二　士5进4　　　40. 炮九平六　炮6退1

41. 车五平四　车7进4　　　42. 帅五进一　车7退1

43. 帅五退一　马7进8　　　44. 车四进一　车7进1

45. 帅五进一　马4退5　　　46. 马三进二　将6平5

47. 炮六平七　车7退1　　　48. 帅五退一　车7平8

49. 炮七退七　马8进7　　　50. 车四退二　车8退2

51. 车四平三　车8平5　　　52. 车三平五　炮6平5

53. 马二退三　将5平6　　　54. 马三退四　马5进3

55. 马四退五　马3进5　　　56. 兵八进一　炮5进3

57. 仕六进五　马5退7　　　58. 兵一进一　马7进8

59. 仕五进四　将6退1　　　60. 炮七平一　马8退9

61. 炮一进五　马9退7　　　62. 炮一退三　士4退5

63. 兵八平七　马7进6　　　64. 仕六退五　马6退5

65. 兵七进一　马5进4　　　66. 兵九平八　马4退5

67. 兵八进一　将6平5　　　68. 炮一进一　将5平6

69. 炮一平六　将6平5　　　70. 炮六进一　将5平6

71. 兵八平七　将6平5　　　72. 后兵平六　马5进6

73. 兵六平五	马6退4	74. 兵七进一	将5平6
75. 兵五平四	象3进1	76. 炮六进一	将6平5
77. 帅五平四	将5平6	78. 仕五进六	象1退3
79. 炮六平八	马4退3	80. 兵四平三	马3进5
81. 兵三进一	马5退3	82. 帅四平五	马3进4
83. 炮八进三	马4退6	84. 兵三进一	马6退8
85. 兵三平二	马8进7	86. 兵七平六	将6进1
87. 兵二平三	将6进1	88. 炮八退八	马7进8
89. 炮八平二	象5进3	90. 帅五进一	象3退1
91. 帅五进一	象1进3	92. 仕六退五	象3退1
93. 仕五进六	象1进3	94. 炮二平五	

第 205 局　苗永鹏 和 陶汉明

1. 兵七进一	炮2平3	2. 炮二平五	象7进5
3. 马八进九	马2进1	4. 车九平八	车1进1
5. 兵九进一	车1平4	6. 炮五进四	士6进5
7. 相三进五	车4进3	8. 炮五平九	卒3进1
9. 兵七进一	车4平3	10. 炮八平六	马8进7
11. 马二进三	马7进5	12. 车八进四	车9平6
13. 仕四进五	车6进5	14. 车一平二	炮8平6
15. 车二进四	车6进1	16. 车八进二	马5退7
17. 兵三进一	卒7进1	18. 兵三进一	车3平7
19. 马九进八	卒9进1	20. 炮九退一	炮3平4
21. 车二进二	炮6退2	22. 车八平四	车6退3
23. 车二平四	车7平2	24. 马八退九	车2平3
25. 马九进八	车3平2	26. 马八退七	车2进2
27. 马七进六	车2平4	28. 马六退四	炮4进5
29. 仕五进六	炮6进6	30. 车四退三	马1进3
31. 车四进三	马3进1	32. 兵九进一	车4退2

33. 车四平三	马7退6	34. 兵九进一	马6进8
35. 车三平四	车4平8	36. 马三进四	车8进5
37. 帅五进一	车8平6	38. 马四进六	车6退6
39. 马六进四	马8进7	40. 马四退三	将5平6
41. 帅五退一	象5进7	42. 兵五进一	象3进5
43. 兵五进一	马7退9	44. 仕六进五	马9进8
45. 兵九平八	马8进7	46. 马三进一	马7退8
47. 马一退二	马8进9	48. 马二进四	将6平5
49. 兵八平七	士5退6	50. 兵七进一	士4进5
51. 兵七进一	将5平4	52. 兵五进一	马9进8
53. 马四进二	士5进6	54. 兵五平四	士6进5
55. 兵四平三	象5进3	56. 相五退三	象3退5
57. 兵三进一	象5进3	58. 兵三进一	象3退5
59. 兵三平四	象5进3	60. 相七进五	象3退5
61. 帅五平六	象5进3	62. 仕五退四	马8退6
63. 马二退三	象7退5	64. 仕四进五	马6退8
65. 马三进五	马8退7	66. 马五进六	马7退5
67. 帅六平五	象5进7	68. 兵四平三	象7退5
69. 帅五平四	象3退1	70. 马六进八	马5退3
71. 帅四平五	象5退3	72. 马八退九	马3进5
73. 马九进七	马5退3	74. 相五进七	马3进5
75. 仕五进四	马5退3	76. 帅五进一	马3进5
77. 马七退五	象3进5	78. 马五退六	象5进3
79. 马六进八	象3退5	80. 马八进七	象5进3
81. 马七进八	马5退3	82. 兵三平四	马3进5
83. 兵四平三	马5退3	84. 马八退七	马3进5
85. 帅五退一	马5退3	86. 马七退五	马3进5
87. 相三进一	象3退5	88. 马五退四	象5进3
89. 马四进二	马5进4	90. 仕六退五	马4退5
91. 马二进四	马5退3	92. 马四退六	马3进4

93. 兵三平四 马4退5	94. 兵七平八 马5进4
95. 仕五退四 马4退3	96. 兵八平七 象3退5
97. 马六进四 象5进3	98. 马四进六 马3进5
99. 马六进五 象3退5	100. 相一进三 象1进3

第206局 徐天红 胜 廖二平

1. 兵七进一 炮2平3	2. 炮二平五 象7进5
3. 马八进九 马2进1	4. 车九平八 车1进1
5. 兵九进一 车1平4	6. 马二进三 车4进3
7. 车一平二 马8进9	8. 马九进八 士6进5
9. 马八进九 车4平2	10. 炮八进二 车9平6
11. 炮五平八 车2平4	12. 相七进五 卒9进1
13. 车二进六 炮3平2	14. 仕六进五 炮8平7
15. 车二平一 车4进2	16. 后炮进五 炮7平2
17. 车八平六 车4进3	18. 帅五平六 车6进4
19. 帅六平五 炮2平4	20. 炮八退二 车6平2
21. 炮八平七 车2进3	22. 炮七退二 车2平1
23. 马九退八 车1退2	24. 马八进七 马1进3
25. 炮七进六 车1退1	26. 兵三进一 卒7进1
27. 兵三进一 车1平7	28. 马三进四 车7平6
29. 车一平四 车6退1	30. 炮七平四 卒5进1
31. 炮四平六 炮4平2	32. 马四退六 马9进7
33. 炮六平四 马7进8	34. 马六进五 马8退6
35. 兵五进一 炮2进3	36. 炮四平五 马6退7
37. 炮五平三 炮2平5	38. 马五退三 马7进5
39. 马三进一 马5进6	40. 炮三平一 炮5退2
41. 马一退三 象5进7	42. 炮一平四 象3进5
43. 兵一进一 士5进6	44. 兵一进一 炮5进2
45. 马三退四 炮5退1	46. 兵一进一 炮5退1

47. 炮四退一　马6进4　　48. 马四进五　马4退5

49. 马五退六　士4进5　　50. 兵七进一　马5进4

51. 兵七平六　炮5平1　　52. 炮四退二　马4退2

53. 马六进七　马2退3　　54. 马七进八　马3进4

55. 马八进七　将5平4　　56. 炮四平六　士5进4

57. 兵一平二　士6退5　　58. 兵二平三　马4进2

59. 兵六平五　马2退4　　60. 兵三平四　象5退3

61. 仕五进四　象7退9　　62. 仕四进五　象9退7

63. 兵五平六　象3进5　　64. 兵四平三　马4进2

65. 兵六平五　马2退4　　66. 兵三进一　将4进1

67. 兵三进一　炮1退2　　68. 兵五进一　将4退1

69. 兵三平四　象5进3　　70. 兵五平六　象7进9

71. 相五进三　象9进7　　72. 仕五退四　象7退5

73. 炮六退二　炮1平2　　74. 相三进五　炮2平1

75. 仕四进五　炮1平2　　76. 兵四平五　炮2平5

77. 兵六进一　炮5平8　　78. 兵六平五

第 207 局　庄玉庭 和 陶汉明

1. 兵七进一　炮2平3　　2. 炮二平五　象7进5

3. 马八进九　马2进1　　4. 车九平八　车1进1

5. 兵九进一　车1平4　　6. 马二进三　车4进3

7. 炮五进四　士6进5　　8. 相三进五　卒1进1

9. 兵九进一　车4平1　　10. 炮五退二　马8进9

11. 兵一进一　车9平8　　12. 马九进八　炮8平7

13. 车八进一　车8进4　　14. 车八平四　卒3进1

15. 兵七进一　车1平3　　16. 车一平二　车8进5

17. 马三退二　卒9进1　　18. 兵一进一　车3平9

19. 炮八平七　炮3平4　　20. 马八进七　炮4平3

21. 马七退六　炮3平4　　22. 马六进七　炮4平3

23. 炮七进五　炮7平3	24. 马七进九　象3进1
25. 车四进五　炮3进2	26. 马二进四　象1退3
27. 马四进六　车9平4	28. 马六进七　马9进8
29. 车四平三　将5平6	30. 仕四进五　车4进1
31. 马七进九　车4进1	32. 马九退七　车4退1
33. 马七进九　车4进1	34. 车三平二　车4平5
35. 炮五平二　车5退2	36. 兵三进一　车5平6
37. 车二进三　将6进1	38. 车二退一　将6退1
39. 车二进一　将6进1	40. 马九退七　马8退7
41. 车二退三　将6退1	42. 炮二退一　车6平8
43. 车二平四　将6平5	44. 炮二平九　马7进6
45. 炮九进二　车8进5	46. 仕五退四　马6进4
47. 炮九退一　马4进3	48. 马七进五　车8退5

第 208 局　卜凤波 和 吕钦

1. 兵七进一　炮2平3	2. 炮二平五　象7进5
3. 马八进九　马2进1	4. 车九平八　车1进1
5. 兵九进一　车1平6	6. 马二进三　车6进3
7. 炮五进四　士6进5	8. 炮五平九　卒3进1
9. 兵七进一　车6平3	10. 相七进五　马8进7
11. 车一平二　马7进5	12. 仕六进五　车9平6
13. 炮八平六　马5进4	14. 车八进六　炮3平4
15. 炮六进五　炮8平4	16. 车二进四　马4进6
17. 仕五进四　车3平5	18. 仕四进五　车5进2
19. 马九进八　卒9进1	20. 兵一进一　卒9进1
21. 车二平一　卒7进1	22. 马八进六　车5退2
23. 马六退七　炮4进4	24. 车八平六　炮4平7
25. 马七进五　炮7退1	26. 马五退七　车5平3
27. 马七进五　车3平2	28. 兵九进一　车2平1

29. 相三进一	车1进5	30. 车六退六	车1退6
31. 相一进三	车1进4	32. 相五退七	车1平3
33. 相三退一	马1进2	34. 相一退三	马6进8
35. 车一退三	车3退2	36. 马五进六	马2退4
37. 相三进五	车3进1	38. 车六进六	车3平6
39. 车六平二	马8退7	40. 马三进二	前车平8
41. 车一退一	马7退5	42. 车二进二	马5进4
43. 马二进三	车8平6	44. 车一进二	卒7进1
45. 马三进一	象5退7	46. 车二平三	卒7进1
47. 马一退三	象7进5	48. 马三进二	马4进3
49. 帅五平四	前车平4	50. 马二退三	车4退2
51. 马三退二	车4进4	52. 车一退一	卒7平8

第 209 局　　孙勇征 胜 景学义

1. 兵七进一	炮2平3	2. 炮二平五	象7进5
3. 马八进九	马2进1	4. 车九平八	车1进1
5. 兵九进一	车1平4	6. 马二进三	车4进3
7. 马九进八	士6进5	8. 马八进九	车4平2
9. 车一平二	马8进6	10. 兵九进一	车2进2
11. 马九进七	炮8平3	12. 车二进一	车9平8
13. 车二平四	车8平6	14. 兵九进一	马1退3
15. 车四平八	炮3进3	16. 炮八平七	车2进2
17. 车八进一	马6进8	18. 炮五平六	炮3进4
19. 仕六进五	马3进4	20. 炮七退一	马4进3
21. 炮六进六	车6进4	22. 车八退一	车6平4
23. 炮六平七	车4进2	24. 车八平七	马3进5
25. 前炮平六	象5进3	26. 马三进五	车4平5
27. 炮七进五	象3退5	28. 炮七平八	车5平4
29. 车七进八	马8进7	30. 兵三进一	马7进5

31. 车七进一　士5进6　　　**32.** 车七退五　马5退3

33. 炮六平九　卒5进1　　　**34.** 炮八进三　将5进1

35. 车七平八　象5退3　　　**36.** 车八进四　将5进1

37. 车八退二　卒5进1　　　**38.** 车八平七　马3进2

39. 兵九平八

第210局　于幼华 和 阎文清

1. 兵七进一　炮2平3　　　**2.** 炮二平五　象7进5

3. 马八进九　马2进1　　　**4.** 车九平八　车1进1

5. 兵九进一　车1平4　　　**6.** 马二进三　车4进3

7. 车一平二　卒1进1　　　**8.** 兵九进一　车4平1

9. 炮八进六　马8进6　　　**10.** 车二进四　车9平8

11. 车二平四　马6进4　　　**12.** 车四平二　炮3退1

13. 炮八退七　车1进3　　　**14.** 炮八平二　车1退3

15. 炮二进六　士6进5　　　**16.** 兵三进一　炮3进4

17. 兵三进一　马4进5　　　**18.** 炮二平九　车8进5

19. 马三进二　象3进1　　　**20.** 炮五进三　卒5进1

21. 相三进五　炮3退1　　　**22.** 马二进三　象5进7

23. 马三退五　车1进1　　　**24.** 马五退三　象1退3

25. 车八进一　象3进5　　　**26.** 车八平二　炮3平2

27. 马三进五　象5退7　　　**28.** 车二进八　象7退5

29. 马五退三　炮2进2　　　**30.** 仕四进五　卒9进1

第211局　胡荣华 和 聂铁文

1. 兵七进一　炮2平3　　　**2.** 炮二平五　象7进5

3. 马八进九　马2进1　　　**4.** 车九平八　车1进1

5. 兵九进一　车1平4　　　**6.** 马二进三　车4进3

7. 马九进八　卒1进1　　　**8.** 马八进九　炮3退1

9. 炮八进六　卒1进1　　　　10. 车一平二　炮8平7

11. 兵五进一　士6进5　　　　12. 车二进七　炮7进4

13. 车八进七　车4退2　　　　14. 车八平六　士5进4

15. 兵五进一　炮7进3　　　　16. 仕四进五　卒5进1

17. 炮八平九　炮3进4　　　　18. 马三进五　炮3平5

19. 车二进一　士4退5　　　　20. 炮五进二　卒5进1

21. 马五进三　马1退3　　　　22. 马九进七　将5平6

23. 马三退四　炮7平5　　　　24. 马四进五　炮7平5

25. 炮九平八　卒7进1　　　　26. 相七进五　卒1平2

27. 车二退二　马8进7　　　　28. 车二平七　车9平8

29. 车七平四　将6平5　　　　30. 帅五平四　车8平6

31. 车四进三　士5退6

第212局　薛文强　胜　陶汉明

1. 兵七进一　炮2平3　　　　2. 炮二平五　象7进5

3. 马八进九　马2进1　　　　4. 车九平八　车1进1

5. 兵九进一　车1平4　　　　6. 马九进八　车4进5

7. 炮八平九　车4平5　　　　8. 马二进三　车5平7

9. 车一平二　马8进6　　　　10. 车二进四　炮3退1

11. 兵七进一　卒3进1　　　　12. 马八进六　车9平8

13. 马六退五　士6进5　　　　14. 炮九进一　车7退2

15. 炮九进三　炮8平9　　　　16. 车八进四　车8进5

17. 车八平二　车7进2　　　　18. 兵一进一　炮3进8

19. 仕六进五　炮3退4　　　　20. 炮九平六　炮9平7

21. 帅五平六　马1进2　　　　22. 炮六退三　车7退2

23. 炮六进五　士5退6　　　　24. 车二平四　马2进3

25. 车四进四　炮3平5　　　　26. 炮五进二　车7平4

27. 帅六平五　马3退5　　　　28. 相三进五　士6进5

29. 炮六平七　卒3进1　　　　30. 马三进二　卒3平4

31. 马二进四　炮7平8　　32. 马四进三　炮8进7
33. 相五退三　炮8退5　　34. 车四平二　士5进6
35. 车二进一　将5进1　　36. 车二平四　车4平3
37. 车四退二　炮8平7　　38. 炮七平九　卒4进1
39. 马五退六　车3进4　　40. 仕五退六　炮7退2
41. 车四平三　卒4进1　　42. 车三进一　将5退1
43. 车三平六　卒4进1　　44. 仕四进五　卒7进1
45. 炮九进一　卒7进1　　46. 相三进五　卒7进1
47. 车六进一　将5进1　　48. 车六平五　将5平4
49. 车五平六　将4平5　　50. 车六平一　象3进1
51. 车一退一　将5退1　　52. 车一退二　卒4进1
53. 仕五退六　马5进4　　54. 帅五平四　卒7进1
55. 车一平五　卒7进1　　56. 车五进一　将5平4
57. 车五平六　将4平5　　58. 车六退五　卒7平6
59. 帅四平五　将5平6

第213局　徐天红　负　许银川

1. 兵七进一　炮2平3　　2. 炮二平五　象7进5
3. 马八进九　马2进1　　4. 车九平八　车1进1
5. 兵九进一　车1平4　　6. 马二进三　士6进5
7. 马九进八　车4进5　　8. 炮八平九　马8进6
9. 车一进一　车4平3　　10. 炮五平六　车3退1
11. 车一平四　车9平6　　12. 相七进五　车3平4
13. 仕六进五　卒7进1　　14. 车四进五　炮8平7
15. 炮九退一　炮7进4　　16. 炮九平六　车4平3
17. 马八进九　炮3退1　　18. 车八进四　马6进7
19. 车八平七　车6进3　　20. 车七平二　卒3进1
21. 马九退八　卒5进1　　22. 兵九进一　炮3平1
23. 后炮平七　士5退6　　24. 车二平六　炮1进3

25. 炮六平八　士4进5　　　26. 相三进一　炮1进5
27. 帅五平六　卒3进1　　　28. 相五进七　炮1退4
29. 车六进四　士5进4　　　30. 车六退一　士6进5
31. 车六进一　炮7平8　　　32. 马三进二　卒7进1
33. 马二进一　炮8退3　　　34. 炮七进八　车6平4
35. 车六退二　炮8平4　　　36. 马八进七　象5退3
37. 马七进九　象3进1　　　38. 马一进三　卒7平6

第 214 局　洪智 胜 靳玉砚

1. 兵七进一　炮2平3　　　2. 炮二平五　象7进5
3. 马八进九　马2进1　　　4. 车九平八　车1进1
5. 兵九进一　车1平4　　　6. 马二进三　士6进5
7. 马九进八　马8进6　　　8. 马八进九　炮3退1
9. 炮八进六　车4进3　　　10. 炮五平九　车9平8
11. 相三进五　车4进4　　　12. 兵三进一　炮8进5
13. 车一平二　卒3进1　　　14. 兵七进一　炮8平5
15. 车二进九　马6退8　　　16. 马九退八　象5进3
17. 炮九进五　象3退1　　　18. 车八进二　炮5平4
19. 车八平七　炮3进3　　　20. 马八进七　炮4退5
21. 马七进九　炮3平5　　　22. 仕四进五　车4平2
23. 马九进七　将5平6　　　24. 炮八退六　炮4平6
25. 马三进四　炮5平6　　　26. 马四进六　马8进7
27. 车七平二　后炮退1　　　28. 炮八平七　车2退8
29. 马七退八　车2进2　　　30. 车二进六　后炮进1
31. 车二平三　后炮平5　　　32. 炮七平八

第 215 局　苗永鹏 胜 王跃飞

1. 兵七进一　炮2平3　　　2. 炮二平五　象7进5

3. 马八进九	马2进1	4. 车九平八	车1进1
5. 兵九进一	车1平4	6. 炮五进四	士6进5
7. 炮五平九	马8进9	8. 相七进五	车9平6
9. 马二进三	车6进8	10. 车一平二	卒9进1
11. 仕六进五	车4进3	12. 车二进六	卒3进1
13. 兵七进一	车4平3	14. 车八平六	炮8平7
15. 炮八退一	炮7进4	16. 车二退六	车6退3
17. 炮八进三	车6退2	18. 炮九退一	车3平8
19. 炮八平五	车6进5	20. 车六进七	炮3退1
21. 马九进八	将5平6	22. 车六退二	车8进3
23. 炮五平三	车8进2	24. 马三退二	卒7进1
25. 炮三平七	炮3进1	26. 马二进一	炮7平8
27. 车六进一	炮8退5	28. 炮七平五	炮8平7
29. 仕五进四	车6退1	30. 仕四进五	车6退1
31. 马八进六	炮7进2	32. 炮五平七	炮3平4
33. 车六平九	马1退3	34. 车九平五	马3进1
35. 车五平九	马1退3	36. 炮七退一	车6进2
37. 炮七退二	车6退2	38. 炮七进六	车6进2
39. 炮九平八	炮7进6	40. 车九平四	车6退5
41. 马六进四	炮7退2	42. 马一进三	马3进1
43. 炮八平四	将6平5	44. 炮七退三	炮4进3
45. 炮七进三	炮4退3	46. 炮七退三	炮4进3
47. 马三进五	马9退7	48. 马四进三	炮7退6
49. 马五进四	炮7平9	50. 马四进三	将5平6
51. 马三退二	炮4退4	52. 兵九进一	炮4平1
53. 兵九进一	马1进3	54. 马二进四	炮9平6
55. 马四退五	士5进6	56. 马五进七	炮6进3
57. 马七进八	士6退5	58. 兵九进一	炮1退1
59. 炮七进四	炮6退2	60. 兵九进一	炮6平9
61. 兵九进一	炮9进4	62. 兵九平八	卒9进1

| 63. 炮七平六　卒9平8 | 64. 兵八平七 |

第216局　张强　和　胡庆阳

1. 兵七进一　炮2平3	2. 炮二平五　象7进5
3. 马八进九　马2进1	4. 车九平八　车1进1
5. 兵九进一　车1平4	6. 炮五进四　士6进5
7. 炮五平九　马8进9	8. 相三进五　卒9进1
9. 马二进三　马9进8	10. 仕四进五　车9平6
11. 兵三进一　卒3进1	12. 兵七进一　车6进4
13. 炮九退一　车6平3	14. 炮九平二　车3平8
15. 炮八平六　马1进3	16. 兵一进一　卒9进1
17. 车一进四　车4进4	18. 车八进六　马3进5
19. 车八退二　车4平2	20. 马九进八　马5进6
21. 车一退三　炮8平6	22. 炮六进一　马6退5
23. 兵五进一　马5进3	24. 车一进二　车8平2
25. 马八退九　马3进2	26. 仕五进六　车2平4
27. 炮六平四　卒7进1	28. 兵三进一　车4平7
29. 马三进四　炮6进4	30. 车一平四　车7平6

第217局　李智屏　负　于幼华

1. 兵七进一　炮2平3	2. 炮二平五　象7进5
3. 马八进九　马2进1	4. 车九平八　车1进1
5. 兵九进一　车1平4	6. 马二进三　士6进5
7. 马九进八　马8进6	8. 马八进九　炮3退1
9. 炮八进六　车4进3	10. 车一平二　车9平8
11. 炮五平九　炮8平6	12. 车二进九　马6退8
13. 兵三进一　卒7进1	14. 兵三进一　车4平7
15. 相七进五　马8进7	16. 仕六进五　车7平4

17. 车八进三　车4进4
18. 马九退八　马1进2
19. 兵九进一　马2进4
20. 兵五进一　卒3进1
21. 马三进二　车4平3
22. 炮九进二　车3平1
23. 炮八平九　卒3进1
24. 相五进七　象3进1
25. 兵九平八　炮3平2
26. 马二进三　象5退3
27. 车八平六　车1进1
28. 仕五退六　炮2进4
29. 相七退九　炮2进4
30. 相九退七　车1退1
31. 车六进一　车1平7
32. 后炮进二　车7进1
33. 车六平八　炮2平1
34. 兵五进一　车7退3
35. 兵五进一　车7平5
36. 仕四进五　车5退3
37. 兵八进一　车5进3
38. 车八平九　炮1平2
39. 车九平八　炮2退3
40. 后炮退三　车5退3
41. 后炮进三　车5进3
42. 后炮退三　车5退3
43. 后炮进三　车5进3
44. 后炮退三　车5退3
45. 车八退一　车5平7
46. 车八平四　炮6平5
47. 后炮平五　车7进6
48. 车四退三　车7退3
49. 炮五退一　马7进8
50. 炮九平六　炮5进3
51. 车四平二　卒9进1
52. 兵八平七　象1进3
53. 炮六退三　象3退5
54. 炮六平五　马8退7
55. 兵七平六　车7平9
56. 车二平三　卒9进1
57. 帅五平四　车9平6
58. 后炮平四　马7进8
59. 车三进九　车6退6
60. 车三退四　马8进9
61. 兵六进一　卒9平8
62. 相七进五　马9进8
63. 帅四进一　卒8进1
64. 兵六进一　炮5平1
65. 车三进二　炮1进3
66. 仕五进六　车6进7
67. 帅四平五　将5平6
68. 车三平五　炮1进1
69. 相五退七　马8进6

第 218 局　张江 和 靳玉砚

1. 兵七进一　炮 2 平 3	2. 炮二平五　象 7 进 5
3. 马八进九　马 2 进 1	4. 车九平八　车 1 进 1
5. 兵九进一　车 1 平 4	6. 马二进三　士 6 进 5
7. 马九进八　马 8 进 6	8. 车一平二　车 4 进 3
9. 马八进九　炮 3 退 1	10. 炮八平九　车 9 平 8
11. 炮五平七　卒 7 进 1	12. 相三进五　炮 8 平 6
13. 车二进九　马 6 退 8	14. 车八进八　马 8 进 7
15. 马九进七　车 4 退 2	16. 炮九进五　车 4 平 3
17. 炮九退一　马 7 进 6	18. 炮七进一　马 6 进 4
19. 兵三进一　卒 7 进 1	20. 相五进三　车 3 平 4
21. 相三退五　炮 6 退 1	22. 炮七平六　马 4 退 6
23. 车八退五　炮 3 进 4	24. 仕四进五　炮 3 进 2
25. 马三退一　马 6 进 8	26. 马一进二　卒 3 进 1
27. 车八进一　马 8 退 6	28. 炮六退一　车 4 进 4
29. 炮九平一　车 4 平 5	30. 马二进三　炮 3 退 1
31. 车八平三　炮 3 平 9	32. 马一进三　炮 6 平 7
33. 马三进四　车 5 平 7	34. 车三退一　马 6 进 7
35. 马四退五　炮 9 进 3	36. 炮一平三

第 219 局　李鸿嘉 胜 陶汉明

1. 兵七进一　炮 2 平 3	2. 炮二平五　象 7 进 5
3. 马八进九　马 2 进 1	4. 车九平八　车 1 进 1
5. 兵九进一　车 1 平 4	6. 马二进三　车 4 进 3
7. 马九进八　卒 1 进 1	8. 马八进九　卒 1 进 1
9. 炮八进六　炮 3 退 1	10. 车一平二　炮 8 平 7
11. 兵五进一　士 6 进 5	12. 车八进三　马 8 进 6

13. 马三进五	卒1平2	**14.** 兵五进一	车4平5
15. 车八平六	车5平2	**16.** 炮八平九	车9平8
17. 车二进九	马6退8	**18.** 相七进九	卒2平3
19. 车六进三	前卒进1	**20.** 车六平五	前卒平4
21. 马五进三	卒7进1	**22.** 车五平二	马8进6
23. 车二平一	马6进8	**24.** 车一平二	卒7进1
25. 车二进一	车2平7	**26.** 马九进七	车7退1
27. 炮九进一	卒4平5	**28.** 炮五进五	士5进4
29. 马七进九	马1进2	**30.** 车二进一	炮7退1
31. 车二进一	将5进1	**32.** 马九退八	炮3平1
33. 炮五平一	车7平9	**34.** 车二退一	车9退1
35. 马八进九	车9平7	**36.** 马九退八	将5退1
37. 车二进一	炮7退1	**38.** 车二退四	车7退1
39. 车二平八	卒7进1	**40.** 车八平五	车7平5
41. 车五平三	炮7平6	**42.** 仕四进五	卒7平6
43. 车三进二	车5平2	**44.** 车三平六	炮6平8
45. 车六平五	将5平6	**46.** 车五平四	将6平5
47. 车四平二	车2进2	**48.** 车二进二	将5进1
49. 车二退一	将5退1	**50.** 车二平七	车2平1
51. 车七进一	车1进4	**52.** 炮九平六	车1平7
53. 炮六退八	将5进1	**54.** 车七退一	将5退1
55. 车七退二	车7进2	**56.** 仕五退四	车7退2
57. 车七平五	将5平6	**58.** 炮六平四	车7平6
59. 帅五进一			

第 220 局　金波　胜　王跃飞

1. 兵七进一	炮2平3	**2.** 炮二平五	象7进5
3. 马八进九	马2进1	**4.** 车九平八	车1进1
5. 兵九进一	车1平4	**6.** 炮五进四	士6进5

7. 炮五平九　马8进7　　8. 马二进三　车4进6

9. 车一平二　炮8平9　　10. 相七进五　炮3平2

11. 炮八平七　车4平3　　12. 车八进七　马7进5

13. 车八退六　马5进6　　14. 马三退五　车3平4

15. 马五退七　车4退3　　16. 车二进四　车9平6

17. 车八平四　车4平6　　18. 马七进六　炮9进4

19. 兵三进一　卒9进1　　20. 仕六进五　卒7进1

21. 兵三进一　象5进7　　22. 兵五进一　马6进8

23. 车四平二　马8退6　　24. 前车平三　炮9平4

25. 车二平四　象7退5　　26. 兵五进一　前车退3

27. 兵九进一　炮4退1　　28. 马六进五　卒9进1

29. 车四进二　前车平8　　30. 车四平六　卒9平8

31. 车三退一　炮4退3　　32. 兵九平八　车8进3

33. 车六进二　车6平7　　34. 车三平四　马6进8

35. 兵八进一　卒8平7　　36. 马五退六　卒7平6

37. 车四平五　车7平6　　38. 炮九退一　卒6进1

39. 车五进一　卒6进1　　40. 车六进二　马8退7

41. 车六退四　车8进4　　42. 炮九平三

第221局　王琳娜 胜 赵冠芳

1. 兵七进一　炮2平3　　2. 炮二平五　象7进5

3. 马八进九　马2进1　　4. 车九平八　车1进1

5. 兵九进一　车1平4　　6. 马二进三　车4进3

7. 车一平二　卒1进1　　8. 炮八进六　马8进6

9. 车二进四　卒1进1　　10. 车二平四　马6退8

11. 马九进七　士6进5　　12. 马七进九　马8进9

13. 炮五平九　炮3退1　　14. 马九进八　卒9进1

15. 马八进七　马1退3　　16. 炮八平五　士4进5

17. 车八进八　车9平6　　18. 炮九进七　士5退4

19. 车四进五	将5平6	20. 车八平七	炮8平7
21. 相七进五	卒3进1	22. 兵七进一	车4平3
23. 车七平六	炮7退2	24. 兵三进一	车3平1
25. 炮九平六	炮7进1	26. 仕六进五	车1平6
27. 车六退四	马9进8	28. 炮六退三	卒7进1
29. 马三进二	卒7进1	30. 车六平三	炮7进3
31. 炮六平八	车6平2	32. 炮八平九	车2平5
33. 炮九进三	象3进1	34. 车三平四	将6平5
35. 车四进三	将5进1	36. 马二进四	象1进3
37. 仕五进六	炮7退1	38. 炮九平二	象5进7
39. 炮二退三	将5平4	40. 仕四进五	象7退5
41. 马四进三	车5进2	42. 马三进四	将4平5
43. 炮二进三	车5平7	44. 车四平二	马8进9
45. 马四退三	将5平4	46. 车二进一	将4退1
47. 车二平八			

第 222 局　金松　和　聂铁文

1. 兵七进一	炮2平3	2. 炮二平五	象7进5
3. 马八进九	马2进1	4. 车九平八	车1进1
5. 兵九进一	车1平4	6. 马九进八	士6进5
7. 马二进三	车4进5	8. 炮八平七	马8进6
9. 车一平二	车4退1	10. 炮五平四	卒7进1
11. 相三进五	炮8平7	12. 炮四退一	车9平8
13. 车二进九	马6退8	14. 炮四平一	卒3进1
15. 兵七进一	炮3进5	16. 马八退七	车4进2
17. 马七进九	车4退1	18. 马九进七	象5进3
19. 炮一进五	炮7平3	20. 车八进四	炮3进1
21. 马七退八	车4进1	22. 仕四进五	车4平3
23. 炮一平七	马1进3	24. 马八进七	象3退5

25. 车八进二　马3进5　　26. 马七进五　卒5进1
27. 车八平九　马8进6　　28. 兵一进一　车3退1
29. 车九平四　马6进8　　30. 车四平二　马8退7
31. 兵九进一　车3平1　　32. 兵九进一　车1退1
33. 兵一进一　车1平9　　34. 兵一进一　马7进6
35. 车二平四　车9进2　　36. 马三退四　车9平8
37. 相五退三　车8退2　　38. 马四进五　象5退7
39. 兵九平八　卒5进1　　40. 兵五进一　车8平5
41. 兵一平二　车5进1　　42. 兵八平七　马6退4
43. 兵七平六　马4进2　　44. 兵二进一　车5退4
45. 兵二进一　车5平8　　46. 兵二平三　车8平7
47. 前兵平二　马2进3　　48. 兵六平七　卒7进1
49. 兵三进一　车7进3　　50. 相三进一　车7平8
51. 兵二平三　车8进4　　52. 仕五退四　马3进5
53. 车四退五　车8退6　　54. 马五进六　车8平6
55. 车四平三　马5进4　　56. 车三平六　马4退6
57. 马六退四　车6进3　　58. 兵七进一　车6平5
59. 仕六进五　车5平3　　60. 兵七平八　车3平2
61. 兵八平七　车2平3　　62. 兵七平八　士5退6
63. 车六退一　车3退5　　64. 兵三进一　士6进5
65. 车六进六　车3进3

第 223 局　苗永鹏 和 许银川

1. 兵七进一　炮2平3　　2. 炮二平五　象7进5
3. 马八进九　马2进1　　4. 车九平八　车1进1
5. 炮五进四　士6进5　　6. 炮五平九　车1平4
7. 兵九进一　车4进3　　8. 相七进五　卒3进1
9. 兵七进一　车4平3　　10. 马二进三　马8进6
11. 仕六进五　马6进5　　12. 马九进八　车9平6

13. 车八平六	车6进5	14. 马八进六	车6平2
15. 马六进七	马5退3	16. 车一平二	车2进2
17. 炮九平一	车3平9	18. 车二进七	车9退1
19. 兵三进一	车2退4	20. 车二退二	马3进5
21. 兵九进一	马5进3	22. 相五进七	车9退3
23. 车二平六	车9平6	24. 前车进一	车6进3
25. 前车平八	车6平2	26. 马三进四	马3退4
27. 相三进五	象5进3	28. 兵一进一	象3进5
29. 兵一进一	马4进5	30. 兵五进一	马5退6
31. 车六进三	马1退3	32. 兵一平二	马3退1
33. 兵九平八	车2平6	34. 马四退三	车6进1
35. 车六进三	车6平8	36. 车六平三	车8进2
37. 马三进四	车8平5	38. 车三平五	马1进2
39. 马四进三	马2退4	40. 车五平六	象5退7
41. 马三进五			

第 224 局 刘克非 和 申鹏

1. 兵七进一	炮2平3	2. 炮二平五	象7进5
3. 马八进九	马2进1	4. 车九平八	车1进1
5. 马二进三	车1平4	6. 兵九进一	车4进3
7. 马九进八	卒1进1	8. 兵九进一	车4平1
9. 炮五进四	士6进5	10. 炮五退二	马8进9
11. 兵一进一	卒9进1	12. 兵一进一	马9进8
13. 兵三进一	马8退6	14. 相三进五	车9进4
15. 车一进五	车1平9	16. 车八进一	车9平5
17. 车八平四	马6进5	18. 兵五进一	车5进1
19. 车四进三	炮8进3	20. 兵三进一	车5平6
21. 马三进四	卒7进1	22. 马八进九	炮3平4
23. 炮八平九	马1退3	24. 马四进六	炮8进4

25. 相五退三	炮4平2	26. 炮九平七	马3进4
27. 马九退八	炮2进2	28. 炮七进四	马4进6
29. 马八退七	马6进7	30. 仕六进五	炮2平1
31. 马七进六	炮1进1	32. 炮七平三	马7退5
33. 后马退七	炮8退5	34. 马六退五	马5退6
35. 相七进五	炮1退1	36. 马七进六	马6进5
37. 炮三平五	炮1平6	38. 马五退三	炮6进3
39. 马三进四	炮8退2	40. 炮五退一	炮8平7
41. 马六进五	炮6进2	42. 马四进二	炮7平6
43. 马二进三	前炮平7	44. 相三进一	

第 225 局　郑惟桐 负 陶汉明

1. 兵七进一	炮2平3	2. 炮二平五	象7进5
3. 马八进九	马2进1	4. 车九平八	车1进1
5. 马二进三	车1平4	6. 兵九进一	车4进3
7. 马九进八	卒1进1	8. 马八进九	卒1进1
9. 炮八进六	炮3退1	10. 车一平二	炮8平7
11. 车二进七	士6进5	12. 兵五进一	炮7进4
13. 车八进七	车4退2	14. 车八平六	士5进4
15. 马三进五	马8进7	16. 兵五进一	车9平8
17. 车二进二	马7退8	18. 兵五进一	炮3平5
19. 炮八退七	卒7进1	20. 炮八平五	马8进7
21. 兵七进一	象5进3	22. 兵五平六	炮5进6
23. 相七进五	士4退5	24. 炮五平七	马1退3
25. 兵六平七	马3进1		

第 226 局　郭莉萍 和 柳大华

1. 兵七进一	炮2平3	2. 炮二平五	象7进5

3. 马八进九　马2进1　　4. 车九平八　车1进1

5. 马二进三　车1平4　　6. 车一平二　士6进5

7. 兵九进一　马8进6　　8. 马九进八　车9平8

9. 马八进九　炮3退1　　10. 车二进四　炮8平7

11. 车二进五　马6退8　　12. 炮五进四　卒7进1

13. 相三进五　马8进6　　14. 炮五退二　车4进5

15. 炮八平九　卒7进1　　16. 兵三进一　炮7进5

17. 炮九平三　车4平5　　18. 炮五平六　马6进5

19. 炮六退二　炮3进4　　20. 车八进四　炮3进3

21. 兵九进一　炮3平9　　22. 兵九平八　炮9进1

23. 炮三退二　马1退3　　24. 车八平七　车5平1

25. 车七进二　马5进4　　26. 车七进二　马4进6

27. 车七退七　车1退3　　28. 仕六进五　车1进3

29. 兵一进一　马6进7　　30. 帅五平六　炮9退3

31. 仕五进四　炮9平4　　32. 炮六平八　马7退6

33. 炮三进一　炮4退1　　34. 帅六平五　炮4平9

35. 车七进五　卒9进1　　36. 仕四进五　马6退4

37. 车七平二　炮9进4　　38. 兵八进一　卒9进1

39. 兵八平七　卒9进1　　40. 兵七进一　车1平2

41. 炮八平六　车2平7　　42. 车二进三　士5退6

43. 炮三平四　士4进5　　44. 兵七进一　马4进2

45. 兵七平六　车7平4　　46. 兵六平七　马2进4

47. 仕五进六　车4进1　　48. 炮四平九　象3进1

49. 车二退二　车4退5　　50. 车二退六　将5平4

51. 炮九平六　车4平3　　52. 炮六退一　炮9平4

53. 车二平六　将4平5　　54. 车六退一　车3退1

55. 车六进三　卒9进1　　56. 车六平三

第 227 局　于幼华　胜　陶汉明

1. 兵七进一	炮 2 平 3	**2.** 炮二平五	象 7 进 5
3. 马八进九	马 2 进 1	**4.** 车九平八	车 1 进 1
5. 马二进三	车 1 平 6	**6.** 炮五进四	士 6 进 5
7. 炮五平九	车 6 进 3	**8.** 兵九进一	马 8 进 9
9. 兵一进一	车 9 平 8	**10.** 相三进五	炮 8 平 7
11. 炮八平六	车 8 进 6	**12.** 仕四进五	车 8 平 7
13. 马九进七	车 7 平 8	**14.** 马七进五	车 6 平 5
15. 炮六进一	车 8 退 6	**16.** 马三进四	炮 3 进 3
17. 马四退二	车 8 进 5	**18.** 炮六平七	车 8 平 9
19. 车一平二	炮 3 平 4	**20.** 车八进四	炮 4 退 3
21. 马二退四	卒 9 进 1	**22.** 炮九退一	卒 7 进 1
23. 炮九平三	炮 4 平 3	**24.** 炮七进四	炮 7 平 3
25. 炮三退五	马 9 进 8	**26.** 车八进三	炮 3 退 1
27. 兵九进一	士 5 退 6	**28.** 车八进一	车 5 平 1
29. 马五进六	车 9 平 4	**30.** 马四进五	士 4 进 5
31. 马六进七	车 4 退 4	**32.** 马五进六	马 1 退 3
33. 马六进七	马 8 退 6	**34.** 车二进六	马 6 退 4
35. 炮三进八	士 5 进 6	**36.** 车二平六	车 1 退 2
37. 炮三退四	卒 3 进 1	**38.** 炮三平五	士 6 退 5
39. 帅五平四	将 5 平 4	**40.** 炮五平六	将 4 平 5
41. 炮六退二	卒 3 进 1	**42.** 相五进七	车 1 平 3
43. 炮六平九	士 5 退 4	**44.** 炮九平七	车 3 进 3
45. 车六进一			

第 228 局　潘振波　胜　程进超

1. 兵七进一	炮 2 平 3	**2.** 炮二平五	象 7 进 5

3. 马八进九　马2进1　　　4. 车九平八　车1进1

5. 马二进三　车1平4　　　6. 兵九进一　士6进5

7. 车一平二　车4进3　　　8. 炮八进六　炮8平7

9. 炮八平九　卒3进1　　　10. 马九进八　卒3进1

11. 马八进九　炮3退1　　　12. 炮五平九　马8进6

13. 相七进五　车9平8　　　14. 车二进九　马6退8

15. 相五进七　车4进2　　　16. 车八进六　卒7进1

17. 相三进五　炮7进4　　　18. 车八平五　马8进7

19. 车五平四　炮3进2　　　20. 马九进七　车4退4

21. 马七进八　炮3平5　　　22. 马八退九　象3进1

23. 兵五进一　象5退3　　　24. 兵五进一　炮5进4

25. 相七退五　车4进5　　　26. 帅五进一　车4平1

27. 马三进五　车1进1　　　28. 帅五退一　车1平3

29. 马五进七　象1进3　　　30. 兵五平六　车3退1

31. 帅五进一　车3进1　　　32. 帅五退一　车3退1

33. 帅五进一　车3进1　　　34. 帅五退一　车3退1

35. 帅五进一　炮7退1　　　36. 马七进五　炮7平5

37. 相五退七　象3退5　　　38. 炮九进一　车3退1

39. 车四退二　车3平5　　　40. 帅五平六　车5平4

41. 帅六平五　车4平5　　　42. 帅五平六　车5平4

43. 帅六平五　车4平5　　　44. 帅五平六　马7进5

45. 兵六进一　卒7进1　　　46. 车四平三　马5进7

47. 马五进三　车5平3　　　48. 马三进五　车3进2

49. 帅六进一　车3退4　　　50. 马五进三　将5平6

51. 炮九退四　马7退6　　　52. 车三平五　马6进4

53. 车五进二

第 229 局　党国蕾 和 庄玉庭

1. 兵七进一　炮2平3　　　2. 炮二平五　象7进5

3. 马八进九　马2进1	4. 车九平八　车1进1
5. 马二进三　车1平6	6. 兵九进一　车6进3
7. 马九进八　卒1进1	8. 兵九进一　车6平1
9. 炮五进四　士6进5	10. 炮五退二　马8进9
11. 兵一进一　炮8平7	12. 相三进五　车9平8
13. 车八进一　卒7进1	14. 车八平四　车8进3
15. 仕四进五　炮7平6	16. 兵一进一　卒9进1
17. 车一进五　炮6退2	18. 兵七进一　车8平5
19. 马八进六　炮3平4	20. 炮八进五　车1平3
21. 马六进五　象3进5	22. 车一进一　车5平1
23. 车四进七　马9退8	24. 车四平二　炮4退1
25. 车二进一　车3平2	26. 炮八平七　马1退3
27. 车一平六　车2退2	28. 车六进二　车2平3
29. 马三进一　卒3进1	30. 车六退二　车3平4
31. 车六平四　车4进1	32. 车四进二　车4平9
33. 炮五平四　车5退1	34. 炮四进五　车5平8
35. 炮四平六　车8退3	36. 炮六平二　车9进3
37. 帅五平四　将5平4	38. 车四进一　将4进1
39. 车四退三　车9平8	40. 炮二平一　车8平9
41. 炮一平二　车9平8	42. 炮二平一　车8进3
43. 帅四进一　车8退1	44. 帅四退一　车8进1
45. 帅四进一　车8退9	46. 炮一退一　车8进1
47. 炮一退四　车8进4	48. 炮一进四　车8退4
49. 炮一退四　将4退1	50. 车四平七　马3进1
51. 车七平九　车8平6	52. 仕五进四　象5退3
53. 炮一平五　车6进5	54. 车九平六　士5进4
55. 车六进一　将4平5	56. 炮五平八　车6平5
57. 炮八退三　车5平6	58. 车六平七　马1进2
59. 车七进二　将5进1	60. 车七退一　将5退1
61. 车七进一　将5进1	62. 车七退一　将5退1

63. 车七进一　将5进1　　64. 车七退四　马2进3
65. 炮八进一　车6平7　　66. 车七平五　将5平6
67. 车五平四　将6平5　　68. 车四平五　将5平6
69. 车五平四　将6平5　　70. 炮八平七　卒7进1
71. 相五进三　车7进2　　72. 帅四退一　车7进1
73. 帅四进一　车7平4　　74. 车四平五　将5平4
75. 相七进五　车4退2　　76. 炮七退二　车4退3
77. 车五进一　马3进2　　78. 炮七平五　车4进5
79. 帅四退一　车4退3

第230局　郑一泓 和 靳玉砚

1. 兵七进一　炮2平3　　2. 炮二平五　象7进5
3. 马八进九　马2进1　　4. 车九平八　车1进1
5. 马二进三　车1平6　　6. 车一平二　车6进3
7. 炮八进六　马8进6　　8. 兵九进一　车9平8
9. 仕六进五　卒7进1　　10. 车二进四　炮8平7
11. 炮五进四　士6进5　　12. 车二进五　马6退8
13. 相七进五　卒1进1　　14. 车八进四　卒1进1
15. 车八平九　车6平2　　16. 车九平八　车2平1
17. 马九退七　卒7进1　　18. 相五进三　卒3进1
19. 兵五进一　卒3进1　　20. 车八平七　车1平2
21. 炮八平九　车2退3　　22. 炮九进一　马8进6
23. 炮五退一　车2退1　　24. 炮九退一　马6进7
25. 相三进五　车2进3　　26. 马七进六　马1进3
27. 车七平九　炮7平8　　28. 炮五平二　车2进3
29. 车九进二　炮8进1　　30. 炮二退二　车2退2
31. 马三退一　马7进5　　32. 车九退六　马5退6
33. 马一退三　卒9进1　　34. 炮九退二　炮8退1
35. 炮九进二　炮8进1　　36. 炮九平七　炮3平1

37. 车九平七　马3进1　　38. 炮七退一　马6进7
39. 马三进四　炮8进2　　40. 兵五进一　炮8退1
41. 炮七退五　炮8平5　　42. 马六进五　车2平5
43. 车七平八　马1退3　　44. 车八进三　马3进4
45. 车八平六　马4退5　　46. 车六平九　车5平2
47. 炮七平九　炮1平2　　48. 炮九平六　马5进4
49. 车九平六　马4进2　　50. 车六平七　马2退3
51. 炮六进三　车2进5　　52. 车七退三　车2退6
53. 炮六平一　炮2平3　　54. 车七平六　马3进5
55. 马四进五　马7进5　　56. 炮一退一　马5退7
57. 炮二进六　车2平9　　58. 车六进六　车9退3
59. 炮二退七　炮3进4　　60. 车六退三　车9平8
61. 车六平七

第231局　柳大华 和 陶汉明

1. 兵七进一　炮2平3　　2. 炮二平五　象7进5
3. 马八进九　马2进1　　4. 车九平八　车1进1
5. 马二进三　车1平6　　6. 车一平二　车6进3
7. 炮五进四　士6进5　　8. 相七进五　马8进6
9. 炮五退二　卒3进1　　10. 仕六进五　卒3进1
11. 相五进七　炮8平7　　12. 相三进五　车9平8
13. 车二进九　马6退8　　14. 兵九进一　卒1进1
15. 兵九进一　车6平1　　16. 车八平六　炮7进4
17. 马九进八　马8进7　　18. 车六进六　卒7进1
19. 马八进九　炮3退1　　20. 炮八进五　车1平5
21. 马九进七　马7进6　　22. 车六退一　车5平4
23. 马七退六　马1进2　　24. 炮八退一　卒9进1
25. 炮八平七　炮3平4　　26. 马六进七　炮4平3
27. 马七退五　马2退3　　28. 马五进七　炮3进2

29. 马七退五　卒7进1　　30. 兵一进一　卒9进1
31. 炮五平一　炮3平2　　32. 马五退六　马6退8
33. 炮一退三　卒7平6　　34. 仕五进六　马8退6
35. 炮一平八　马6进7　　36. 仕四进五　炮2平7
37. 马三退二　前炮平9　　38. 马二进一　炮7平9
39. 马一退三　后炮平8　　40. 马三进一　炮8平3
41. 马一退三　炮8进2　　42. 马六进七　炮9进2
43. 马七退五　士5进6　　44. 相七退九　士4进5
45. 帅五平六　象3进1　　46. 马五退七　象1进3
47. 马七进五　马7进9　　48. 相九进七　象5进7
49. 炮八平九　马9进7　　50. 炮九进二　马7进9
51. 马三进二　炮9进1　　52. 马二进四　炮8平6
53. 马四退二

第232局　柳大华 胜 胡庆阳

1. 兵七进一　炮2平3　　2. 炮二平五　象7进5
3. 马八进九　马2进1　　4. 车九平八　车1进1
5. 马二进三　车1平4　　6. 车一平二　士6进5
7. 兵九进一　马8进6　　8. 马九进八　车9平8
9. 车二进四　炮8平7　　10. 车二平四　车8进1
11. 马八进九　炮3退1　　12. 炮五平四　车4进3
13. 炮八进六　马6退8　　14. 炮四平九　车8进3
15. 相三进五　车4平2　　16. 车八进五　车8平2
17. 炮八平九　卒7进1　　18. 车四进二　炮7进4
19. 车四平五　马8进7　　20. 车五退二　马7进6
21. 车五平四　车2平4　　22. 马九退八　士5退6
23. 兵九进一　炮3平6　　24. 车四平二　车4进4
25. 马八退七　卒3进1　　26. 兵七进一　车4平3
27. 马七进六　马6进4　　28. 车二平六　车3退4

29. 后炮进五　象3进1　　30. 炮九进一　士4进5
31. 车六平八　将5平4　　32. 兵九进一　炮6进1
33. 仕四进五　卒9进1　　34. 兵九平八　车3退2
35. 兵五进一　车3进4　　36. 兵八进一　炮7平8
37. 兵八进一　将4平5　　38. 兵五进一　炮8退5
39. 马三进二　车3退3　　40. 马二进四　象1进3
41. 兵八平九　车3退2　　42. 车八进五　士5退4
43. 兵九平八　车3进2　　44. 兵五进一　士6进5
45. 兵八平九　车3退2　　46. 马四进六　车3平1
47. 兵五进一

第233局　柳大华 和 陶汉明

1. 兵七进一　炮2平3　　2. 炮二平五　象7进5
3. 马八进九　马2进1　　4. 车九平八　车1进1
5. 马二进三　车1平6　　6. 车一平二　士6进5
7. 炮八进六　车6进6　　8. 车二进二　马8进6
9. 仕六进五　车6退1　　10. 兵九进一　炮3退1
11. 马九进八　车9平8　　12. 马八进九　炮8平7
13. 车二进七　马6退8　　14. 炮五平六　车6平7
15. 相七进五　车7退2　　16. 车八进三　马8进6
17. 炮八退三　车7平4　　18. 炮八平九　炮3进4
19. 车八进一　炮3进2　　20. 马三进四　车4平6
21. 炮六进三　卒3进1　　22. 炮六进三　卒5进1
23. 炮九进二　炮7平1　　24. 马四退六　炮3退1
25. 炮六平四　车6退3　　26. 马六进五　车6进3
27. 车八平五　炮3平9　　28. 马九退八　炮9退2
29. 马五进七　炮1平4　　30. 车五进二　车6平7
31. 车五退二　炮9平8　　32. 车五平一　炮8退2
33. 兵九进一　卒9进1　　34. 车一平二　炮8平7

35. 马七进六　士 5 退 6　　　**36.** 马八进七　士 4 进 5

37. 车二平八　炮 7 退 1　　　**38.** 车八进五　炮 7 平 4

39. 车八平七　士 5 退 4　　　**40.** 车七退一　士 6 进 5

41. 车七平六　卒 3 进 1　　　**42.** 兵九进一　象 5 退 7

43. 车六平八　车 7 平 3　　　**44.** 车八退二　炮 4 平 8

45. 马七进八　炮 8 退 1　　　**46.** 兵九进一

第 234 局　陶汉明 和 王跃飞

1. 兵七进一　炮 2 平 3　　　**2.** 炮二平五　象 7 进 5

3. 马八进九　马 2 进 1　　　**4.** 车九平八　车 1 进 1

5. 马二进三　车 1 平 6　　　**6.** 炮五进四　士 6 进 5

7. 炮五平九　卒 3 进 1　　　**8.** 兵七进一　车 6 进 3

9. 兵九进一　车 6 平 3　　　**10.** 相七进五　马 8 进 9

11. 兵三进一　车 9 平 6　　　**12.** 车一平二　卒 9 进 1

13. 车二进六　炮 8 平 7　　　**14.** 马九进八　卒 7 进 1

15. 车二退二　车 6 进 3　　　**16.** 仕六进五　卒 7 进 1

17. 车二平三　马 9 进 7　　　**18.** 车三平五　炮 7 进 5

19. 炮八平三　马 7 进 6　　　**20.** 炮三平一　车 3 平 2

21. 兵九进一　车 2 平 1　　　**22.** 车八平六　炮 3 平 4

23. 相五进三　马 6 进 7　　　**24.** 炮九平五　将 5 平 6

25. 相三退五　车 1 平 6　　　**26.** 炮一退二　前车平 8

27. 车六进五　车 8 平 4　　　**28.** 马八进六　车 6 进 1

29. 马六进八　马 7 退 6　　　**30.** 马八进六　士 5 进 4

31. 炮一进二　马 6 进 8　　　**32.** 炮一平二　车 6 进 1

33. 车五进一　车 6 退 2　　　**34.** 车五平二　车 6 平 5

35. 车二进四　将 6 进 1　　　**36.** 车二退六　将 6 平 5

37. 相五进七　将 5 退 1　　　**38.** 炮二平五　车 5 平 6

39. 兵五进一　士 4 退 5　　　**40.** 兵五进一　马 1 进 3

41. 车二进六　车 6 退 3　　　**42.** 车二退四　马 3 进 4

43. 炮五平四	车6平9	44. 相三进五	马4进6
45. 兵五进一	马6退7	46. 兵五进一	象3进5
47. 相五进三	车9进3	48. 炮四平五	将5平6
49. 炮五平一	车9退1	50. 车二进四	将6进1
51. 车二退四	卒9进1	52. 车二进三	将6退1
53. 车二进一	将6进1	54. 车二平三	车9进1
55. 车三退二	车9平5	56. 炮一平九	马7进5
57. 相三退五	卒9进1	58. 车三进一	将6退1
59. 炮九进七	象5退3	60. 车三进一	将6进1
61. 炮九退一	士5进6	62. 车三平六	车5平1
63. 炮九平七	马5退4	64. 炮七平八	车1平2
65. 炮八平九	将6平5	66. 车六平七	卒9平8
67. 车七退四	车2平1	68. 炮九平八	车1平2
69. 炮八平九	车2平1	70. 炮九平八	车1平2
71. 炮八平九	车2进1	72. 车七进一	马4进6
73. 车七平五	将5平6	74. 车五退二	马6进7
75. 车五平三	车2进5	76. 仕五退六	马7进6
77. 仕四进五	马6退8	78. 车三进四	将6退1
79. 车三退一	将6进1	80. 炮九退六	车2退3

第 235 局　金波 负 陶汉明

1. 兵七进一	炮2平3	2. 炮二平五	象7进5
3. 马八进九	马2进1	4. 车九平八	车1进1
5. 马二进三	车1平6	6. 炮五进四	士6进5
7. 炮五平九	卒3进1	8. 兵七进一	车6进3
9. 相七进五	车6平3	10. 兵九进一	马8进7
11. 车一平二	马7进5	12. 仕六进五	车9平6
13. 车二进四	炮8平7	14. 炮八平六	炮7进4
15. 车八进六	马5进6	16. 车二平三	车3平7

17. 车三进一	卒 7 进 1	18. 马九进八	车 6 进 4
19. 马三退二	炮 7 平 6	20. 车八平二	车 6 平 2
21. 马八退七	炮 3 进 4	22. 炮九平一	士 5 进 6
23. 马二进三	炮 6 平 7	24. 车二进三	将 5 进 1
25. 车二退五	马 6 进 8	26. 炮六退一	车 2 进 3
27. 马三退二	车 2 平 3	28. 车二退一	炮 3 平 1
29. 马二进一	炮 7 平 6	30. 炮一平五	象 5 退 7
31. 马一退三	炮 6 平 7	32. 车二进五	将 5 退 1
33. 马三进二	卒 7 进 1	34. 炮六进四	炮 1 进 3
35. 仕五进六	车 3 退 4	36. 炮五退二	卒 7 平 6
37. 车二进一	车 3 平 7	38. 马二进一	车 7 进 1
39. 马一进二	车 7 平 4	40. 车二平三	将 5 进 1
41. 车三退六	卒 6 平 5	42. 马二进三	将 5 平 6
43. 车三进四	车 4 平 6	44. 兵五进一	马 1 进 3
45. 马三退二	将 6 平 5	46. 车三进一	将 5 退 1
47. 车三进一	将 5 进 1	48. 车三平六	象 3 进 5
49. 车六退六	车 6 平 2	50. 马二退四	车 2 进 5
51. 帅五进一	马 3 进 2	52. 车六平七	车 2 退 1
53. 帅五退一	马 2 进 1	54. 车七退一	马 1 进 2
55. 相五退七	车 2 平 4	56. 车七进六	将 5 退 1
57. 车七平六	马 2 退 3	58. 相七进九	马 3 进 1
59. 车六平八	象 5 退 3	60. 马四退六	马 1 进 3
61. 车八退八	车 4 平 5	62. 帅五平六	马 3 退 4

第 236 局 许银川 胜 汤卓光

1. 兵七进一	炮 2 平 3	2. 炮二平五	象 7 进 5
3. 马八进九	马 2 进 1	4. 车九平八	车 1 进 1
5. 马二进三	车 1 平 4	6. 车一平二	士 6 进 5
7. 兵九进一	车 4 进 3	8. 马九进八	马 8 进 9

9. 马八进九　卒9进1　　　10. 车二进六　车4平2

11. 兵九进一　车2平1　　　12. 马九进七　炮8平3

13. 炮八进六　车1平2　　　14. 车八进五　马1进2

15. 炮五进四　车9平6　　　16. 相三进五　车6进7

17. 车二退四　车6退3　　　18. 车二进二　车6平5

19. 炮五平四　车5平6　　　20. 炮四平五　车6平5

21. 炮五平四　车5平8　　　22. 兵三进一　车8平6

23. 炮四平五　马2进4　　　24. 兵三进一　车6平4

25. 兵三进一　车4退1　　　26. 兵三平四　卒3进1

27. 兵七进一　马4进2　　　28. 仕四进五　马2退3

29. 马三进四　车4进2　　　30. 炮八退三　炮3平1

31. 炮五退一　车4平2　　　32. 马四进三　车2平8

33. 马三退二　马9进8　　　34. 兵四平五　马8进6

35. 前兵进一　马3进4　　　36. 炮五退一　炮1进4

37. 帅五平四　马4退3　　　38. 炮五平七　马3退5

39. 前兵进一　士4进5　　　40. 兵五进一　马6进8

41. 兵五进一　马5退3　　　42. 炮八平一　炮1平9

43. 炮七进五　将5平4　　　44. 炮一退一　马8进7

45. 炮七平九　炮9平1　　　46. 马二退三　马3进2

47. 炮九平七　马2进3　　　48. 炮七退三　炮1进3

49. 相五退三　马3进4　　　50. 炮七退五　马7进9

51. 炮一平六　马4退3　　　52. 炮七进一　炮1退7

53. 兵五进一　将4平5　　　54. 兵五进一　炮1进1

55. 炮六进二　炮1进1　　　56. 炮六退三　马9退7

57. 炮七退一　马7进9　　　58. 仕五进六　炮1平6

59. 马三进五

第 237 局　　金波　和　陈翀

1. 兵七进一　炮2平3　　　2. 炮二平五　象7进5

3. 马八进九	卒1进1	4. 车九平八	卒1进1
5. 炮五进四	士6进5	6. 炮八平一	炮8进4
7. 马二进三	马8进7	8. 炮五平六	卒3进1
9. 马九进七	车1进3	10. 炮六进二	卒3进1
11. 马七进九	马2进1	12. 相三进五	车1进1
13. 相五进七	马7进5	14. 车一平二	车9平8
15. 兵三进一	卒7进1	16. 相七进五	卒7进1
17. 相五进三	车1平7	18. 车八进六	马5进4
19. 马三进四	马4进6	20. 炮一平四	炮3进1
21. 炮六退五	车7平5	22. 炮六平四	车5进2
23. 后炮平五	车5平6	24. 马四进六	车8进4
25. 马六退八	炮3进1	26. 仕六进五	炮8平7
27. 车二平三	车6平1	28. 马八退九	炮3退1
29. 前马退七	炮7平5	30. 车三进三	炮3进3
31. 车三平五	炮3平9	32. 车八平一	车1平5
33. 车一进三	士5退6	34. 车一退六	车5退2
35. 炮五平四	马1进3	36. 相三退五	车5平4
37. 马九进七	车8进1	38. 马七退八	马3进5
39. 车一平五	车4平2	40. 车五进二	车2平5
41. 马八退六	象5退7	42. 相七退九	士4进5
43. 相九退七	将5平4	44. 马六进七	士5进6
45. 炮四平三	车8进1	46. 炮三平四	将4进1
47. 炮四平三	士6退5	48. 炮三平四	士5退4
49. 马七退六	将4平5	50. 炮四平三	车8进1
51. 炮三平四	车5平6	52. 马六进七	车6进3
53. 仕五进四	车8平6	54. 仕四进五	车6平9
55. 马七进五	车9进2	56. 仕五退四	将5平6
57. 马五退三	将6进1	58. 马三进四	象7进9
59. 马四退三	象9进7	60. 马三进四	

第 238 局　王跃飞　和　张强

1. 兵七进一　炮 2 平 3	**2.** 炮二平五　象 7 进 5
3. 马八进九　卒 1 进 1	**4.** 马二进三　卒 1 进 1
5. 兵九进一　车 1 进 5	**6.** 炮五进四　士 6 进 5
7. 相三进五　马 8 进 7	**8.** 炮五退二　车 1 进 1
9. 车九进一　车 9 平 6	**10.** 车一平二　马 7 进 5
11. 兵三进一　卒 3 进 1	**12.** 车九平六　卒 3 进 1
13. 车六进七　马 5 进 3	**14.** 车六退三　卒 3 平 4
15. 炮五进一　马 3 进 4	**16.** 炮八平六　车 6 进 4
17. 车二进六　炮 3 平 4	**18.** 车二平三　将 5 平 6
19. 兵三进一　车 6 进 4	**20.** 兵三平二　马 2 进 3
21. 车六退一　马 3 进 2	**22.** 车六进一　马 4 退 5
23. 车六平五　马 2 进 4	**24.** 车五平六　马 4 进 2
25. 炮六进五　车 1 进 1	**26.** 仕六进五　马 2 进 3
27. 车六退四　车 1 进 2	**28.** 车六平七　炮 8 平 4
29. 车七进三　将 6 平 5	**30.** 车三平一　车 1 退 5
31. 兵二进一　车 1 平 7	**32.** 车一进三　象 5 退 7
33. 车七平三　车 7 进 1	**34.** 相五进三　象 3 进 5
35. 相三退五　车 6 退 5	**36.** 车一退三　炮 4 进 1
37. 兵五进一　车 6 平 5	**38.** 兵二平三　车 5 进 2
39. 兵三进一　炮 4 退 2	**40.** 车一平六　炮 4 平 1
41. 车六平九　炮 1 平 4	**42.** 车九进二　炮 4 进 7
43. 兵三进一　车 5 进 2	**44.** 马三进二　车 5 退 2
45. 马二进四　车 5 退 1	**46.** 马四进二　车 5 退 1
47. 马二退四　车 5 平 6	**48.** 马四退五　炮 4 退 2
49. 兵一进一　车 6 平 5	**50.** 马五进四　炮 4 平 9
51. 帅五平六　车 5 进 1	**52.** 马四进二　车 5 退 1
53. 马二退四　车 5 平 6	**54.** 车九退三　炮 9 进 3

55. 帅六进一 炮9平3	56. 兵三进一 象5退7
57. 兵一进一 炮3退7	58. 兵一平二 炮3平6
59. 马四进二 炮6平4	60. 马二进三 车6退2
61. 马三退二 炮4退1	62. 帅六退一 士5进4
63. 帅六平五 士4进5	64. 车九进一 车6进5
65. 兵二平三 象7进5	66. 兵三平四 车6平7
67. 车九平五 车7退4	68. 兵四进一 车7平8
69. 兵四平三 象5退7	70. 车五平八 士5退4
71. 车八平五 将5平6	72. 车五平四 将6平5
73. 车四进二 士4进5	74. 车四退五 士5退4
75. 车四平五 将5平6	76. 马二退三 炮4平9
77. 车五平一 炮9平5	78. 帅五平六 炮5平4
79. 帅六平五 士4进5	80. 马三进五 车8进2
81. 车一平四 将6平5	82. 车四平五 将5平6
83. 马五进七 炮4退1	84. 车五平四 将6平5
85. 马七进八 车8平2	

第 239 局 张申宏 胜 金波

1. 兵七进一 炮2平3	2. 炮二平五 象7进5
3. 马八进九 卒1进1	4. 车九平八 卒1进1
5. 兵九进一 车1进5	6. 马二进三 马2进1
7. 车一平二 士6进5	8. 炮五进四 马8进6
9. 炮五退二 车1平3	10. 相三进五 车3平4
11. 仕六进五 马6进5	12. 兵三进一 车9平6
13. 炮八进六 炮8平7	14. 车二进六 马5进3
15. 车二平三 车6进6	16. 车八进七 马3进5
17. 兵五进一 炮7平6	18. 车八平九 炮3进7
19. 车九退一 炮3退2	20. 马三进二 车4平5
21. 车九平七 炮3退3	22. 车三平五 炮3平5

23. 马九退七　炮 6 进 7	24. 马二进三　炮 6 平 9
25. 马三退五　车 6 平 8	26. 仕五进四　车 8 进 3
27. 帅五进一　车 8 平 2	28. 马五退七　车 5 退 2
29. 车七平五　车 2 退 8	30. 前马进八　卒 9 进 1
31. 马七进六　炮 9 平 1	32. 马六进五　炮 1 退 6
33. 马八进六　士 5 进 4	34. 车五平九　士 4 退 5
35. 车九平一　象 5 退 7	36. 车一退一　象 3 进 5
37. 马五退七　车 2 进 7	38. 帅五退一　车 2 进 1
39. 帅五进一　车 2 平 6	40. 马七进六　车 6 平 4
41. 车一进一　车 4 退 5	42. 兵一进一　车 4 平 3
43. 车一平四　士 5 进 4	44. 马六进四　将 5 进 1
45. 车四平八　将 5 平 6	46. 马四进二　将 6 平 5
47. 车八平六　车 3 平 8	48. 马二退三　将 5 平 4
49. 兵一进一　车 8 退 1	50. 车六平四　士 4 进 5
51. 兵三进一　车 8 进 5	52. 帅五退一　车 8 进 1
53. 帅五进一　车 8 退 1	54. 帅五退一　车 8 退 2
55. 马三进四　车 8 平 5	56. 兵三进一　车 5 进 1
57. 仕四退五　将 4 退 1	58. 兵一进一

第 240 局　张学潮 胜 陈翀

1. 兵七进一　炮 2 平 3	2. 炮二平五　象 7 进 5
3. 马八进九　卒 1 进 1	4. 马二进三　卒 1 进 1
5. 兵九进一　车 1 进 5	6. 炮五进四　士 6 进 5
7. 相三进五　马 8 进 7	8. 炮五退二　车 1 退 1
9. 车九进一　车 9 平 6	10. 车九平六　马 7 进 5
11. 兵三进一　车 1 平 8	12. 仕六进五　马 2 进 1
13. 马九进八　炮 8 进 1	14. 炮八平七　马 1 进 2
15. 车六进二　车 6 进 6	16. 炮七进一　车 6 退 2
17. 炮七进三　炮 3 平 4	18. 炮七平三　马 2 进 4

19. 车六平九 炮8退1	20. 马八进七 车8退1
21. 马七退六 马5进4	22. 炮三平九 车8进4
23. 车一平三 炮8进4	24. 车九退一 炮8平7
25. 车三平二 车8进2	26. 马三退二 车6进2
27. 马二进三 炮7平5	28. 炮九退二 马4退5
29. 车九平八 炮5平1	30. 车八进四 炮1进3
31. 仕五退六 炮4进5	32. 马三进二 炮4退1
33. 炮五进三 将5平6	34. 马二退三 马5退3
35. 炮五退二 马3进4	36. 车八平二 马4进2
37. 炮九进四 士5进4	38. 炮五平八 马2进1
39. 炮九平七 将6平5	40. 车二进三 车6退6
41. 车二平四 将5平6	42. 炮八退三 马1退2
43. 仕四进五 马2退3	44. 马三进四 马3进5
45. 兵三进一 马5进6	46. 炮八退一 炮4平9
47. 炮七退二 炮1退4	48. 马四进五 卒9进1
49. 兵三平四 炮1平2	50. 马五进七 象3进1
51. 马七进六 马6退4	52. 马六退五 士4退5
53. 炮七平三 象1退3	54. 马五退六 炮2退3
55. 兵四进一 炮9平4	56. 马六进七 马4进6
57. 马七进五 炮4进2	58. 兵四进一 象3进5
59. 炮三平四 将6平5	60. 兵四平五 马6进7
61. 帅五平四	

第 241 局 郑惟桐 胜 靳玉砚

1. 兵七进一 炮2平3	2. 炮二平五 象7进5
3. 马八进九 卒1进1	4. 马二进三 卒1进1
5. 兵九进一 车1进5	6. 炮五进四 士6进5
7. 相三进五 马8进7	8. 炮五退二 车1进1
9. 车九进一 炮8进4	10. 兵三进一 车9平6

11. 车一进一	车6进6	12. 车九平四	炮8平5
13. 仕六进五	车1平3	14. 帅五平六	车6平7
15. 车四进五	车3平4	16. 帅六平五	车4进1
17. 炮八进一	车7进1	18. 车四退三	炮5进2
19. 仕四进五	车4退3	20. 车四平二	车4进4
21. 马九进七	车4平3	22. 帅五平四	车7平6
23. 仕五进四	车3平9	24. 兵七进一	车9进1
25. 帅四进一	车9退1	26. 帅四退一	车9进1
27. 帅四进一	车9平4	28. 马七进六	炮3退1
29. 马六进四	车4退6	30. 车二平四	马7进5
31. 炮八平七	车4进5	32. 帅四退一	士5进6
33. 车四平二	炮3平6	34. 车二进六	炮6退1
35. 兵七平六	士4进5	36. 兵六平五	车4进1
37. 帅四进一	车4退1	38. 帅四退一	车4进1
39. 帅四进一	马5退3	40. 炮七平三	车4退1
41. 帅四退一	车4进1	42. 帅四进一	车4退6
43. 兵五平四	车4进5	44. 帅四退一	马3进5
45. 兵四平五	马5进3	46. 兵五平六	车4进1
47. 帅四进一	车4退1	48. 帅四退一	马3进1
49. 马四进六	将5平4	50. 马六进八	

第242局　许国义　胜　陈幸琳

1. 兵七进一	炮2平3	2. 炮二平五	象7进5
3. 马八进九	卒1进1	4. 车九平八	卒1进1
5. 兵九进一	车1进5	6. 炮五进四	士6进5
7. 相三进五	马8进7	8. 炮五退二	车1进1
9. 马二进三	马7进5	10. 车一平二	马5进6
11. 兵三进一	车9平6	12. 车二进三	马6进7
13. 炮八平三	马2进1	14. 兵七进一	卒3进1

15. 车八进六	车6进5	**16.** 车八平五	马1进2
17. 仕六进五	车1平4	**18.** 车二进二	马2进3
19. 马九进七	车4平3	**20.** 炮五进三	象3进5
21. 车五进一	炮3平4	**22.** 车五平二	车3平5
23. 炮三进四	炮4平5	**24.** 后车平七	将5平6
25. 车二进二	将6进1	**26.** 车二退四	车5平6
27. 车七平五	炮5平1	**28.** 炮三平九	后车退2
29. 炮九退一	前车平9	**30.** 车二进二	车6退1
31. 车二进一	将6退1	**32.** 车二进一	将6进1
33. 车五平三	车6进1	**34.** 车三进二	

第 243 局　李雪松 胜 李鸿嘉

1. 兵七进一	炮2平3	**2.** 炮二平五	象7进5
3. 马八进九	卒1进1	**4.** 马二进三	卒1进1
5. 兵九进一	车1进5	**6.** 炮五进四	士6进5
7. 相三进五	马8进7	**8.** 炮五退二	车1进1
9. 车九进一	车9平6	**10.** 车一进一	炮8进4
11. 兵三进一	车6进6	**12.** 车九平四	车6平7
13. 车一平二	卒3进1	**14.** 炮八平七	象3进1
15. 仕四进五	卒3进1	**16.** 炮七进五	马2进3
17. 车四进六	马3进5	**18.** 车四平五	卒3平4
19. 炮五进一	车1退2	**20.** 车五平三	车1平5
21. 车三平二	车7进1	**22.** 后车进二	象1退3
23. 后车平四	士5退6	**24.** 车二平六	车7退2
25. 车六进二	将5平4	**26.** 车四进六	将4进1
27. 相五进三	车5进2	**28.** 马九进八	将4平5
29. 车四退三	马5退3	**30.** 车四平七	车5平9
31. 相三退五	卒4平3	**32.** 马八退九	马3退4
33. 车七进三	马4进5	**34.** 车七退五	车9平5

35. 车七平一	马 5 进 4	**36.** 车一进二	车 5 平 1
37. 车一平三	马 4 进 2	**38.** 车三平五	将 5 平 6
39. 马九退七	马 2 进 4	**40.** 车五平四	将 6 平 5
41. 仕五进六	马 4 退 3	**42.** 仕六进五	车 1 平 5
43. 车四平八	将 5 退 1	**44.** 车八退一	马 3 退 4
45. 车八平六	马 4 进 5	**46.** 马七进九	马 5 退 7
47. 马九进八	车 5 退 3	**48.** 车六平三	将 5 平 6
49. 马八退六	车 5 进 3	**50.** 车三平四	将 6 平 5
51. 马六进七	车 5 退 4	**52.** 车四进一	马 7 退 8
53. 马七退九	将 5 进 1	**54.** 马九进八	马 8 进 6
55. 马八退七	马 6 退 7	**56.** 仕五进四	马 7 进 8
57. 车四平二	将 5 平 4	**58.** 仕六退五	将 4 平 5
59. 马七进六	将 5 平 4	**60.** 马六退四	车 5 平 6
61. 车二平六	将 4 平 5	**62.** 车六平五	将 5 平 6
63. 马四退二	马 8 进 7	**64.** 车五平三	马 7 进 6
65. 马二进一	将 6 平 5	**66.** 车三平五	将 5 平 6
67. 相五退三	车 6 平 9	**68.** 车五平三	马 6 退 5
69. 车三进二	将 6 进 1	**70.** 马一进三	车 9 进 7
71. 马三退四	车 9 退 5	**72.** 车三进一	

第 244 局　郑一泓 负 潘振波

1. 兵七进一	炮 2 平 3	**2.** 炮二平五	象 7 进 5
3. 马八进九	卒 1 进 1	**4.** 车九平八	卒 1 进 1
5. 兵九进一	车 1 进 5	**6.** 炮五进四	士 6 进 5
7. 相三进五	马 8 进 7	**8.** 炮五退二	车 1 进 1
9. 马二进三	马 7 进 5	**10.** 车一平二	马 2 进 1
11. 兵三进一	车 9 平 6	**12.** 车二进五	卒 7 进 1
13. 车二进一	马 5 进 4	**14.** 炮八平六	马 4 进 5
15. 炮五退二	卒 7 进 1	**16.** 车二平三	车 6 平 7

17. 车三进三　象 5 退 7	18. 炮六退一　卒 7 进 1
19. 马三退二　卒 7 平 6	20. 车八进二　炮 3 平 7
21. 炮六平九　车 1 平 4	22. 仕四进五　卒 6 平 5
23. 炮九进六　炮 8 平 1	24. 炮五平二　炮 7 平 5
25. 炮二进七　象 7 进 9	26. 车八平二　卒 5 平 6
27. 帅五平四　炮 5 平 6	28. 帅四平五　炮 6 平 5
29. 帅五平四　炮 5 平 6	30. 帅四平五　炮 1 平 5
31. 相七进五　车 4 平 5	32. 马九退七　车 5 平 3
33. 马七退九　车 3 退 1	34. 炮二平一　车 3 平 7
35. 车二平三　卒 6 平 7	36. 车三平二　卒 7 平 6
37. 车二平三　卒 6 平 7	38. 车三平二　将 5 平 4
39. 马九进七　卒 7 平 6	40. 车二平三　卒 6 平 7
41. 车三平二　卒 7 平 6	42. 车二平三　卒 6 平 7
43. 车三平二　卒 7 平 6	44. 车二平三　车 7 平 8
45. 车三进七　将 6 进 1	46. 车三退一　将 6 退 1
47. 马二进三　车 8 平 5	48. 车三进一　将 6 进 1
49. 车三退三　将 6 退 1	50. 车三进三　将 6 进 1
51. 车三退一　将 6 退 1	52. 车三进一　将 6 进 1
53. 车三退三　将 6 退 1	54. 车三平四　卒 6 平 5
55. 车四退二　车 5 退 1	56. 马三进二　车 5 平 7
57. 车四进一　车 7 进 2	58. 车四平五　卒 5 进 1
59. 马七进五　炮 5 进 5	60. 仕五进四　车 7 退 1
61. 马二进一　炮 5 平 2	62. 车五平八　炮 2 平 1
63. 车八平九　炮 1 平 2	64. 车九平八　炮 2 平 1
65. 车八平二　炮 1 退 4	66. 车二进四　将 6 进 1
67. 车二退五　车 7 进 4	68. 帅五进一　车 7 退 1
69. 帅五退一　车 7 进 1	70. 帅五进一　车 7 退 1
71. 帅五退一　车 7 进 1	72. 帅五进一　将 6 退 1
73. 车二进五　将 6 进 1	74. 车二退二　车 7 退 1
75. 帅五退一　车 7 进 1	76. 帅五进一　车 7 退 1

77. 帅五退一 车7进1	78. 帅五进一 车7退1
79. 帅五退一 车7进1	80. 帅五进一 象3进5
81. 车二平三 车7平4	82. 马一退二 车4退4
83. 马二进三 炮1平7	84. 车三进一 将6退1
85. 车三进一 将6进1	86. 车三退三 车4平5
87. 帅五平六 卒3进1	88. 兵一进一 卒3进1
89. 兵一进一 卒3进1	90. 兵一进一 象5进7
91. 车三平四 卒3进1	92. 炮一平二 车5平8
93. 兵一平二 车8平4	94. 帅六平五 卒3平4
95. 帅五退一 卒4进1	96. 兵二平三 车4平5
97. 帅五平四 车5进2	

第 245 局　李鸿嘉　胜　申鹏

1. 兵七进一 炮2平3	2. 炮二平五 象7进5
3. 马八进九 卒1进1	4. 车九平八 卒1进1
5. 兵九进一 车1进5	6. 炮五进四 士6进5
7. 相三进五 马8进7	8. 炮五退二 车1进1
9. 马二进三 马7进5	10. 车一平二 车9平6
11. 兵三进一 马5进6	12. 马三进四 车6进5
13. 炮八进一 马2进1	14. 炮八平七 车6退1
15. 兵七进一 炮8平6	16. 车八进八 炮3进2
17. 仕六进五 马1退3	18. 车二进六 马3进4
19. 兵三进一 车6平7	20. 炮五进二 马4退3
21. 车八退四 车7平5	22. 车二平三 车5平2
23. 兵一进一 马3进1	24. 车三平二 炮6退2
25. 车八平三 卒9进1	26. 兵一进一 马1进2
27. 车三平八 马2退3	28. 炮五退二 马3进1
29. 车八平六 马1退2	30. 车二平五 车5平6
31. 炮五退一 车6平5	32. 车五退三 马2进4

33. 兵一进一　车1退2　　　　**34.** 马九进八　炮3平8

35. 马八进六　炮6进8　　　　**36.** 仕五退六　炮8平5

37. 仕四进五　卒3进1　　　　**38.** 马六进七

第 246 局　郑一泓 和 李鸿嘉

1. 兵七进一　炮2平3　　　　**2.** 炮二平五　象7进5

3. 马八进九　卒1进1　　　　**4.** 炮五进四　士6进5

5. 炮五退二　马2进1　　　　**6.** 马二进三　车1平2

7. 车九平八　车2进4　　　　**8.** 车一平二　马8进9

9. 车二进六　卒9进1　　　　**10.** 炮八平七　车2平8

11. 车二退一　马9进8　　　　**12.** 兵三进一　车9平7

13. 相七进五　卒7进1　　　　**14.** 兵三进一　车7进4

15. 马三进四　车7平6　　　　**16.** 马四进二　车6平8

17. 兵九进一　车8进2　　　　**18.** 车八进三　卒1进1

19. 炮五平九　卒3进1　　　　**20.** 马九退八　卒3进1

21. 炮七进五　炮8平3　　　　**22.** 相五进七　马1进3

23. 相三进五　马3进5　　　　**24.** 马八进六　车8平9

25. 炮九退一　炮3进2　　　　**26.** 车八进三　车9退1

27. 马六进八　车9平6　　　　**28.** 车八平二　马5进6

29. 车二进三　士5退6　　　　**30.** 车二退八　车6退1

31. 相七退九　马6退7　　　　**32.** 车二进五　车6平5

33. 马八进七　车5退1

第 247 局　金波 和 吕钦

1. 兵七进一　炮2平3　　　　**2.** 炮二平五　象7进5

3. 马八进九　卒1进1　　　　**4.** 马二进三　卒1进1

5. 兵九进一　车1平5　　　　**6.** 炮五进四　士6进5

7. 相三进五　马8进7　　　　**8.** 炮五退二　车1进1

9. 车九平八　马2进1　　10. 车一平二　马7进5

11. 兵三进一　车9平6　　12. 炮八平七　卒7进1

13. 车二进六　马5进6　　14. 马三进四　车6进5

15. 炮七进一　卒7进1　　16. 炮五平三　车1退2

17. 车八进七　车1平6　　18. 仕六进五　后车退1

19. 车二退三　炮8平7　　20. 车八进一　后车平7

21. 炮三进三　炮3平7　　22. 车八平六　马1进2

23. 炮七退二　车6退1　　24. 马九进八　炮7退1

25. 车二进六　炮7退1　　26. 马八退七　车7平4

27. 车六退二　马2退4　　28. 马七进六　车6平4

29. 马六退四　车4进2　　30. 炮七进五　车4平5

31. 马四退二　马4退6　　32. 马二进三　车5退3

33. 炮七进二　炮7平6　　34. 炮七平九　车5平1

35. 炮九平八　车1平2　　36. 炮八平九　象3进1

37. 车二退六　马6进7　　38. 车二平五　象1退3

39. 炮九退六　炮6平7

第 248 局　才溢 负 申鹏

1. 兵七进一　炮2平3　　2. 炮二平五　象7进5

3. 马八进九　卒1进1　　4. 马二进三　卒1进1

5. 兵九进一　车1进5　　6. 炮五进四　士6进5

7. 相三进五　马8进7　　8. 炮五退二　车1进1

9. 车九进一　车9平6　　10. 车一进一　炮8进4

11. 兵三进一　车6进6　　12. 车九平四　炮8平5

13. 仕四进五　车6平7　　14. 车一平二　卒3进1

15. 车二进六　车7退1　　16. 炮五进二　卒3进1

17. 马三进五　车1平5　　18. 炮五平一　车5平9

19. 炮八进四　车7平4　　20. 仕五退四　车9退1

21. 车四平二　马2进1　　22. 仕六进五　马1进2

23. 后车进五	马2退4	**24.** 后车平三	马4进6
25. 车三平七	炮3平1	**26.** 炮八进一	车9平8
27. 车二退三	马6进8	**28.** 炮一退五	卒3平2
29. 车七平二	马8进6	**30.** 车二平三	马7进9
31. 炮一平四	马9进7	**32.** 车三平八	马6进8
33. 炮四进一	炮1进4	**34.** 炮八退三	炮1平9
35. 车八平二	炮9进3	**36.** 相五退三	马8进7
37. 车二进三	士5退6	**38.** 炮四平五	象5退7
39. 仕五进四	前马退6	**40.** 帅五进一	马6退8
41. 车二平一	马7进6	**42.** 帅五平四	炮9退7
43. 仕四进五	炮9平6	**44.** 仕五进四	马6进8

第 249 局　许银川　胜　李来群

1. 兵七进一	炮2平3	**2.** 炮二平五	象7进5
3. 马八进九	卒1进1	**4.** 马二进三	士6进5
5. 车九平八	卒1进1	**6.** 兵九进一	车1进5
7. 炮八进六	炮3平2	**8.** 车一平二	车1退4
9. 兵七进一	炮8平6	**10.** 兵七进一	车1平2
11. 车二进八	车2平4	**12.** 车八进六	车4进7
13. 仕六进五	马2进1	**14.** 兵七进一	炮2退2
15. 兵七进一	炮2平1	**16.** 兵七进一	象5退3
17. 炮五进四	炮6平5	**18.** 炮五退二	炮1进1
19. 车八进二	炮1进6	**20.** 相七进九	车4退5
21. 炮五平一	炮5平9	**22.** 炮一平二	炮9平5
23. 车八退一	马8进6	**24.** 车二平四	车9平8
25. 炮二平七	车8进7	**26.** 车八平七	马1进3
27. 车四退六	车8退1	**28.** 炮七退一	士5进4
29. 车七进一	车8退2	**30.** 炮七退三	车8平2
31. 车七平二	马3进4	**32.** 车四进六	

第 250 局　徐天红 负 李来群

1. 兵七进一　炮 2 平 3	**2.** 炮二平五　象 7 进 5
3. 马八进九　卒 1 进 1	**4.** 马二进三　卒 1 进 1
5. 兵九进一　车 1 进 5	**6.** 炮五进四　士 6 进 5
7. 相三进五　马 8 进 7	**8.** 炮五退二　车 1 进 1
9. 车九进一　车 9 平 6	**10.** 车一进一　炮 8 进 4
11. 兵三进一　车 6 进 6	**12.** 车九平四　车 6 平 7
13. 车四进五　炮 8 平 5	**14.** 仕四进五　卒 3 进 1
15. 车一平二　卒 3 进 1	**16.** 帅五平四　炮 5 平 6
17. 车二进六　车 1 退 2	**18.** 炮五进二　车 1 平 5
19. 炮五平三　车 7 退 1	**20.** 马三进二　车 5 进 1
21. 马二进一　车 5 平 6	**22.** 车四退二　车 7 平 6
23. 车二退三　车 6 退 2	**24.** 马一进三　炮 6 平 5
25. 仕五进四　炮 3 平 7	**26.** 车二进五　炮 7 退 2
27. 车二退六　炮 5 退 1	**28.** 炮三退二　炮 7 平 6
29. 车二平五　卒 3 平 4	**30.** 炮八进一　车 6 进 2
31. 炮三退一　炮 6 进 4	**32.** 炮三平四　车 6 平 8
33. 马九进八　马 2 进 3	**34.** 马八进七　车 8 进 4
35. 帅四进一　车 8 平 4	**36.** 炮八进二　车 4 退 1
37. 帅四退一　车 4 进 1	**38.** 帅四进一　车 4 退 3
39. 车五平六　卒 4 进 1	**40.** 炮四进一　卒 4 平 5
41. 帅四平五　炮 6 进 3	**42.** 帅五平四　炮 6 平 8
43. 炮八平五　卒 5 平 6	**44.** 炮五平四　马 3 进 5

第 251 局　金松 负 于幼华

1. 兵七进一　炮 2 平 3	**2.** 炮二平五　象 7 进 5
3. 马八进九　卒 1 进 1	**4.** 车九平八　卒 1 进 1

5. 炮五进四　士6进5　　6. 炮八平一　卒1进1
7. 马九进七　马2进1　　8. 炮五平一　卒3进1
9. 马七进五　卒3进1　　10. 相三进五　马8进6
11. 马二进四　车9平8　　12. 马五进六　卒3平4
13. 车八进四　炮3平4　　14. 马六退四　炮8平9
15. 车一平二　车8进9　　16. 后马退二　卒4进1
17. 车八平六　车1平2　　18. 前炮退一　车2进6
19. 马二进三　马6进8　　20. 仕四进五　卒4平3
21. 兵三进一　卒7进1　　22. 车六平七　卒3平4
23. 车七平六　车2平3　　24. 兵一进一　马1进3
25. 车六进二　马3进1　　26. 后炮进一　马8进9
27. 兵一进一　炮9进4　　28. 马三进一　卒4平5
29. 马一退三　卒5进1　　30. 相七进五　马1进2
31. 马三进五　马2进3　　32. 帅五平四　象5退7
33. 车六退五　卒7进1　　34. 相五进三　炮4平6
35. 帅四平五　炮6平2　　36. 帅五平四　炮2平6
37. 帅四平五　卒1平2　　38. 马四进六　炮6平4
39. 马六进八　马3退4　　40. 马五进六　车3退3
41. 仕五进六　马4退6

第 252 局　王鹏　负　靳玉砚

1. 兵七进一　炮2平3　　2. 炮二平五　象7进5
3. 炮五进四　士6进5　　4. 相七进五　马2进1
5. 马八进六　车1平2　　6. 车九平八　马8进7
7. 炮五退一　车2进4　　8. 兵五进一　马7进5
9. 炮八进二　马5进7　　10. 兵三进一　马7进5
11. 炮八平五　车2平5　　12. 炮五退一　车5平4
13. 车一进一　炮3平4　　14. 车八进一　车9平6
15. 马二进三　卒1进1　　16. 车一平二　马1进2

17. 兵七进一　车 4 平 3　　　18. 车八进三　炮 4 平 2

19. 车八平四　车 6 进 5　　　20. 马三进四　车 3 平 6

21. 马四退三　马 2 进 4　　　22. 马六进七　车 6 平 5

23. 兵一进一　炮 2 平 3　　　24. 炮五平一　炮 3 进 4

25. 车二进六　炮 3 进 3　　　26. 仕六进五　炮 3 平 1

27. 车二进二　士 5 退 6　　　28. 车二退六　车 5 平 2

29. 仕五进六　马 4 进 3　　　30. 车二平七　马 3 进 1

第三部分 红炮二平五 黑还架中炮

第一章 转顺炮

第 253 局 谢岿 和 张强

1. 兵七进一	炮2平3	2. 炮二平五	炮8平5
3. 马二进三	马2进1	4. 炮八平六	车1平2
5. 马八进七	车2进6	6. 车一平二	马8进7
7. 马七进六	车2平4	8. 马六进五	车4进1
9. 马五进七	卒7进1	10. 车九平八	炮5进5
11. 相七进五	卒1进1	12. 车二进四	象7进5
13. 兵三进一	车9平7	14. 兵五进一	车4退5
15. 马七退九	车4进4	16. 马三进四	车4退1
17. 兵三进一	车4平5	18. 车二平三	象5进7
19. 兵七进一	士6进5	20. 仕六进五	卒3进1
21. 马九退七	车5退1	22. 马七进八	象7退5
23. 车三进二	卒9进1	24. 马八退六	马7退9
25. 车八进七	车5平3	26. 车三平一	马9进7
27. 车一平三	马7退9	28. 车三平一	马9进7
29. 车一平三	马7退9	30. 车三平五	马9进7

31. 车五平三	马7退9	32. 车三平一	马9进7
33. 车一平三	马7退9	34. 车三平四	车7平6
35. 马四进二	车6进3	36. 马二进四	马9进8
37. 车八退四	马1退3	38. 马四退五	车3退1
39. 车八平二	马8退6	40. 马六进四	士5进6
41. 车二进六	将5进1	42. 车二平六	车3平5
43. 马五退四	马3进4	44. 马四进三	车5平9
45. 车六平二	卒9进1	46. 兵一进一	车9进2
47. 车二退一	将5退1	48. 车二进一	将5进1
49. 车二退一	将5退1	50. 车二退三	车9退2
51. 车二平九	马4进5	52. 马三进五	士6退5
53. 马五退七	马5退3	54. 车九平八	车9平1
55. 仕五退六	车1退1	56. 车八退二	车1进1
57. 仕四进五	车1平5		

第254局　张强　负　林宏敏

1. 兵七进一	炮2平3	2. 炮二平五	炮8平5
3. 马二进三	马2进1	4. 炮八平六	车1平2
5. 马八进七	车2进6	6. 车一平二	马8进7
7. 仕六进五	车2平3	8. 兵九进一	卒3进1
9. 兵七进一	卒7进1	10. 车二进四	车9平8
11. 车二平六	车8进6	12. 车六进一	车8平7
13. 车九进三	卒7进1	14. 车九平七	炮3进4
15. 兵七平八	卒7平6	16. 车六平七	炮3平2
17. 兵八进一	卒6进1	18. 兵八进一	卒6平5
19. 马三进五	车7平5	20. 车七进四	车5平4
21. 兵八平九	马7进6	22. 车七退三	士6进5
23. 马七进八	炮2进3	24. 炮六退二	炮5进5
25. 相三进五	车4平2	26. 炮六平八	车2退1

27. 炮八平九	车 2 平 1	28. 炮九进六	马 6 进 4
29. 车七平六	象 7 进 5	30. 炮九平八	车 1 平 2
31. 炮八平九	车 2 平 1	32. 炮九平八	车 1 平 2
33. 炮八平九	车 2 平 1	34. 炮九平八	车 1 平 2
35. 仕五进四	车 2 进 4	36. 帅五进一	车 2 退 4
37. 兵九进一	卒 9 进 1	38. 帅五退一	车 2 进 4
39. 帅五进一	卒 5 进 1	40. 炮八进二	卒 5 进 1
41. 车六进二	车 2 退 3	42. 帅五退一	车 2 进 3
43. 帅五进一	车 2 退 6	44. 帅五退一	马 4 进 2
45. 仕四进五	卒 5 进 1	46. 相五进七	马 2 进 3
47. 帅五平四	卒 5 平 6	48. 车六退六	车 2 平 8
49. 车六进六	将 5 平 6	50. 炮八平七	车 8 进 6
51. 帅四进一	车 8 退 1	52. 帅四退一	车 8 进 1
53. 帅四进一	马 3 进 5	54. 车六退二	马 5 退 7
55. 车六平三	马 7 进 9	56. 车三平四	将 6 平 5
57. 仕五进六	车 8 退 1	58. 帅四退一	车 8 进 1
59. 帅四进一	车 8 平 4	60. 帅四平五	马 9 退 8
61. 相七退五	车 4 退 2	62. 炮七退二	士 5 退 6
63. 兵九平八	士 4 进 5	64. 兵八平七	将 5 平 4
65. 炮七平九	车 4 进 1	66. 帅五退一	车 4 进 1
67. 帅五进一	马 8 进 9	68. 炮九退六	车 4 退 1
69. 帅五退一	马 9 退 7	70. 帅五平四	马 7 退 5
71. 仕四退五	车 4 平 1	72. 车四平八	将 4 平 5
73. 兵七平六	士 5 退 4	74. 炮九平八	车 1 平 4
75. 炮八进五	车 4 进 1		

第 255 局　金波 胜 李景林

1. 兵七进一	炮 2 平 3	2. 炮二平五	炮 8 平 5
3. 马二进三	马 2 进 1	4. 炮八平六	马 8 进 7

5. 车一平二　车9进1　　6. 马八进七　车9平4

7. 仕六进五　车1平2　　8. 车二进四　车4进5

9. 马七进六　士4进5　　10. 马六进五　马7进5

11. 炮五进四　车4退3　　12. 炮五退二　炮3进3

13. 车二进五　车2进6　　14. 车二平三　炮3进1

15. 相七进五　炮3平7　　16. 车三平二　卒7进1

17. 相三进一　炮7平6　　18. 车二退四　车4平7

19. 炮六进六　卒7进1　　20. 车二进二　车2退4

21. 相一进三　车7进2　　22. 车二退四　车7进2

23. 车二平四　车7退4　　24. 车九平六　卒1进1

25. 炮六退三　车7进1　　26. 炮六进一　车7退1

27. 炮六平四　车2进4　　28. 炮四进一　马1进2

29. 炮四平一　车7退3　　30. 车四进三　车2平3

31. 车六进八

第 256 局　谢岿 胜 林宏敏

1. 兵七进一　炮2平3　　2. 炮二平五　炮8平5

3. 马二进三　马2进1　　4. 车一平二　车1平2

5. 马八进七　卒3进1　　6. 车二进五　卒7进1

7. 车二平三　车2进3　　8. 车三平七　炮5平7

9. 马三退五　象7进5　　10. 车七平二　炮3进5

11. 马五进七　炮7进7　　12. 仕四进五　马8进7

13. 车二退五　炮7退2　　14. 炮五进四　马7进5

15. 炮八平三　车2进3　　16. 车二进四　车2平3

17. 炮三平五　马5退3　　18. 车九进二　车9平7

19. 兵五进一　马1进3　　20. 兵七进一　车3退2

21. 马七进八　车3进5　　22. 马八进六　前马进4

23. 马六进四　士4进5　　24. 车二平三　车7进5

25. 兵三进一　士5进6　　26. 炮五平二　车3退3

27. 炮二进七　士6进5　　28. 马四进二　将5平4
29. 车九平六　马3进2　　30. 兵三进一　车3平7
31. 马二进三　将4进1　　32. 炮二退四　士5进4
33. 炮二平八　马4退2　　34. 马三退四　马2进3
35. 兵五进一　马3退5　　36. 车六平七　马5退7
37. 马四退二　马7进6　　38. 兵五平四　车7进3
39. 仕五退四　马6进7　　40. 帅五进一　车7平6
41. 帅五平六　马7退6　　42. 仕六进五　车6平7
43. 车七进六　将4退1　　44. 车七退一

第 257 局　刘昱 胜 阎文清

1. 兵七进一　炮2平3　　2. 炮二平五　炮8平5
3. 马二进三　马2进1　　4. 炮八平六　车1平2
5. 马八进七　车2进6　　6. 车一平二　马8进7
7. 马七进六　车2平4　　8. 马六进五　车4进1
9. 马五进七　卒7进1　　10. 车二进四　炮5进5
11. 相七进五　象7进5　　12. 兵三进一　车9平7
13. 兵三进一　车4退5　　14. 马七退九　马7进5
15. 车二平三　车7进4　　16. 车三进一　马5进7
17. 相五进三　马7退6　　18. 相三退五　车4进4
19. 兵九进一　马6进5　　20. 车九进一　马5进3
21. 马九退八　车4平2　　22. 相五进七　车2退1
23. 相七退五　卒3进1　　24. 兵九进一　马1进3
25. 兵九进一　卒9进1　　26. 车九平四　卒9进1
27. 车四进四　马3进1　　28. 仕四进五　士4进5
29. 车四进一　马1进2　　30. 帅五平四　马2进3
31. 兵九平八　卒9平8　　32. 马三进四　车2平4
33. 兵八平七　马3退1　　34. 马四进三　卒8进1
35. 马三进二　车4平8　　36. 马二进四　车8退3

37. 兵七进一	象 5 退 7		**38.** 兵七进一	车 8 平 4
39. 兵五进一	卒 8 平 9		**40.** 兵五进一	马 1 退 2
41. 兵五进一	马 2 退 4		**42.** 车四退一	马 4 退 3
43. 兵五进一	象 3 进 5		**44.** 马四退三	车 4 进 2
45. 车四进三	象 5 进 7		**46.** 马三进五	马 3 进 5
47. 车四退二	将 5 进 1		**48.** 车四平五	象 7 退 5
49. 车五平四	象 5 退 3		**50.** 车四进二	将 5 进 1
51. 车四进一	将 5 退 1		**52.** 车四平三	卒 9 平 8
53. 车三退一	将 5 进 1		**54.** 车三退一	将 5 退 1
55. 车三进一	将 5 进 1		**56.** 车三退二	车 4 进 2
57. 车三平五	将 5 平 4		**58.** 车五进三	车 4 平 3
59. 车五平六	将 4 平 5		**60.** 车六平四	将 5 退 1
61. 车四退一	将 5 进 1		**62.** 车四退一	将 5 退 1
63. 车四平六	车 3 平 6		**64.** 帅四平五	车 6 平 5
65. 兵七平六	将 5 平 6		**66.** 车六退二	将 6 进 1
67. 车六平四	将 6 平 5		**68.** 车四平七	将 5 平 4
69. 兵六平五	将 4 平 5		**70.** 兵五平四	将 5 平 6
71. 兵四平三	将 6 平 5		**72.** 车七进四	将 5 退 1
73. 车七退一	将 5 进 1		**74.** 车七退一	将 5 退 1
75. 车七平六	卒 8 平 7		**76.** 仕五退四	车 5 平 2
77. 车六平四	车 2 平 5		**78.** 兵三平四	将 5 平 4
79. 车四退一	将 4 进 1		**80.** 车四平六	将 4 平 5
81. 仕六进五	卒 7 平 6		**82.** 帅五平六	将 5 平 6
83. 兵四平五	将 6 平 5		**84.** 兵五平六	将 5 平 6
85. 车六进一	将 6 退 1		**86.** 帅六平五	卒 6 平 7
87. 仕五退六	卒 7 平 6		**88.** 仕四进五	卒 6 平 7
89. 相五退七	卒 7 平 8		**90.** 相七进九	卒 8 平 7
91. 车六平三	卒 7 平 8		**92.** 车三进一	将 6 进 1
93. 车三退一	将 6 退 1		**94.** 车三退一	将 6 进 1
95. 车三平四	将 6 平 5		**96.** 车四进三	将 5 平 4

97. 车四平六　车 5 平 3　　　98. 兵六平七　将 4 平 5

99. 车六平五　将 5 平 6　　　100. 仕五退四

第 258 局　洪智 和 宋国强

1. 兵七进一　炮 2 平 3　　　2. 炮二平五　炮 8 平 5

3. 马二进三　马 2 进 1　　　4. 马八进七　车 1 平 2

5. 车九平八　马 8 进 7　　　6. 车一平二　车 2 进 4

7. 炮八平九　车 2 进 5　　　8. 马七退八　车 9 进 1

9. 车二进五　炮 3 进 3　　　10. 车二平八　卒 1 进 1

11. 车八退一　卒 3 进 1　　　12. 炮五退一　炮 5 平 3

13. 兵三进一　象 7 进 5　　　14. 炮五平九　前炮进 1

15. 相七进五　卒 7 进 1　　　16. 兵三进一　象 5 进 7

17. 前炮平七　车 9 平 4　　　18. 炮九进四　象 7 退 5

19. 车八进三　士 6 进 5　　　20. 仕六进五　车 4 进 1

21. 马八进九　后炮退 1　　　22. 车八进一　卒 3 进 1

23. 兵九进一　车 4 进 2　　　24. 炮九进一　车 4 平 7

25. 马三进二　车 7 平 8　　　26. 马二退三　车 8 平 7

27. 马三进二　车 7 平 8　　　28. 马二退一　马 7 进 6

29. 兵五进一　马 6 退 4　　　30. 马一进三　车 8 进 2

31. 马三进四　马 4 进 5　　　32. 炮七进二　前炮平 9

33. 车八退二　马 5 退 3　　　34. 兵九进一　炮 3 进 4

35. 相五进七　车 8 退 2　　　36. 马四进六　马 3 退 4

37. 车八退一　车 8 平 2　　　38. 兵九平八　马 1 退 3

39. 马六进八　炮 9 平 2　　　40. 马八退九　炮 2 平 5

41. 相七退五　马 3 进 4　　　42. 后马进七　前马进 3

43. 马七退六　炮 5 平 4　　　44. 马九退八　卒 5 进 1

45. 马八退七　马 3 进 2　　　46. 马六进七　炮 4 平 8

47. 炮九平六　炮 8 退 2　　　48. 炮六平七　卒 9 进 1

49. 炮七进一　炮 8 进 4　　　50. 炮七平八　炮 8 平 3

51. 炮八退五　卒9进1	**52.** 帅五平六　卒9平8
53. 帅六进一　炮3平1	**54.** 炮八平九　象3进1
55. 帅六退一　象5退3	**56.** 帅六平五　炮1进1
57. 炮九退一　炮1平2	**58.** 炮九平八　马4进6
59. 仕五进四　马6退4	**60.** 仕四进五　炮2平1
61. 炮八平九　卒8进1	**62.** 仕五进六　炮1平2
63. 炮九平六	

第259局　景学义 负 熊学元

1. 兵七进一　炮2平3	**2.** 炮二平五　炮8平5
3. 马二进三　马2进1	**4.** 车一平二　车1平2
5. 马八进七　卒3进1	**6.** 车二进四　马8进7
7. 马三退五　车9平8	**8.** 车二进五　马7退8
9. 兵七进一　车2进6	**10.** 车九进二　卒7进1
11. 炮五进四　士6进5	**12.** 相七进五　马8进7
13. 炮五退一　将5平6	**14.** 炮八退二　炮5进4
15. 马七进五　车2平5	**16.** 兵七平六　车5平6
17. 马五进三　马1进3	**18.** 车九平八　车6平7
19. 车八进五　炮3平5	**20.** 炮八进二　马3进4
21. 车八退一　卒7进1	**22.** 车八平四　炮5平6
23. 车四平三　马7退9	**24.** 车三退二　车7退1
25. 相五进三　马4进6	**26.** 仕四进五　马9进7
27. 马三进五　马7进8	**28.** 炮五平四　炮6平5
29. 帅五平四　马8进9	**30.** 炮八平一　炮5平4
31. 仕五进六　马9进7	**32.** 帅四平五　马7退5

第260局　金波 胜 谢业枧

1. 兵七进一　炮2平3	**2.** 炮二平五　炮8平5

3. 马二进三　马2进1　　　4. 炮八平六　车1平2

5. 马八进七　车2进6　　　6. 车一平二　马8进7

7. 车二进六　卒7进1　　　8. 车二平三　车2平3

9. 兵九进一　车9进1　　　10. 车九进三　车3平1

11. 马七进九　车9平4　　　12. 仕六进五　车4进3

13. 兵三进一　象7进9　　　14. 兵三进一　车4平7

15. 炮六进四　炮3退1　　　16. 车三退一　象9进7

17. 炮六平九　炮3平7　　　18. 相三进一　马1退3

19. 兵九进一　士6进5　　　20. 马九退七　炮5平3

21. 马七进六　象7退5　　　22. 马三进二　炮3进3

23. 马六进五　马7进8　　　24. 炮五平二　炮7平8

25. 炮二进三　炮8进4　　　26. 相七进五　炮3平2

27. 兵九平八　卒9进1　　　28. 马五退六　卒3进1

29. 炮九平一　卒9进1　　　30. 马六进四　炮8进4

31. 相一退三　卒9进1　　　32. 炮二进三　马3进1

33. 炮二进一　将5平6　　　34. 炮一进三　将6进1

35. 马四退二

第 261 局　赵鑫鑫 胜 阎文清

1. 兵七进一　炮2平3　　　2. 炮二平五　炮8平5

3. 马二进三　马2进1　　　4. 炮八平六　车1平2

5. 马八进七　车2进6　　　6. 车一平二　马8进7

7. 马七进六　车2平4　　　8. 马六进五　车4进1

9. 马五进七　车4退5　　　10. 马七退九　卒7进1

11. 车二进四　车9平8　　　12. 车二进五　马7退8

13. 车九进一　马8进7　　　14. 车九平四　车4进2

15. 兵九进一　马7进8　　　16. 车四进二　士4进5

17. 仕四进五　车4进1　　　18. 炮五进五　象7进5

19. 相七进五　车4进1　　　20. 车四进一　马8进7

21. 马九退八　车4平1　　22. 兵七进一　车1退1
23. 兵七平六　马1进2　　24. 兵六平五　卒3进1
25. 前兵进一　马2退3　　26. 前兵平四　马3进1
27. 马八进六　车1平6　　28. 马六退四　马1进2
29. 仕五进六　卒9进1　　30. 仕六进五　将5平4
31. 马三退一　卒9进1　　32. 兵一进一　马7退9
33. 马一进二　将4平5　　34. 马二进一　将5平4
35. 马一进二　士5进4　　36. 马四进五　士6进5
37. 兵五进一　马2进4　　38. 马五退六　卒3进1
39. 马六进七　卒3进1　　40. 兵五进一　马4退6
41. 兵五进一　将4平5　　42. 兵五平六　马6进4
43. 马七退六　马4退6　　44. 马六进七　马6进4
45. 帅五平四　马4退3　　46. 兵六平五　卒3平4
47. 马七退五　将5平6　　48. 兵五平六　马9退8
49. 帅四平五　马8进9　　50. 兵六平七　象3进1
51. 兵七进一　象1退3　　52. 兵七进一　马3进5
53. 兵七平六　马9进8　　54. 兵四平五　马8退6
55. 帅五平四　象5进3　　56. 兵五平六　卒7进1
57. 后兵进一　士5进4　　58. 马五进六　将6平5
59. 马二进三　马5退4　　60. 兵六平五　将5平4
61. 马三退四　象3进5　　62. 马六进八　马4退3
63. 马八退七

第 262 局　洪智 和 阎文清

1. 兵七进一　炮2平3　　2. 炮二平五　炮8平5
3. 马二进三　马2进1　　4. 炮八平六　车1平2
5. 马八进七　车2进6　　6. 车一平二　马8进7
7. 兵九进一　车9进1　　8. 仕六进五　车9平4
9. 车二进四　车2平3　　10. 车九进三　车3平1

11. 马七进九	车 4 进 5	12. 马九退七	车 4 平 3
13. 相七进九	士 4 进 5	14. 车二平六	炮 3 平 2
15. 兵三进一	炮 2 进 4	16. 车六平四	卒 5 进 1
17. 帅五平六	卒 3 进 1	18. 兵七进一	马 7 进 5
19. 车四平八	马 5 进 3	20. 马七退八	炮 2 平 5
21. 马三进五	车 3 平 5	22. 车八平七	马 3 退 4
23. 马八进七	车 5 平 9	24. 马七进六	车 9 平 4
25. 马六进四	炮 5 进 5	26. 相三进五	车 4 平 8
27. 帅六平五	卒 9 进 1	28. 车七平六	马 4 进 3
29. 车六进二	马 3 进 2	30. 车六平三	马 2 进 4
31. 仕五进六	象 7 进 5	32. 车三平六	车 8 退 4
33. 车六平九	卒 9 进 1	34. 兵九进一	卒 9 平 8
35. 车九平八	马 1 退 3	36. 车八平七	马 3 进 1
37. 车七平八	卒 8 平 7	38. 相五进三	马 1 退 3
39. 车八平七	马 3 进 1	40. 车七平八	马 1 退 3
41. 车八平七	马 3 进 1	42. 车七平八	象 5 进 7
43. 车八平三	车 8 平 6	44. 马四退五	卒 5 进 1
45. 马五进七	卒 5 平 4	46. 马七进八	车 6 平 2
47. 兵九进一	象 7 退 5	48. 车三平六	卒 4 平 5
49. 车六平五	卒 5 平 4	50. 马八退六	车 2 进 7
51. 帅五进一	车 2 退 1	52. 帅五退一	车 2 进 1
53. 帅五进一	马 1 退 3	54. 车五平七	车 2 退 5
55. 马六进四	车 2 平 5		

第 263 局　李鸿嘉 和 谢业枧

1. 兵七进一	炮 2 平 3	2. 炮二平五	炮 8 平 5
3. 马二进三	马 2 进 1	4. 炮八平六	车 1 平 2
5. 马八进七	车 2 进 6	6. 车一平二	马 8 进 7
7. 仕六进五	车 2 平 3	8. 兵九进一	卒 7 进 1

9. 车九进三　车3平1　　　10. 马七进九　车9进1

11. 马九退七　车9平3　　　12. 车二进四　卒3进1

13. 马七进八　卒3进1　　　14. 车二平七　炮3进7

15. 车七进四　马1退3　　　16. 炮六进五　炮5退1

17. 炮六平七　马7进6　　　18. 炮五进四　马3进5

19. 炮五进二　士4进5　　　20. 兵五进一　马6进7

21. 兵五进一　马5进7　　　22. 兵五平六　炮3退4

23. 马三进五　炮3平5　　　24. 帅五平六　前马退6

25. 马五退七　马6退5　　　26. 炮七退四　卒7进1

27. 炮七平九　炮5平1　　　28. 炮九进三　马7进6

29. 兵六平五　卒7进1　　　30. 马七进五　卒7平6

31. 马五进四　马5进6　　　32. 兵五平四　马6退8

33. 马八进七　马8进9　　　34. 炮九平一　马9退7

35. 炮一平五　象3进5　　　36. 马七进八　炮1退4

37. 帅六平五　马7进5　　　38. 兵四平五　象7进9

39. 相三进五　象9退7　　　40. 仕五进六　象7进9

41. 马八退七　象9退7　　　42. 马七退六　炮1进5

43. 仕四进五　炮1平3　　　44. 炮五平九　炮3平1

45. 炮九平五　炮1平3　　　46. 炮五平八　炮3平1

47. 炮八退三　卒6平7　　　48. 炮八平六　象5进3

49. 炮六平八　象7进5　　　50. 炮八进三　卒7平6

51. 炮八平五　炮1平3　　　52. 炮五平一　士5进4

53. 炮一平八　炮3平1

第 264 局　柳大华 胜 陈丽淳

1. 兵七进一　炮2平3　　　2. 炮二平五　炮8平5

3. 马二进三　马2进1　　　4. 马八进七　车1平2

5. 车九平八　卒3进1　　　6. 马七进六　卒3进1

7. 马六进五　炮3进1　　　8. 车一进一　车2进4

9. 车一平八 车9进1	10. 仕六进五 车9平4
11. 炮八平六 车2进4	12. 车八进一 卒1进1
13. 兵三进一 马8进9	14. 马五退四 车4进4
15. 炮五进五 象7进5	16. 相七进五 卒3进1
17. 炮六平九 炮3平1	18. 车八进四 卒1进1
19. 车八平九 卒1进1	20. 炮九退二 炮1平4
21. 车九退二 马1进2	22. 车九进三 炮4退1
23. 车九平七 卒9进1	24. 炮九平七 士4进5
25. 车七平八 马2进1	26. 马四进五 车4退1
27. 马五进七 车4平5	28. 马三进四 卒3平4
29. 车八退三 车5平3	30. 马四进六 炮4进1
31. 车八平九 车3退2	32. 车九进三 车3平4
33. 马六进四 车4退1	34. 兵五进一 炮4退1
35. 车九平六 车4平3	36. 兵五进一 炮4平1
37. 炮七平九 卒4平5	38. 炮九进四 车3平2
39. 兵五平六 车2进8	40. 仕五退六 车2退4
41. 炮九进一 车2退1	42. 炮九退一 车2进1
43. 炮九进一 车2退1	44. 炮九退一 车2进1
45. 炮九进一 车2退1	46. 炮九退一 车2进1
47. 炮九进一 卒5平6	48. 仕四进五 卒6平5
49. 相五退七 车2平6	50. 炮九平八 炮1平2
51. 相三进五 卒5平6	52. 兵六平七 炮2退1
53. 兵七进一 马9退7	54. 马四退六 车6平4
55. 炮八平一 马7进9	56. 炮一平五 马9进8
57. 兵三进一 马8进9	58. 马六进八 车4退2
59. 兵七平六 炮2进1	60. 马八进六 将5平4
61. 马六进八 将4进1	62. 兵三进一 马9退7
63. 炮五平九 炮2平1	64. 炮九平六 士5进4
65. 兵六进一 将4平5	66. 马八退七 象5进3
67. 炮六退一 将5平6	68. 炮六平四 马7退9

69. 兵三平四　将6平5　　**70.** 炮四平五　将5平6
71. 炮五平四　将6平5　　**72.** 兵六进一　将5退1
73. 炮四平五

第 265 局　谢靖 和 阎文清

1. 兵七进一　炮2平3　　**2.** 炮二平五　炮8平5
3. 马二进三　马2进1　　**4.** 炮八平六　车1平2
5. 马八进七　车2进6　　**6.** 车一平二　马8进7
7. 仕六进五　车2平3　　**8.** 兵九进一　卒3进1
9. 兵七进一　卒7进1　　**10.** 车二进四　车9平8
11. 车二平六　士6进5　　**12.** 车六进一　车8进5
13. 车九进三　车3平1　　**14.** 马七进九　车8平1
15. 车六退二　炮3进7　　**16.** 炮六平九　车1平2
17. 炮五平七　炮5平3　　**18.** 炮七进五　炮3退7
19. 马九进八　炮3平4　　**20.** 马八进九　车2退3
21. 车六进二　象3进5　　**22.** 兵七平八　炮4平1
23. 炮九平五　车2平3　　**24.** 兵八进一　车3进7
25. 仕五退六　车3退4　　**26.** 炮五平六　炮1平3
27. 相三进五　车3进2　　**28.** 仕六进五　炮3平4
29. 车六平八　马7进8　　**30.** 兵三进一　马8进7
31. 相五退三　车3进2　　**32.** 炮六退二　车3退2
33. 炮六进二　车3进2　　**34.** 炮六退二　车3退2
35. 炮六进二　卒7进1　　**36.** 车八退一　车3进2
37. 炮六退二　车3退2　　**38.** 炮六进二　车3进2
39. 炮六退二　车3退2　　**40.** 炮六进二　卒7平8
41. 车八平二　马7退6　　**42.** 车二平五　车3进2
43. 炮六退二　卒1进1　　**44.** 马三进四　卒9进1
45. 相三进五　车3平2　　**46.** 兵八平七　炮4进6
47. 马四进二　炮4平1　　**48.** 马二进四　士5进6

49. 车五平四　马6退8　　50. 马四进二　士6退5

51. 兵七平六　卒5进1　　52. 兵六平五　炮1进1

53. 车四进四　象5退3　　54. 马二进三　炮1平4

55. 仕五退六　车2退2　　56. 仕六进五　车2进2

57. 仕五退六　车2退2　　58. 仕六进五　车2退2

59. 仕五退六　车2退2　　60. 仕六进五　车2平5

61. 车四平二　车5平7　　62. 车二进一　士5退6

63. 马三退二　车7退5　　64. 马二进一　马8进7

65. 车二退六　士4进5　　66. 车二平四　车7平6

67. 车四平三　车6平7　　68. 车三退一　将5平4

69. 车三平六　车7平4　　70. 车六平七　象3进1

71. 马一退三　马7进5　　72. 车七进四　车4平2

73. 车七平六　车2平4　　74. 车六平八　车4平3

75. 车八平六　车3平4　　76. 车六平七　车4平2

77. 仕五退六　马5退7　　78. 兵五进一　马7进6

79. 帅五进一　车2进6　　80. 帅五进一　车2退1

81. 帅五退一　车2进1　　82. 帅五进一　车2退1

83. 帅五退一　车2平4　　84. 帅五平四　马6退5

85. 仕四进五　车4退1　　86. 帅四退一　象1进3

87. 兵五进一　士6进5　　88. 帅四平五　士5进4

89. 马三退四　将4进1　　90. 马四进二　卒1进1

91. 马二进四　将4平5　　92. 马四退三　车4平9

93. 车七平五　将5平4　　94. 马三退五　马5进4

第 266 局　聂铁文　胜　谢业枧

1. 兵七进一　炮2平3　　2. 炮二平五　炮8平5

3. 马二进三　马2进1　　4. 炮八平六　车1平2

5. 马八进七　车2进6　　6. 车一平二　马8进7

7. 仕六进五　车2平3　　8. 兵九进一　卒7进1

9. 车九进三　车3退1　　10. 车二进六　士6进5

11. 车二平三　车9进2　　12. 相七进九　车3进1

13. 车九平七　炮3进4　　14. 兵三进一　卒7进1

15. 车三退二　马7退6　　16. 车三平七　炮5平3

17. 炮五进四　象7进5　　18. 车七平六　马6进7

19. 炮五退一　卒3进1　　20. 马三进四　卒9进1

21. 车六退一　车9进1　　22. 帅五平六　马1进3

23. 炮五退一　马3进5　　24. 炮六平四　前炮平2

25. 车六平八　车9平4　　26. 帅六平五　炮3进5

27. 车八平七　炮3平2　　28. 车七进二　车4进6

29. 帅五平六　象5进3　　30. 炮四平一　象3退5

31. 炮一进三　炮2退1　　32. 兵一进一　马5进3

33. 马四退三　马7进6　　34. 炮五平四　马3退2

35. 兵九进一　卒1进1　　36. 炮一平九　马6进4

37. 帅六平五　炮2退2　　38. 相九进七　炮2进3

39. 炮九平八　马4进3　　40. 仕五进六　炮2平4

41. 兵五进一　炮4退6　　42. 仕四进五　炮4平1

43. 相三进五　马2退4　　44. 仕五进六　士5进6

45. 炮八平五　士4进5　　46. 炮五平九　士5退4

47. 炮九平五　士4进5　　48. 炮五平九　士5退4

49. 马三进五　马3退1　　50. 马五进三　炮1平5

51. 马三进四　马4进3　　52. 兵五进一　炮5平6

53. 马四退二　炮6平2　　54. 兵五平六　马3退2

55. 炮九进一　马1退2　　56. 马二进四　炮2平6

57. 炮四平五　士4进5　　58. 马四退三　前马退3

59. 炮九平四　炮6平8　　60. 兵六平五　马2进3

61. 炮五退一　将5平4　　62. 炮四平六　前马进1

63. 马三进二　炮8平6　　64. 马二进三　马1进2

65. 炮六平四　炮6进2　　66. 马三退四　马2退4

67. 兵五平六　马3进5　　68. 兵一进一　马5进6

69. 相五进三　马6进7　　70. 炮五进三　马7退6

71. 炮五退三　马6进7　　72. 炮五进三　将4平5

73. 马四退五　马7退6　　74. 炮五平六　马4进2

75. 相七退五　马2进1　　76. 帅五平六　马1退3

77. 兵一进一　象3进1　　78. 兵一平二　象1退3

79. 炮六平八　象3进1　　80. 兵六平五　马3退4

81. 兵五平四　马4退3　　82. 马五进六　将5平4

83. 炮八退五　象1退3　　84. 炮八平六　将4平5

85. 兵二平三　马3进2　　86. 仕六退五　马6退4

87. 马六进七　将5平6　　88. 兵三平四　马4进3

89. 炮六进五

第 267 局　张申宏 负 张江

1. 兵七进一　炮2平3　　2. 炮二平五　炮8平5

3. 马二进三　马2进1　　4. 车一平二　车1平2

5. 马八进七　马8进7　　6. 车九平八　车2进4

7. 马七进六　车9进1　　8. 兵七进一　车2进1

9. 兵七进一　炮3平4　　10. 马六退七　车2平3

11. 兵七平六　炮4平3　　12. 马七退五　车9平4

13. 相七进九　车3平2　　14. 炮八平六　车2进4

15. 炮六进六　士4进5　　16. 炮六平九　卒7进1

17. 车二进四　马7进6　　18. 车二平七　炮3退1

19. 兵六平五　炮5平4　　20. 马五进七　炮3进6

21. 车七退二　车2平4　　22. 帅五进一　象3进5

23. 炮九进一　将5平4　　24. 后兵进一　马6进4

25. 车七进七　将4进1　　26. 前兵平六　炮4平2

27. 炮五平四　炮2进5　　28. 车七退五　车4退2

29. 相三进五　车4平5　　30. 帅五平六　车5退2

31. 炮四平六　卒1进1　　32. 车七平八　炮2平3

33. 炮九退四	将4退1	34. 炮九退一	炮3退6
35. 车八进三	车5退1	36. 车八平九	将4平5
37. 车九平八	士5退4	38. 炮九进五	象5退3
39. 车八平七	炮3平8	40. 车七进二	将5进1
41. 车七退六	马4退6	42. 兵六进一	车5进3
43. 车七进二	马6进4	44. 兵六进一	炮8平4
45. 炮六进六	车5平7	46. 炮九退一	将5退1
47. 炮九进一	将5进1	48. 车七平五	象7进5
49. 炮九退一	将5退1	50. 炮六平三	车7平3
51. 车五进二	士6进5	52. 车五平一	士5进6
53. 炮九进一	将5进1	54. 车一进一	将5进1
55. 车一退二	车3退1	56. 炮三平六	车3平7

第 268 局 许银川 胜 聂铁文

1. 兵七进一	炮2平3	2. 炮二平五	炮8平5
3. 马二进三	马2进1	4. 车一平二	马8进7
5. 马八进七	车1平2	6. 车九平八	车2进4
7. 马七进六	车9进1	8. 车二进四	车9平4
9. 炮八进二	卒3进1	10. 马六进四	卒7进1
11. 马四进五	象7进5	12. 相七进九	马1进3
13. 兵七进一	炮3进2	14. 车八平七	车4进6
15. 炮八平四	车4退2	16. 仕四进五	车2进2
17. 兵三进一	马3进5	18. 兵三进一	炮3平7
19. 炮四平五	士6进5	20. 相三进一	车2退3
21. 马三进四	炮7平6	22. 车二进三	马7退6
23. 车二退一	车4进1	24. 马四退三	炮6进3
25. 前炮进二	马5进6	26. 仕五进四	车4平5
27. 前炮进二	士4进5	28. 车二平八	车5进1
29. 仕六进五	前马进4	30. 帅五平四	马4进3

31. 相九退七　车5平3　　32. 车八平一　车3进2
33. 帅四进一　车3退3　　34. 马三进二　车3平1
35. 马二进四　马6进8　　36. 车一进三　士5退6
37. 马四进六　车1平4　　38. 马六进七　车4退5
39. 马七退八　马8进6　　40. 车一退三　马6进7
41. 车一平二　卒1进1　　42. 兵一进一　马7进5
43. 车二退二　车4平2　　44. 马八进六　车2平4
45. 马六退八　车4平2　　46. 马八进六　车2平4
47. 马六退八　车4进2　　48. 马八进七　车4退2
49. 马七退八　马5退3　　50. 兵一进一　车4进2
51. 马八进七　车4退2　　52. 马七退八　车4进2
53. 马八进七　车4退2　　54. 马七退八　车4平2
55. 车二进二　车2进1　　56. 兵一进一　马3退4
57. 马八退六　象5进3　　58. 车二退一　车2进1
59. 兵一平二　车2平5　　60. 马六退四　车5进1
61. 车二退二　车5平6　　62. 马四退六　象3退5
63. 兵二进一　卒1进1　　64. 兵二进一　马4进3
65. 马六退八　卒1平2　　66. 兵二平三　马3进5
67. 车二平五　马5退6　　68. 车五平三　马6进8
69. 车三平二　马8退6　　70. 车二平三　马6进4
71. 车三平六　马4退6　　72. 车六进五　卒2进1
73. 马八退七　车6平8　　74. 马七进六　车8进4
75. 帅四退一　车8进1　　76. 帅四进一　车8退1
77. 帅四退一　车8进1　　78. 帅四进一　马6进8
79. 车六退五　车8退1　　80. 帅四退一　车8进1
81. 帅四进一　车8退1　　82. 帅四退一　车8进1
83. 帅四进一　马8退6　　84. 车六平三　车8退1
85. 帅四退一　车8进1　　86. 相一退三　车8退4
87. 车三进三　马6退7　　88. 车三进二　卒2平3
89. 马六进四　车8平6　　90. 马四退二　车6退1

91. 相三进五　车6平5	92. 马二进三　车5进3
93. 马三进四　车5退4	94. 车三平四　士6进5
95. 车四平五　将5平4	96. 马四进二　车5平7
97. 车五平四　将4平5	98. 马二退四　车7进6
99. 帅四进一　车7退1	100. 帅四退一　车7进1
101. 帅四进一　将5平4	102. 车四进一　将4进1
103. 车四平七	

第 269 局　赵鑫鑫 胜 谢业枧

1. 兵七进一　炮2平3	2. 炮二平五　炮8平5
3. 马二进三　马2进1	4. 车一平二　马8进7
5. 马八进七　车1平2	6. 车九平八　车2进4
7. 炮八平九　车2进5	8. 马七退八　车9进1
9. 车二进五　卒1进1	10. 炮九进三　车9平6
11. 马八进七　车6进5	12. 炮九进一　士6进5
13. 仕六进五　车6平7	14. 车二退三　卒7进1
15. 马七进六　卒7进1	16. 炮九平八　卒7平6
17. 炮八退三　卒6进1	18. 炮八平四　炮3平2
19. 炮四退二　车7退1	20. 马六进五　车7平3
21. 相七进九　车3进2	22. 炮四进一　车3退1
23. 炮四进二　马1进2	24. 炮四平七　象3进1
25. 车二进二　马2进1	26. 炮七平四　车3平2
27. 车二平三　马7退6	28. 车三进五　车2进1
29. 炮四平五　象1退3	30. 仕五进六　车2进2
31. 帅五进一　车2退1	32. 帅五退一　炮5进3
33. 炮五进二　象3进5	34. 炮五进三　士5进6
35. 马五退三　车2进1	36. 帅五进一　马1退2
37. 炮五退三　马2退4	38. 炮五进二　车2退1
39. 帅五退一　车2进1	40. 帅五进一　车2退1

41. 帅五退一　车2平6　　　**42.** 后马进二　炮2进4

43. 马二退四　马4进3　　　**44.** 仕六退五　马3进5

45. 炮五平六　车6退2　　　**46.** 马三退四　炮2平6

47. 车三退六

第 270 局　孙勇征 胜 申鹏

1. 兵七进一　炮2平3　　　**2.** 炮二平五　炮8平5

3. 马二进三　马2进1　　　**4.** 马八进七　车1平2

5. 车九平八　卒3进1　　　**6.** 马七进六　卒3进1

7. 马六进五　炮3进1　　　**8.** 车一进一　车2进4

9. 车一平八　车9进1　　　**10.** 仕六进五　车9平4

11. 兵三进一　车4进2　　　**12.** 马五退四　卒7进1

13. 兵三进一　车2平7　　　**14.** 炮八进六　炮3退2

15. 前车进六　炮3平7　　　**16.** 马三退一　炮7进1

17. 马四进五　炮7平2　　　**18.** 马五退三　炮2进3

19. 马三进四　将5进1　　　**20.** 马四退五　车4进1

21. 炮八退一　车4平2　　　**22.** 炮八退三　车2进1

23. 车八平九　卒3平4　　　**24.** 马一进三　卒4平1

25. 车九进二　马8进7　　　**26.** 车九平七　马7进6

27. 车七进七　卒4平5　　　**28.** 车七平九　炮5进1

29. 马三进五　马6进5　　　**30.** 车九退二　车2退2

31. 车九平六　炮5退1　　　**32.** 车六退四　车2平1

33. 马五退七　炮5进5　　　**34.** 相三进五　马5退6

35. 车六进六　车2平3　　　**36.** 车六平四　马6退4

37. 马七退五

第 271 局　潘振波 和 于幼华

1. 兵七进一　炮2平3　　　**2.** 炮二平五　炮8平5

3. 马二进三	马2进1	4. 炮八平六	马8进7
5. 车一平二	卒3进1	6. 马八进九	卒3进1
7. 车二进四	车9进1	8. 车二平七	车9平3
9. 车九平八	车1进1	10. 兵三进一	炮3平4
11. 车八进四	马1进3	12. 炮六平七	炮4平3
13. 炮七进四	炮3进3	14. 车八平七	象3进1
15. 兵九进一	车1平2	16. 马九进八	车2进3
17. 炮五平八	车3进2	18. 车七进二	车2进1
19. 车七退四	卒5进1	20. 相三进五	马7进5
21. 炮八平九	卒5进1	22. 兵五进一	马5进3
23. 兵五进一	马3进4	24. 车七进一	马4退5
25. 仕四进五	车2平1	26. 马三进五	车1平5
27. 马五退三	车5平1	28. 马三进五	车1平5
29. 马五退三	象1退3	30. 炮九平七	象3进1
31. 炮七平九	象1退3	32. 车七进六	卒1进1
33. 车七退六	卒1进1	34. 车七进二	卒1进1
35. 炮九平八	卒1平2	36. 炮八平九	卒2平1
37. 炮九平八	卒1平2	38. 炮八平九	卒2平1
39. 炮九平八	卒1平2	40. 炮八平九	卒2平1
41. 炮九平七	马5退4	42. 车七平六	士4进5
43. 帅五平四	车5退2	44. 帅四平五	卒1平2
45. 炮七平六	马4进2	46. 车六平八	卒2平3
47. 车八平七	车5平4	48. 车七进四	士5退4
49. 炮六平九	卒3平4	50. 炮九进七	将5进1
51. 炮九退三	马2进4	52. 车七退一	车4退2
53. 车七平六	将5平4	54. 炮九平一	炮5平7
55. 炮一退一	卒4平5	56. 炮一平五	卒5平6
57. 马三进四	马4退5	58. 炮五退一	马5进6
59. 炮五平七	士4进5	60. 兵一进一	将4退1
61. 兵一进一	炮7平1	62. 马四进六	炮1平7

63. 马六退四　炮 7 平 1　　**64.** 马四退六　炮 1 平 7

65. 马六进四

第 272 局　孙勇征 胜 万春林

1. 兵七进一　炮 2 平 3　　　**2.** 炮二平五　炮 8 平 5

3. 马二进三　马 2 进 1　　　**4.** 马八进七　车 1 平 2

5. 车九平八　马 8 进 7　　　**6.** 车一平二　车 9 进 1

7. 炮八进四　卒 3 进 1　　　**8.** 炮八平七　卒 3 进 1

9. 车八进九　马 1 退 2　　　**10.** 炮七进三　士 4 进 5

11. 车二进四　卒 3 进 1　　　**12.** 马七退五　士 5 进 4

13. 炮七退六　车 9 平 2　　　**14.** 车二平七　车 2 进 3

15. 马五进七　卒 7 进 1　　　**16.** 炮七进四　马 2 进 3

17. 马七进六　车 2 退 1　　　**18.** 炮五平六　士 6 进 5

19. 仕四进五　卒 5 进 1　　　**20.** 马六进七　马 7 进 5

21. 相三进五　炮 5 平 7　　　**22.** 马七退五　象 7 进 5

23. 车七平二　马 5 进 3　　　**24.** 马五退七　后马进 4

25. 兵五进一　马 4 进 3　　　**26.** 兵五进一　车 2 平 6

27. 兵五平六　后马退 2　　　**28.** 兵三进一　马 3 退 5

29. 马三进五　马 2 进 1　　　**30.** 马七进九　卒 1 进 1

31. 兵三进一　马 5 退 7　　　**32.** 仕五进四　车 6 进 3

33. 马五进七　车 6 平 9　　　**34.** 仕六进五　炮 7 平 6

35. 炮六退二　马 7 进 8　　　**36.** 车二平三　车 9 进 2

37. 炮六进一　车 9 进 1　　　**38.** 相五退三　马 8 退 7

39. 马七进八　炮 6 退 1　　　**40.** 仕五退四　炮 6 平 7

41. 马八进六　士 5 进 4　　　**42.** 车三进一　炮 7 进 8

43. 帅五进一　炮 7 平 3　　　**44.** 车三平五　炮 3 退 8

45. 车五进二　炮 3 平 5　　　**46.** 车五平六　将 5 平 6

47. 车六进二　将 6 进 1　　　**48.** 车六退一

第 273 局 洪智 胜 申鹏

1. 兵七进一	炮 2 平 3	2. 炮二平五	炮 8 平 5
3. 马二进三	马 2 进 1	4. 车一平二	车 1 平 2
5. 马八进七	卒 3 进 1	6. 车二进五	卒 5 进 1
7. 马三退五	马 1 进 3	8. 兵七进一	炮 3 进 2
9. 车二退一	车 2 进 6	10. 车二平七	炮 3 进 3
11. 马五进七	车 2 退 3	12. 车九平八	车 9 进 1
13. 炮八平九	车 9 平 2	14. 车七进二	前车平 3
15. 车八进八	车 3 进 4	16. 车八平二	炮 5 进 4
17. 仕四进五	象 7 进 5	18. 炮九进四	车 3 退 4
19. 炮九退二	车 3 平 6	20. 车二进一	卒 5 进 1
21. 炮九进四	士 4 进 5	22. 兵一进一	卒 7 进 1
23. 炮九进一	象 3 进 1	24. 相三进一	卒 5 平 6
25. 兵三进一	卒 6 进 1	26. 兵三进一	卒 6 进 1
27. 车二退六	车 6 平 5	28. 兵三平四	卒 6 平 5
29. 相七进五	炮 5 退 1	30. 车二平八	将 5 平 4
31. 车八进六	将 4 进 1	32. 车八退五	炮 5 进 1
33. 车八平六	士 5 进 4	34. 车六退一	炮 5 退 1
35. 兵九进一	炮 5 平 8	36. 车六平二	炮 8 平 4
37. 车二平六	炮 4 平 8	38. 相一进三	炮 8 退 3
39. 兵九进一	象 1 进 3	40. 车六平八	士 4 退 5
41. 车八进五	将 4 退 1	42. 车八进一	将 4 进 1
43. 兵九平八	炮 8 进 1	44. 炮九退八	炮 8 退 3
45. 车八退一	将 4 退 1	46. 仕五进六	象 3 退 1
47. 炮九平五	车 5 平 8	48. 炮五进六	车 8 进 6
49. 帅五进一	车 8 退 1	50. 帅五退一	车 8 进 1
51. 帅五进一	车 8 退 7	52. 炮五退三	车 8 平 4
53. 车八进一	将 4 进 1	54. 车八退一	将 4 退 1

55. 车八退二 车4进5　　56. 车八平二 炮8平7

57. 兵八进一 车4进1　　58. 帅五退一 车4进1

59. 帅五进一 车4退1　　60. 帅五退一

第274局 金松 胜 阎文清

1. 兵七进一 炮2平3　　2. 炮二平五 炮8平5

3. 马二进三 马2进1　　4. 炮八平六 车1平2

5. 马八进七 车2进6　　6. 车一平二 马8进7

7. 仕六进五 车2平3　　8. 兵九进一 卒7进1

9. 车九进三 车3退1　　10. 车二进六 车9平8

11. 车二平三 车8进5　　12. 车三退一 炮5平4

13. 兵五进一 象7进5　　14. 兵三进一 象5进7

15. 马三进二 象7退5　　16. 车九平六 炮4进5

17. 车六退一 车3平5　　18. 车六进二 卒5进1

19. 马二进三 车5平4　　20. 马七进六 卒5进1

21. 马六进八 炮3进7　　22. 马三进一 士6进5

23. 马八进六 卒5进1　　24. 马一进三 将5平6

25. 炮五平四 马7进5　　26. 炮四退一 炮3平2

27. 仕五进四 卒5平6　　28. 炮四进二 炮2退8

29. 马三退四 将6平5　　30. 兵三进一 士5进4

31. 兵三平四 炮2平6　　32. 马四进三 马5进6

33. 马六退五 将5平6　　34. 仕四进五 卒3进1

35. 兵四进一 炮6平5　　36. 马五进六 炮5平2

37. 兵四进一 马1退3　　38. 兵四平五 马6退5

39. 兵五平四 马5进6　　40. 仕五进六 炮2平1

41. 马六进八 象3进1　　42. 马八进九

第 275 局　聂铁文　和　申鹏

1. 兵七进一　炮2平3	2. 炮二平五　炮8平5
3. 马二进三　马2进1	4. 车一平二　车1平2
5. 马八进七　卒3进1	6. 车二进四　马8进7
7. 车九平八　车2进3	8. 炮八平九　车2进6
9. 马七退八　车9进1	10. 炮九平七　卒7进1
11. 炮七进三　车9平2	12. 马八进七　士4进5
13. 兵三进一　炮5平4	14. 兵三进一　象3进5
15. 兵三进一　象5进3	16. 兵三进一　象3退5
17. 马三退五　车2进7	18. 炮五进四　车2退5
19. 炮五退二　车2平4	20. 兵七进一　车4进5
21. 炮五平七　炮4平7	22. 兵九进一　卒9进1
23. 相七进九　马1退2	24. 兵七进一　炮3进3
25. 车二平七　车4退4	26. 相三进五　卒1进1
27. 马五进三　车4平7	28. 马三进二　卒1进1
29. 马二进一　车7退1	30. 马一进三　车7退1
31. 车七平九　马2进4	32. 马七进六　车7进2
33. 兵七进一　车7平7	34. 兵七进一　马4进5
35. 马六退七　士5退4	36. 仕四进五　车4平3
37. 车九平七　车3进1	38. 相九进七　马5进6

第 276 局　赵国荣　和　阎文清

1. 兵七进一　炮2平3	2. 炮二平五　炮8平5
3. 马二进三　马2进1	4. 马八进七　车1平2
5. 车九平八　卒3进1	6. 马七进六　卒3进1
7. 马六进五　炮3进1	8. 车一进一　车9进1
9. 车一平八　车2进4	10. 仕六进五　车9平4

11. 炮八平六	车 2 进 4	**12.** 车八进一	车 4 进 2
13. 车八进五	马 1 退 3	**14.** 车八进二	炮 3 进 6
15. 车八退八	炮 3 退 3	**16.** 炮六平七	马 3 进 2
17. 兵三进一	士 6 进 5	**18.** 车八进三	炮 5 平 3
19. 马三进四	象 7 进 5	**20.** 车八进二	马 8 进 7
21. 兵一进一	后炮平 2	**22.** 车八平五	车 4 进 2
23. 车五平四	车 4 退 2	**24.** 车四平五	车 4 进 2
25. 车五平四	车 4 退 2	**26.** 车四平五	车 4 进 2
27. 车五平四	车 4 退 2	**28.** 车四平五	车 4 进 2
29. 车五平四	车 4 退 2		

第 277 局　徐天红　和　张江

1. 兵七进一	炮 2 平 3	**2.** 炮二平五	炮 8 平 5
3. 马二进三	马 2 进 1	**4.** 马八进七	车 1 平 2
5. 车九平八	卒 3 进 1	**6.** 马七进六	卒 3 进 1
7. 马六进五	炮 3 进 1	**8.** 炮八进五	车 9 进 1
9. 车一进一	车 9 平 4	**10.** 车一平八	车 4 进 2
11. 前车进五	炮 3 进 6	**12.** 仕六进五	车 4 平 2
13. 车八进六	炮 3 退 2	**14.** 马三退一	车 2 进 1
15. 兵三进一	车 2 平 8	**16.** 车八退四	卒 3 进 1
17. 马五退六	车 8 进 7	**18.** 马六进八	车 8 平 9
19. 马八退七	炮 5 进 5	**20.** 相三进五	炮 3 进 1
21. 车八退一	炮 3 退 1	**22.** 车八平七	车 9 退 2
23. 马七进六	炮 3 平 2	**24.** 车七进八	车 9 退 2
25. 马六进七	士 6 进 5	**26.** 车七平九	车 9 平 3
27. 马七退五	车 3 平 2	**28.** 炮八退五	马 1 退 3
29. 炮八平七	车 2 进 5	**30.** 仕五退六	车 2 退 2
31. 炮七进五	车 2 平 5	**32.** 仕四进五	车 5 退 1
33. 车九退三	象 7 进 5	**34.** 马五退四	车 5 退 1

35. 马四进三	车 5 平 7	36. 马三进五	士 5 进 4
37. 车九平三	车 7 退 2	38. 马五退三	士 4 进 5
39. 兵九进一	马 3 进 1	40. 兵九进一	马 1 进 3
41. 兵九平八	马 3 进 4	42. 兵八进一	马 4 退 5
43. 炮七退四	马 8 进 6	44. 马三退五	马 5 进 7
45. 炮七平五	马 6 进 8	46. 帅五平四	马 8 进 6
47. 兵八平七	马 6 进 4	48. 炮五退一	将 5 平 4
49. 仕五进六	卒 9 进 1	50. 炮五退二	卒 9 进 1
51. 仕六进五	卒 9 平 8	52. 兵七平六	卒 8 进 1
53. 炮五平六	马 4 进 3	54. 兵六进一	士 5 进 4
55. 马五进六	马 3 进 4	56. 马六进八	将 4 进 1
57. 马八退七	将 4 退 1	58. 马七进五	将 4 进 1
59. 马五退四	将 4 平 5	60. 马四退五	马 4 退 2
61. 马五进六	卒 8 平 7	62. 马六进七	将 5 进 1
63. 马七退八	马 2 退 3	64. 炮六平五	将 5 平 4
65. 马八退七	卒 7 平 6	66. 炮五平七	马 3 进 5
67. 马七进八	马 5 退 3	68. 马八进九	将 4 平 5
69. 马九退七	将 5 平 6	70. 马七退六	马 7 进 5
71. 马六进五	马 3 进 4	72. 仕五进六	马 5 进 4
73. 炮七进二	将 6 平 5	74. 马五进七	将 5 平 4
75. 马七退八	将 4 平 5	76. 马八退六	卒 6 平 5
77. 炮七平九	卒 5 平 6	78. 马六退七	马 4 退 3
79. 马七退五	马 3 进 4	80. 炮九平七	将 5 退 1
81. 马五进六	卒 6 平 5	82. 马六进八	卒 5 平 6
83. 马八退六	卒 6 平 5	84. 马六进八	卒 5 平 6

第 278 局 胡荣华 和 阎文清

1. 兵七进一	炮 2 平 3	2. 炮二平五	炮 8 平 5
3. 马二进三	马 2 进 1	4. 炮八平六	车 1 平 2

5. 马八进七　车 2 进 6　　　　6. 车一平二　马 8 进 7

7. 车二进六　车 2 平 3　　　　8. 车二平三　车 9 进 1

9. 炮六进五　车 9 进 1　　　　10. 马七退五　士 4 进 5

11. 炮六退三　车 3 平 4　　　　12. 炮六平三　车 4 进 2

13. 兵五进一　将 5 平 4　　　　14. 相七进九　卒 9 进 1

15. 兵五进一　卒 5 进 1　　　　16. 炮五进五　象 7 进 5

17. 马三进五　车 4 退 1　　　　18. 炮三进三　车 9 平 7

19. 车三平五　车 7 进 2　　　　20. 兵三进一　车 7 平 8

21. 后马进七　车 4 退 1　　　　22. 仕六进五　炮 3 平 4

23. 车九平八　卒 1 进 1　　　　24. 相九退七　炮 4 平 3

25. 相七进九　炮 3 平 4　　　　26. 相九退七　将 4 平 5

27. 相七进五　车 4 平 3　　　　28. 车八平六　马 1 进 2

29. 车六进五　马 2 进 1　　　　30. 马七进九　车 3 平 5

31. 马九退八　卒 1 进 1　　　　32. 马八进六　卒 1 平 2

33. 车五平七　车 5 平 9　　　　34. 车七平五　车 9 平 5

35. 兵七进一

第 279 局　谢岿 和 阎文清

1. 兵七进一　炮 2 平 3　　　　2. 炮二平五　炮 8 平 5

3. 马二进三　马 2 进 1　　　　4. 炮八平六　车 1 平 2

5. 马八进七　车 2 进 6　　　　6. 车一平二　马 8 进 7

7. 兵九进一　车 9 进 1　　　　8. 仕六进五　车 9 平 4

9. 车二进四　车 2 平 3　　　　10. 车九进三　车 4 进 5

11. 车九平七　车 4 平 3　　　　12. 相七进九　士 4 进 5

13. 车二平六　炮 3 平 2　　　　14. 兵三进一　炮 2 进 4

15. 帅五平六　炮 2 平 5　　　　16. 马三进四　前炮平 8

17. 车六退一　车 3 平 4　　　　18. 马四退六　炮 5 进 5

19. 相三进五　象 3 进 5　　　　20. 相五退三　卒 7 进 1

21. 兵三进一　象 5 进 7　　　　22. 炮六平三　象 7 退 5

23. 马六进四　炮8退2　　24. 马七进六　炮8平6
25. 炮三进四　炮6平7　　26. 马六进五　马7进5
27. 马四进五　炮7进1　　28. 马五退四　卒3进1
29. 相三进五　炮7退1　　30. 兵七进一　象5进3
31. 炮三平五　象3退5　　32. 马四进三　卒9进1
33. 马三退一　炮7平4　　34. 马一退三　马1退3
35. 炮五平二　象5进7

第 280 局　张江 和 焦明理

1. 兵七进一　炮2平3　　2. 炮二平五　炮8平5
3. 马二进三　马8进7　　4. 车一平二　马2进1
5. 马八进七　车1平2　　6. 车九平八　车2进4
7. 炮八平九　车2进5　　8. 马七退八　车9进1
9. 车二进五　卒1进1　　10. 炮九进三　车9平4
11. 炮九进一　车4进7　　12. 马八进七　车4退1
13. 马七退九　士4进5　　14. 兵九进一　炮3进3
15. 兵九进一　车4进1　　16. 仕六进五　炮3退1
17. 兵三进一　炮5平2　　18. 马九进八　象3进5
19. 马八进七　炮2进7　　20. 相七进九　卒3进1
21. 炮九平三　马1进3　　22. 马三进四　马3进1
23. 车二平六　车4平3　　24. 炮五平三　马1进2
25. 后炮退一　车3退1　　26. 车六退二　车3平2
27. 马四进六　卒5进1　　28. 前炮平八　马2退1
29. 炮八退六　车2进2　　30. 仕五退六　马7进8
31. 兵五进一　马8退6　　32. 兵五进一　马6进7
33. 相三进五　马7退5　　34. 车六平五　马5退6
35. 车五平九　马1进2　　36. 炮三平六　士5退4
37. 相九退七　士6进5　　38. 仕四进五　马6进5
39. 帅五平四　马2退4　　40. 车九平五　马4进6

第 281 局 孙勇征 和 许银川

1. 兵七进一	炮 2 平 3	2. 炮二平五	炮 8 平 5
3. 马二进三	马 8 进 7	4. 车一平二	马 2 进 1
5. 炮八平六	车 1 平 2	6. 马八进七	车 9 进 1
7. 兵九进一	车 2 进 6	8. 马七进六	车 2 平 4
9. 马六进五	车 4 进 1	10. 马五进七	卒 7 进 1
11. 车九进二	车 4 平 1	12. 相七进九	车 9 平 6
13. 相九退七	车 6 进 5	14. 炮五进五	象 7 进 5
15. 车二进七	马 7 退 5	16. 马七进五	士 4 进 5
17. 车二退一	车 6 平 7	18. 马三退五	车 7 平 5
19. 车二平一	卒 7 进 1	20. 车一平六	车 5 平 9
21. 马五进六	车 9 退 2	22. 相三进五	卒 7 进 1
23. 马六进八	车 9 平 2	24. 马八退七	车 2 进 2
25. 马七进六	车 2 平 1	26. 马六进七	马 1 进 3
27. 车六平七	车 1 退 1	28. 车七平八	

第 282 局 柳大华 和 谢业枧

1. 兵七进一	炮 2 平 3	2. 炮二平五	炮 8 平 5
3. 马二进三	马 8 进 7	4. 车一平二	车 9 进 1
5. 马八进七	车 9 平 4	6. 车二进四	车 4 进 5
7. 马七进六	马 2 进 1	8. 仕四进五	车 1 平 2
9. 炮八平六	士 4 进 5	10. 马六进五	马 7 进 5
11. 炮五进四	车 4 退 3	12. 炮五退二	炮 3 进 3
13. 车二进五	车 4 进 2	14. 炮五平七	卒 3 进 1
15. 炮七平九	车 4 进 2	16. 炮九平五	车 4 退 3
17. 车二平三	车 2 进 3	18. 车九进二	车 2 平 5
19. 车九平四	炮 5 进 3	20. 兵五进一	车 4 平 7

21. 车四平五	马1进3	22. 车五进一	卒3进1
23. 相三进五	卒3平4	24. 兵三进一	车7平6
25. 车三平一	卒4平5	26. 车五平七	车6平8
27. 车一退三	车8进3	28. 马三退四	象3进5
29. 车一退一	车8进2	30. 车一平四	车8平9
31. 车四退二	马3退2	32. 车七进五	马2进3
33. 车四平八	马3进4	34. 车七退四	士5退4
35. 兵九进一	士6进5	36. 车八平二	马4退3
37. 车二平三	卒5平4	38. 车七退一	马3进5
39. 车七平五	马5进4	40. 仕五进六	车5平6
41. 仕六进五	车6退1	42. 车三平二	马4进2
43. 车五平四	车6进4	44. 车二平四	卒4进1
45. 车四进一	卒4平3	46. 车四退一	马2退1
47. 车四进三	马1退3	48. 车四平三	卒3进1
49. 车三进一	马3进2	50. 车三平五	卒3平4
51. 车五平八	马2进3	52. 帅五平六	卒4平5
53. 相七进五	马3退5	54. 帅六平五	马5进3
55. 帅五平六	车9退1	56. 马四进三	车9平6
57. 车八退五	车6退2	58. 兵三进一	卒1进1
59. 车八平七	车6平4	60. 车七平六	车4平7
61. 车六平七	车7平4	62. 车七平六	车4平3
63. 马三进四	马3退2	64. 车六进一	车3进3
65. 帅六进一	马2退3	66. 车六平五	马3进1
67. 仕五进六	车3退1	68. 帅六退一	车3进1
69. 帅六进一	马1进2	70. 帅六平五	车3退2
71. 车五退一	马2进3	72. 帅五平六	马3退2
73. 帅六平五	车3进1	74. 帅五退一	车3退3
75. 马四进三	马2进1	76. 帅五平六	马1退2
77. 帅六平五	马2进1	78. 帅五平六	马1退3
79. 帅六进一	马3退1	80. 车五进一	马1退3

81. 帅六平五　车3平5　　82. 车五进一　马3退5

83. 兵三平四　马5进4　　84. 马三退四　马4退6

85. 帅五退一　卒1进1　　86. 兵一进一　卒1平2

87. 兵一进一　卒2平3　　88. 马四进六　卒3平4

89. 兵一平二　将5平6　　90. 兵二平三　卒4进1

91. 兵三进一　士5进4　　92. 兵四进一　士4进5

93. 兵四平五　马6退4　　94. 马六退四　卒4平5

95. 兵三平四　马4进6　　96. 帅五平四　卒5进1

97. 马四退六　马6退8　　98. 帅四平五　马8进6

99. 帅五平四　马6进8　　100. 帅四平五　马8进6

101. 帅五平四　马6退5　　102. 帅四平五　马5进7

103. 帅五平六　马7退8　　104. 马六退七　卒5进1

105. 马七进六

第283局　张强 和 郑一泓

1. 兵七进一　炮2平3　　2. 炮二平五　炮8平5

3. 马二进三　马8进7　　4. 车一平二　马2进1

5. 炮八平六　车1平2　　6. 马八进七　车2进6

7. 仕六进五　车2平3　　8. 兵九进一　车9进1

9. 车九进三　车3平1　　10. 马七进九　卒7进1

11. 马九退七　车9平3　　12. 车二进四　卒3进1

13. 兵七进一　炮3进5　　14. 炮五平七　车3进3

15. 炮七进二　炮5平2　　16. 相七进五　象3进5

17. 车二平六　士4进5　　18. 炮六平七　车3平2

19. 兵三进一　卒1进1　　20. 兵九进一　车2平1

21. 兵三进一　车1平7　　22. 车六进二　马1进2

23. 车六平八　马2进1　　24. 车八进一　马1进3

25. 炮七平三　马7进6　　26. 车八退二　士5退4

27. 兵五进一

第 284 局　张梅 负 赵冠芳

1. 兵七进一　炮 2 平 3　　　2. 炮二平五　炮 8 平 5

3. 马二进三　马 8 进 7　　　4. 车一平二　马 2 进 1

5. 马八进九　车 1 平 2　　　6. 车九平八　车 2 进 4

7. 车二进四　车 9 平 8　　　8. 车二进五　马 7 退 8

9. 炮八平七　卒 1 进 1　　　10. 炮七进四　炮 3 进 3

11. 炮七平九　车 2 进 5　　　12. 马九退八　卒 7 进 1

13. 炮五进四　士 6 进 5　　　14. 相七进五　炮 3 进 1

15. 兵五进一　马 8 进 7　　　16. 炮五平八　炮 3 退 3

17. 炮八进一　炮 3 退 1　　　18. 炮九平七　炮 3 平 4

19. 炮八平五　象 7 进 5　　　20. 炮七平三　马 7 进 5

21. 兵五进一　马 5 进 3　　　22. 相五进七　马 3 进 5

23. 马三进五　炮 4 进 4　　　24. 兵三进一　卒 7 进 1

25. 炮三平五　卒 7 平 6　　　26. 仕六进五　马 1 进 3

27. 炮五平六　卒 6 进 1　　　28. 马五退六　炮 4 平 9

29. 炮六平五　马 5 退 7　　　30. 兵五平四　马 3 进 4

31. 炮五退二　马 7 进 8　　　32. 帅五平六　马 8 进 7

33. 马六进八　炮 9 平 1　　　34. 相七退五　炮 1 平 2

35. 前马进六　卒 6 平 5　　　36. 马六进八　卒 1 进 1

37. 前马进六　炮 2 进 2　　　38. 马六进八　马 4 进 3

39. 帅六进一　马 7 退 8　　　40. 兵四进一　马 3 进 2

41. 帅六退一　炮 2 退 4　　　42. 炮五进二　马 2 退 3

43. 帅六进一　将 5 平 6　　　44. 炮五平一　卒 5 平 4

45. 炮一退三　马 3 退 2　　　46. 仕五进六　卒 1 进 1

47. 相五进三　炮 2 平 3　　　48. 相三进五　卒 1 平 2

49. 炮一进一　马 2 退 3　　　50. 炮一进二　马 3 进 5

51. 仕四进五　炮 3 退 2　　　52. 炮一退六　炮 3 平 2

53. 炮一平四　将 6 平 5　　　54. 炮四平三　马 8 进 7

55. 兵四平五　卒 2 平 3

第 285 局　党国蕾 负 赵冠芳

1. 兵七进一　炮 2 平 3	**2.** 炮二平五　炮 8 平 5
3. 马二进三　马 8 进 7	**4.** 车一平二　马 2 进 1
5. 马八进七　车 1 平 2	**6.** 车九平八　车 2 进 4
7. 马七进六　车 9 进 1	**8.** 车二进四　车 9 平 6
9. 炮八进二　车 6 进 6	**10.** 兵七进一　车 2 平 3
11. 炮八退二　车 6 进 1	**12.** 仕六进五　卒 7 进 1
13. 炮八退一　车 6 退 7	**14.** 马六进五　马 7 进 5
15. 炮五进四　士 6 进 5	**16.** 炮八进七　车 6 进 5
17. 炮八退二　车 3 进 5	**18.** 车八平七　炮 3 进 7
19. 车二进五　马 1 退 3	**20.** 车二平三　车 6 退 3
21. 车三退二　马 3 进 2	**22.** 炮五平八　车 6 进 4
23. 炮八平一　车 6 平 2	**24.** 炮一平五　将 5 平 6
25. 兵三进一　卒 7 进 1	**26.** 车三退三　炮 3 平 1
27. 仕五进六　车 2 平 5	**28.** 车三平四　炮 5 平 6
29. 车四进二　卒 3 进 1	**30.** 相三进五　炮 1 退 2
31. 车四平二　炮 6 平 7	**32.** 帅五进一　卒 3 进 1
33. 马三进四　车 5 平 6	**34.** 车二退二　卒 3 平 4
35. 车二平三　炮 1 平 2	**36.** 帅五退一　炮 2 退 2
37. 车三进三　车 6 进 1	**38.** 车三进二　将 6 进 1
39. 车三退一　将 6 退 1	**40.** 车三进一　将 6 进 1
41. 仕四进五　卒 4 进 1	**42.** 车三退一　将 6 退 1
43. 车三进一　将 6 进 1	**44.** 车三退一　将 6 退 1
45. 车三进一　将 6 进 1	**46.** 炮五平二　卒 4 平 5
47. 车三退一　将 6 退 1	**48.** 车三进一　将 6 进 1
49. 车三退一　将 6 退 1	**50.** 车三进一　将 6 进 1
51. 车三退七　炮 2 进 2	**52.** 炮二退四　车 6 平 8

53. 车三平四	士 5 进 6	54. 帅五平四	士 4 进 5
55. 炮二平三	车 8 进 4	56. 帅四进一	将 6 退 1
57. 仕五退六	车 8 平 4	58. 炮三进四	车 4 退 2
59. 车四进二	卒 5 进 1	60. 车四平五	车 4 进 1
61. 帅四退一	卒 5 平 6	62. 炮三平四	将 6 平 5
63. 炮四平五	将 5 平 4	64. 车五平四	车 4 进 1
65. 炮五退六	卒 6 平 5		

第 286 局　郭莉萍 负 张国凤

1. 兵七进一	炮 2 平 3	2. 炮二平五	炮 8 平 5
3. 马二进三	马 8 进 7	4. 车一平二	马 2 进 1
5. 马八进九	车 1 平 2	6. 车九平八	车 2 进 4
7. 车二进六	卒 7 进 1	8. 车二平三	车 9 进 1
9. 仕六进五	车 9 平 4	10. 兵三进一	卒 7 进 1
11. 车三退二	卒 1 进 1	12. 炮八平六	车 2 平 6
13. 车八进六	士 4 进 5	14. 马九退七	车 4 进 3
15. 马七进八	车 4 平 2	16. 车八退一	车 6 平 2
17. 马八进六	车 2 进 5	18. 马六进五	车 2 平 3
19. 炮六退二	马 7 进 5	20. 炮五进四	车 3 退 4
21. 车三平七	炮 3 进 3	22. 马三进四	马 1 进 2
23. 马四进六	马 2 进 4	24. 炮六进三	炮 3 退 1
25. 帅五平六	卒 9 进 1	26. 兵五进一	马 4 进 2
27. 马六进四	炮 3 平 4	28. 仕五进六	炮 4 退 3
29. 帅六进一	卒 3 进 1		

第 287 局　靳玉砚 胜 谢业枧

1. 兵七进一	炮 2 平 3	2. 炮二平五	炮 8 平 5
3. 马二进三	马 8 进 7	4. 车一平二	车 9 进 1

5. 炮八平六　马2进1　6. 马八进七　车9平4

7. 仕四进五　车1平2　8. 车二进四　车4进5

9. 马七进六　士4进5　10. 马六进五　马7进5

11. 炮五进四　车4退3　12. 炮六平五　卒7进1

13. 车二进五　车2进4　14. 车二平三　车2平6

15. 车九平八　车6进4　16. 车八进七　炮3退1

17. 车三退四　车6退6　18. 前炮退二　将5平4

19. 后炮平六　炮5平4　20. 车三进一　车4进3

21. 炮六进五　车4退4　22. 车八平六　士5进4

23. 相三进五　卒1进1　24. 兵一进一　炮3平2

25. 马三进一　车6进2　26. 车三平一　炮2进2

27. 车一退一　车6平9　28. 兵一进一　炮2进3

29. 马一进二　马1进2　30. 兵九进一　马2进3

31. 兵九进一　炮2平5　32. 炮五平六　将4平5

33. 马二进四　士6进5　34. 兵九平八　马3进5

35. 相七进五　炮5进2　36. 仕六进五

第288局　蒋川　胜　聂铁文

1. 兵七进一　炮2平3　2. 炮二平五　炮8平5

3. 马二进三　马8进7　4. 车一平二　马2进1

5. 炮八平六　车1平2　6. 马八进七　车2进6

7. 仕六进五　车2平3　8. 兵九进一　车9进1

9. 车九进三　车3平1　10. 马七进九　车9平4

11. 马九退七　车2进5　12. 马七进六　车2平3

13. 车二进六　车2平3　14. 炮六退二　车3退4

15. 马六进四　车3退1　16. 马四进三　炮3平7

17. 车二平三　炮7平6　18. 炮五进四　士4进5

19. 车三进三　卒1进1　20. 兵九进一　车3平1

21. 车三退三　卒9进1　22. 兵三进一　车1平5

23. 炮六进二　马1进2　　24. 炮六平五　车5平3
25. 车三退一　车3平7　　26. 兵三进一　炮6平7
27. 马三退一　将5平4　　28. 前炮平二　炮5进5
29. 相三进五　马2进4　　30. 炮二进三　将4进1
31. 马一进二　马4进5　　32. 仕五进六　马5退7
33. 仕四进五　炮7平9　　34. 炮二平五　马7进8
35. 马二进一　马8退9　　36. 马一进三　炮9平4
37. 炮一平七　马9退7　　38. 兵五进一　炮4进4
39. 兵三平四　卒3进1　　40. 兵五进一　卒3进1
41. 马三退四　炮4平5　　42. 帅五平六　炮5平3
43. 炮七平九　卒3平4　　44. 马四进六　炮3平4
45. 帅六平五　炮4退2　　46. 兵五平六　马7进5
47. 兵四平五　马5退3　　48. 炮九退九　将4退1
49. 炮九平六　卒4平5　　50. 兵五进一　将4平5
51. 兵六进一　卒5平6　　52. 兵六平七　马3进5
53. 兵七进一　马5退6　　54. 兵七进一　卒6平5
55. 兵七平六　马6进4　　56. 兵五平六　马4退2
57. 帅五平四　士5进6　　58. 后兵进一　士6进5
59. 后兵平五　马2进4　　60. 炮六平五　马4退3
61. 兵五进一　士6退5　　62. 炮五进四　士5进6
63. 兵六平七　马3退1　　64. 兵七平八　马1进3
65. 兵八平七　将5进1　　66. 仕五退六　马3退1
67. 兵七平八　马1进2　　68. 炮五退四　将5进1
69. 帅四进一　马2进3　　70. 仕六进五　将5平4
71. 炮五平四　士6退5　　72. 炮四平六　马3进4
73. 兵八平七　士5退6　　74. 帅四进一

第289局　靳玉砚 和 谢业枧

1. 兵七进一　炮2平3　　2. 炮二平五　炮8平5

3. 马二进三 马8进7	4. 车一平二 马2进1
5. 炮八平六 车1平2	6. 马八进七 车2进6
7. 车九平八 车2进3	8. 马七退八 车9进1
9. 马八进七 车9平4	10. 仕六进五 卒7进1
11. 车二进四 炮5退1	12. 马七进六 车4平2
13. 马六进五 马7进5	14. 炮五进四 炮3平5
15. 炮五进二 士4进5	16. 相三进五 卒1进1
17. 兵三进一 车2进3	18. 车二进二 卒7进1
19. 车二平三 车2进5	20. 炮六退二 车2退1
21. 炮六进五 车2平4	22. 仕五进六 车4退1
23. 炮六平三 象7进9	24. 炮三平二 将5平4
25. 仕四进五 车4退2	26. 车三退二 车4平7
27. 相五进三 马1退3	28. 马三进四 炮5平1
29. 炮二退二 象9退7	30. 炮二平三 象7进5
31. 相三退五 象5退7	32. 马四进三 象3进5
33. 兵一进一 将4平5	34. 炮三平一 卒3进1
35. 兵七进一 象5进3	36. 炮一进三 炮1进4
37. 马三退四 象3退5	38. 马四进五 卒1进1
39. 兵一进一 马3进1	40. 马五退六 卒1平2
41. 兵一平二 炮1退1	42. 马六退七 马1进3
43. 兵二进一 马3进4	44. 马七进八 马4退6

第290局 龚晓民 胜 孙浩宇

1. 兵七进一 炮2平3	2. 炮二平五 炮8平5
3. 马二进三 马8进7	4. 车一平二 马2进1
5. 马八进七 车1平2	6. 车九平八 车2进4
7. 炮八平九 车2进5	8. 马七退八 车9进1
9. 车二进五 卒1进1	10. 炮九进三 车9平6
11. 仕六进五 车6进5	12. 马八进七 车6平7

13. 马三退一	卒7进1	14. 车二进一	车7退1
15. 相七进九	卒3进1	16. 炮九退一	车7进1
17. 马七进八	车7平5	18. 兵七进一	车5平1
19. 马八进六	车1退1	20. 马六进七	车1进2
21. 车二平三	炮5进5	22. 相三进五	马7退5
23. 车三平五	象7进5	24. 马七退六	马5退7
25. 马六进四	马7进6	26. 马一进二	士4进5
27. 马二进三	车1平3	28. 车五退一	马6进8
29. 马三进二	马8退6	30. 兵七平六	马1进2
31. 车五退一	马2进3	32. 车五平七	车3进1
33. 相五退三	马3进1	34. 车七平六	车3退2
35. 马二进一	马1进3	36. 车六退三	马6进8
37. 马一退三	马8退7	38. 马四进三	将5平4
39. 兵一进一	士5进4	40. 相三进五	士6进5
41. 兵六进一	车3平4	42. 车六平七	车4退3
43. 车七进三	车4平7	44. 马三退一	车7退1
45. 马一进二	车7进2	46. 马二退四	车7退3
47. 车七平四	将4平5	48. 车四进二	车7平8
49. 相五退三	车8平7	50. 相三进一	车7平8
51. 仕五进四	车8平7	52. 马四退三	车7平9
53. 车四平七	车9平7	54. 马三退二	车7平6
55. 车七平一	车6进6	56. 兵一进一	车6退2
57. 车一平二	士5退6	58. 仕四进五	车6平5
59. 兵一进一	象5退7	60. 马二退四	车5进1
61. 车二平四			

第291局　胡荣华　和　谢业枧

1. 兵七进一	炮2平3	2. 炮二平五	炮8平5
3. 马二进三	马8进7	4. 车一平二	马2进1

5. 马八进七　车1平2　　　6. 车九平八　车2进4

7. 车二进六　卒7进1　　　8. 炮八平九　车2进5

9. 马七退八　车9进1　　　10. 车二平三　车9平2

11. 马八进七　车2进3　　　12. 兵三进一　象7进9

13. 马三进四　车2平6　　　14. 马四退六　卒1进1

15. 仕六进五　卒7进1　　　16. 车三退二　车6平7

17. 车三进一　象9进7　　　18. 炮九进三　炮3进3

19. 马六进八　炮3平8　　　20. 炮五平三　象7退9

21. 马八进六　卒3进1　　　22. 相七进五　炮8退1

23. 炮三进四　炮5平4　　　24. 兵五进一　马1退3

25. 兵九进一　炮4进1　　　26. 炮三退三　马3进2

27. 马六退四　炮8平1　　　28. 兵九进一　炮4退2

29. 兵九平八　马2退4　　　30. 炮三平五　炮4平5

31. 马四进五　马7进5　　　32. 炮五进三　炮5进4

第 292 局　谢靖 和 孙浩宇

1. 兵七进一　炮2平3　　　2. 炮二平五　炮8平5

3. 马二进三　马8进7　　　4. 车一平二　马2进1

5. 马八进七　车1平2　　　6. 车九平八　车2进4

7. 车二进六　车9进1　　　8. 车二平三　车9平4

9. 炮八平九　车2进5　　　10. 马七退八　车4进7

11. 马八进七　卒3进1　　　12. 兵七进一　车4平3

13. 马七进六　车3退4　　　14. 炮九平七　炮3进5

15. 马六退七　车3进3　　　16. 车三进一　马1进3

17. 炮五进四　士4进5　　　18. 相三进五　马3进4

19. 炮五平三　士5进6　　　20. 车三平四　士6进5

21. 车四退三　马4进2　　　22. 仕四进五　车3退4

23. 炮三退一　马2进3　　　24. 帅五平四　炮5平6

25. 仕五进四　车3平5　　　26. 兵三进一　车5进3

27. 仕六进五　象3进5　　28. 炮三进一　车5退3
29. 马三进二　马3退4　　30. 车四进一　马4进5
31. 车四进二　士5进6　　32. 仕四退五　卒9进1
33. 兵九进一　车5进3　　34. 马二退三　车5退1
35. 帅四平五　车5平1　　36. 兵三进一　象5进7
37. 马三进五　车1平8　　38. 马五进三　士6退5
39. 炮三平四　卒1进1　　40. 炮四退一　象7退5

第293局　赵国荣 胜 程进超

1. 兵七进一　炮2平3　　2. 炮二平五　炮8平5
3. 马二进三　马8进7　　4. 车一平二　马2进1
5. 马八进七　车1平2　　6. 车九平八　车2进4
7. 炮八平九　车2进5　　8. 马七退八　车9进1
9. 车二进四　车9平2　　10. 马八进七　卒3进1
11. 马三退五　炮3进3　　12. 车二进一　炮3进1
13. 车二平七　车2平3　　14. 车七进三　马1退3
15. 兵三进一　马3进2　　16. 炮九进四　马2进3
17. 马五进三　炮5平3　　18. 仕六进五　前炮进3
19. 马七进八　象7进5　　20. 炮五平七　马3退2
21. 相三进五　前炮平2　　22. 马三进四　炮3平2
23. 炮七进五　后炮进3　　24. 炮七平三　卒5进1
25. 马四进三　士6进5　　26. 马三退五　卒9进1
27. 马五进七　后炮进1　　28. 炮三退一　后炮平3
29. 帅五平六　马2退3　　30. 兵九进一　炮3平9
31. 炮三平五　炮9平8　　32. 兵三进一　炮8进3
33. 相五退三　炮8退6　　34. 马七进五　象3进5
35. 炮九平二　将5平6　　36. 兵三平四　炮2退6
37. 炮二进二　士5进6　　38. 兵九进一　炮2退1
39. 炮二退二　士4进5　　40. 兵五进一　炮2平4

41. 帅六平五　将 6 平 5	42. 兵五进一　将 5 平 4
43. 兵五平六　炮 4 退 1	44. 兵四平五　士 5 进 4
45. 炮二进二　马 3 进 2	46. 兵六进一　马 2 进 3
47. 兵六进一　马 3 退 5	48. 兵六进一　将 4 进 1
49. 兵九平八　卒 9 进 1	50. 炮二退六　马 5 进 3
51. 炮二平五　象 5 退 7	52. 兵八平七　卒 9 平 8
53. 前炮平七　马 3 退 5	54. 兵七平六　马 5 进 6
55. 炮七退五　卒 8 平 7	56. 炮七平六　将 4 平 5
57. 兵六平五　将 5 平 6	58. 兵五进一　马 6 退 7
59. 炮五平四　将 6 平 5	60. 炮四进三　卒 7 平 6
61. 兵五平四　马 7 退 8	62. 兵四进一　马 8 进 7
63. 兵四平三　马 7 退 9	64. 兵三平二　马 9 进 8
65. 炮四进一　马 8 进 7	66. 兵二平三　马 7 退 9
67. 帅五平六　马 9 退 8	68. 炮四平二

第 294 局　聂铁文　胜　谢业枧

1. 兵七进一　炮 2 平 3	2. 炮二平五　炮 8 平 5
3. 马二进三　马 8 进 7	4. 车一平二　马 2 进 1
5. 马八进七　车 1 平 2	6. 车九平八　车 2 进 4
7. 炮八平九　车 2 进 5	8. 马七退八　车 9 进 1
9. 车二进五　车 9 平 4	10. 炮九进四　士 4 进 5
11. 相七进九　象 7 进 9	12. 车二平八　卒 7 进 1
13. 兵九进一　车 4 进 4	14. 仕六进五　卒 7 进 1
15. 马八进七　车 4 平 6	16. 兵三进一　车 6 平 7
17. 马三退一　车 7 进 3	18. 车八平六　炮 3 平 4
19. 马一进二　车 7 退 2	20. 马二退一　车 7 平 9
21. 马一进三　车 9 平 7	22. 马三退一　车 7 进 2
23. 马一进二　车 7 退 2	24. 马二退一　车 7 进 2
25. 马一进二　车 7 进 1	26. 马二退四　车 7 退 3

27. 兵九进一　车7平6　　28. 兵九平八　炮5进4
29. 马七进五　车6平5　　30. 相九退七　车5退2
31. 车六退二　炮4平5　　32. 马四进三　车5平7
33. 炮五进五　象3进5　　34. 相七进五　马7退8
35. 兵七进一　卒3进1　　36. 兵八进一　卒5进1
37. 车六进三　卒5进1　　38. 兵八进一　卒5平6
39. 马三退二　车7进3　　40. 马二退三　象5退3
41. 车六平七　车7平5　　42. 车七进三　士5退4
43. 兵八平九　车5平1　　44. 炮九平六　车1进2
45. 炮六退六　车1退7　　46. 车七退四　马8进6
47. 车七平四　马6进7　　48. 车四进一　马7进9
49. 车四退二　马9进8　　50. 车四平五　士4进5
51. 马三进二　车1进5　　52. 马二退四　卒9进1
53. 车五退一　马8退7　　54. 马四进三　车1退3
55. 炮六进二　车1进5　　56. 仕五退六　车1退2
57. 仕四进五　卒9进1　　58. 马三进四　车1退4
59. 马四进五

第295局　郭莉萍 负 张国凤

1. 兵七进一　炮2平3　　2. 炮二平五　炮8平5
3. 马二进三　马8进7　　4. 车一平二　马2进1
5. 马八进九　车1平2　　6. 车九平八　车2进4
7. 仕六进五　车9进1　　8. 车二进四　车9平4
9. 兵九进一　卒7进1　　10. 炮八平六　车2平6
11. 车八进三　卒1进1　　12. 兵九进一　车6平1
13. 兵三进一　车4进4　　14. 兵三进一　车4平8
15. 马三进二　车1平7　　16. 相三进一　士6进5
17. 车八平六　炮3进3　　18. 车六进三　车7平3
19. 马九进八　马1进2　　20. 相七进九　炮5平2

21. 马八退七	炮 3 平 1	22. 车六退二	马 2 进 3
23. 炮五平三	炮 1 平 8	24. 车六平二	马 3 进 1
25. 炮六平九	车 3 进 3	26. 车二平三	车 3 平 1
27. 炮三进五	车 1 进 2	28. 仕五退六	炮 2 进 7
29. 帅五进一	车 1 退 1	30. 帅五进一	车 1 退 1
31. 帅五退一	车 1 进 1	32. 帅五进一	车 1 退 1
33. 帅五退一	车 1 平 9	34. 兵一进一	车 9 进 1
35. 帅五进一	车 9 退 1	36. 帅五退一	车 9 进 1
37. 帅五进一	车 9 退 2	38. 车三平五	卒 3 进 1
39. 车五进二	卒 3 进 1	40. 炮三平八	卒 3 进 1
41. 炮八退一	车 9 进 1	42. 帅五退一	车 9 进 1
43. 帅五进一	车 9 退 1	44. 帅五退一	车 9 进 1
45. 帅五进一	炮 2 退 2	46. 仕四进五	卒 3 进 1
47. 仕五进六	车 9 平 4		

第 296 局　党国蕾 胜 张国凤

1. 兵七进一	炮 2 平 3	2. 炮二平五	炮 8 平 5
3. 马二进三	马 8 进 7	4. 车一平二	马 2 进 1
5. 马八进七	车 1 平 2	6. 车九平八	车 9 进 1
7. 车二进五	车 2 进 3	8. 马七进六	炮 3 平 2
9. 炮八进三	卒 1 进 1	10. 马六进五	炮 2 进 2
11. 马五进三	车 9 平 6	12. 兵三进一	车 6 进 6
13. 后马进二	车 2 退 1	14. 车二平五	车 6 退 4
15. 车八进三	车 2 平 4	16. 车五进一	车 6 退 1
17. 马三进一	士 4 进 5	18. 马二进三	炮 2 平 8
19. 马一退二	车 6 平 8	20. 马三进五	车 4 平 5
21. 车五进一	象 7 进 5	22. 马二退四	车 8 平 6
23. 马四进五	象 3 进 5	24. 车八进四	车 6 进 4
25. 车八平五	马 1 退 3	26. 车五平八	将 5 平 4

27. 车八进二	将4进1	28. 车八退一	车6平5
29. 车八平七	将4退1	30. 车七进一	将4进1
31. 兵三进一	炮8进1	32. 仕四进五	车5平7
33. 车七退三	车7进3	34. 仕五退四	车7退5
35. 车七平六	士5进4	36. 炮五平六	车7平5
37. 仕四进五	将4平5	38. 炮六平五	将5平4
39. 炮五平六	将4平5	40. 车六进一	车5平7
41. 炮六平五	车7进5	42. 仕五退四	车7退4
43. 车六平二	车7平3	44. 车二进一	将5退1
45. 车二退三	车3平4	46. 仕四进五	将5平4
47. 车二平五	炮8退4	48. 炮五平六	车4平2
49. 车五平九	车2进1	50. 炮六退一	车2进2
51. 车九平六	将4平5	52. 兵九进一	车2退2
53. 炮六进二	炮8平9	54. 车六平五	将5平4
55. 车五平六	将4平5	56. 兵九进一	士6进5
57. 炮六退一	车2平4	58. 兵九进一	士5退6
59. 炮六平五	炮9平8	60. 车六平二	炮8平7
61. 车二平三	炮7平8	62. 兵九平八	车9进3
63. 仕五退四	车9退5	64. 车三进一	车9平4
65. 车三平一	将5平4	66. 仕四进五	炮8平5
67. 帅五平四	车4平6	68. 炮五平四	炮5平6
69. 车一平六	将4平5	70. 车六平五	将5平4
71. 帅四平五	炮6进6	72. 仕五进四	车6退3
73. 车五平六	车6平4	74. 车六平七	车4平5
75. 仕六进五	车5平2	76. 车七进三	将4进1
77. 兵八平七	将4平5	78. 兵七平六	车2进2
79. 兵六进一	将5平6	80. 兵六平五	车2平5
81. 兵五平四	将6平5	82. 车七平四	车5平3
83. 车四退一	将5退1	84. 兵四平五	车3平5
85. 兵五平六			

第 297 局　许银川 胜 蒋川

1. 兵七进一	炮 2 平 3	2. 炮二平五	炮 8 平 5
3. 马二进三	马 8 进 7	4. 车一平二	马 2 进 1
5. 马八进七	车 1 平 2	6. 车九平八	车 9 进 1
7. 炮八进四	卒 3 进 1	8. 炮八平七	车 2 进 9
9. 炮七进三	士 4 进 5	10. 马七退八	卒 3 进 1
11. 车二进五	士 5 进 4	12. 车二平六	车 9 平 2
13. 车六进二	车 2 进 1	14. 马八进七	士 6 进 5
15. 车六退二	车 2 退 2	16. 炮七平三	车 2 进 8
17. 车六平七	炮 3 进 1	18. 车七退一	车 2 平 3
19. 相七进九	炮 5 平 3	20. 车七平八	后炮进 5
21. 车八平七	卒 1 进 1	22. 马三退五	后炮平 2
23. 车七进五	士 5 退 4	24. 车七退七	炮 2 进 6
25. 相九退七	车 3 平 4	26. 马五进三	车 4 进 1
27. 帅五进一	马 1 进 2	28. 车七进三	马 2 进 1
29. 兵三进一	马 7 退 5	30. 炮三平二	马 5 进 4
31. 马三进四	马 4 进 3	32. 炮二退七	车 4 平 6
33. 马四进五	马 3 进 5	34. 相七进九	车 6 退 2
35. 车七退二	车 6 平 8	36. 车七平五	马 1 进 3
37. 炮五平六	车 8 平 4	38. 马五进三	士 4 进 5
39. 车五进五	将 5 平 4	40. 车五进一	将 4 进 1
41. 马三退五	将 4 进 1	42. 马五进四	

第 298 局　　吕钦 负 徐天红

1. 兵七进一	炮 2 平 3	2. 炮二平五	炮 8 平 5
3. 马二进三	马 8 进 7	4. 车一平二	马 2 进 1
5. 马八进七	车 1 平 2	6. 车九平八	车 9 进 1

7. 炮八进四　卒 3 进 1 　　8. 炮八平七　车 2 进 9

9. 炮七进三　士 4 进 5 　　10. 马七退八　卒 3 进 1

11. 车二进五　士 5 进 4 　　12. 车二平六　车 9 平 2

13. 车六进二　车 2 进 1 　　14. 马八进七　卒 7 进 1

15. 炮七退五　士 6 进 5 　　16. 车六退五　炮 5 平 4

17. 马三退五　卒 1 进 1 　　18. 车六进四　马 1 进 2

19. 车六退一　炮 3 退 2 　　20. 相七进九　马 2 进 3

21. 车六平三　炮 4 进 6 　　22. 炮五平三　马 3 进 1

23. 车三平七　象 7 进 5 　　24. 车七进一　炮 4 平 3

25. 炮三平九　后炮进 5 　　26. 相三进五　后炮进 1

27. 炮九进三　马 7 进 6 　　28. 车七平五　马 6 进 4

29. 车五平二　车 2 进 2 　　30. 炮九进一　车 2 平 4

31. 相五退七　将 5 平 4

第二章　转列炮

第299局　李鸿嘉 和 赵玮

1. 兵七进一　炮2平3
2. 炮八平五　炮8平5
3. 马二进三　马8进7
4. 车一平二　卒3进1
5. 马八进九　卒3进1
6. 车九平八　马2进1
7. 炮二进四　卒7进1
8. 车二进四　车9平8
9. 车二平七　车8进3
10. 车七进三　车8进3
11. 炮五平七　车8平7
12. 相七进五　马7进6
13. 马九进七　马6进4
14. 炮七平六　士4进5
15. 仕六进五　卒5进1
16. 车八进八　炮5平6
17. 车八平六　马1进3
18. 马七进六　炮6退1
19. 车六退二　马4退2
20. 车七退一　马2退4
21. 炮六进四　车7进1
22. 炮六平五　士5进4
23. 车七进二　车7平8
24. 车七平四　车8退4
25. 马六进八　车1平2
26. 马八进七　将5平4
27. 车四进一　将4进1
28. 炮五平六　士4退5
29. 炮六退六　车2进9
30. 车四退五　车8平3
31. 车四平六　士5进4
32. 马七退六　将4平5
33. 马六进四　象7进5
34. 车六平二　将5平6
35. 马四退五　车3平5
36. 马五退七　象3进1
37. 兵五进一　象1进3
38. 兵五进一　车5平6
39. 兵五平六　车2退6
40. 车二进四　将6退1
41. 车二进一　将6进1
42. 仕五进六　士4退5
43. 兵六进一　车2进6
44. 车二退一　将6退1
45. 车二平五　车6平4
46. 仕四进五　车4平6

47. 车五平一　车2退3	48. 兵一进一　车2平9
49. 炮六平九　车9退1	50. 车一平九　车9进1
51. 车九平六　车9平2	52. 炮九平六　车6平5
53. 车六进一　将6进1	54. 车六退五　将6平5
55. 仕五进四　卒9进1	56. 仕六退五　车2平5
57. 车六进五　前车平3	58. 车六平一　卒7进1
59. 车一退四　卒7平6	60. 兵九进一　卒6平5
61. 车一平六　卒5进1	62. 帅五平四　车3平4
63. 车六退二　卒5平4	64. 兵九进一　车5进2
65. 马七退八	

第 300 局　陈智军 负 吕钦

1. 兵七进一　炮2平3	2. 炮八平五　炮8平5
3. 马二进三　马8进7	4. 车一平二　卒3进1
5. 马八进九　卒3进1	6. 车九平八　车9进1
7. 仕六进五　马2进1	8. 炮二进四　车9平4
9. 车二进五　车1进1	10. 车二平七　车1平3
11. 车七退一　车4进2	12. 炮五平六　马1进3
13. 车七平四　车4进2	14. 车四平六　马3进4
15. 车八进四　马4退6	16. 炮二退二　马6进5
17. 相三进五　炮3平4	18. 兵三进一　卒5进1
19. 马三进五　炮5进4	20. 车八平七　车3进4
21. 炮二平七　炮4进4	22. 兵一进一　炮5平1
23. 马九退七　炮4平3	24. 炮六进四　卒1进1
25. 炮七进二　卒5进1	26. 马七进八　卒1进1
27. 炮六平一　卒1平2	28. 马八退七　卒7进1
29. 兵一进一　卒7进1	30. 相五进三　炮3平8
31. 相七进五　卒5进1	32. 炮七平三　象3进5
33. 炮一平二　卒2进1	34. 兵一平二　炮8平9

35. 相三退一 卒 2 进 1　　　**36.** 马七退九 卒 2 平 1

37. 马九进七 卒 1 平 2　　　**38.** 帅五平六 卒 2 进 1

39. 马七退五 卒 5 进 1　　　**40.** 相一退三 炮 9 平 4

第 301 局　陈寒峰 负 汪洋

1. 兵七进一 炮 2 平 3　　　**2.** 炮八平五 炮 8 平 5

3. 马二进三 马 8 进 7　　　**4.** 车一平二 卒 3 进 1

5. 马八进九 卒 3 进 1　　　**6.** 车九平八 马 2 进 1

7. 仕六进五 车 1 平 2　　　**8.** 车八进九 马 1 退 2

9. 炮二进四 卒 7 进 1　　　**10.** 炮二平九 炮 3 进 7

11. 车二进四 炮 3 退 2　　　**12.** 车二平七 炮 3 平 7

13. 车七进五 炮 7 平 1　　　**14.** 炮九退四 车 9 进 1

15. 车七平八 车 9 平 3　　　**16.** 车八退六 车 3 进 6

17. 炮九退一 马 7 进 6　　　**18.** 仕五退六 车 3 进 1

19. 炮九退一 炮 5 进 4　　　**20.** 仕四进五 车 3 退 3

21. 车八进三 车 3 平 5　　　**22.** 帅五平四 车 5 平 6

23. 炮五平四 马 6 进 4　　　**24.** 炮九平七 炮 5 平 3

25. 车八平六 象 7 进 5　　　**26.** 兵九进一 炮 3 平 4

27. 车六平八 车 6 进 1　　　**28.** 车八退二 马 4 退 6

29. 兵三进一 车 6 平 7　　　**30.** 相三进一 卒 7 进 1

31. 车八平三 车 7 退 1　　　**32.** 相一进三 马 6 进 7

33. 炮七进三 马 7 退 5　　　**34.** 炮七进三 卒 9 进 1

35. 炮四平一 炮 4 平 6　　　**36.** 帅四平五 炮 6 平 3

37. 相三退五 马 5 进 7　　　**38.** 炮一进三 马 7 进 5

39. 仕五进六 炮 3 平 5　　　**40.** 仕六进五 马 5 退 7

41. 帅五平六 炮 5 平 9　　　**42.** 兵九进一 马 7 退 6

43. 炮七退二 炮 9 平 4　　　**44.** 帅六平五 炮 4 平 5

45. 帅五平四 马 6 进 7　　　**46.** 炮七退三 卒 5 进 1

47. 兵九进一 卒 5 进 1　　　**48.** 兵九平八 马 7 退 8

49. 炮一退四　卒5平4　　50. 炮七平六　卒4平3

51. 炮六退一　马8进9　　52. 炮一平三　马9进7

53. 炮六平五　炮5平7　　54. 仕五进四　士6进5

55. 炮五进二　炮7平6　　56. 帅四平五　马7退6

57. 炮三平九　炮6平1　　58. 炮五进二　卒3平4

59. 炮五进一　马6进4　　60. 仕四退五　卒4平5

61. 炮五平一　将5平6　　62. 炮一退四　马4退5

63. 炮一平四　炮1平5　　64. 帅五平四　马5进7

65. 兵八平七　马7进9　　66. 仕五进四　将6平5

67. 炮九进八　象5退3　　68. 炮四平七　士5进6

69. 炮七平五　将5平6　　70. 炮五平四　卒5平4

71. 炮九退六　炮5退2　　72. 炮九平四　将6平5

73. 前炮平五　将5平6　　74. 仕四退五　士6退5

75. 仕五进四　士5进6　　76. 炮五平四　将6平5

77. 前炮平五　将5平6　　78. 仕四退五　士6退5

79. 炮五平四　将6平5　　80. 前炮平七　士5进6

81. 炮四平三　马9进7　　82. 炮七退三　炮5平6

83. 炮七平五　士4进5　　84. 炮五平六　卒4进1

85. 炮六平九　士5退4　　86. 炮九平五　卒4平5

87. 炮五平九　卒5进1　　88. 炮九进三　马7退8

89. 炮九平五　马8进6　　90. 炮三平四　马6进5

91. 炮五平四　卒5平4　　92. 后炮进四　马5退6

93. 兵七平六　卒4平5　　94. 帅四进一　马6进8

95. 帅四退一　卒5进1　　96. 兵六平五　马8退6

97. 炮四平一　马6退7　　98. 兵五平六　马7进8

99. 炮一平二　马8退6　　100. 炮二退四　马6进7

101. 炮二平三　马7退5

第302局　李智屏 和 李雪松

1. 兵七进一　炮2平3	2. 炮八平五　炮8平5
3. 马二进三　马8进7	4. 车一平二　卒3进1
5. 马八进九　卒3进1	6. 车九平八　马2进1
7. 炮二平一　车1平2	8. 车八进九　炮3进7
9. 仕六进五　马1退2	10. 车二进四　炮3退2
11. 仕五进四　炮3退1	12. 兵三进一　车9平8
13. 车二进五　马7退8	14. 马九进七　卒3进1
15. 炮五进四　士4进5	16. 仕四退五　马8进7
17. 炮五平一　马2进3	18. 马三进四　卒7进1
19. 兵三进一　马7进5	20. 马四进五　马3进5
21. 前炮平九　炮5进4	22. 帅五平六　炮5平1
23. 兵三进一　炮1平9	24. 炮九退五　象3进5
25. 炮九平六　马5进6	26. 兵三平二　马6进7
27. 炮六进一　卒3平4	28. 炮六平九　卒4平5
29. 仕五进四　马7退8	30. 仕四进五　士5进6
31. 帅六平五　象5进7	32. 炮一退一　炮9退5
33. 炮九退一　炮9平7	34. 炮一平三　象7退5
35. 炮九平六　士6退5	36. 炮六退一　马8退6
37. 兵二平一　炮7进2	38. 炮六进一　炮7平2
39. 仕五进六　马6退7	40. 兵一平二　马7进5
41. 炮三进五　马5进7	42. 炮三进二　炮2进6
43. 仕四退五　马7进9	44. 兵二平三　马9进8
45. 炮六平八　马8退6	46. 相三进一　马6退8
47. 兵三平四　马8进9	48. 炮三退七　炮2平3
49. 炮八平七　卒5进1	50. 炮三平四　马9进7
51. 炮七进一	

第 303 局　龚晓民　负　徐超

1. 兵七进一　炮 2 平 3		2. 炮八平五　炮 8 平 5
3. 马二进三　马 8 进 7		4. 车一平二　卒 3 进 1
5. 马八进九　卒 3 进 1		6. 车九平八　马 2 进 1
7. 炮二平一　车 1 平 2		8. 车二进四　车 2 进 9
9. 马九退八　炮 3 进 7		10. 仕六进五　卒 3 进 1
11. 马八进九　炮 3 退 2		12. 马九进七　炮 3 平 7
13. 炮五平七　车 9 平 8		14. 炮七进七　士 4 进 5
15. 车二平六　车 8 进 4		16. 马七进六　炮 5 平 4
17. 马六进八　车 8 平 3		18. 车六进三　士 5 进 4
19. 马八进六　将 5 平 4		20. 马六退七　象 7 进 5
21. 马七进九　象 5 退 3		22. 兵三进一　马 1 进 3
23. 炮一退一　象 3 进 5		24. 炮一平四　将 4 平 5
25. 仕五进六　炮 7 退 1		26. 兵九进一　马 3 进 5
27. 马九进七　马 5 进 7		28. 马七退六　前马进 9
29. 仕四进五　象 5 进 3		30. 兵九进一　卒 5 进 1
31. 仕五进四　炮 7 退 2		32. 马六进七　马 9 退 7
33. 炮四平五　士 6 进 5		

第 304 局　汪洋　负　张强

1. 兵七进一　炮 2 平 3		2. 炮八平五　炮 8 平 5
3. 马二进三　马 8 进 7		4. 车一平二　卒 3 进 1
5. 马八进九　卒 3 进 1		6. 车九平八　马 2 进 1
7. 炮二平一　卒 1 进 1		8. 仕六进五　车 9 进 1
9. 车二进五　车 9 平 3		10. 兵三进一　卒 3 平 4
11. 炮五平七　马 1 进 3		12. 车二平六　卒 1 进 1
13. 兵九进一　车 1 进 5		14. 炮七平六　士 6 进 5

15. 相三进五　卒4进1　　16. 车六退二　马3进5
17. 兵五进一　车1平5　　18. 车六平七　车5平4
19. 炮六平七　炮3进5　　20. 车七进五　炮3平7
21. 车八进三　马5进4　　22. 仕五进六　炮7退1
23. 车八退二　炮7平5　　24. 仕四进五　前炮退2

第305局　郑一泓 负 申鹏

1. 兵七进一　炮2平3　　2. 炮八平五　炮8平5
3. 马二进三　马8进7　　4. 车一平二　卒3进1
5. 马八进九　卒3进1　　6. 车九平八　马2进1
7. 炮二进四　卒7进1　　8. 炮二平三　炮3进1
9. 车二进六　车9平8　　10. 车二进三　马7退8
11. 炮五进四　士4进5　　12. 炮三平七　马8进7
13. 炮五退二　马1进3　　14. 车八进六　马3退4
15. 相三进五　卒3平4　　16. 炮五平二　车1平2
17. 车八平三　马4进5　　18. 炮二进二　马5进6
19. 车三进一　车2进3　　20. 炮二进三　马6进7
21. 车三进二　车2平8　　22. 仕六进五　马7退5
23. 马九进七　马5进7　　24. 帅五平六　炮5平4
25. 帅六平五　象3进5　　26. 车三退三　车8退3
27. 车三平九

第306局　洪智 和 林宏敏

1. 兵七进一　炮2平3　　2. 炮八平五　炮8平5
3. 马二进三　马8进7　　4. 车一平二　卒3进1
5. 马八进九　卒3进1　　6. 车九平八　马2进1
7. 炮二进四　卒7进1　　8. 车二进四　车9平8
9. 车二平七　车8进3　　10. 车七进三　士4进5

11. 马九进七	炮5平6	12. 炮五平九	卒5进1
13. 车七退三	马7进6	14. 车八进五	马6进7
15. 马七退五	马7进5	16. 相三进五	象3进5
17. 车八平五	车1平4	18. 车五平四	车4进3
19. 兵五进一	车8进3	20. 兵五进一	车8平1
21. 仕四进五	马1进3	22. 兵五平六	车4平8
23. 兵六平七	马3退4	24. 车七平八	马4进2
25. 兵七平六	车1平4	26. 炮九平八	马2退3
27. 兵一进一	卒1进1	28. 炮八平七	车8平1
29. 车八平五	马3进2	30. 兵六平五	车1平3
31. 炮七平六	马2进4	32. 炮六进四	车4退3
33. 兵五平六	车4平5	34. 兵六平五	车5平4
35. 兵五平六	车4平5	36. 兵六平五	车5平4
37. 兵五平六	车4平5	38. 兵六平五	车5平4

第 307 局　刘宗泽 胜 蒋川

1. 兵七进一	炮2平3	2. 炮八平五	炮8平5
3. 马二进三	马8进7	4. 车一平二	卒3进1
5. 马八进九	卒3进1	6. 车九平八	车9进1
7. 仕六进五	车9平4	8. 炮二进四	卒7进1
9. 炮二平三	象7进9	10. 车二进四	卒3平4
11. 炮五平六	卒4平5	12. 马九进七	炮3进3
13. 车二进二	马2进3	14. 马七进五	卒5进1
15. 马五进三	士4进5	16. 车八进六	马3进4
17. 车八平七	马4进5	18. 炮三平六	车4平2
19. 相三进五	炮3平2	20. 后马进五	炮5进4
21. 马三进二	炮2进4	22. 后炮退二	炮2平4
23. 帅五平六	士5退4	24. 车七进一	马7退5
25. 车七平六	马5进4	26. 车六退一	象3进5

27. 车二平一	象9退7	28. 车六退三	炮5退1
29. 马二退四	车2平6	30. 马四退三	车6进3
31. 车一平六	士4进5	32. 马三进二	车6平7
33. 兵三进一	车7退2	34. 后车进二	车7平8
35. 兵一进一	炮5平2	36. 后车平五	车1平4
37. 车六进三	士5退4	38. 车五进一	卒1进1
39. 车五平八	炮2进4	40. 相七进九	炮2平1
41. 相九进七	士6进5	42. 兵一进一	

第308局 李鸿嘉 胜 苗利明

1. 兵七进一	炮2平3	2. 炮八平五	炮8平5
3. 马二进三	马8进7	4. 车一平二	卒3进1
5. 马八进九	卒3进1	6. 车九平八	马2进1
7. 炮二进四	卒7进1	8. 车二进四	车9平8
9. 车二平七	车8进3	10. 车七进三	士4进5
11. 车八进五	炮5平6	12. 车七退三	象3进5
13. 兵三进一	车8进3	14. 炮五进四	炮6进1
15. 炮五退二	炮6平5	16. 兵三进一	车8平7
17. 兵三进一	车7退3	18. 马三进四	车7进6
19. 车八进一	炮5平3	20. 车八平九	车1平4
21. 车九进一	炮3平8	22. 车七平九	炮8进6
23. 前车进二	车7退1	24. 仕四进五	车7进1
25. 仕五退四	车7退1	26. 仕四进五	车7进1
27. 仕五退四	马7进6	28. 马九进七	车7退4
29. 仕四进五	车7平6	30. 马七进六	车6平7
31. 马六进七	车7进4	32. 仕五退四	车7退6
33. 仕四进五	车7平4	34. 马七进六	车4退3
35. 前车平六	将5平4	36. 车九进一	马6进5
37. 车九平二	炮8平9	38. 相七进五	卒9进1

39. 车二平六　将 4 平 5　　　　**40.** 仕五进四

第 309 局　郑一泓 和 李艾东

1. 兵七进一　炮 2 平 3　　　　**2.** 炮八平五　炮 8 平 5

3. 马二进三　马 8 进 7　　　　**4.** 车一平二　卒 3 进 1

5. 马八进九　卒 3 进 1　　　　**6.** 车九平八　车 9 进 1

7. 仕六进五　车 9 平 4　　　　**8.** 炮二进四　卒 7 进 1

9. 炮二平三　象 7 进 9　　　　**10.** 车二进四　卒 3 平 4

11. 炮五平六　卒 4 平 5　　　　**12.** 兵五进一　马 2 进 1

13. 车八进四　车 1 平 2　　　　**14.** 车八平七　车 4 进 1

15. 相三进五　卒 1 进 1　　　　**16.** 兵三进一　炮 5 退 1

17. 车七退一　炮 5 平 3　　　　**18.** 车七平四　车 2 进 4

19. 炮三平二　后炮平 8　　　　**20.** 炮二进一　炮 8 进 4

21. 炮二平六　炮 8 平 5　　　　**22.** 车四平七　马 7 退 5

23. 兵三进一　车 2 平 4　　　　**24.** 前炮平九　象 3 进 1

25. 炮六平八　车 4 平 2　　　　**26.** 炮八平六　象 9 进 7

27. 马三进四　炮 3 平 8　　　　**28.** 帅五平六　马 5 进 7

29. 相五退三　车 2 平 3　　　　**30.** 车七进二　象 1 进 3

31. 马四进五　马 7 进 5　　　　**32.** 炮六平五

第 310 局　张强 和 李鸿嘉

1. 兵七进一　炮 2 平 3　　　　**2.** 炮八平五　炮 8 平 5

3. 马二进三　马 8 进 7　　　　**4.** 车一平二　卒 3 进 1

5. 马八进九　卒 3 进 1　　　　**6.** 车九平八　车 9 进 1

7. 仕六进五　车 9 平 4　　　　**8.** 炮二进四　马 2 进 1

9. 车二进五　车 4 进 2　　　　**10.** 兵三进一　车 1 进 1

11. 兵三进一　车 4 进 1　　　　**12.** 马三进四　车 4 平 7

13. 车八进五　车 7 平 2　　　　**14.** 车二平八　炮 3 进 1

15. 马四进六　车1平8　　16. 炮二平五　马7进5
17. 炮五进四　士6进5　　18. 相七进五　车8进3
19. 相五进七　车8平5　　20. 炮五平九　炮5进1
21. 炮九平五　车5退1　　22. 车八退二　车5进1
23. 马六进八　炮3退1　　24. 相七退五　车5平2
25. 马九退七　炮3平2　　26. 车八进二　马1进2
27. 兵九进一　炮2平9　　28. 马七进六　马2退4
29. 马六进五　马4进6　　30. 马八退七　将5平6
31. 兵五进一　炮9进4　　32. 兵九进一　马6进8
33. 马七进六　卒7进1　　34. 兵九进一　卒9进1
35. 兵九平八　卒9进1　　36. 兵八平七　象7进5
37. 兵七进一　炮9平6　　38. 马五退七　炮6退5
39. 兵五进一　卒9进1　　40. 兵五平四　卒9平8
41. 马七进五　马8进6

第 311 局　金海英 胜 尤颖钦

1. 兵七进一　炮2平3　　2. 炮八平五　炮8平5
3. 马二进三　马8进7　　4. 车一平二　卒3进1
5. 马八进九　卒3进1　　6. 车九平八　马2进1
7. 仕六进五　车1平2　　8. 车八进九　马1退2
9. 炮二进四　卒7进1　　10. 炮二平三　车9平8
11. 车二进九　马7退8　　12. 炮五进四　士6进5
13. 相七进五　马8进7　　14. 炮五平四　炮3退1
15. 兵五进一　马2进3　　16. 兵五进一　卒3平2
17. 炮三进三　马3进2　　18. 炮三退四　马2进4
19. 兵三进一　卒2进1　　20. 兵九进一　炮3平1
21. 马三进四　炮1进4　　22. 马四进三　士5进6
23. 马九进八　炮5平4　　24. 马八进六　炮1进4
25. 马六进八　炮4平3　　26. 相五进七　士4进5

27. 炮四平九　马7退6	28. 兵五进一　马4退6
29. 炮九进三　象3进5	30. 马八进七　将5平4
31. 兵五进一　炮3进1	32. 炮三平二　炮3平5
33. 相三进五　卒2进1	34. 炮二退四　炮5进3
35. 炮九退八　炮5平3	36. 炮九平七　炮3退5
37. 炮七进七　后马进5	38. 马三进五　马6退5
39. 炮七退三　马5进4	40. 仕五进六　将4平5
41. 炮二平一　马4进6	42. 炮一进五　马6进4
43. 炮七平四　马4进6	44. 帅五平六　马6进8
45. 兵一进一　炮1平6	46. 仕六退五　炮6退4
47. 炮一平五　士5进4	48. 兵一进一　马8退9
49. 炮五退二　马9进7	50. 仕五进四　将5平4
51. 兵一平二　炮6进1	52. 兵二进一　炮6平9
53. 兵二平三　炮9退5	54. 炮四平六　士4退5
55. 炮五平六　将4平5	56. 前炮平三　马7进9
57. 炮六平五　士5进4	58. 前兵平四　炮9平4
59. 帅六平五　马9退8	60. 仕四退五

第312局　张江 和 蒋川

1. 兵七进一　炮2平3	2. 炮八平五　炮8平5
3. 马二进三　马8进7	4. 车一平二　卒3进1
5. 马八进九　卒3进1	6. 炮二平一　车9进1
7. 车二进四　炮3退1	8. 车二平七　炮5平3
9. 车七平六　象3进5	10. 兵三进一　车9平4
11. 车六进四　马2进4	12. 车九平八　车1平2
13. 车八进九　后炮进8	14. 帅五进一　马4退2
15. 马三进四　马2进4	16. 马九进七　前炮退2
17. 马七进六　前炮平9	18. 马六进七　炮9平8
19. 马四进三　士4进5	20. 兵九进一　炮8退1

21. 马三退四　炮8退5	22. 马七退五　马7进5
23. 马四进五　马4进5	24. 炮五进四　炮8平9
25. 兵三进一　炮9进5	26. 兵三平二　炮9平6
27. 兵五进一　炮6平3	28. 炮五平七　炮3平4
29. 炮七平六　炮4平3	30. 炮六平七　炮3平4
31. 炮七平六　炮4平3	32. 炮六平七　炮3平4
33. 兵五进一　炮4退6	34. 炮七平二　炮4平1
35. 兵五进一　炮1进5	36. 炮二平九　象5进3
37. 炮九退一　炮1平2	38. 炮九平八　炮2平1
39. 炮八平九　炮1平2	40. 炮九平八　炮2平1
41. 炮八平九　炮1平2	42. 兵五平四　炮2退1
43. 兵四平三　炮2平8	44. 炮九平二　卒9进1
45. 兵三平四　卒9进1	46. 兵四平五　卒9平8
47. 相三进一　卒8进1	48. 兵五平六　将5平4
49. 炮二进四　卒8平7	50. 帅五退一　卒7平6
51. 仕六进五　象3退1	52. 仕五进六　象1退3
53. 兵六平五　卒6平5	54. 仕四进五　卒5平6
55. 相一进三　卒6平5	56. 仕五进四　卒5平6
57. 帅五进一　卒6平5	58. 兵五平四　象3进5
59. 兵四平三　卒5平6	60. 兵三进一　将4进1
61. 炮二退九　将4退1	62. 兵三进一　象7进9
63. 炮二进九　将4进1	64. 炮二退九　将4退1
65. 兵三平四　象9进7	66. 炮二平三　卒6平7
67. 炮三平四　将4平5	68. 帅五进一　将5平4
69. 仕六退五　卒7平8	70. 炮四平一　卒8平7
71. 炮一进九　将4进1	72. 仕五进六　卒7平8

第313局　赵鑫鑫 和 杨剑

1. 兵七进一　炮2平3	2. 炮八平五　炮8平5

3. 马二进三　马8进7　　　　4. 车一平二　卒3进1

5. 马八进九　卒3进1　　　　6. 车九平八　马2进1

7. 炮二进四　卒7进1　　　　8. 仕六进五　车1平2

9. 车二进四　车2进9　　　　10. 马九退八　车9平8

11. 车二平七　车8进3　　　　12. 车七进三　卒5进1

13. 车七进二　车8平3　　　　14. 车七退三　马1进3

15. 相三进一　马7进6　　　　16. 兵三进一　卒7进1

17. 相一进三　马6进5　　　　18. 马三进五　炮5平4

19. 马八进七　炮5退1　　　　20. 帅五平六　卒1进1

21. 炮五平一　炮5平3　　　　22. 马七进五　炮3平4

23. 马五进六　马3退5　　　　24. 马六进八　炮4退4

25. 马八退七　炮4平9　　　　26. 马七进五　炮9进5

27. 炮一平五　士6进5

第 314 局　　陈寒峰 胜 金波

1. 兵七进一　炮2平3　　　　2. 炮八平五　炮8平5

3. 马二进三　马8进7　　　　4. 车一平二　卒3进1

5. 马八进九　卒3进1　　　　6. 车九平八　马2进1

7. 炮二进四　卒7进1　　　　8. 车二进四　车9平8

9. 车二平七　车8进3　　　　10. 车七进三　车8进3

11. 马九进七　车8平7　　　　12. 马七进六　车7进1

13. 车八进八　士6进5　　　　14. 炮五平七　车7平4

15. 车八退三　车4退2　　　　16. 马六进八　炮5进4

17. 车八平六　车4平2　　　　18. 车七平三　象3进5

19. 车六进一　车2平5　　　　20. 车三平二　车1平3

21. 炮七平一　将5平6　　　　22. 车二退一　车3进9

23. 车二平四　将6平5　　　　24. 帅五进一　车3退1

25. 帅五进一　马1退3　　　　26. 马八进七　车3退7

27. 帅五平四　车5平8　　　　28. 车六平五　车8进2

29. 帅四退一	车 8 进 1	**30.** 帅四进一	车 8 退 1
31. 帅四退一	车 8 进 1	**32.** 帅四进一	车 8 退 1
33. 帅四退一	车 3 进 7	**34.** 仕四进五	车 8 进 1
35. 帅四退一	炮 5 平 2	**36.** 车五平八	炮 2 平 5
37. 车八平五	炮 5 平 2	**38.** 车五平八	炮 2 平 5
39. 炮一进四	车 3 退 3	**40.** 车八平五	士 5 进 6
41. 车五退三	士 4 进 5	**42.** 炮一进三	车 8 退 8
43. 炮一退三	卒 1 进 1	**44.** 帅四平五	卒 1 进 1
45. 兵九进一	车 3 平 1	**46.** 车四平八	车 1 平 4
47. 相三进五	士 5 退 4	**48.** 车八平四	士 6 退 5
49. 车四进二	车 4 退 2	**50.** 炮一退二	车 8 进 2
51. 车五进二	车 4 进 3	**52.** 炮一平五	车 4 平 5
53. 车五平三	象 7 进 9	**54.** 车三平五	象 9 退 7
55. 帅五平四			

第 315 局　陈寒峰 负 胡荣华

1. 兵七进一	炮 2 平 3	**2.** 炮八平五	炮 8 平 5
3. 马二进三	马 8 进 7	**4.** 车一平二	卒 3 进 1
5. 马八进九	卒 3 进 1	**6.** 车九平八	车 9 进 1
7. 仕六进五	车 9 平 4	**8.** 炮二进四	卒 7 进 1
9. 车二进四	卒 3 平 4	**10.** 炮二平三	象 7 进 9
11. 车八进六	马 2 进 1	**12.** 炮五进四	士 4 进 5
13. 炮五平四	车 1 平 2	**14.** 车八进三	马 1 退 2
15. 车二平四	炮 3 进 3	**16.** 车四进一	车 4 进 2
17. 相七进五	炮 3 进 2	**18.** 马三退一	马 2 进 3
19. 马九进七	卒 4 进 1	**20.** 车四退一	车 4 退 1
21. 马七进九	马 3 进 4	**22.** 车四进一	车 4 进 1
23. 炮四平九	车 4 平 1	**24.** 车四平六	车 1 平 7
25. 车六平七	炮 3 平 1	**26.** 车七进四	士 5 退 4

27. 马九进七　士6进5　　　**28.** 马七退六　车7平2

29. 车七退九　马7进5　　　**30.** 马六进七　马5进6

31. 兵五进一　炮1进1　　　**32.** 仕五进四　炮1平6

33. 马七退六　马6进5　　　**34.** 仕四进五　马5退4

第316局　孙浩宇　和　李艾东

1. 兵七进一　炮2平3　　　**2.** 炮八平五　炮8平5

3. 马二进三　马8进7　　　**4.** 车一平二　卒3进1

5. 马八进九　卒3进1　　　**6.** 仕六进五　卒7进1

7. 车九平八　马2进1　　　**8.** 车八进五　车1平2

9. 车八平七　车2进2　　　**10.** 炮五平七　马1退2

11. 车七退一　车9平8　　　**12.** 兵九进一　炮3进5

13. 炮二平七　车8进9　　　**14.** 马三退二　炮5进4

15. 相三进五　象7进5　　　**16.** 马九进八　马2进1

17. 马二进三　炮5退2　　　**18.** 兵三进一　卒7进1

19. 车七平三　车2进2　　　**20.** 炮七平八　车2平3

21. 马三进五　马7进6　　　**22.** 车三平四　马6退7

23. 马八退六　车3平2　　　**24.** 马六进八　车2平3

25. 马五进七　卒1进1　　　**26.** 炮八平七　车3平2

27. 马七进六　车2退1　　　**28.** 车四平六　卒1进1

29. 马八退六　炮5平8　　　**30.** 前马退七　车2进3

31. 炮七平六　士6进5　　　**32.** 马六退四　车2平6

33. 马七进八　卒1进1　　　**34.** 车六平三　马7进6

35. 车三进二　马6进4　　　**36.** 车三平一　炮8进5

37. 相五退三　炮8退9　　　**38.** 马八退六　马4进2

39. 炮六退一　车6退2　　　**40.** 马六进四　士5进6

41. 前马进二　士4进5　　　**42.** 马二进一　车6平7

43. 车一平五　车7平9　　　**44.** 马一退二　车9退2

45. 马二退四　车9进4　　　**46.** 前马退三　车9平7

47. 马三进二	炮8进2	48. 车五平九	马2退3
49. 车九平四	马3进2	50. 炮六进四	车7平5
51. 车四平三	车5退2	52. 炮六退四	车5平8
53. 马四进三	车8平4	54. 马三退四	马1进2
55. 车三进一	炮8退2	56. 车三退四	前马进3
57. 帅五平六	炮8平6	58. 车三平一	车4平7
59. 车一进五	马2进3	60. 马二进三	炮6进1
61. 马三退二	后马进4	62. 马四退六	将5平4
63. 车一退六	车7退1	64. 车一平七	马3进1
65. 车七平六	将4平5	66. 车六平二	车7平3
67. 相七进九	卒1进1	68. 帅六平五	马1退3
69. 马二退三	车3平4	70. 车二平六	车4进4
71. 仕五进六			

第 317 局　郑一泓 负 蒋川

1. 兵七进一	炮2平3	2. 炮八平五	炮8平5
3. 马二进三	马8进7	4. 车一平二	卒3进1
5. 马八进九	卒3进1	6. 车九平八	马2进1
7. 炮二进四	卒7进1	8. 仕六进五	车9平8
9. 车八进五	炮3进7	10. 兵三进一	炮3退2
11. 马三进四	卒7进1	12. 马四进五	马7进5
13. 炮五进四	士6进5	14. 车八平三	车1平2
15. 炮二平四	车8平9	16. 车二进二	马1进3
17. 炮四平七	炮3退4	18. 车三平七	炮3平4
19. 车七平六	炮4平3	20. 车二进六	象3进1
21. 车六进三	炮3退1	22. 炮五进二	车9进2
23. 车二进一	士4进5	24. 车二平三	士5退6
25. 车六退一	炮3退2	26. 兵五进一	炮3平4
27. 兵五进一	车2进7	28. 兵五进一	象1退3

29. 车三退五	车 2 平 1	30. 车三平七	车 1 进 2
31. 车六退七	车 1 平 4	32. 帅五平六	炮 5 退 1
33. 车七进五	车 9 平 4	34. 帅六平五	车 4 平 2
35. 相三进五	炮 5 进 6	36. 仕五进六	车 2 进 1
37. 兵五进一	车 2 退 1		

第 318 局　柳大华　和　王斌

1. 兵七进一	炮 2 平 3	2. 炮八平五	炮 8 平 5
3. 马二进三	马 8 进 7	4. 车一平二	马 2 进 1
5. 马八进七	车 1 平 2	6. 马七进六	车 2 进 4
7. 马六进五	马 7 进 5	8. 炮五进四	士 4 进 5
9. 仕六进五	车 2 平 5	10. 炮二进四	卒 1 进 1
11. 车二进四	卒 7 进 1	12. 车二平五	车 5 平 4
13. 相七进五	车 9 平 8	14. 车五平二	车 4 平 5
15. 炮五平一	炮 3 平 2	16. 兵五进一	车 5 平 6
17. 车二退四	炮 2 进 5	18. 车九平六	炮 2 平 7
19. 车六进六	车 6 平 2	20. 炮一退一	车 2 进 5
21. 仕五退六	车 2 退 3	22. 炮一平二	车 8 平 9
23. 前炮平五	炮 7 平 6	24. 炮二进四	炮 6 退 1
25. 仕四进五	炮 6 平 5	26. 炮五进二	前炮平 9
27. 仕五退四	车 2 平 4	28. 车六平三	车 9 进 1
29. 炮五平三			

第 319 局　金海英　胜　常婉华

1. 兵七进一	炮 2 平 3	2. 炮八平五	炮 8 平 5
3. 马二进三	马 8 进 7	4. 车一平二	马 2 进 1
5. 马八进七	车 1 平 2	6. 马七进六	车 2 进 4
7. 马六进五	马 7 进 5	8. 炮五进四	士 4 进 5

9. 相七进五　车 2 平 5　　10. 炮二进四　车 9 平 8

11. 仕六进五　卒 7 进 1　　12. 炮五平三　车 8 进 2

13. 车九平六　炮 5 进 4　　14. 炮三平九　车 8 平 4

15. 车六进七　士 5 进 4　　16. 马三进五　车 5 进 2

17. 兵九进一　车 5 平 4　　18. 车二进四　士 4 退 5

19. 炮二平五　将 5 平 4　　20. 炮五退一　炮 3 平 2

21. 炮五平八　炮 2 平 7　　22. 炮八退五　炮 7 进 4

23. 炮八平六　将 4 平 5　　24. 兵一进一　炮 7 平 9

25. 车二平五　车 4 退 2　　26. 车五退一　炮 9 进 2

27. 车五平一　炮 9 平 8　　28. 车一平二　炮 8 平 9

29. 炮六平七　象 3 进 5　　30. 车二平一　炮 9 平 8

31. 车一平二　炮 8 平 6　　32. 车二平四　炮 6 平 8

33. 炮九平一　炮 8 退 3　　34. 车四进一　炮 8 进 1

35. 车四退一　炮 8 退 1　　36. 车四平九　炮 8 平 5

37. 车九平五　炮 5 平 6　　38. 车五进一　卒 7 进 1

39. 相五进三　炮 6 平 9　　40. 相三退五　炮 9 退 1

41. 炮一进三　象 5 退 3　　42. 炮七进三　车 4 进 2

43. 炮七退一　马 1 退 3　　44. 炮七进四　马 3 进 4

45. 车五进一　炮 9 退 2　　46. 兵七进一　炮 9 平 5

47. 车五进一　车 4 退 1　　48. 炮七平八　将 5 平 4

49. 炮八进三　将 4 进 1　　50. 炮八退九　马 4 进 5

51. 炮八平六　车 4 平 1　　52. 兵七平六　炮 5 平 4

53. 兵六平五　车 1 平 4　　54. 炮六进七　车 4 退 3

55. 车五平七　象 3 进 1　　56. 车七进二　将 4 退 1

57. 车七平五　车 4 平 9　　58. 炮一平二　车 9 平 8

59. 炮二平一　车 8 退 2　　60. 车五平一　马 5 退 7

61. 车一退五　车 8 进 6　　62. 车一进五　车 8 平 2

63. 相五退七　马 7 进 6　　64. 车一平四　马 6 进 7

65. 车四退七　马 7 退 6　　66. 兵五平六　将 4 平 5

67. 车四进一　车 2 平 4　　68. 兵六平五　将 5 进 1

69. 兵五进一　象7进9　　70. 炮一平二　马6退4
71. 车四平三　将5平4　　72. 兵五进一

第 320 局　苗利明 胜 庄玉庭

1. 兵七进一　炮2平3　　2. 炮八平五　炮8平5
3. 马二进三　马8进7　　4. 车一平二　车9进1
5. 马八进七　车9平4　　6. 炮二进四　马2进1
7. 车二进四　车1平2　　8. 仕六进五　士4进5
9. 相七进九　卒1进1　　10. 马七进六　车4进3
11. 炮五平六　车4平5　　12. 车九平七　车2进7
13. 炮六平五　车5平4　　14. 炮五平六　车4平5
15. 车七进二　车2平3　　16. 马六退七　马1进2
17. 炮六平五　车5平4　　18. 兵三进一　马2进3
19. 马三进四　车4平6　　20. 兵三进一　车6平7
21. 车二进一　车7进5　　22. 炮五平三　炮5平4
23. 兵七进一　炮3进2　　24. 炮三进五　车7平9
25. 炮二平五　将5平4　　26. 相九进七　车9退2
27. 马四退五　车9退1　　28. 马五进七　炮3进2
29. 车二平六　车9进1　　30. 相七退五　车9退2
31. 炮五退二　车9平6　　32. 车六退二　炮3退2
33. 车六进三　炮3平8　　34. 马七进八　炮8进5
35. 相五退三　车6进1　　36. 马八进七　炮8退8
37. 炮三进一

第 321 局　刘立山 和 庄玉庭

1. 兵七进一　炮2平3　　2. 炮八平五　炮8平5
3. 马二进三　马8进7　　4. 车一平二　车9平8
5. 炮二进四　士6进5　　6. 马八进七　卒3进1

7. 马七进六　卒 3 进 1　　　　8. 马六进五　马 7 进 5

9. 炮五进四　马 2 进 1　　　　10. 相三进五　车 1 平 2

11. 车九进一　车 2 进 4　　　　12. 车九平四　马 1 进 3

13. 仕四进五　马 3 进 4　　　　14. 兵五进一　卒 7 进 1

15. 车四进五　炮 3 进 1　　　　16. 炮五退一　炮 3 平 8

17. 帅五平四　马 4 退 5　　　　18. 车四平五　炮 5 进 2

19. 兵五进一　炮 8 进 3　　　　20. 马三进五　卒 3 平 4

21. 马五进六　车 2 平 3　　　　22. 车五平一　卒 1 进 1

23. 车一退二　卒 4 进 1　　　　24. 帅四平五　卒 4 平 5

25. 车一平四　士 5 退 6　　　　26. 马六退五　车 3 平 5

27. 马五进七　车 5 平 3　　　　28. 车四平五　象 3 进 5

29. 车五进一　车 3 退 1　　　　30. 车五平九　车 3 平 9

31. 车九平四　车 8 进 3　　　　32. 车二平一　车 8 进 2

33. 兵九进一　车 8 平 4　　　　34. 车一平四　士 4 进 5

35. 后车进四　车 4 平 6　　　　36. 车四退一　炮 8 退 4

37. 兵一进一　炮 8 平 9　　　　38. 车四平六　象 5 进 3

39. 兵九进一　炮 9 进 3　　　　40. 兵九平八　炮 9 平 3

41. 车六平七　象 3 退 5

第四部分　红炮二平五　黑跳左马

第 322 局　陈启明 负 陈孝坤

1. 兵七进一　炮 2 平 3	2. 炮二平五　马 8 进 7
3. 马二进三　卒 3 进 1	4. 马八进九　卒 3 进 1
5. 车一平二　车 9 平 8	6. 车二进四　炮 3 退 1
7. 车九平八　马 2 进 3	8. 炮八平七　车 1 进 1
9. 兵五进一　卒 3 平 4	10. 炮七进六　车 1 平 3
11. 兵五进一　象 7 进 5	12. 车二平六　车 3 平 6
13. 车八进七　车 6 进 6	14. 车八平七　车 6 平 7
15. 车六平二　士 6 进 5	16. 炮五平七　炮 8 平 9
17. 车二平六　马 7 退 6	18. 车七退一　卒 5 进 1
19. 相七进五　车 7 退 1	20. 马九进七　车 8 进 6
21. 马七进八　车 7 平 4	22. 车六平四　车 8 平 6
23. 车四平二　车 4 退 4	24. 兵一进一　车 6 平 2
25. 马八退六　车 2 平 4	26. 车七退二　后车进 1
27. 仕六进五　卒 7 进 1	28. 兵九进一　炮 9 平 6
29. 马六进七　前车平 2	30. 炮七平九　车 2 平 1
31. 炮九平八　车 1 平 2	32. 炮八平九　炮 6 进 1
33. 车二平六　车 4 进 2	34. 车七平六　车 2 退 2
35. 车六进二　炮 6 进 2	36. 炮九进四　炮 6 平 5
37. 兵九进一　车 2 退 1	38. 帅五平六　马 6 进 7

39. 车六平三　马 7 进 5　　**40.** 马七退五　车 2 平 4

41. 帅六平五　车 4 进 1

第 323 局　洪智 胜 范思远

1. 兵七进一　炮 2 平 3　　**2.** 炮二平五　马 8 进 7

3. 马二进三　车 9 平 8　　**4.** 车一平二　车 1 进 1

5. 马八进七　炮 8 进 4　　**6.** 马七进六　象 3 进 5

7. 车九平八　马 2 进 4　　**8.** 炮八平六　卒 7 进 1

9. 炮五退一　卒 3 进 1　　**10.** 兵七进一　炮 8 平 5

11. 炮五进五　马 4 进 5　　**12.** 车二进九　马 5 进 4

13. 车二退五　马 4 进 3　　**14.** 车八进七　炮 5 退 3

15. 车八平七　车 1 平 4　　**16.** 兵七平六　车 4 进 3

17. 车七退五　车 4 平 5　　**18.** 相三进五　车 5 进 1

19. 仕六进五　车 5 平 7　　**20.** 帅五平六　车 7 退 1

21. 车二平六　马 7 进 6　　**22.** 车六进一　马 6 进 5

23. 车六退二　炮 5 平 8　　**24.** 相七进五　士 6 进 5

25. 车七进四

第 324 局　谢靖 胜 孙浩宇

1. 兵七进一　炮 2 平 3　　**2.** 炮二平五　马 8 进 7

3. 马二进三　卒 3 进 1　　**4.** 马八进九　卒 3 进 1

5. 车一平二　车 9 平 1　　**6.** 车九平八　马 2 进 1

7. 车二进四　车 1 平 2　　**8.** 车二平七　车 9 平 3

9. 炮八进二　象 7 进 5　　**10.** 车七平二　炮 8 退 2

11. 炮五平八　车 2 平 1　　**12.** 前炮进三　卒 1 进 1

13. 相七进五　卒 7 进 1　　**14.** 兵九进一　马 1 进 2

15. 后炮平七　炮 3 平 4　　**16.** 相五进七　卒 7 进 1

17. 车二平三　炮 4 平 3　　**18.** 车八进五　炮 3 进 5

19. 炮八平三　炮 3 进 2　　20. 仕六进五　卒 1 进 1
21. 相七退五　炮 3 平 1　　22. 车三平七　车 1 进 1
23. 马九退七　车 3 进 4　　24. 相五进七　炮 1 退 3
25. 马七进八　车 1 平 4　　26. 相七退五　车 4 进 5
27. 马八退六　炮 1 进 3　　28. 车八退二　车 4 退 2
29. 兵三进一　炮 8 进 1　　30. 马六进七　士 4 进 5
31. 车八退一

第 325 局　张强 和 郝继超

1. 兵七进一　炮 2 平 3　　2. 炮二平五　马 8 进 7
3. 马二进三　卒 3 进 1　　4. 车一平二　卒 3 进 1
5. 马八进九　车 9 平 8　　6. 车九平八　炮 8 进 4
7. 兵三进一　炮 3 平 5　　8. 炮八平七　马 2 进 1
9. 炮七退一　士 4 进 5　　10. 车八进五　车 1 平 2
11. 车八平六　卒 3 进 1　　12. 兵三进一　卒 7 进 1
13. 车六平三　卒 3 进 1　　14. 炮七平三　马 7 退 9
15. 马九进七　马 1 进 3　　16. 马七进六　马 3 进 4
17. 车三进三　马 4 进 6　　18. 炮五平四　车 2 进 8
19. 马三进四　炮 8 平 5　　20. 车二进九　前炮退 1
21. 车二退八　后炮平 7　　22. 车三退一　马 6 进 4
23. 炮三平六　马 9 进 7　　24. 炮四平七　马 7 进 6
25. 炮七进一　卒 5 进 1　　26. 炮七进二　象 3 进 5
27. 炮七平五　车 2 退 2　　28. 车二进一　马 4 退 3
29. 炮五进一　炮 5 退 1　　30. 炮六进二　马 3 进 5
31. 仕四进五　马 5 进 7　　32. 马四退五　车 2 平 4
33. 车二平三　车 4 退 2　　34. 车三平四　马 6 进 8
35. 帅五平四　将 5 平 4　　36. 马五进七　车 4 进 2
37. 车四平六　车 4 进 1　　38. 仕五进六　马 8 进 7
39. 帅四平五　马 7 退 9　　40. 炮五平八　马 9 进 8

41. 帅五进一　马8退7　　42. 帅五平六　卒1进1

43. 炮八退三　马7退8　　44. 仕六进五　炮5平3

第 326 局　党斐 胜 黎德志

1. 兵七进一　炮2平3　　2. 炮二平五　马8进7

3. 马二进三　卒3进1　　4. 车一平二　卒3进1

5. 马八进九　车9平8　　6. 车二进四　炮3退1

7. 炮八进六　车1进1　　8. 车九平八　炮3进8

9. 仕六进五　炮3退2　　10. 马三退一　车8进1

11. 炮八退七　马2进1　　12. 炮八平七　象7进5

13. 炮七进三　炮8进2　　14. 炮七进三　炮8平9

15. 车二进四　车1平8　　16. 车八平七　炮9进4

17. 车七进二　象5退7　　18. 炮七平八　车8平2

19. 车七进五　马7退5　　20. 车七平六　马5进4

21. 车六退一　车2进1　　22. 马九进七　卒1进1

23. 马七进六　车2进7　　24. 仕五退六　炮9平3

25. 炮五进四　炮3进1　　26. 帅五进一　车2退1

27. 帅五进一　马1进2　　28. 车六进二　车2平6

29. 帅五平六　马2进4　　30. 仕六进五　车6退6

31. 炮五退一　炮3退7　　32. 马六进八　马4进2

33. 帅六退一　炮3平2　　34. 车六进一　将5进1

35. 车六退一　将5退1　　36. 车六退一　车6进2

37. 兵五进一　马2退3　　38. 车六平五　士6进5

39. 车五平七　将5平6　　40. 车七退二　车6退1

41. 车七进四　将6进1　　42. 马八退七　炮2平4

43. 帅六退一　车6进2　　44. 炮五平八　车6平5

45. 炮八退三　将6进1　　46. 车七退三　炮4退2

47. 炮八平四

第 327 局　赵鑫鑫 负 孙浩宇

1. 兵七进一	炮 2 平 3	2. 炮二平五	马 8 进 7
3. 马二进三	卒 3 进 1	4. 车一平二	卒 3 进 1
5. 马八进九	车 9 平 8	6. 车二进四	炮 3 退 1
7. 炮八进六	车 1 进 1	8. 车九平八	炮 3 进 8
9. 仕六进五	炮 3 退 2	10. 马三退一	车 8 进 1
11. 炮八退七	马 2 进 1	12. 炮八平七	象 7 进 5
13. 车八进七	车 1 平 3	14. 仕五进六	炮 3 平 5
15. 炮七进七	炮 5 平 1	16. 炮七退一	炮 8 进 2
17. 相三进五	马 7 退 5	18. 炮七平六	炮 1 平 5
19. 炮六进一	车 8 进 1	20. 车二退二	马 5 退 7
21. 兵三进一	卒 3 进 1	22. 兵三进一	卒 7 进 1
23. 车二平五	卒 7 进 1	24. 车五平三	卒 3 平 4
25. 仕六退五	车 8 平 7	26. 车三平二	炮 8 平 9
27. 马一进二	车 7 平 8	28. 兵一进一	炮 9 平 7
29. 车二平四	车 8 进 4	30. 车八平五	士 6 进 5
31. 车四进六	马 7 进 6	32. 车四退一	马 1 进 3
33. 车五退一	马 3 退 4	34. 车四平六	卒 7 平 6
35. 帅五平六	炮 7 进 5	36. 帅六进一	炮 7 退 1
37. 仕五进四	车 8 进 2	38. 车五退一	炮 7 退 7
39. 仕四退五	卒 4 平 3	40. 车六平三	炮 7 平 6
41. 车三退一	车 8 退 1	42. 帅六退一	车 8 平 3
43. 帅六平五	卒 3 平 4	44. 车五平六	马 4 进 3
45. 车六退二	马 3 进 5	46. 车三进三	炮 6 退 1
47. 车六进一	象 3 进 5	48. 车三平一	马 5 退 6
49. 车一退三	马 6 进 7	50. 车一平二	卒 6 进 1
51. 车六平三	车 3 进 2	52. 仕五退六	卒 6 进 1
53. 仕四进五	卒 6 进 1	54. 车二平三	士 5 进 6

55. 仕五进六　卒6进1　　　　**56.** 帅五进一　车3退1

57. 帅五进一　车3退2　　　　**58.** 后车退一　马7进9

59. 后车平一　马9退7　　　　**60.** 车一平三　车3平1

61. 仕六进五　卒6平5　　　　**62.** 仕五进四　卒1进1

63. 帅五退一　卒5平6　　　　**64.** 前车平七　马7进5

65. 车三平一　马5进3　　　　**66.** 帅五平四　士6退5

67. 仕四退五　马3退4　　　　**68.** 帅四退一　车1进3

第 328 局　王琳娜　胜　张国凤

1. 兵七进一　炮2平3　　　　**2.** 炮二平五　马8进7

3. 马二进三　卒3进1　　　　**4.** 车一平二　卒3进1

5. 马八进九　车9平8　　　　**6.** 车二进四　炮3退1

7. 炮八进六　车1进1　　　　**8.** 车九平八　炮3进8

9. 仕六进五　炮3退2　　　　**10.** 马三退一　车8进1

11. 炮八退二　马2进1　　　　**12.** 车八平七　炮3平2

13. 炮五平七　象7进5　　　　**14.** 炮八进一　卒3进1

15. 炮七平六　车1平7　　　　**16.** 车七进三　炮8进2

17. 炮八平三　车7进1　　　　**18.** 炮六平二　士6进5

19. 车七平八　炮2平3　　　　**20.** 车八进一　炮8进3

21. 车二进四　炮8平1　　　　**22.** 车八退二　炮3进1

23. 车八平九　炮3平9　　　　**24.** 车二退七　炮9进1

25. 车二退一　炮9退1　　　　**26.** 车九平一　炮9退2

27. 车一进一　车7平6　　　　**28.** 车一进三　车6进4

29. 车一平三　车6平5　　　　**30.** 兵三进一　马1进3

31. 车二进二　马3进4　　　　**32.** 车三平四　士5退6

33. 兵九进一　士4进5　　　　**34.** 车二平八　车5平1

35. 兵三进一　马4进6　　　　**36.** 兵三进一　马6退5

37. 兵三进一　车1退1　　　　**38.** 车四平五　马5进6

39. 车八平四　车1平7　　　　**40.** 兵三平二　马6退7

41. 车五平三　车7平2　　42. 兵二进一　车2进1

43. 车四进三　马7进6　　44. 车三平六　马6进7

45. 帅五平六　车2退4　　46. 车四平六　马7退8

47. 兵二平三　车2退1　　48. 兵三平四

第 329 局　卜凤波　负　徐天红

1. 兵七进一　炮2平3　　2. 炮二平五　马8进7

3. 马二进三　卒3进1　　4. 车一平二　卒3进1

5. 马八进九　车9平8　　6. 车二进四　炮3退1

7. 炮八进六　车1进2　　8. 车二平七　车1平3

9. 车七进三　炮8平3　　10. 车九平八　车8进4

11. 兵三进一　车8平3　　12. 仕六进五　卒7进1

13. 马三进四　卒7进1　　14. 马四进五　马7进5

15. 炮五进四　后炮平7　　16. 相七进五　炮3平7

17. 相三进一　车3平5　　18. 车八进六　车5进2

19. 车八平六　后炮平8　　20. 帅五平六　炮8进8

21. 相五退三　炮8退1　　22. 车六进三　将5进1

23. 炮五平三　象7进5　　24. 车六退一　将5退1

25. 车六平三　车5平4　　26. 帅六平五　车4平2

27. 炮八平九　炮7平6　　28. 炮三平五　象5进7

29. 车三平七　车2进1　　30. 相一进三　炮6平7

31. 车七进一　将5进1　　32. 车七退一　将5进1

33. 车七平三　炮7进3　　34. 车三平二　炮8平7

35. 相三进一　后炮平5　　36. 仕五进六　车2平1

37. 车二平八　车1平4　　38. 车八进一　车4平5

39. 帅五平六　炮5平8　　40. 车八退三　炮8进4

41. 相一退三　车5平3

第330局 郑一泓 负 刘殿中

1. 兵七进一　炮2平3　　　2. 炮二平五　马8进7
3. 马二进三　卒3进1　　　4. 车一平二　卒3进1
5. 马八进九　车9平8　　　6. 车二进四　炮3退1
7. 炮八进六　车1进1　　　8. 车九平八　炮3进8
9. 仕六进五　炮3退2　　　10. 马三退一　车8进1
11. 炮八退二　卒7进1　　　12. 车八平七　炮3平2
13. 车七进四　炮8平9　　　14. 车二进四　车1平8
15. 车七进五　马2进3　　　16. 炮八进三　马3退2
17. 车七平八　炮2退5　　　18. 马九进七　炮2平5
19. 车八退四　炮9进4　　　20. 马一进三　炮9退2
21. 车八平三　马7进8　　　22. 车三退一　车8平3
23. 炮五进四　炮5平2　　　24. 车三平八　炮2平7
25. 车八进三　将5进1　　　26. 马七进五　车3进8
27. 仕五退六　车3退6　　　28. 炮五平六　炮7进5
29. 车八平二　马8退7　　　30. 车二退五　炮9平5
31. 炮六退五　炮7平3　　　32. 兵三进一　车3进2

第331局 李鸿嘉 负 阎文清

1. 兵七进一　炮2平3　　　2. 炮二平五　马8进7
3. 马二进三　卒3进1　　　4. 车一平二　卒3进1
5. 马八进九　车9平8　　　6. 车二进四　炮3退1
7. 车九平八　车1进2　　　8. 炮八平六　马2进3
9. 车八进八　车1退1　　　10. 车八平九　马3退1
11. 车二平七　马1进3　　　12. 车七平三　炮8平9
13. 仕六进五　卒7进1　　　14. 车三平六　士6进5
15. 兵九进一　象7进5　　　16. 马九进八　车8平6

17. 兵三进一　车6进4　　18. 马三进四　马3进2

19. 车六平七　马2退4　　20. 车七平六　炮3平4

21. 马四进六　炮4进3　　22. 马八进六　马4进2

23. 车六退一　卒7进1　　24. 兵五进一　卒7平6

25. 马六进八　车6平3　　26. 马八退六　马7进8

27. 炮五进四　马2退3　　28. 兵五进一　马3进4

29. 兵五平六　车3进5　　30. 炮六退二　车3退6

31. 炮五退一　炮9平8　　32. 兵六进一　车3进1

33. 炮五平六　马8退6

第 332 局　张申宏 负 阎文清

1. 兵七进一　炮2平3　　2. 炮二平五　马8进7

3. 马二进三　卒3进1　　4. 车一平二　卒3进1

5. 马八进九　车9平8　　6. 车二进四　炮3退1

7. 炮八进六　车1进1　　8. 车九平八　炮3进8

9. 仕六进五　炮3退2　　10. 马三退一　车8进1

11. 炮八退二　马2进1　　12. 兵五进一　马1进3

13. 车二进二　马3进4　　14. 炮五平六　马7退5

15. 炮六平二　马5进4　　16. 炮二进五　车1进1

17. 车二退一　车8进1　　18. 车二平六　后马退3

19. 炮八退五　车1平4　　20. 车六进二　车8平4

21. 炮八平七　车4平6　　22. 车八进三　马3进4

23. 马九退八　炮3退1　　24. 马八进六　车6进4

25. 兵三进一　象7进5　　26. 马一进三　车6平4

27. 帅五平六　后马进5　　28. 马三进四　马4退3

29. 炮七进三　车4退3　　30. 马四退五　炮3平4

31. 帅六平五　炮4平1　　32. 车八平九　车4进5

33. 车九进三　马3进5　　34. 炮七退二　前马退3

35. 车九退三　马5进4　　36. 炮七平六　卒5进1

37. 车九平七　卒 5 进 1　　**38.** 车七进一　车 4 平 2

39. 马五进三　卒 5 平 6　　**40.** 马三退五　马 3 进 5

41. 帅五平六　马 5 进 4　　**42.** 仕五进六　车 2 进 1

43. 帅六进一

第 333 局　党国蕾 和 胡明

1. 兵七进一　炮 2 平 3　　**2.** 炮二平五　马 8 进 7

3. 马二进三　卒 3 进 1　　**4.** 马八进九　卒 3 进 1

5. 车一平二　车 9 平 8　　**6.** 车二进四　炮 3 退 1

7. 车九平八　车 1 进 2　　**8.** 车二平七　车 1 平 3

9. 车七进三　马 2 进 3　　**10.** 兵三进一　炮 8 平 9

11. 炮八进四　象 7 进 5　　**12.** 炮五平六　车 8 进 4

13. 炮八平三　卒 1 进 1　　**14.** 相七进五　车 8 平 3

15. 仕六进五　马 7 退 8　　**16.** 车八进八　马 3 进 4

17. 炮三平二　马 8 进 7　　**18.** 兵五进一　炮 9 退 1

19. 车八退五　车 3 进 3　　**20.** 马九退八　车 3 退 1

21. 车八进二　马 4 退 3　　**22.** 车八进二　士 6 进 5

23. 兵三进一　炮 9 平 7　　**24.** 马八进九　车 3 退 2

25. 炮二平三　象 5 进 7　　**26.** 炮三平四　马 7 进 6

27. 车八退四　马 6 进 7　　**28.** 炮四退三　车 3 平 2

29. 车八进二　马 3 进 2　　**30.** 炮六进一　炮 3 平 1

31. 炮六平三　炮 7 进 5　　**32.** 炮四进一

第五部分　红飞左相

第334局　苗利明　胜　郝继超

1. 兵七进一	炮 2 平 3	**2.** 相七进五	炮 8 平 5
3. 马八进七	马 8 进 7	**4.** 马二进三	车 9 平 8
5. 车一平二	卒 3 进 1	**6.** 仕六进五	卒 3 进 1
7. 相五进七	卒 7 进 1	**8.** 车九平六	士 4 进 5
9. 相七退五	炮 5 平 4	**10.** 马七进八	象 3 进 5
11. 炮二进五	炮 3 退 1	**12.** 车六平七	炮 4 平 3
13. 车七平八	马 7 进 6	**14.** 炮二退三	前炮平 4
15. 马八进七	车 8 进 2	**16.** 炮八进五	炮 3 平 1
17. 车八进五	卒 7 进 1	**18.** 兵三进一	马 6 进 8
19. 车二进四	车 8 进 3	**20.** 马三进二	马 2 进 3
21. 炮八平六	士 5 进 4	**22.** 马二进一	炮 1 进 5
23. 车八退二	炮 1 进 3	**24.** 车八平九	炮 1 平 2
25. 车九平七	车 1 平 2	**26.** 马七进五	马 3 进 4
27. 马五进三	将 5 平 4	**28.** 车七平六	炮 2 平 1
29. 仕五进四	车 2 进 9	**30.** 帅五进一	车 2 退 1
31. 帅五退一	马 4 退 2	**32.** 马一进三	卒 1 进 1
33. 后马退五	卒 1 进 1	**34.** 车六平七	

第335局 陈孝坤 和 申鹏

1. 兵七进一	炮 2 平 3	**2.** 相七进五	马 2 进 1
3. 马八进七	炮 8 平 5	**4.** 马七进八	炮 5 进 4
5. 仕六进五	炮 5 退 1	**6.** 炮二进二	马 8 进 7
7. 马二进三	车 9 平 8	**8.** 车一平二	象 3 进 5
9. 兵九进一	士 4 进 5	**10.** 兵九进一	卒 1 进 1
11. 车九进五	马 1 退 3	**12.** 车九进四	马 3 退 1
13. 马八进七	车 8 进 4	**14.** 兵三进一	车 8 平 2
15. 炮八平六	炮 5 退 1	**16.** 车二进三	马 1 进 2
17. 马三进四	马 2 进 1	**18.** 马七退九	炮 5 平 1
19. 炮六平九	卒 7 进 1	**20.** 兵三进一	炮 1 平 7
21. 车二平六	炮 7 平 5	**22.** 马四进三	炮 5 进 1
23. 炮九进二	炮 3 进 1	**24.** 炮九平五	炮 3 平 7
25. 炮二平三	炮 7 平 8	**26.** 炮三进二	车 2 平 7
27. 炮三平四	车 7 平 6	**28.** 炮四平三	炮 8 进 1
29. 车六平八	炮 8 平 7	**30.** 炮五平三	卒 9 进 1
31. 车八平二	士 5 退 4	**32.** 车二进四	马 7 退 5
33. 前炮平一	车 6 退 1	**34.** 炮一进三	炮 7 平 5
35. 炮三平五	马 5 进 3	**36.** 兵七进一	士 4 进 5
37. 兵七进一	马 3 进 1	**38.** 车二退三	马 1 进 3
39. 炮五平七	车 6 进 3	**40.** 车二平六	车 6 平 2
41. 帅五平六	马 3 进 1	**42.** 炮七退二	马 1 进 3
43. 车六退一	炮 5 平 1	**44.** 帅六平五	炮 1 进 5
45. 炮七平八	卒 5 进 1	**46.** 炮一平二	车 2 进 1
47. 车六平七	车 2 进 2	**48.** 仕五退六	卒 5 进 1
49. 仕四进五	车 2 退 3	**50.** 车七退三	炮 1 退 5
51. 车七进四	车 2 平 8	**52.** 车七平九	

第 336 局　宋国强 负 吕钦

1. 兵七进一　炮 2 平 3	2. 相七进五　马 2 进 1
3. 马八进七　车 1 平 2	4. 车九平八　炮 8 平 4
5. 炮八进四　马 8 进 7	6. 马二进一　车 9 平 8
7. 车一平二　车 8 进 4	8. 炮二平三　车 8 平 4
9. 车二进一　象 7 进 5	10. 车二平八　卒 3 进 1
11. 前车进四　卒 1 进 1	12. 前车平九　车 4 退 1
13. 车九平七　车 4 平 2	14. 车七进二　前车进 6
15. 马七退八　士 6 进 5	16. 马八进七　卒 5 进 1
17. 兵一进一　马 7 进 5	18. 车七平六　士 5 进 4
19. 马一进二　卒 7 进 1	20. 马七进六　车 2 进 3
21. 马六退四　车 2 进 3	22. 马四进五　车 2 平 5
23. 马二进三　车 5 平 7	24. 炮三平一　车 7 平 9
25. 马三进四　马 5 退 7	26. 马四退六　将 5 进 1
27. 相五退七　马 1 进 2	28. 炮一平五　将 5 平 6
29. 炮五平四　马 2 进 3	30. 仕六进五　马 3 退 5
31. 炮四退一　车 9 平 2	

第 337 局　陈富杰 和 李鸿嘉

1. 兵七进一　炮 2 平 3	2. 相七进五　马 2 进 1
3. 马八进七　车 1 平 2	4. 车九平八　炮 8 平 4
5. 车一进一　马 8 进 7	6. 车一平六　士 6 进 5
7. 马二进一　车 9 平 8	8. 炮二平四　车 8 进 4
9. 兵一进一　卒 1 进 1	10. 仕六进五　车 2 进 6
11. 炮八平九　车 2 进 3	12. 马七退八　象 7 进 5
13. 马八进七　卒 3 进 1	14. 车六进三　卒 3 进 1
15. 车六平七　炮 3 进 5	16. 炮四平七　马 1 进 2

17. 车七平八　车8平3　　18. 炮九进三　马2退1
19. 炮七平九　车3进2　　20. 兵九进一　马1进3
21. 车八平七　车3退1　　22. 相五进七　卒7进1
23. 前炮平六　炮4平2　　24. 相三进五　炮2进5
25. 兵一进一　马7进6　　26. 兵一进一　马6进5
27. 炮六退三　马5退6　　28. 兵三进一　卒7进1
29. 相五进三　卒5进1　　30. 炮六平四　卒5进1
31. 相三退五　炮2退4　　32. 炮九平七　马3进4
33. 炮七平八　马4退5　　34. 炮八进二　卒5平4
35. 炮四退一　炮2平9　　36. 仕五进四　马5退7
37. 仕四进五　炮9进3　　38. 兵九进一　卒4进1
39. 炮四进四

第338局　苗利明 胜 才溢

1. 兵七进一　炮2平3　　2. 相七进五　马2进1
3. 马八进七　车1平2　　4. 车九平八　炮8平4
5. 车一进一　马8进7　　6. 炮二平四　车9平8
7. 马二进三　卒7进1　　8. 车一平六　士6进5
9. 炮八进四　象7进5　　10. 仕六进五　车8进8
11. 炮八退五　车8退2　　12. 炮八进二　车8进2
13. 炮八退二　车8退2　　14. 炮八进二　车8进2
15. 炮八退二　车8退2　　16. 炮八进二　车8进2
17. 兵一进一　车8退5　　18. 兵九进一　车2进4
19. 炮八平九　车2进5　　20. 马七退八　车8平6
21. 车六进三　车6进1　　22. 兵三进一　车6平2
23. 马八进七　马7进6　　24. 车六平四　卒7进1
25. 相五进三　马6退7　　26. 相三退五　卒3进1
27. 兵七进一　车2平3　　28. 马七进八　炮3退1
29. 马八进九　车3平5　　30. 车四平五　马1进3

31. 车五进一　卒5进1　32. 马三进四　炮4平1
33. 马四进六　马7进6　34. 马六进八　炮1平2
35. 炮九平八　炮2进4　36. 马八进七　马3退4
37. 马九退八　炮2平3　38. 马八进六　炮3退3
39. 相五退七　炮3平5　40. 炮四平六　马6进5
41. 马六进五　马5退3　42. 炮六平七　士5进6
43. 相七进五　马3进2　44. 炮七进七　将5进1
45. 马五退七　马4进3　46. 炮七退三　将5平6
47. 兵九进一　卒5进1　48. 炮七平一　卒5进1
49. 马七退六　马2退4　50. 帅五平六　炮5进1
51. 炮一平四　士6退5　52. 炮四退五　炮5平4
53. 帅六平五

第 339 局　宋国强 和 李鸿嘉

1. 兵七进一　炮2平3　2. 相七进五　马2进1
3. 马八进七　车1平2　4. 车九平八　炮8平4
5. 马二进一　马8进7　6. 车一平二　车9平8
7. 炮二平三　车8进9　8. 马一退二　车2进4
9. 炮八平九　车2平8　10. 马二进一　卒1进1
11. 兵一进一　象7进5　12. 仕六进五　士6进5
13. 车八进四　卒3进1　14. 兵三进一　卒3进1
15. 车八平七　炮3进5　16. 炮三平七　马1进2
17. 车七平八　车8平3　18. 炮九进三　马2退1
19. 炮七平九　车3进2　20. 兵九进一　马1进3
21. 车八平七　车3退1　22. 相五进七　炮4进3
23. 后炮平七　马3进1　24. 兵九进一　炮4平9
25. 相三进五　马7退6　26. 马一进二　马6进8
27. 炮七平六　卒9进1　28. 炮六进四　炮9进4
29. 相五退三　卒9进1　30. 马二退三　马8进6

第 340 局 聂铁文 和 陈寒峰

1. 兵七进一　炮 2 平 3	2. 相七进五　马 2 进 1
3. 马八进七　车 1 平 2	4. 车九平八　车 2 进 4
5. 马二进三　马 8 进 7	6. 炮二进二　卒 7 进 1
7. 车一进一　车 2 进 2	8. 马七进六　车 9 进 1
9. 兵七进一　车 2 平 4	10. 炮八进五　卒 3 进 1
11. 马六进八　车 9 平 7	12. 车一平四　卒 1 进 1
13. 马八进七　炮 8 平 3	14. 车四进五　象 7 进 5
15. 车四退二　车 7 平 8	16. 仕四进五　车 4 退 2
17. 兵九进一　马 7 进 6	18. 兵三进一　卒 7 进 1
19. 车四平三　卒 1 进 1	20. 车三平九　车 4 进 1
21. 车八进四　车 4 平 2	22. 车九平八　炮 3 退 1
23. 炮八退一　卒 9 进 1	24. 炮八平九　车 8 进 1
25. 车八平三　炮 3 平 9	26. 炮二退四　马 6 进 5
27. 马三进五　车 8 进 7	28. 马五进四　卒 5 进 1
29. 车三进二　车 8 退 7	30. 车三平一　炮 9 平 4
31. 车一平六　炮 4 平 9	32. 车六平一　炮 9 平 4
33. 炮九退一　马 1 进 2	34. 车一平六　炮 4 平 9
35. 车六平八　炮 9 平 4	36. 炮九平七　象 5 进 3
37. 车八退一　车 8 进 2	38. 马四进三　车 8 退 2
39. 马三退四　象 3 进 1	40. 车八进一　车 8 进 2
41. 车八平六　炮 4 平 6	42. 车六平五　士 6 进 5
43. 车五退一　炮 6 平 9	44. 车五平六

第 341 局 苗利明 胜 李智屏

1. 兵七进一　炮 2 平 3	2. 相七进五　马 2 进 1
3. 马八进七　车 1 平 2	4. 车九平八　车 2 进 4

5. 马二进三　卒 7 进 1　　　6. 炮二平一　马 8 进 7

7. 车一平二　车 9 平 8　　　8. 车二进六　炮 8 平 9

9. 车二平三　象 7 进 5　　　10. 炮八平九　卒 1 进 1

11. 兵三进一　卒 7 进 1　　　12. 车三退二　炮 9 退 1

13. 马三进四　车 8 进 4　　　14. 车八进五　车 8 平 2

15. 马七进六　士 4 进 5　　　16. 兵七进一　车 2 进 1

17. 马四进六　炮 3 进 2　　　18. 前马进四　士 5 进 6

19. 炮一平二　炮 9 平 2　　　20. 炮二进四　马 7 退 9

21. 炮二平五　炮 2 平 5　　　22. 炮五退一　马 9 进 8

23. 车三平二　炮 3 进 3　　　24. 马四进六　将 5 平 4

25. 炮五平六　炮 5 平 4　　　26. 炮六进三　将 4 进 1

27. 前马退五　将 4 退 1　　　28. 马五退六　炮 3 退 1

29. 车二进二　将 4 平 5　　　30. 前马进七　炮 3 平 5

31. 仕四进五　车 2 平 7　　　32. 相三进一　车 7 进 1

33. 炮九进三　炮 5 平 1　　　34. 马七进九　象 3 进 1

35. 马六进五　士 6 退 5　　　36. 马五退三　卒 9 进 1

37. 炮九平五　车 7 平 4　　　38. 车二平九　象 1 退 3

39. 炮五平八　炮 1 平 9　　　40. 炮八进四　士 5 退 4

41. 马三进四　炮 9 平 6　　　42. 车九平五　车 4 退 4

43. 车五退三　车 4 平 2　　　44. 车五平四　车 2 退 2

45. 帅五平四

第 342 局　阎文清 负 郑一泓

1. 兵七进一　炮 2 平 3　　　2. 相七进五　马 2 进 1

3. 马八进七　车 1 平 2　　　4. 车九平八　炮 8 平 5

5. 炮八进四　马 8 进 7　　　6. 炮二平四　车 9 平 8

7. 马二进三　卒 3 进 1　　　8. 兵七进一　车 8 进 4

9. 兵七平八　卒 1 进 1　　　10. 车一平二　车 8 平 6

11. 仕六进五　卒 7 进 1　　　12. 兵八平九　车 6 平 1

13. 炮四进四　车1平3　14. 马七进六　车3平4
15. 车二进四　卒5进1　16. 炮四退四　炮5进4
17. 炮四进三　马7进6　18. 马六进四　炮5退1
19. 车二进二　士4进5　20. 马四退五　车4进2
21. 兵三进一　炮3进4　22. 车八平六　车4进3
23. 帅五平六　炮3退3　24. 马五进七　卒7进1
25. 相五进三　象3进5　26. 车二平六　炮3退3
27. 车六平一　马1退3　28. 马三进五　炮5平4
29. 相三退五　卒5进1　30. 马五退三　炮3进5
31. 相五进七　车2进3　32. 车一平八　马3进2
33. 相七退五　马2退4　34. 帅六平五　马4进3
35. 相五进七　象5退3　36. 相三进五　象3进1
37. 仕五进六　士5进6　38. 仕四进五　士6进5
39. 马三退四　炮4退4　40. 兵一进一　炮4平1
41. 马四进二　炮1进5　42. 马二进三　炮1退2

第343局　左文静 和 赵寅

1. 兵七进一　炮2平3　2. 相七进五　马2进1
3. 马八进七　炮8平5　4. 车九平八　马8进7
5. 马二进一　车9平8　6. 车一平二　车1平2
7. 炮八进四　车8进4　8. 炮二平三　车8平4
9. 车二进四　卒1进1　10. 炮八退二　卒7进1
11. 仕四进五　炮5平4　12. 兵一进一　象3进5
13. 车二平四　车2进4　14. 马一进二　卒3进1
15. 炮三平一　士4进5　16. 炮八退二　卒3进1
17. 车四平七　车2平3　18. 车七进一　车4平3
19. 马七进八　车3进2　20. 马八进六　车3退2
21. 马六进七　车3退2　22. 炮八平六　车3进2
23. 车八进七　马1进2　24. 炮六进四　卒7进1

25. 马二进一　马7进6　　26. 车八进二　炮4退2
27. 炮六平九　马2退3　　28. 车八退三　马3进1
29. 车八平九　卒7进1　　30. 车九平五　马6进4
31. 车五平四　卒7进1　　32. 马一退二　车3平7
33. 车四平三　车7退1　　34. 马二进三

第 344 局　苗利明 和 谢靖

1. 兵七进一　炮2平3　　2. 相七进五　马2进1
3. 马八进七　炮8平5　　4. 马七进八　炮5进4
5. 仕六进五　炮5退1　　6. 兵七进一　卒3进1
7. 马八进九　车9进2　　8. 车九平六　炮3进1
9. 马九退七　卒5进1　　10. 车一进一　车9平6
11. 车六进五　车6进2　　12. 相三进一　车1平2
13. 车一平四　车6进4　　14. 马二进四　车2进4
15. 车六平五　象7进5　　16. 车五退一　车2平3
17. 马四进五　炮3退2　　18. 马五进七　马8进6
19. 炮八平七　车3平8　　20. 相一退三　马6进4
21. 炮二平一　车8进2　　22. 马七进六　士6进5
23. 相五退七　炮3平4　　24. 马六进八　炮4平1
25. 炮一平五　马1进2　　26. 马八进六　车8平7
27. 炮五进五　士5进6　　28. 车五平八　将5进1
29. 车八进一　将5平4　　30. 炮七进五　将4平5
31. 炮五退五　车7平3　　32. 车八进三　将5退1
33. 车八平七　车3平1　　34. 炮七退三　炮1平2
35. 车七退二　车1平4　　36. 车七平三　车4退1
37. 炮七退一　车4进1　　38. 炮七进一　车4退1
39. 炮七退一　车4进1　　40. 炮七进一　车4退1
41. 炮七退一　车4平3　　42. 炮七平五　将5平6
43. 相七进九　车3进1　　44. 后炮平四　将6平5

45. 炮五退一　马4进3　　　46. 车三平五　炮2平5
47. 车五平一　炮5平2　　　48. 车一平七　炮2平7
49. 炮四进二　炮7进5　　　50. 兵一进一　马3进4
51. 车七平五　士4进5　　　52. 车五平三　士5进4
53. 车三平五　士6退5　　　54. 车五平三　士5进6
55. 车三平五　士6退5　　　56. 车五平三　士5进6
57. 炮四退三　马4退6　　　58. 车三进三　将5进1
59. 车三退一　将5退1　　　60. 车三进一　将5进1
61. 车三退一　将5退1　　　62. 炮四进六　炮7退3
63. 相九进七　车3退1　　　64. 车三进一　将5进1
65. 车三退一　将5退1　　　66. 车三进一　将5进1
67. 车三退一　将5退1　　　68. 炮四退二　马6进5
69. 相三进五　炮7平5　　　70. 炮四平六　车3平9
71. 车三进一　将5进1　　　72. 车三平七　车9平5
73. 相五退三　炮5进5　　　74. 仕四进五　车5进3
75. 帅五平六　车5进1　　　76. 帅六进一　车5平7

第六部分　红飞右相

第 345 局　庄玉庭 和 谢岿

1. 兵七进一　炮 2 平 3　　2. 相三进五　炮 8 平 5
3. 马八进七　马 8 进 7　　4. 马二进三　车 9 平 8
5. 车一平二　卒 3 进 1　　6. 马七进八　卒 3 进 1
7. 相五进七　车 8 进 5　　8. 相七进五　卒 7 进 1
9. 兵三进一　车 8 退 1　　10. 兵三进一　车 8 平 7
11. 仕六进五　炮 5 平 6　　12. 车九平六　象 3 进 5
13. 马三进四　车 7 平 6　　14. 马四进六　士 4 进 5
15. 车二平三　马 7 进 8　　16. 车三进六　炮 3 平 4
17. 马六进八　炮 4 平 2　　18. 前马退六　炮 2 平 4
19. 马六进八　炮 4 平 2　　20. 前马退六　马 2 进 3
21. 马六进七　炮 2 进 5　　22. 炮二平八　炮 6 平 3
23. 车三平五　车 6 平 1　　24. 车六进四　前车进 2
25. 相七退九　前车平 2　　26. 炮八平六　炮 3 进 6
27. 车六平二　炮 3 平 1　　28. 相九退七　炮 1 进 1
29. 仕五退六　马 8 退 7　　30. 车五平三　车 2 平 5
31. 马八进六　车 5 进 1　　32. 仕四进五　车 5 退 1
33. 车二平九　炮 1 平 2　　34. 车九平八　车 5 平 4
35. 车八退四　马 7 退 8　　36. 炮六平五　车 4 平 5
37. 车三平一　卒 1 进 1　　38. 兵一进一　车 1 平 3

39. 兵一进一	车5平7	40. 车八进六	马8进9
41. 车一平七	车3平4	42. 兵一进一	车7平5
43. 兵一进一	象7进9	44. 炮五平四	车4进4
45. 车八进三	士5退4	46. 车八退五	车5平6
47. 炮四平八	象9退7	48. 车八平五	车4平2
49. 炮八平五	士6进5	50. 车七平九	卒1进1
51. 炮五平二	车6平8	52. 炮二平五	车2平1
53. 车九平五	卒1进1	54. 炮五平六	卒1平2
55. 炮六进六	卒2平3	56. 前车平八	车1平2
57. 车八退一	车8平2	58. 车五退一	车2平4
59. 炮六平九	士5退6	60. 车五平七	士4进5

第346局　赵国荣 胜 柳大华

1. 兵七进一	炮2平3	2. 相三进五	马2进1
3. 马八进七	炮8平5	4. 马七进八	炮5进4
5. 仕四进五	炮5退1	6. 马八进九	炮3退1
7. 兵九进一	车1平2	8. 车九进三	象7进5
9. 兵九进一	马8进6	10. 车九平六	车9平8
11. 车六进五	车2进3	12. 车六平四	卒3进1
13. 马二进四	卒3进1	14. 帅五平四	士4进5
15. 车四退四	卒5进1	16. 车一平二	卒7进1
17. 炮二平四	车8平7	18. 炮八平六	卒3平4
19. 车四退一	车7进3	20. 车二进九	象5退7
21. 马四进二	象3进5	22. 车二退五	炮3退1
23. 车二平四	车7平8	24. 炮四退一	马1退3
25. 前车进一	炮5平8	26. 兵三进一	炮8退1
27. 前车进三	卒5进1	28. 后车平九	卒7进1
29. 马二进三	车8平7	30. 相七进九	炮8平7
31. 帅四平五	车7平5	32. 相九退七	马3进1

33. 车四退三　炮7退2	34. 炮六平九　车2平3
35. 兵九平八　炮3平1	36. 兵八平九　炮1平3
37. 车九平八　马1退3	38. 马九进八　车3平4
39. 兵九平八　炮3平1	40. 车八平七　炮1进1
41. 炮九平七　卒4进1	42. 车七平九

第 347 局　庄玉庭 负 程进超

1. 兵七进一　炮2平3	2. 相三进五　马2进1
3. 马八进七　车1平2	4. 车九平八　炮8平5
5. 炮八进四　马8进7	6. 马二进一　车9平8
7. 车一平二　车8进4	8. 炮二平三　车8进5
9. 马一退二　车2进1	10. 炮三进四　车2平8
11. 马二进三　炮3平2	12. 车八平九　车8进3
13. 炮八退五　象7进9	14. 兵三进一　炮2平3
15. 车九进二　车8平6	16. 车九平八　卒1进1
17. 炮八平三　车6退1	18. 马三进二　卒5进1
19. 仕六进五　士6进5	20. 后炮进一　马7退8
21. 车八进一　炮5平8	22. 前炮进二　马8进6
23. 前炮平二　卒9进1	24. 车八平六　炮8进2
25. 兵五进一　卒5进1	26. 车六进二　炮8退1
27. 车六平一　炮3平8	28. 车一进一　车6平5
29. 炮二退二　炮8进3	30. 炮三平二　卒5进1
31. 车一退二　炮8进1	32. 马七进六　卒5进1
33. 车一进三　炮8平1	34. 车一进二　士5退6
35. 车一退一　炮1进3	36. 相七进九　车5平2
37. 车一平三　卒5进1	38. 前炮进三　将5进1

第 348 局　庄玉庭　胜　聂铁文

1. 兵七进一	炮 2 平 3	2. 相三进五	马 2 进 1
3. 马八进七	车 1 平 2	4. 车九平八	炮 8 平 5
5. 炮八进四	马 8 进 7	6. 马二进一	车 9 平 8
7. 车一平二	车 8 进 6	8. 炮二平三	车 8 平 9
9. 相五退三	车 9 退 2	10. 相七进五	卒 1 进 1
11. 车二进八	卒 3 进 1	12. 炮八平三	马 7 退 5
13. 车八进九	马 1 退 2	14. 车二退四	卒 3 进 1
15. 车二平七	炮 3 平 5	16. 后炮平七	炮 5 进 4
17. 仕四进五	象 3 进 5	18. 马一进二	炮 5 退 2
19. 车七进二	马 5 进 7	20. 车七进二	车 9 平 8
21. 马二退四	马 2 进 1	22. 车七平四	马 1 进 2
23. 炮三进三	士 6 进 5	24. 马四进五	卒 5 进 1
25. 炮三平一	马 7 进 5	26. 车四平三	士 5 进 4
27. 车三退四	马 2 进 1	28. 炮七平八	马 1 退 2
29. 车三平八	马 2 退 3	30. 相五退七	马 5 进 3
31. 车八进二	前马进 4	32. 炮八平六	卒 5 进 1
33. 车八平六	马 4 退 3	34. 车六平七	后马退 2
35. 炮六平五	马 2 进 1	36. 车七平一	卒 5 进 1
37. 炮五进五	马 1 进 2	38. 车一平四	马 3 进 2
39. 帅五平四	后马进 4	40. 炮五退三	将 5 进 1
41. 车四进二	将 5 进 1	42. 炮一退六	车 8 进 2
43. 车四退三	士 4 退 5	44. 炮一进一	车 8 退 1
45. 炮一进三	士 5 退 6	46. 车四平五	将 5 平 4
47. 车五平六	将 4 平 5	48. 车六平五	将 5 平 4
49. 炮五平三	车 8 退 2	50. 仕五进四	卒 5 平 6
51. 仕六进五	车 8 平 9	52. 炮一平二	车 9 平 8
53. 炮二平一	车 8 平 9	54. 炮一平二	车 9 平 5

55. 车五平六　将4平5
56. 炮三进三　将5退1
57. 车六平一　车5平8
58. 车一进三　将5退1
59. 炮三进二　士6进5
60. 炮二进一　将5平6
61. 炮三平一　将6进1
62. 炮二退一　将6进1
63. 车一平二　车8平9
64. 炮一平三

第349局　谢靖 胜 黄竹风

1. 兵七进一　炮2平3
2. 相三进五　马2进1
3. 马八进七　车1平2
4. 车九平八　炮8平5
5. 炮八进四　马8进7
6. 马二进一　车9平8
7. 车一平二　卒3进1
8. 兵七进一　车8进4
9. 兵七平八　马1进3
10. 车八进三　车2进2
11. 仕四进五　炮5平4
12. 炮二平三　车8进5
13. 马一退二　炮3进5
14. 炮三平七　马3进4
15. 炮七进二　卒7进1
16. 兵五进一　车2平3
17. 车八平七　象7进5
18. 马二进四　车3进1
19. 炮八进一　马7进6
20. 马四进二　车3平4
21. 兵三进一　车4进1
22. 兵八进一　车4退1
23. 车七平八　车4进1
24. 兵八平七　车4平3
25. 车八平四　马4进3
26. 兵三进一　象5进7
27. 马二进三　马3退4
28. 炮八平七　车3平2
29. 后炮进一　马6退5
30. 兵七平六　车2平3
31. 兵六进一　士4进5
32. 车四平六　马4退2
33. 炮七平八　士5进4
34. 炮八进二　象3进1
35. 车六进四　马2退3
36. 炮八退三　车3退1
37. 炮八退四　士6进5
38. 车六退四　车3进2
39. 马三退四　车3退1
40. 车六平三　象1退3
41. 马四进二　象7退9
42. 车三进四　车3进2
43. 马二进四　车3平1
44. 马四进二　车1平8

45. 马二进一	车8平2		**46.** 炮八平六	马3进4
47. 车三进二	士5退6		**48.** 车三退四	车2退2
49. 相五进七	马4退3		**50.** 车三进二	马3退5
51. 车三平四	车2平7		**52.** 炮六平二	后马退7
53. 炮二进七	将5进1		**54.** 车四进二	车7退2
55. 炮二退七	马7进9		**56.** 车四退三	车7平9
57. 车四平五	车9平8		**58.** 炮二平五	车8进1
59. 车五退一	车8进6		**60.** 仕五退四	马9进8
61. 车五平三	将5平6		**62.** 炮五平四	车8退4
63. 兵五进一	马8进7		**64.** 炮四退一	车8进3
65. 车三平四	将6平5		**66.** 车四退一	马7进9
67. 兵五进一	马5进7		**68.** 车四进二	马9退8
69. 车四退四	马8进7		**70.** 炮四平五	后马进5
71. 车四平三	车8平6		**72.** 车三进一	将5平6
73. 炮五进一	车6进1		**74.** 帅五进一	马5进6
75. 帅五平六	马6退4		**76.** 车三进五	将6退1
77. 车三进一	将6进1		**78.** 车三退一	将6退1
79. 车三退二	车6退3		**80.** 仕六进五	卒1进1
81. 帅六退一	卒1进1		**82.** 炮五平四	将6平5
83. 相七退五	卒1平2		**84.** 帅六平五	车6退2
85. 兵五平六	车6平4		**86.** 车三平五	将5平4
87. 相五退三	马4进2		**88.** 炮四平八	卒9进1
89. 兵六平七	车4退2		**90.** 车五退三	卒9进1
91. 车五平七	车4进3		**92.** 相七进五	卒9平8
93. 兵七进一	象3进5		**94.** 车七平五	将4平5
95. 车五进四	将5平6		**96.** 兵七平六	车4退2
97. 车五平四	将6平5		**98.** 帅五平四	

第 350 局　洪智 胜 徐天红

1. 兵七进一　炮 2 平 3	**2.** 相三进五　马 2 进 1
3. 马八进七　车 1 平 2	**4.** 车九平八　炮 8 平 5
5. 炮八进四　马 8 进 7	**6.** 炮二平四　车 9 平 8
7. 马二进三　车 8 进 4	**8.** 车一平二　车 8 平 6
9. 仕四进五　卒 1 进 1	**10.** 车二进四　车 6 平 2
11. 车八进五　马 1 进 2	**12.** 炮八平九　炮 3 平 1
13. 兵七进一　马 2 退 3	**14.** 车二平八　车 2 进 5
15. 马七进八　马 3 进 1	**16.** 马八进九　卒 3 进 1
17. 马九退七　卒 7 进 1	**18.** 炮四进四　马 7 进 6
19. 马七进五　炮 5 进 4	**20.** 马五退七　炮 5 退 4
21. 马七进六　将 5 进 1	**22.** 炮四平九　炮 5 平 7
23. 马六退四　炮 7 平 6	**24.** 兵三进一　卒 7 进 1
25. 相五进三　马 6 进 4	**26.** 马三进五　炮 1 平 5
27. 相三退五　炮 5 进 1	**28.** 马四进二　象 3 进 5
29. 马五进七　将 5 退 1	**30.** 炮九平一　士 4 进 5
31. 炮一平四　马 4 进 6	**32.** 兵一进一　炮 5 进 2
33. 马七退五　马 6 进 7	**34.** 炮四退五　炮 6 进 4
35. 兵一进一　炮 5 平 6	**36.** 相五进七　前炮平 1
37. 马二退四　炮 1 平 4	**38.** 兵一平二　卒 1 进 1
39. 兵二进一　卒 1 平 2	**40.** 马四退六　炮 6 平 4
41. 相七退九　卒 2 进 1	**42.** 马六退四　后炮平 5
43. 帅五平四　卒 2 平 3	**44.** 马四退三　炮 5 平 9
45. 炮四进三　炮 9 进 4	**46.** 炮四平一　卒 3 进 1
47. 兵二平三　卒 3 进 1	**48.** 兵三平四　炮 4 平 2
49. 兵四平五　炮 2 退 2	**50.** 马五进六　炮 2 进 2
51. 兵五进一　炮 9 平 7	**52.** 马三进五　马 7 退 6
53. 炮一进五　马 6 退 5	**54.** 马五进七　马 5 退 7

55. 马六进四　士5进6　　**56.** 马七进五　马7进6

57. 马四进六

第351局　苗利明 胜 黄仕清

1. 兵七进一　炮2平3　　**2.** 相三进五　马2进1

3. 马八进七　车1平2　　**4.** 车九平八　炮8平5

5. 炮八进四　马8进7　　**6.** 炮二平四　车9平8

7. 马二进三　卒3进1　　**8.** 兵七进一　车8进4

9. 兵七平八　卒1进1　　**10.** 车一平二　车8平6

11. 炮八平三　车6进3　　**12.** 炮三进三　士6进5

13. 兵八进一　车6退3　　**14.** 兵三进一　马7进8

15. 马七进六　车6平4　　**16.** 兵三进一　马1进3

17. 车二进五　马3进4　　**18.** 车二进四　车2进1

19. 炮三平六　士5退6　　**20.** 炮六平四　车2平8

21. 车二退一　马4进3　　**22.** 仕四进五　马3进2

23. 马三进四　车4进1　　**24.** 马四进五　车4退2

25. 车二退二　炮5进4　　**26.** 炮四平七　马2退3

27. 帅五平四　马3退4　　**28.** 车二进三　将5进1

29. 马五退六　车4进2　　**30.** 车二退一　将5退1

31. 车二进一　将5进1　　**32.** 车二退一　将5退1

33. 车二平四　车4平8　　**34.** 兵八平七　炮3平2

35. 兵七进一　炮2进6　　**36.** 仕五进六　车8进4

37. 帅四进一　车8退3　　**38.** 车四进一　将5进1

39. 车四退一　将5退1　　**40.** 车四进一　将5进1

41. 车四退五　炮2退2　　**42.** 兵七平六　车8平6

43. 车四退一　炮2平6　　**44.** 兵一进一　炮5平4

45. 炮七退八

第352局　孙浩宇 胜 薛文强

1. 兵七进一　炮2平3	2. 相三进五　马2进1
3. 马八进七　炮8平5	4. 车九平八　车1平2
5. 炮八进四　马8进7	6. 马二进一　车9平8
7. 车一平二　卒3进1	8. 兵七进一　车8进4
9. 兵七平八　马1进3	10. 仕六进五　车2进1
11. 兵八平七　炮3进2	12. 炮八进一　马7退9
13. 炮二平三　车8进5	14. 马一退二　炮5平8
15. 炮三进四　马3进5	16. 炮八平五　车2平7
17. 炮五退二　士6进5	18. 炮三平九　卒5进1
19. 炮九进二　炮3退3	20. 兵三进一　马9进8
21. 马二进一　马8进7	22. 车八进四　马7退8
23. 车八平七　车7进2	24. 马七进八　炮8退1
25. 车七进二　车7平3	26. 马八进七　马8退6
27. 兵一进一　炮8进2	28. 马一进二　炮8平5
29. 马二进四　士5进4	30. 炮九退四　炮3平8
31. 炮九平二　士4进5	32. 兵九进一　炮8平6
33. 马七退六　炮5进3	34. 马四退五　卒5进1
35. 马六进五	

第353局　党国蕾 胜 张梅

1. 兵七进一　炮2平3	2. 相三进五　马2进1
3. 马八进七　车1平2	4. 车九平八　车2进4
5. 炮八平九　车2平4	6. 马二进三　马8进7
7. 车八进八　士6进5	8. 马七进八　炮8退1
9. 车八退一　炮3平6	10. 兵七进一　车4平3
11. 马八进九　车3平6	12. 炮二进五　炮6平8

13. 车八平三　前炮进2　　14. 兵三进一　象7进5
15. 车三平二　车9进1　　16. 仕四进五　士5退6
17. 兵三进一　车6平7　　18. 车一平四　后炮平3
19. 马三进四　车9平4　　20. 马四进二　车4进3
21. 马二进三　车7平6　　22. 车四进五　车4平6
23. 马三退五　车6平5　　24. 马五进三　车5进2
25. 兵九进一　象5退7　　26. 车二退二　象7进5
27. 车二平四　士4进5　　28. 马九退八　车5平1
29. 兵九进一　车1退1　　30. 兵九进一　车1平2
31. 兵九进一　象3进1　　32. 车四进一　卒3进1
33. 车四平三　卒9进1　　34. 车三平七　炮3平4
35. 马三退四　车2退3　　36. 车七平六　车2平4
37. 车六平一　炮4平3　　38. 炮九进四　象5退7
39. 车一平三　象7进9　　40. 车三平七　炮3平4
41. 炮九退二　车4平6　　42. 炮九平五　将5平4
43. 马四进六　车6平5　　44. 车七平八　车5平3
45. 炮五退一

第354局　张江 胜 才溢

1. 兵七进一　炮2平3　　2. 相三进五　马2进1
3. 马八进七　车1平2　　4. 车九平八　炮8平4
5. 炮八进四　马8进7　　6. 炮二平四　车9平8
7. 马二进三　卒7进1　　8. 兵九进一　象7进5
9. 车一平二　车8进9　　10. 马三退二　卒3进1
11. 兵七进一　象5进3　　12. 马二进四　炮3平5
13. 炮四平七　马7进6　　14. 炮七进二　炮4平5
15. 车八进三　卒9进1　　16. 仕四进五　士4进5
17. 炮七平八　车2平1　　18. 车八平七　炮5平8
19. 车七进二　炮8进2　　20. 车七退一　象3进5

21. 车七平二　马1进3　　22. 前炮平五　马3进2
23. 车二进一　将5平4　　24. 炮五平一　车1进2
25. 炮一进三　将4进1　　26. 车二进一　车1平2
27. 车二平四　车2进2　　28. 炮一平二　卒7进1
29. 兵三进一　马6进8　　30. 车四平六　士5进4
31. 车六平七　士6进5　　32. 车七退二　马8进7
33. 炮二平一　车2退1　　34. 兵五进一　车2平6
35. 马四进二　马2退3　　36. 炮一平八　车6平8
37. 马二退三　将4退1　　38. 炮八退七　马7退9
39. 炮八平七　马3退1　　40. 兵三进一　将4平5
41. 兵三平四　马9进8　　42. 车七退一　卒9进1
43. 兵五进一　卒9进1　　44. 炮七退一　卒9进1
45. 兵五进一

第 355 局　陈富杰 和 张强

1. 兵七进一　炮2平3　　2. 相三进五　马2进1
3. 马八进七　车1平2　　4. 车九平八　炮8平4
5. 炮八进四　马8进7　　6. 马二进一　车9平8
7. 车一平二　车8进4　　8. 炮二平三　车8平5
9. 车二进四　卒1进1　　10. 车二平五　车5进1
11. 兵五进一　炮4平5　　12. 仕六进五　炮5进3
13. 炮三进四　象7进5　　14. 兵三进一　士6进5
15. 马一进三　卒5进1　　16. 马三进五　卒5进1
17. 炮八退二　卒3进1　　18. 炮八平五　车2进9
19. 马七退八　卒3进1　　20. 相五进七　炮3进7
21. 兵九进一　卒1进1　　22. 炮五平九　马1进3
23. 相七退五　炮3退5　　24. 炮九平五　炮3平5
25. 相五退三　炮5平1　　26. 相三进五　马3进4
27. 相五进七　炮1平8　　28. 仕五退六　炮8平5

29. 仕六进五　马4退3　　30. 炮三平四　马3进1
31. 相七退九　马1进2　　32. 马八进六　马7进6
33. 马六进七　炮5退1　　34. 兵三进一　马6进4
35. 相九退七　马2进3　　36. 马七退六　马4进5
37. 炮五退一　马5退3　　38. 炮四退五　后马退4
39. 帅五平六　炮5平4　　40. 炮五退一　马4进6
41. 马六进七　马6退4　　42. 马七退六　马4退6
43. 马六进七　马6进4　　44. 马七退六　马4进6
45. 马六进七　马3退4　　46. 帅六平五　炮4平8
47. 仕五进六

第 356 局　张江 和 程进超

1. 兵七进一　炮2平3　　2. 相三进五　马2进1
3. 马八进七　车1平2　　4. 车九平八　炮8平4
5. 炮八进四　马8进7　　6. 炮二平四　车9平8
7. 马二进三　车8进4　　8. 兵三进一　卒3进1
9. 炮八平三　象7进9　　10. 车八进九　马1退2
11. 兵七进一　车8平3　　12. 马七进六　车3平4
13. 马六退七　炮4平5　　14. 车一进一　马2进1
15. 车一平八　车4平6　　16. 仕六进五　车6退1
17. 马三进二　马1进3　　18. 兵三进一　象9进7
19. 车八进四　炮3进5　　20. 炮四平七　马3进4
21. 炮七进二　炮5进4　　22. 车八平三　炮5退2
23. 车三退二　士6进5　　24. 车三平五　炮5平8
25. 炮三退四　马4退6　　26. 马二进四　车6进1
27. 车五平三　马7退6　　28. 车三进三　车6平5
29. 车三平二　炮8平7　　30. 炮三平一　车5进1
31. 炮七退二　炮7平9　　32. 炮一平三　炮9平7
33. 炮三平一　炮7平9　　34. 炮一平二　炮9平2

35. 车二平三　马 6 进 8　　　　36. 车三进三　士 5 退 6
37. 炮七平八　马 8 进 6　　　　38. 车三退二　士 6 进 5
39. 炮二进七　车 5 平 8　　　　40. 炮二平一　炮 2 平 9
41. 车三进二　士 5 退 6　　　　42. 车三退五　车 8 退 5
43. 炮一退四　卒 9 进 1

第 357 局　苗利明 负 蒋川

1. 兵七进一　炮 2 平 3　　　　2. 相三进五　马 2 进 1
3. 马八进七　车 1 平 2　　　　4. 车九平八　炮 8 平 4
5. 炮八进四　马 8 进 7　　　　6. 炮二平四　车 9 平 8
7. 马二进三　车 8 进 4　　　　8. 车一平二　车 8 平 6
9. 仕四进五　卒 1 进 1　　　　10. 兵三进一　象 3 进 5
11. 炮八退二　卒 3 进 1　　　　12. 马三进四　车 6 平 5
13. 马四进三　车 5 平 6　　　　14. 马三退四　车 6 平 5
15. 兵五进一　车 5 平 4　　　　16. 兵七进一　车 4 平 3
17. 马七进六　车 2 进 3　　　　18. 车二进三　车 2 平 4
19. 马六退八　车 3 平 2　　　　20. 马八退六　车 4 进 2
21. 车二平八　炮 4 进 5　　　　22. 炮四平六　车 4 平 5
23. 马四退三　马 7 进 6　　　　24. 炮六平七　车 5 平 4
25. 炮七进二　车 4 进 3　　　　26. 相七进九　士 4 进 5
27. 兵九进一　卒 1 进 1　　　　28. 炮七平九　车 2 平 1
29. 前车平七　炮 3 平 2　　　　30. 炮八平七　马 1 进 2
31. 炮九平八　马 2 退 4　　　　32. 车八平九　车 4 平 2
33. 炮八退一　车 1 进 2　　　　34. 车七平四　马 6 进 4
35. 车四平六　炮 2 平 4

第 358 局　张江 负 张强

1. 兵七进一　炮 2 平 3　　　　2. 相三进五　马 2 进 1

3. 马八进七　车1平2　　4. 车九平八　炮8平4

5. 炮八进四　马8进7　　6. 炮二平四　车9平8

7. 马二进三　车8进4　　8. 兵三进一　卒3进1

9. 炮八平三　象7进5　　10. 车八进九　马1退2

11. 兵七进一　车8平3　　12. 马七进六　车3平4

13. 马六退七　车4平3　　14. 马七进六　车3平4

15. 马六退七　炮3进4　　16. 车一进一　马2进3

17. 车一平八　车4平3　　18. 仕六进五　士6进5

19. 兵一进一　卒1进1　　20. 马三进四　马3进2

21. 车八平六　马2退3　　22. 相七进九　卒9进1

23. 兵一进一　车3平9　　24. 车六进二　炮3退2

25. 车六进三　炮3平8　　26. 相九退七　炮8进1

27. 马四退三　炮8平9　　28. 车六平七　马3退2

29. 相五退三　马2进1　　30. 车七平九　车9平3

31. 相七进五　炮4平3　　32. 马七退六　炮9退1

33. 车九平六　马1进2　　34. 车六退三　炮9进1

35. 炮四进二　炮9平6　　36. 马三进四　马2进3

37. 炮三平二　马3进1　　38. 炮二退五　马1进3

39. 车六退二　马7进6　　40. 马四退六　马3退4

41. 车六进二　炮3平1　　42. 兵五进一　马6退7

43. 马六进八　卒5进1　　44. 兵五进一　车3平5

45. 马八进六　马7进6　　46. 炮二平一　马6退7

47. 车六进三　车5退1　　48. 车六退三　车5平9

49. 炮一平三　车9平2　　50. 兵三进一　车2进1

51. 兵三进一　车2平7　　52. 炮三进三　车7退1

53. 车六平八　马7进5　　54. 炮三平七　马5进4

55. 马六进五　车7平5　　56. 车八平六　马4退3

57. 马五退四　炮1进1　　58. 炮七平一　车5平9

59. 炮一平五　车9平5　　60. 炮五平二　车5平8

61. 炮二平七　车8平5　　62. 车六平二　马3进4

63. 马四进三　马4进3	64. 车二平七　马3退1
65. 车七平八　卒1进1	66. 炮七进四　炮1退2
67. 炮七退五　象5进7	68. 炮七平一　象3进5
69. 炮一进一　车5平1	70. 马三进五　卒1平2
71. 车八平二　马1进3	72. 车二进六　士5退6
73. 马五进四　将5进1	74. 仕五进六　车1进6
75. 帅五进一　车1平6	76. 炮一平五　将5平6
77. 马四进二　炮1平8	78. 车二退一　将6进1
79. 车二平七　车6退1	80. 帅五退一　车6进1
81. 帅五进一　车6退1	82. 帅五退一　车6进1
83. 帅五进一　车6退1	84. 帅五退一　车6进1
85. 帅五进一　马3进1	86. 帅五平六　车6退3
87. 车七退二　将6退1	88. 炮五平一　马1退2
89. 车七平八　卒2平1	90. 炮一退二　马2退4
91. 车八平六　马4退2	92. 车六进二　士6进5
93. 仕六退五　车6平1	94. 仕五进四　车1进2
95. 帅六退一　车1进1	96. 帅六进一　车1平6
97. 炮一进三　车6退1	98. 帅六退一　车6进1
99. 帅六进一　车6退1	100. 帅六退一　马2进1

第359局　张学潮 负 万春林

1. 兵七进一　炮2平3	2. 相三进五　马2进1
3. 马八进七　车1平2	4. 车九平八　炮8平4
5. 炮八进四　马8进7	6. 炮二平四　车9平8
7. 马二进三　车8进4	8. 车一平二　车8平6
9. 仕四进五　卒1进1	10. 车二进四　士4进5
11. 车二平五　炮4平5	12. 炮八平五　车2进9
13. 马七退八　马1进2	14. 兵三进一　马2进3
15. 车五平四　车6平5	16. 炮五平六　车5进2

17. 马八进七　车5平7　　18. 马三退四　车7平4
19. 炮六平四　车4平9　　20. 后炮平三　马7进5
21. 车四进一　炮3进3　　22. 炮四平七　马5进4
23. 车四平六　马4进5

第360局　洪智 和 李群

1. 兵七进一　炮2平3　　2. 相三进五　马2进1
3. 马八进七　车1平2　　4. 车九平八　炮8平4
5. 车一进一　马8进7　　6. 车一平六　士6进5
7. 车六进四　象7进5　　8. 炮八进四　卒7进1
9. 兵九进一　车9平8　　10. 马二进四　车8平6
11. 马四退二　卒3进1　　12. 兵七进一　车6进7
13. 炮二平三　炮3进5　　14. 仕四进五　车6平7
15. 马二进三　炮3平7　　16. 炮八进一　炮7平8
17. 兵七进一　炮8退3　　18. 车六退一　卒1进1
19. 兵九进一　炮8平1　　20. 车六平九　炮1平6
21. 兵七平八　炮6平2　　22. 车九进二　炮2退2
23. 兵八进一　炮4进2　　24. 兵八进一　车2平1
25. 车八进四　炮4平6　　26. 车八平四　卒9进1
27. 兵五进一　炮6退4　　28. 车九退三　炮6平7
29. 车四进二　炮7进1　　30. 车四进二　炮7退1
31. 车九进二　炮7平6　　32. 车四退二　炮6平7
33. 车四平二　士5退6　　34. 帅五平四　士4进5
35. 车二进二　炮7平9　　36. 车二平三　马7进8
37. 车三平一　炮9平7　　38. 兵三进一　马8退7
39. 车一退一　马7退8　　40. 车一平二　卒7进1
41. 车二进二　炮7进1　　42. 相五进三　炮7平2
43. 车二退三　炮2进2　　44. 车二退三　车1进1
45. 车二平八　炮2平3　　46. 车八平六　炮3进1

47. 车九进一　　车1平3　　　　**48.** 车九平五　　炮3平2

49. 相三退五　　车3进3　　　　**50.** 帅四平五　　马1进3

51. 车六平八　　马3退1　　　　**52.** 车五平八　　炮2平1

53. 前车进二　　马1进3　　　　**54.** 前车退二　　马3进5

55. 前车平五　　炮1平2　　　　**56.** 车八平九　　马5退3

57. 车九进三　　马3退2　　　　**58.** 车九进三　　马2退4

59. 车五平八　　炮2平1　　　　**60.** 车九退一　　马4进3

61. 车九平六　　炮1退1　　　　**62.** 车八平一　　炮1进1

63. 车六退五　　马3退2　　　　**64.** 车六进三　　马2进1

65. 车六平九　　马1退3　　　　**66.** 车九进二　　马3进1

67. 车九平八　　马1进2　　　　**68.** 车一平六　　马2进3

69. 车六退三　　马3退4　　　　**70.** 车八退二　　马4退3

71. 车六进三　　马3进2　　　　**72.** 车六退三　　马2进3

73. 车八平九　　马3退4　　　　**74.** 车六进一　　马4进6

75. 相五进三　　马6进7　　　　**76.** 车六退一　　车3进1

77. 兵五进一　　车3退1　　　　**78.** 兵五进一　　马7退6

79. 车六进五　　马6退5　　　　**80.** 车九平五　　象5退7

81. 仕五进四　　车3退2　　　　**82.** 车五平一　　车3进2

83. 帅五进一　　象7进5　　　　**84.** 车一平五　　车3进4

85. 帅五进一　　车3退1　　　　**86.** 帅五退一　　车3进1

87. 帅五进一　　车3退6　　　　**88.** 车五平九　　炮1平7

89. 车九平三　　车3进4　　　　**90.** 帅五平六　　车3平9

第361局　阎文清 负 洪智

1. 兵七进一　　炮2平3　　　　**2.** 相三进五　　马2进1

3. 马八进七　　车1平2　　　　**4.** 车九平八　　炮8平4

5. 车一进一　　马8进7　　　　**6.** 车一平六　　士6进5

7. 车六进四　　象7进5　　　　**8.** 兵三进一　　车9平8

9. 马二进四　　车8平6　　　　**10.** 马四退二　　车2进6

11. 炮八平九	车 2 进 3	12. 马七退八	炮 3 退 1
13. 马二进三	卒 3 进 1	14. 兵七进一	炮 3 平 4
15. 车六平二	卒 7 进 1	16. 车二退一	车 6 进 4
17. 马八进七	车 6 平 3	18. 马三进四	马 1 进 3
19. 炮九退一	卒 7 进 1	20. 车二平三	马 3 进 5
21. 车三退一	马 5 进 4	22. 炮九平四	马 7 进 8
23. 车三平二	马 8 退 7	24. 兵一进一	卒 9 进 1
25. 兵一进一	车 3 平 9	26. 马四退六	后炮进 5
27. 兵五进一	前炮进 2	28. 马七进五	车 9 平 6
29. 炮四进二	后炮平 3	30. 炮二平四	车 6 平 3
31. 相七进九	炮 4 平 2	32. 前炮平三	车 3 平 6
33. 炮三平四	车 6 平 3	34. 车二平一	卒 5 进 1
35. 前炮平二	卒 5 进 1	36. 马五进三	象 5 进 7
37. 炮二进一	炮 3 平 5	38. 炮二平五	炮 2 进 1
39. 相九退七	车 3 进 5	40. 车一进六	马 7 退 6
41. 炮五进一	车 3 退 6	42. 仕六进五	车 3 平 5
43. 车一退四	炮 2 退 5		

第 362 局 苗利明 胜 张国凤

1. 兵七进一	炮 2 平 3	2. 相三进五	马 2 进 1
3. 马八进七	车 1 平 2	4. 车九平八	炮 8 平 4
5. 炮二平四	马 8 进 7	6. 马二进三	车 9 平 8
7. 炮八进四	车 8 进 4	8. 车一平二	车 8 平 6
9. 仕四进五	卒 7 进 1	10. 车二进四	士 4 进 5
11. 兵三进一	卒 3 进 1	12. 马七进六	车 6 平 4
13. 兵七进一	车 4 进 1	14. 兵三进一	车 4 退 2
15. 车二平八	象 3 进 5	16. 兵三进一	马 7 退 8
17. 马三进四	卒 5 进 1	18. 炮四平二	炮 3 退 1
19. 炮二进四	车 4 进 5	20. 相七进九	车 2 进 2

21. 炮八平五	车 2 平 3	**22.** 炮二退五	车 4 退 5
23. 炮五平一	卒 5 进 1	**24.** 炮一平六	卒 5 平 6
25. 兵七平六	马 8 进 9	**26.** 炮六平五	马 9 进 7
27. 兵六进一	炮 4 退 2	**28.** 炮二进六	

第 363 局　于幼华　负　李雪松

1. 兵七进一	炮 2 平 3	**2.** 相三进五	马 2 进 1
3. 马八进七	车 1 平 2	**4.** 马七进六	炮 8 平 5
5. 马六进五	炮 3 退 1	**6.** 仕四进五	车 2 进 6
7. 马二进四	车 9 进 2	**8.** 车一平二	车 9 平 6
9. 炮二平四	马 8 进 9	**10.** 车二进四	车 6 进 4
11. 马五退六	车 6 平 5	**12.** 炮四平二	车 5 退 2
13. 车九进二	车 2 平 4	**14.** 炮八进五	卒 3 进 1
15. 车九平六	车 4 进 1	**16.** 炮二平六	卒 3 进 1
17. 马六进七	炮 5 平 3	**18.** 炮六平七	车 5 平 2
19. 炮八平一	马 1 进 3	**20.** 炮一进一	卒 3 进 1
21. 车二平五	象 3 进 5	**22.** 炮七进四	后炮进 2
23. 相七进九	卒 3 平 4	**24.** 炮一进一	将 5 进 1
25. 车五进二	车 2 平 3	**26.** 车五平三	后炮平 2
27. 相九退七	炮 2 进 7	**28.** 车三平一	将 5 退 1
29. 车一平五	士 4 进 5	**30.** 车五进一	车 3 平 9
31. 炮一平二	车 9 平 8	**32.** 炮二平一	炮 2 退 1
33. 仕五退四	车 8 平 9	**34.** 炮一平二	车 9 平 8
35. 炮二平一	车 8 平 9	**36.** 炮一平二	车 9 平 8
37. 炮二平一	车 8 退 4	**38.** 车五退一	炮 3 进 5
39. 炮一退五	炮 2 平 6	**40.** 炮一平五	将 5 平 4
41. 车五平六	士 5 进 4	**42.** 车六进一	将 4 平 5
43. 车六退四	炮 6 平 9	**44.** 相五退三	炮 9 进 1
45. 炮五退三	车 8 进 8	**46.** 相七进五	士 6 进 5

47. 车六平七 炮3平4	48. 相五进三 象7进5
49. 炮五进一 车8平6	50. 仕六进五 车6退5
51. 车七平五 炮4退5	52. 相三退一 炮4平2
53. 兵三进一 将5平4	54. 兵三进一 车6平3
55. 车五平六 将4平5	56. 车六平八 将5平4
57. 兵三平四 车3进6	58. 仕五退六 车3平4
59. 帅五进一 车4退1	60. 帅五退一 车4进1
61. 帅五进一 车4退1	62. 帅五退一 车4进1
63. 帅五进一 车4退1	64. 帅五退一 车4进1
65. 帅五进一 炮2平8	66. 车八平二 炮8平5
67. 炮五进五 车4退1	68. 帅五进一 车4退1
69. 帅五退一 车4进1	70. 帅五进一 车4退6
71. 炮五平二 车4平5	72. 车二平六 将4平5
73. 炮二退四 炮9退3	74. 车六进三 炮5平6
75. 帅五平六 炮6进6	76. 帅六退一 炮9平1
77. 炮二退一 车5平4	78. 炮二平五 将5平6
79. 炮五平四 将6平5	80. 车六进一 士5进4

第364局 党国蕾 胜 尤颖钦

1. 兵七进一 炮2平3	2. 相三进五 马2进1
3. 马八进七 车1平2	4. 马七进六 马8进7
5. 车九进一 象7进5	6. 车九平四 卒7进1
7. 炮八平七 车2进1	8. 马二进一 炮8退2
9. 炮二平三 车9进1	10. 仕四进五 车2平6
11. 车一平四 车6进7	12. 车四进一 士6进5
13. 车四进五 卒9进1	14. 兵三进一 卒7进1
15. 炮三进五 炮3平7	16. 车四平三 炮7退1
17. 马六进四 炮8平7	18. 车三平五 卒7平6
19. 马四进五 象3进5	20. 车五进一 马1退3

21. 炮七平八　将5平6　　22. 车五平二　前炮平6
23. 炮八进七　马3退5　　24. 车二平三　炮6平7
25. 车三平五　将6进1　　26. 车五平二　后炮平6
27. 马一进三　士5进4　　28. 马三进二　士4进5
29. 炮八退一　士5进6　　30. 炮八退三　士6退5
31. 马二进三

第 365 局　黄仕清 负 蒋川

1. 兵七进一　炮2平3　　2. 相三进五　马2进1
3. 马八进七　炮8平5　　4. 车九平八　马8进7
5. 马二进三　车9平8　　6. 车一平二　车1平2
7. 炮二进二　卒7进1　　8. 兵九进一　车2进6
9. 炮八平九　车2平3　　10. 车八进二　车8进1
11. 炮九退一　卒3进1　　12. 炮九平七　车3平4
13. 马七进八　车4平3　　14. 炮七进一　车8平2
15. 车二进一　炮3进3　　16. 相五进七　卒3进1
17. 车二平四　卒3平2　　18. 炮七平五　士4进5
19. 车四进三　卒2进1　　20. 车八平六　车3进3
21. 炮二进二　车3退3　　22. 炮二平三　象7进9
23. 车四进四　炮5平4　　24. 车四退二　车3退5
25. 炮三平五　马7进5　　26. 炮五进四　将5平4
27. 仕四进五　车3平4　　28. 车六平七　车2平3
29. 车七进六　车4平3　　30. 炮五平一　车3平4
31. 车四平六　车3平1　　32. 炮一平五　卒1进1
33. 炮五退一　马1进2　　34. 车六平七　象3进5
35. 车七平八　炮4平3　　36. 车八平七　炮3退2
37. 仕五进六　象9退7　　38. 炮五退一　马2进3
39. 炮五进二　马3进2　　40. 仕六退五　车1平4
41. 马三退四　车4进1　　42. 兵五进一　车4平7

43. 马四进五　车7平9	**44.** 帅五平四　车9平6
45. 帅四平五　车6平9	**46.** 帅五平四　马2退3
47. 马五进七　车9平3	**48.** 车七平八　车3平6
49. 仕五进四　车6进1	**50.** 帅四平五　车6退1
51. 仕六进五　车6平4	**52.** 兵五进一　卒1进1
53. 车八进三　卒1进1	**54.** 炮五平九　将4平5
55. 炮九进三　士5退4	**56.** 车八退五　车4平5
57. 车八进一　卒7进1	**58.** 车八平六　士6进5
59. 兵五平四　车5平6	**60.** 帅五平六　卒2平3

第 366 局　张 江 和 景学义

1. 兵七进一　炮2平3	**2.** 相三进五　马2进1
3. 马八进七　车1平2	**4.** 车九平八　炮8平5
5. 炮八进四　马8进7	**6.** 炮二平四　车9平8
7. 马二进三　卒3进1	**8.** 兵七进一　车8进4
9. 兵七平八　马1进3	**10.** 仕四进五　炮3进5
11. 炮四平七　马3进4	**12.** 炮七平六　卒7进1
13. 车八进四　马7进6	**14.** 车八平七　象3进1
15. 炮六平八　士4进5	**16.** 前炮进二　马4进6
17. 车一平三　前马退5	**18.** 车七退一　马6进7
19. 车三平四　卒7进1	**20.** 车七进五　马5进4
21. 前炮平五　车2平3	**22.** 炮五退二　炮5进4
23. 车七进一　象1退3	**24.** 车四进三　马4进2
25. 马三进五　马2进1	**26.** 炮五平六　车8平2
27. 马五进七　车2平4	**28.** 炮六平七　士6进5
29. 仕五进六　象7进5	**30.** 仕六进五　车4平3
31. 炮七平五　马1退3	**32.** 帅五平六　车3退1
33. 炮五退一　马3退4	**34.** 相七进九　马4退3
35. 车四平五　车3平7	**36.** 相五进三　车7进2

37. 车五平四　车7退2	38. 炮五退二　马3进5
39. 炮五平八　马7退8	40. 车四平五　车7进6
41. 帅六进一　车7平2	42. 马七进八　马5退4
43. 马八退六　马4进6	44. 车五平六　象5进3
45. 马六进七　象3进5	46. 马七退五　马8退7
47. 马五进七　马7进8	48. 马七退五　马8退7
49. 马五进七　马6进4	50. 车六进一　车2退3
51. 兵九进一　车2退3	

第 367 局　孙浩宇 和 李雪松

1. 兵七进一　炮2平3	2. 相三进五　马2进1
3. 马八进七　车1平2	4. 车九平八　炮8平5
5. 炮八进四　马8进7	6. 马二进一　车9平8
7. 车一平二　车8进6	8. 炮二平三　车8平9
9. 车二进八　炮5平4	10. 相五退三　士6进5
11. 马七进六　象3进5	12. 炮三进四　卒1进1
13. 马六进四　车2进2	14. 车八进二　车9退2
15. 马一进二　车9平7	16. 马四进三　炮4平7
17. 炮三进三　象5退7	18. 马二进一　车7退1
19. 马一进三　炮3退1	20. 炮八平五　车7平5
21. 车八进五　车5进3	22. 相七进五　炮3平8
23. 车八平九　车5平7	24. 马三退四　车7退2
25. 马四退六　炮8进5	26. 马六进七　车7进2
27. 车九退二　炮8平1	28. 仕六进五　车7退3
29. 马七退五　车7平5	30. 马五退三　炮1平4
31. 车九平六　炮4平1	32. 车六平九　炮1平4
33. 兵七进一　炮4退4	34. 兵七平六　车5平2
35. 兵六平五　炮4平7	36. 车九退一　车2平7
37. 马三退五　炮7平5	38. 马五进七　车7平3

39. 车九退一	炮5平3	40. 马七退六	车3进1
41. 兵五进一	车3退1	42. 车九平五	炮3平1
43. 马六进八	炮1进7	44. 仕五进四	炮1退6
45. 马八进六	车3平2	46. 相五进七	车2进6
47. 帅五进一	车2退1	48. 帅五退一	车2进1
49. 帅五进一	车2退5	50. 兵五平四	车2平4
51. 马六退七	车4平6	52. 兵四平五	车6平2
53. 相七退九	车2平3	54. 马七进六	车3平4
55. 马六退八	车4平4	56. 兵五平六	车2平4
57. 兵六平七	车4退2	58. 车五平三	象7进9
59. 车三平七	车4平5	60. 相三进五	士5退6
61. 相九退七	炮1退2	62. 兵七进一	炮1平9
63. 车七进三	士4进5	64. 马八进六	车5平6
65. 马六进八	象9退7	66. 车七平九	车6平7
67. 帅五平六	士5退4	68. 车九平一	炮9进1
69. 兵七进一	车7平4	70. 帅六平五	士4进5
71. 帅五退一	炮9平6	72. 车一平四	炮6平9
73. 仕四进五	象7进5	74. 马八退九	炮9退1
75. 车四进二	炮9进2	76. 马九进七	炮9平8
77. 马七进五	车4进1	78. 车四平二	炮8平5
79. 车二退五	车4进1	80. 马五退三	象5进7
81. 车二平五	炮5平7	82. 马三进五	炮7退2
83. 马五进四	炮7平6	84. 兵七进一	象7退5
85. 车五进四	车4退2		

第 368 局　谢靖 负 蒋川

1. 兵七进一	炮2平3	2. 相三进五	马2进1
3. 马八进七	炮8平5	4. 马七进八	炮5进4
5. 仕四进五	炮5退1	6. 马八进九	炮3退1

7. 兵九进一　车1平2　　　　8. 车九进三　象7进5

9. 兵九进一　马8进7　　　　10. 马二进四　士6进5

11. 兵三进一　车2进3　　　　12. 炮八平七　车9平6

13. 马四进三　炮5退1　　　　14. 马三进五　车6进5

15. 炮二进二　车6退1　　　　16. 车一平四　车6进5

17. 帅五平四　卒3进1　　　　18. 炮二进二　卒3进1

19. 炮七进六　马1退3　　　　20. 兵三进一　象5进7

21. 马五进三　马3进5　　　　22. 车九平四　卒3平4

23. 马三退一　炮5平3　　　　24. 马一退三　炮3退1

25. 马三进四　卒7进1　　　　26. 马四进六　士5进4

27. 车四进四　卒5进1　　　　28. 车四平五　象3进5

29. 马六进四　将5进1　　　　30. 炮二平八　将5平6

31. 马九进八　炮3平4　　　　32. 马八退六　士4进5

33. 马六进八　士5进6　　　　34. 马八进六　将6平5

35. 马六退七　将5平6　　　　36. 马七退八　炮4平6

37. 马八退六　卒5进1　　　　38. 马六进八　马7进8

39. 炮八平一　马8进9　　　　40. 帅四平五　马9进7

41. 仕五进四　马7退8　　　　42. 炮一进一　士6退5

43. 马八进六　卒5平6　　　　44. 仕六进五　炮6平9

45. 马六进七　马8退7　　　　46. 炮一平二　炮9平8

47. 兵九平八　卒6进1　　　　48. 炮二平三　炮8平9

49. 相五退三　将6退1　　　　50. 相七进五　将6进1

51. 相三进一　将6退1　　　　52. 帅五平六　将6进1

53. 炮三平二　炮9平8　　　　54. 兵八进一　将6退1

55. 兵八进一　将6进1　　　　56. 马七退九　象5进3

57. 马九进八　马7进5　　　　58. 马八退七　士5进4

59. 马七进六　将6退1　　　　60. 马六退八　士4退5

61. 兵八平七　马5进4

第七部分　　网络对局

第369局　棋魂冰凌妹（无极）胜 国际老特（北斗）

1. 兵七进一　炮2平3　　　　2. 炮二平五　象3进5
3. 炮五进四　士4进5　　　　4. 相七进五　马2进4
5. 炮五退一　车1平2　　　　6. 马八进六　车9进1
7. 马二进三　车9平6　　　　8. 车九平八　车2进4
9. 兵五进一　车6进5　　　　10. 车一进一　马8进7
11. 兵三进一　车6平4　　　　12. 炮八平九　车2进5
13. 马六退八　车4退1　　　　14. 车一平六　车4平5
15. 炮五平二　马4进5　　　　16. 马八进七　车5退1
17. 炮二退一　卒1进1　　　　18. 马七进五　炮8进2
19. 车六平八　卒7进1　　　　20. 炮二退三　炮8进2
21. 炮二平五　炮8平7　　　　22. 车八进八　炮3退1
23. 马五退七　车5平4　　　　24. 马三进五　车4进2
25. 炮九进三　车4平2　　　　26. 马七进八　士5退4
27. 马五进四　士6进5　　　　28. 马四退三　车2平7
29. 马八进七　车7平1　　　　30. 炮九平五　将5平6
31. 马七进六　车1平6　　　　32. 后炮平九　车6进3
33. 帅五进一　车6平4　　　　34. 马六退五　马7进5
35. 车八退三　马5退7　　　　36. 兵三进一　车4退5
37. 兵三平四　车4平1　　　　38. 炮九平六　炮3进2

39. 车八平四	将6平5	40. 炮六进六	车1进4
41. 帅五退一	车1平6	42. 炮六平三	炮3平7
43. 炮五进一	炮7平8	44. 炮五平一	炮8进7
45. 相三进一	象7进9	46. 车四平二	炮8平9
47. 车二进三	象5退7	48. 炮一平五	将5平6
49. 兵四平五	车6退2	50. 相一进三	车6平9
51. 兵七进一	车9平6	52. 炮五平七	士5进4
53. 炮七进一	车6平9	54. 车二退三	车9平6
55. 兵七进一	炮9退3	56. 兵七平六	车6进3
57. 帅五进一	炮9平5	58. 相五进七	士4进5
59. 车二进三	车6退1	60. 帅五退一	车6平9
61. 车二退六	炮5退1	62. 车二平四	将6平5
63. 车四平八	将5平4	64. 炮七退二	车9进1
65. 帅五进一	车9退6	66. 车八进六	将4进1
67. 车八退三	将4退1	68. 炮七平六	将4平5
69. 车八进三	士5退4	70. 兵六进一	车9平4
71. 兵六平七	车4平3	72. 兵七平六	车3平4
73. 兵六平七	车4平1	74. 兵七进一	炮5平4
75. 相七退五	车1平3	76. 车八退一	将5平6
77. 炮六平九	车3进5	78. 帅五退一	炮4平5
79. 相五进七	车3进1	80. 帅五进一	车3退4
81. 兵五进一	车3进3	82. 帅五退一	车3进1
83. 帅五进一	车3退3	84. 炮九进四	士4进5
85. 兵七进一	将6进1	86. 兵五进一	车3进2
87. 帅五退一	车3进1	88. 帅五进一	车3退7
89. 兵五进一	将6进1	90. 车八退二	

第 370 局　中美美（无极）负 后悔（北斗）

1. 兵七进一	炮2平3	2. 炮二平五	象3进5

3. 马八进九　车9进1　　　4. 马二进三　车9平4

5. 车九平八　车4进3　　　6. 车一平二　士4进5

7. 兵三进一　马8进9　　　8. 马三进四　车4平6

9. 炮八进二　马2进4　　　10. 炮五平四　车6平1

11. 马四进三　炮8平7　　　12. 马三进一　象7进9

13. 相三进五　后车进2　　　14. 炮四进六　士5退4

15. 炮八平九　后车平2　　　16. 车八进七　马4进2

17. 车二进六　车1平5　　　18. 兵五进一　车5平6

19. 炮四平七　象9退7　　　20. 车二平五　炮3平4

21. 兵五进一　车6平8　　　22. 炮七平四　士4进5

23. 炮四退三　炮4进4　　　24. 车五平三　炮4平5

25. 仕六进五　炮7平8　　　26. 帅五平六　车8进5

27. 帅六进一　车8退3　　　28. 车三平七　炮5平9

29. 车七平一　车8平4　　　30. 仕五进六　马2进4

31. 车一平二　马4进3　　　32. 车二进一　马3进2

33. 帅六平五　炮9平5　　　34. 帅五平四　车4进1

35. 仕四进五　车4进1　　　36. 相五进七　马2退4

37. 帅四退一　马4进5　　　38. 车二退四　马5退7

39. 帅四平五　车4退1　　　40. 车二平三　将5平4

41. 兵五平六　炮5退3　　　42. 兵六进一　炮5平7

43. 车三平八　车4退4　　　44. 炮四退三　卒1进1

45. 车八进六　将4进1　　　46. 车八退七　车4进6

47. 帅五进一　马7进9　　　48. 炮四进六　士5进6

49. 炮四平三　卒1进1　　　50. 兵三进一　象5进7

51. 兵九进一　马9进7　　　52. 帅五平四　车4退3

53. 帅四退一　车4平6　　　54. 帅四平五　马7退6

55. 帅五进一　马6退4　　　56. 车八平六　车6平5

57. 相七进五　炮7平4　　　58. 车六进一　车5平4

59. 相五进三　车4平5　　　60. 帅五平四　车5退1

61. 相七退五　炮4平5　　　62. 相五退七　车5平1

63. 炮三退二　炮5退3	64. 炮三进二　车1平6
65. 帅四平五　象7退5	66. 相三退五　象5进3
67. 相五退三　车6平7	68. 炮三平二　车7进3
69. 帅五进一　车7进1	70. 帅五退一　车7平3
71. 炮二退五　车3退4	72. 炮二平六　象3退5
73. 帅五平六　车3平7	

第371局　一岁就很靓（天帝）胜 玉骨销魂（天帝）

1. 兵七进一　炮2平3	2. 炮二平五　象3进5
3. 马二进三　卒3进1	4. 相七进九　卒3进1
5. 相九进七　马8进7	6. 炮八平六　马2进1
7. 马八进七　车1平2	8. 马七进六　车9平8
9. 车一平二　炮8进4	10. 相七退九　士6进5
11. 车九平七　车2进5	12. 车七进七　车2平4
13. 仕四进五　马1退2	14. 车七进一　炮8退5
15. 车七退二　炮8进2	16. 车七平九　卒7进1
17. 车九退二　车4平1	18. 兵九进一　炮8进3
19. 炮六进四　马7进6	20. 炮六退三　马6退7
21. 炮六平七　马2进1	22. 相九进七　马1进2
23. 炮七平八　马2退3	24. 车二进一　马7进6
25. 马三退一　炮8进1	26. 仕五进四　炮8退3
27. 炮五平七　马3进2	28. 炮七退一　马6进5
29. 相三进五　马5退6	30. 兵九进一　马2进3
31. 车二进二　士5进4	32. 炮八进六　士4进5
33. 兵九平八　马3退5	34. 仕四退五　车8进2
35. 炮七平九　士5进6	36. 马一进三　马5进7
37. 炮九进八　将5进1	38. 炮九退四　卒5进1
39. 炮八退三　车8进1	40. 炮九进一　车8退3
41. 炮八平三　马7退5	42. 炮三平五　将5平6

43. 炮五平四　士6退5　　44. 马三进四　卒7进1
45. 相五进三　炮8进1　　46. 相三退五　将6退1
47. 炮九退三　车8进3　　48. 炮四平八　马6退7
49. 炮九进六　车8退1　　50. 炮八进三　将6进1
51. 炮九退六　将6退1　　52. 相七退九　马7进6
53. 炮九平四　将6平5　　54. 炮四进二　车8平6
55. 车二进一　车6进2　　56. 相九进七　车6退1
57. 车二平一

第 372 局　落英（天帝）胜 下山王（天帝）

1. 兵七进一　炮2平3　　2. 炮二平五　象3进5
3. 马二进三　车9进1　　4. 炮五进四　士4进5
5. 马八进七　卒3进1　　6. 兵七进一　炮3进5
7. 车一平二　马2进4　　8. 炮五退二　炮8进5
9. 马三退五　炮8平2　　10. 马五进七　马8进7
11. 车九平八　车1平2　　12. 车二进五　车2进6
13. 车二平六　马4进5　　14. 兵七进一　车9平6
15. 炮五进一　车6进5　　16. 兵三进一　车6平9
17. 兵七平六　车2退3　　18. 仕六进五　卒7进1
19. 兵六平五　马7进5　　20. 炮五退一　卒7进1
21. 炮五平八　车9退2　　22. 车六平一　卒9进1
23. 车八进二　卒7平6　　24. 相七进五　马5进7
25. 车八进一　车2平4　　26. 仕五进四　车4平2
27. 仕四进五　卒9进1　　28. 马七进六　车2平4
29. 马六进八　车4平3　　30. 炮八平九　车3平2
31. 马八退六　车2平4　　32. 车八进六　士5退4
33. 马六进八　车4平3　　34. 车八退二　卒6进1
35. 马八进九　车3进1　　36. 车八退一　卒6平5
37. 车八平九　象5退3　　38. 马九退七　卒5平6

39. 马七进六	象7进5	**40.** 车九平四	士6进5
41. 马六退八	车3退2	**42.** 马八退九	车3进2
43. 马九进八	车3退2	**44.** 马八退九	车3进2
45. 马九进八	车3退2	**46.** 马八退九	卒9进1
47. 炮九平二	卒9平8	**48.** 马九退七	车3退2
49. 炮二进一	马7进5	**50.** 炮二平五	卒8平7
51. 兵九进一	马5退7	**52.** 兵九进一	马7退8
53. 车四平三	将5平6	**54.** 车三平二	马8退7
55. 车二平四	马7进6	**56.** 炮五退一	象5退7
57. 兵九进一	车3平8	**58.** 兵九平八	车8退1
59. 车四退一	车8平7	**60.** 炮五平四	将6平5
61. 炮四进三	士5进6	**62.** 车四进二	士4进5
63. 车四退三			

第373局　魔鬼棋手（无极）负 休闲象棋（北斗）

1. 兵七进一	炮2平3	**2.** 炮二平五	象3进5
3. 马八进九	车9进1	**4.** 炮八平六	车9平4
5. 仕六进五	车4进4	**6.** 马二进三	马8进7
7. 车一平二	炮8平9	**8.** 车九平八	马2进4
9. 车八进八	炮9退1	**10.** 车二进八	车4平3
11. 炮六进五	车3进4	**12.** 仕五退六	马4进6
13. 车八退一	车1平3	**14.** 车二平三	士4进5
15. 车三退一	马6进5	**16.** 车三进一	炮9退1
17. 炮六进一	炮9进2	**18.** 仕四进五	炮3退1
19. 车八进一	前车退4	**20.** 炮五进三	卒5进1
21. 车三退二	前车进2	**22.** 炮六退六	前车平1
23. 兵三进一	卒3进1	**24.** 兵三进一	卒3进1
25. 车三平七	炮3进1	**26.** 车七退二	象5进7
27. 车八退二	炮9平7	**28.** 马三进四	车1退1

29. 马四进五	象7退5	**30.** 车八进一	车1退1
31. 车七退一	车1平7	**32.** 马五进七	车7进4
33. 仕五退四	士5退4	**34.** 炮六平七	车7平9
35. 车八进二	车3平2	**36.** 马七进八	炮7进4
37. 车七进三	炮7进3	**38.** 仕四进五	炮7平4
39. 仕五退四	炮4平6	**40.** 车七平四	炮6平7
41. 炮七平三	炮7平8	**42.** 炮三进四	炮8退8
43. 帅五进一	车9平2	**44.** 马八退七	车2退1
45. 帅五退一	车2平3	**46.** 马七退九	士6进5
47. 马九退八	车3进1	**48.** 帅五进一	车3退4
49. 马八进七	车3进1	**50.** 帅五平四	士5进6
51. 炮三进二	车3平5	**52.** 车四进一	士4进5
53. 车四平二	车5平6	**54.** 帅四平五	炮8平9
55. 炮三平二	象5进7	**56.** 车二退二	车6平5
57. 帅五平六	象7进5	**58.** 炮二进一	炮9平5
59. 车二进一	卒5进1	**60.** 车二平一	炮9平7
61. 车一平二	车5平4	**62.** 帅六平五	卒5进1
63. 炮二平一	炮7平6	**64.** 帅五平四	车4进2
65. 帅四退一	车4进1	**66.** 帅四进一	车4平9
67. 车二进三	士5退6	**68.** 马七进六	车9退1
69. 帅四退一	车9退6	**70.** 炮一平四	炮6退5
71. 炮四平三	车9平6	**72.** 帅四平五	炮6平5
73. 帅五平六	车6进7	**74.** 帅六进一	象7退9
75. 炮三退三	象9退7	**76.** 炮三平五	炮5进2
77. 车二退七	车6退1	**78.** 帅六退一	炮5平4
79. 帅六平五	将5平4	**80.** 车二平六	将4进1
81. 车六进四	将4平5	**82.** 车六平五	车6退2
83. 帅五进一	卒5平4	**84.** 车五平六	车6平5
85. 帅五平四	象5退3	**86.** 车六平四	卒4进1
87. 车四进二	将5退1	**88.** 车四进一	将5进1

89. 车四退五　车5进2　　90. 帅四退一　车5进1

91. 帅四进一　卒4进1　　92. 车四进四　将5进1

93. 车四退一　将5退1

第 374 局　粤东神勇（北斗）胜 kimbup（北斗）

1. 兵七进一　炮2平3　　2. 炮二平五　象3进5

3. 炮五进四　士4进5　　4. 炮五退一　卒3进1

5. 相七进九　卒3进1　　6. 相九进七　马8进7

7. 车一进二　车9平8　　8. 车一平六　炮3进2

9. 马八进六　马2进3　　10. 车九平八　卒7进1

11. 马二进一　炮8进4　　12. 相七退五　车1平2

13. 车六进四　炮8退3　　14. 兵一进一　马3进5

15. 车六退四　炮8进1　　16. 兵五进一　炮8进4

17. 炮八平九　车2进9　　18. 马六退八　马5退3

19. 车六进二　车8进3　　20. 车六平七　马7进5

21. 炮九平六　马3进4　　22. 车七平六　马4退3

23. 马八进七　炮8平6　　24. 仕六进五　炮6退6

25. 车六进二　炮3平4　　26. 马七进八　炮6进1

27. 车六进二　炮4退2　　28. 车六平七　炮4进3

29. 马八进六　马3进4　　30. 炮六进三　炮4平9

31. 炮六平八　将5平4　　32. 炮八进四　卒7进1

33. 兵三进一　炮6平7　　34. 车七退七　马5进3

35. 兵三进一　炮7退1　　36. 车七平六　马3退4

37. 兵三平四　车8平2　　38. 炮八平九　炮9平6

39. 仕五退六　炮7平8　　40. 马一进三　炮6进1

41. 马三进二　车2平8　　42. 马二进四　炮6退3

43. 车六进五　炮6平7　　44. 炮五平六　将4平5

45. 炮六平八　士5进6　　46. 车六进一　炮7平2

47. 车六平八　将5平4　　48. 车八进二　将4进1

49. 车八平四	车8平4	**50.** 车四退二	车4进6
51. 帅五进一	车4退1	**52.** 帅五退一	炮8进4
53. 车四进一	将4退1	**54.** 车四进一	将4进1
55. 车四退三	炮8平5	**56.** 相五进三	炮2退1
57. 兵五进一	象5进3	**58.** 车四平一	车4退1
59. 帅五进一	车4进1	**60.** 帅五进一	车4进1
61. 仕四进五	车4平2	**62.** 车一平六	将4平5
63. 炮九平八	车2退2	**64.** 仕五进六	车2退2
65. 帅五退一	车2进3	**66.** 帅五退一	车2进1
67. 帅五进一	车2平7	**68.** 车六退二	车7退1
69. 帅五退一	炮5平9	**70.** 兵五进一	车7进1
71. 帅五进一	车7退3	**72.** 兵四进一	车7平5
73. 帅五平六	炮2平8	**74.** 相三退一	炮8进1
75. 仕六退五	炮8进3	**76.** 车六进四	将5退1
77. 车六进一	将5进1	**78.** 车六平三	炮8退3
79. 车三退一	将5退1	**80.** 前炮平七	车5平4
81. 仕五进六	车4平2	**82.** 兵四进一	将5平4
83. 兵五平六	车2进2	**84.** 帅六退一	车2进1
85. 帅六进一	炮9平4	**86.** 帅六平五	炮8退1
87. 兵四平五	炮4平5	**88.** 兵五平六	车2退1
89. 帅五进一	将4平5	**90.** 前兵进一	

第 375 局　明月棋苑（北斗）胜　孤独求胜（无极）

1. 兵七进一	炮2平3	**2.** 炮二平五	象3进5
3. 仕六进五	卒7进1	**4.** 炮八平六	马8进7
5. 马八进七	炮8进6	**6.** 车九平八	车9平8
7. 车一进二	炮8退7	**8.** 车一平四	士6进5
9. 车八进七	炮3进3	**10.** 马七进六	马2进4
11. 车八退三	炮3进1	**12.** 兵五进一	车1平2

13. 车八进五　马4退2　　　14. 车四进一　炮3退1
15. 兵五进一　卒5进1　　　16. 车四进五　象5进3
17. 炮六平八　炮8进4　　　18. 相七进九　炮3进1
19. 车四退一　卒5进1　　　20. 马六进八　炮3平2
21. 车四平三　卒5进1　　　22. 炮五平一　象7进5
23. 兵三进一　炮8进3　　　24. 炮一进四　车8进7
25. 炮一平五　将5平6　　　26. 炮八平四　卒7进1
27. 车三退三　炮2平9　　　28. 车三平一　炮9平7
29. 炮四退一　卒5进1　　　30. 马八退七　马2进3
31. 车一进五　炮7退6　　　32. 仕五进四　士5进6
33. 炮五平四　将6平5　　　34. 马七退五　士4进5
35. 后炮平五　车8退4　　　36. 马五进六　车8平7
37. 马六进四　将5平4　　　38. 炮四平六　车7平6
39. 炮五平四　车6平5　　　40. 仕四进五　炮7平6
41. 车一平二　炮8平7　　　42. 马二进三　象5退7
43. 车二退三　卒1进1　　　44. 马三进二　炮7退4
45. 车二平五　马3进5　　　46. 炮六退三　炮6进4
47. 马二进四　将4平5　　　48. 马四进六　炮7平5
49. 仕五退四　炮5进2　　　50. 帅五平六　将5平6
51. 炮六进二　马5进4　　　52. 炮六平四　将6平5
53. 前炮平五　象7进5　　　54. 马六进七　将5平4
55. 炮四平六　马4进3　　　56. 帅六平五　炮5退1
57. 相九进七　象3退1　　　58. 马七退六　炮5平4
59. 炮五退一　士5进4　　　60. 马六进四　将4进1
61. 马四退五　炮4退1　　　62. 马五进六　卒3进1
63. 马六进八　炮4平5　　　64. 相三进五　将4平5
65. 马八退七　炮5退1　　　66. 马七进五　象1退3
67. 马五退七　炮5平6　　　68. 马七退九　马3退1
69. 马九进八　马1进2　　　70. 马八进七　将5进1
71. 马七退八　马2退4　　　72. 马八退七　将5平6

73. 炮五退一 炮6平4　　74. 仕四进五 马4退2
75. 马七退五 炮4进1　　76. 马五进六 将6平5
77. 帅五平四 马2退1　　78. 仕五退六 马1退3
79. 炮六平五 炮4进2　　80. 马六退五 将5平4
81. 马五进四 将4平5　　82. 前炮平四 马3进5
83. 炮五进四 炮4平1　　84. 炮四平五 将5平6
85. 前炮平四 将6平5　　86. 相五退三 炮1退3
87. 炮五退三 炮1平4　　88. 相七退五 炮4平5
89. 炮五进六 将5平4　　90. 炮五平六 将4平5
91. 炮四退二

第376局　紫铜钢剑（无极）负 炫锋骄隐（天罡）

1. 兵七进一 炮2平3　　2. 炮二平五 象3进5
3. 马二进三 卒3进1　　4. 车一平二 卒3进1
5. 马八进九 车9进1　　6. 仕六进五 车9平4
7. 炮五进四 士4进5　　8. 炮五平一 马8进9
9. 炮八平六 卒7进1　　10. 车九平八 马2进1
11. 车二进六 卒1进1　　12. 相三进五 车4进4
13. 炮一退二 车4进1　　14. 炮一平五 卒3进1
15. 炮六退二 炮8平7　　16. 兵一进一 卒3平2
17. 马九退七 炮3进5　　18. 炮六进二 车1平3
19. 兵一进一 炮7进4　　20. 车二平一 卒7进1
21. 兵一进一 车4退2　　22. 兵一进一 炮3退5
23. 车二退四 炮3平2　　24. 车八平九 车3进8
25. 兵一进一 车3退2　　26. 兵九进一 卒2进1
27. 兵九进一 炮2进4　　28. 兵九进一 炮2平5
29. 车二进三 车4进3　　30. 马三进五 车4退2
31. 车二平五 卒7平6　　32. 炮五进三 象7进5
33. 兵九进一 象5退3　　34. 兵九平八 卒2进1

35. 兵一平二	卒 2 平 3	36. 相七进九	卒 6 平 5
37. 马五退三	车 3 进 1	38. 相九进七	卒 3 平 4
39. 车五平九	炮 7 平 4	40. 前车退四	车 4 平 3
41. 仕五退六	前车平 1	42. 车九进二	车 3 进 3
43. 仕四进五	炮 4 进 3	44. 仕五退六	车 3 进 1
45. 帅五平四	车 3 平 4	46. 帅四进一	车 4 平 2
47. 相五进三	车 2 退 7	48. 车九平四	车 2 平 8
49. 兵二平三	车 8 平 7	50. 马三退四	车 7 进 3
51. 马四进六	车 7 进 3	52. 帅四退一	车 7 平 4
53. 车四平七	车 4 进 1	54. 帅四进一	车 4 退 9
55. 车七平五	卒 5 平 6	56. 车五进一	车 4 进 8
57. 车五退二	车 4 退 5	58. 车五进四	卒 6 进 1
59. 车五退三	车 4 平 6	60. 车五平七	士 5 退 4
61. 车七平五	士 6 进 5	62. 车五平二	象 3 进 5
63. 车二平一	士 5 退 6	64. 车一平七	士 4 进 5
65. 车七平九	车 6 进 1	66. 车九平二	士 5 退 4
67. 车二平一	象 5 退 7	68. 车一平五	士 6 进 5
69. 车五平六	将 5 平 6	70. 帅四平五	卒 6 进 1
71. 兵三进一	将 6 平 5	72. 帅五退一	车 6 平 5
73. 帅五平四	卒 6 平 5	74. 车六进四	卒 5 进 1
75. 车六平四	车 5 平 7		

第 377 局　　间人烈火（北斗）负 弈林翰骏（北斗）

1. 兵七进一	炮 2 平 3	2. 炮二平五	象 3 进 5
3. 炮五进四	士 4 进 5	4. 马八进七	马 8 进 7
5. 炮五退一	车 9 平 8	6. 马七进六	马 2 进 1
7. 炮八进五	车 1 平 4	8. 马六进七	马 1 退 2
9. 兵七进一	炮 8 平 9	10. 马二进三	马 2 进 4
11. 炮八退一	马 7 进 5	12. 炮八平五	马 4 进 5

13. 车一平二	车8进9	14. 马三退二	马5进3
15. 车九平八	马3进4	16. 相三进五	炮3退2
17. 车八进五	炮9进4	18. 仕四进五	车4进3
19. 马七退八	马4进3	20. 帅五平四	车4平5
21. 车八平六	炮9平5	22. 马二进三	炮5平2
23. 兵三进一	炮3进4	24. 炮五平四	炮2进3
25. 帅四进一	炮2退1	26. 帅四退一	车5平2
27. 马八退九	马3退5	28. 相七进五	炮2退4
29. 车六退二	炮2平6	30. 马九进七	车2进3
31. 马三进五	炮6退2	32. 马五进六	车2平1
33. 车六平五	卒7进1	34. 兵三进一	炮3平7
35. 车五进三	卒9进1	36. 车五平一	炮6进2
37. 帅四平五	炮7平8	38. 车一平七	炮8平4
39. 马七进六	车1平4	40. 马六进四	将5平4
41. 车七平九	炮6平5	42. 帅五平四	卒9进1
43. 车九平五	炮5平2	44. 帅四平五	士5进4
45. 仕五进四	炮2退3	46. 仕六进五	士6进5
47. 车五退二	车4退3	48. 车五平八	炮2平3
49. 车八平四	车4平5	50. 马四进二	卒9进1
51. 车四退一	卒9进1	52. 车四进六	士5退6
53. 马二进四	炮3平5	54. 马四退五	炮5进2
55. 帅五平四	炮5平9	56. 仕五退六	炮9退2
57. 仕四退五	卒9平8	58. 相五退七	炮9平4
59. 帅四平五	卒8平7	60. 相七进五	将4平5
61. 仕五进六	炮4进6		

第 378 局　愿主保佑你（地煞）胜 congbaty（电神）

1. 兵七进一	炮2平3	2. 炮二平五	象3进5
3. 马八进七	马8进7	4. 马七进六	车9进1

5. 炮八平六　车9平6　　　6. 车九平八　车6进4

7. 马六进五　马7进5　　　8. 炮五进四　士4进5

9. 马二进三　车6退2　　　10. 炮五退二　马2进4

11. 车八进六　车6进1　　　12. 车一平二　车1平2

13. 车八进三　马4退2　　　14. 相三进五　炮8进2

15. 兵三进一　马2进4　　　16. 车二进一　马4进5

17. 车二平八　卒7进1　　　18. 车八进五　炮8退1

19. 炮六平七　卒7进1　　　20. 炮七进四　炮8平3

21. 车八平七　卒7平6　　　22. 炮五进三　象7进5

23. 车七平五　象5退7　　　24. 车五平九　卒6进1

25. 马三进二　车6平5　　　26. 马二进一　卒6平5

27. 马一进二　炮3平4　　　28. 马二退三　车5进1

29. 兵七进一　卒5进1　　　30. 相七进五　车5进2

31. 仕四进五　车5退1　　　32. 兵一进一　炮4进3

33. 兵九进一　炮4平3　　　34. 帅五平四　车5平4

35. 仕五进四　车6进1　　　36. 帅四平五　车6平5

37. 仕六进五　士5退4　　　38. 兵九进一　车5进1

39. 帅五平四　炮3平4　　　40. 兵七平六　车5进1

41. 帅四进一　士6进5　　　42. 兵一进一　车5平

43. 马三退五　车1退1　　　44. 帅四退一　车1退1

45. 车九平三　象7进5　　　46. 兵九平八　车1平6

47. 帅四平五　车6平9　　　48. 车三退二　炮4进3

49. 兵一平二　车9平4　　　50. 车三平一　炮4平6

51. 车一进五　炮6退8　　　52. 车一退二　车4平5

53. 帅五平六　象5退3　　　54. 帅六进一　车5平6

55. 帅六平五　士5进6　　　56. 车一退四　车6进1

57. 帅五退一　车6进1　　　58. 帅五进一　炮6进1

59. 车一进五　车6退1　　　60. 帅五退一　炮6退1

61. 帅五平六　车6进1　　　62. 帅六进一　士6退5

63. 车一退四　车6退1　　　64. 帅六退一　车6退1

65. 车一平六	车6平2	66. 兵八平七	车2平3
67. 车六平五	象3进5	68. 帅六平五	炮6进4
69. 兵二进一	车3平7	70. 兵二进一	车7进2
71. 帅五进一	车7退1	72. 帅五退一	车7退5
73. 车五平四	车7进6	74. 帅五进一	车7退1
75. 帅五退一	车7退4	76. 兵二平三	车7进5
77. 帅五进一	车7退1	78. 帅五退一	炮6平8
79. 车四平三	车7退3	80. 马五退三	象5进3
81. 兵六平七	炮8平7	82. 兵七平一	炮7退1
83. 兵七平六	将5平6	84. 马三进五	炮7进4
85. 兵三进一	炮7退5	86. 马五进三	士5进6
87. 兵六平五	将6平5	88. 兵五进一	炮7平5
89. 马三进五	将5进1	90. 帅五进一	将5平4
91. 马五退七	将4进1	92. 马七退五	将4平5
93. 帅五平六	将5退1	94. 帅六退一	将5进1
95. 马五进三	将5退1	96. 兵三平四	将5退1
97. 马三进五	士4进5	98. 马五进七	

第 379 局　棋魂冰凌妹（北斗）胜 风雨楼飓风（天罡）

1. 兵七进一	炮2平3	2. 炮二平五	象3进5
3. 炮五进四	士4进5	4. 相七进五	马2进4
5. 炮五退一	车1平2	6. 马八进六	卒7进1
7. 车九平八	卒9进1	8. 炮八进四	马8进7
9. 马二进三	车9平8	10. 车一进一	炮8平9
11. 兵五进一	卒9进1	12. 马六进五	卒9平8
13. 车一平六	炮9退1	14. 兵三进一	卒7进1
15. 相五进三	卒8进1	16. 相三退五	卒8平7
17. 马五进三	卒7进1	18. 马三进四	炮3平1
19. 车六进六	炮1退1	20. 炮八退三	车2平1

21. 炮八平六	马4退2	22. 车六平八	马7进5
23. 前车进二	车1平2	24. 车八进九	士5退4
25. 车八退一	士6进5	26. 马四进三	将5平6
27. 车八平九	马5进7	28. 炮五平四	马7进6
29. 仕六进五	车8进4	30. 炮四退一	车8进1
31. 炮四进一	车8平6	32. 兵五进一	马6退4
33. 车九退二	炮9进2	34. 炮四进一	炮9平7
35. 炮六进六	士5退4	36. 车九进三	将6进1
37. 车九平六	车6平8	38. 车六退一	将6退1
39. 兵九进一	炮7退1	40. 车六退二	将6进1
41. 炮四平一	炮7平9	42. 炮一退二	卒3进1
43. 炮一平六	卒3进1	44. 炮六平三	

第 380 局　华山人机（风魔）负 棋魂十三（天罡）

1. 兵七进一	炮2平3	2. 炮二平五	象3进5
3. 炮五进四	士4进5	4. 相七进五	马2进4
5. 炮五退一	车1平2	6. 马八进六	车9进1
7. 马二进三	车9平6	8. 兵三进一	车2进4
9. 兵五进一	车6进5	10. 车一进一	马8进7
11. 车九平八	车6平4	12. 炮八平九	车2进5
13. 马六退八	车4退1	14. 马八进七	车4平5
15. 炮五平八	车5退1	16. 炮八退四	炮3进3
17. 炮八平五	炮3平5	18. 炮五进三	车5进1
19. 车一平二	炮8平9	20. 车二平八	卒3进1
21. 炮九进四	马7进5	22. 车八进七	马4进2
23. 炮九进三	将5平4	24. 炮九退五	将4平5
25. 马三进五	马2进1	26. 马五进七	马1进3
27. 炮九平五	马3进4	28. 帅五进一	马4退5
29. 车八退二	后马退3	30. 车八平三	马3进4

31. 车三平一 马4进6	32. 马七进五 象5退3
33. 车一平七 炮9平5	34. 车七进三 士5退4
35. 帅五平六 马5进3	36. 马五退七 炮5平4
37. 车七退三 士6进5	38. 帅六平五 炮4平5
39. 帅五平六 炮5平4	40. 兵三进一 马6进4
41. 车七平六 马3退2	42. 车六退一 马2退3
43. 车六进一 卒3进1	44. 兵三平四 卒3进1
45. 马七退九 马3进2	46. 车六退一 象7进5
47. 兵九进一 卒3平2	48. 马九进七 马2进3
49. 车六进一 卒2进1	50. 仕六进五 马4退6
51. 仕五进六 马6进7	52. 帅六退一 卒2平3
53. 相五进七 马3退5	54. 车六进一 士5进4
55. 仕四进五 马7退9	

第381局 聆听自然（北斗）胜 怒为红颜（无极）

1. 兵七进一 炮2平3	2. 炮二平五 象3进5
3. 马八进七 卒3进1	4. 兵七进一 炮3进5
5. 炮五进四 士4进5	6. 车一进二 炮3退2
7. 炮五退一 马2进4	8. 车一平七 炮3平8
9. 马二进三 前炮进2	10. 相七进五 前炮退3
11. 兵三进一 车9进1	12. 仕六进五 马4进2
13. 兵七平八 马2退4	14. 车九平六 马4进5
15. 兵八进一 马5进3	16. 车七进二 车9平6
17. 车六进六 车6平7	18. 兵五进一 前炮退1
19. 车六退三 马3退4	20. 兵八平七 马4进5
21. 兵五进一 车1平2	22. 炮八平六 车2平3
23. 车六平七 前炮进1	24. 兵七进一 卒7进1
25. 兵七进一 车3平4	26. 兵五平六 士5进4
27. 前车进二 前炮平4	28. 前车平二 炮8退1

29. 马三进四	炮4进1	**30.** 马四进六	炮8平3
31. 马六进四	车7平9	**32.** 车二进三	卒7进1
33. 马四进六	炮3平4	**34.** 车七平五	车9平5
35. 车五进一	前炮退1	**36.** 车五平三	前炮平7
37. 马六退五	炮4平2	**38.** 马五进四	车5平6
39. 马四退三	象5进7	**40.** 车三进一	车4进1
41. 车二退三	车4进5	**42.** 车二平九	车6进5
43. 车三进四	炮2平5	**44.** 炮六退二	车4平1
45. 车九平一	车6平7	**46.** 车三平一	车7平6
47. 前车退二	车6平5	**48.** 兵一进一	炮5平2
49. 兵一进一	炮2退1	**50.** 兵一平二	车1平3
51. 炮六进六	炮2进3	**52.** 炮六退二	炮2退3
53. 前车平八	车3平2	**54.** 车八平七	车2平3
55. 车七退四	车5平3	**56.** 车一平五	士6进5
57. 炮六平五	车3平5	**58.** 兵二平三	炮2平4
59. 兵三平四	炮4进3	**60.** 炮五进一	炮4退2
61. 兵四进一	车5平4	**62.** 兵四进一	

第382局　天地日月（无极）负　一刀震华夏（天罡）

1. 兵七进一	炮2平3	**2.** 炮二平五	象3进5
3. 马二进三	卒3进1	**4.** 相七进九	卒3进1
5. 相九进七	马8进7	**6.** 炮八平六	车9平8
7. 车一平二	马2进1	**8.** 马八进七	马1进3
9. 车二进四	士4进5	**10.** 车九平八	车1平4
11. 仕六进五	卒7进1	**12.** 车八进七	炮3退2
13. 兵三进一	马7进8	**14.** 车二进一	炮8平2
15. 车二进四	马3进1	**16.** 马七退九	车4进6
17. 兵三进一	车4平1	**18.** 相七退九	炮2进6
19. 仕五进四	马1进2	**20.** 仕四进五	炮3进8

21. 车二退五	炮3平1	22. 帅五平四	炮1进1
23. 车二平七	炮2进1	24. 帅四进一	炮1退1
25. 帅四退一	马2进4	26. 仕五进六	车1平5
27. 车七平八	炮2平7	28. 马三进四	卒5进1
29. 兵三平四	车5平9	30. 炮五退二	炮7平5
31. 帅四平五	车9进3	32. 帅五进一	车9退5
33. 兵四进一	车9平6	34. 兵四平五	卒1进1
35. 车八平七	士5退4	36. 帅五退一	炮1平8
37. 兵五进一	象7进5	38. 马四进六	象5进3
39. 马六退七	象3退5	40. 车七进三	象5退7
41. 车七平二	炮8平9	42. 仕六退五	车6平7
43. 车二退一	卒9进1	44. 马七进八	车7进5
45. 仕五退四	炮9进1	46. 马八进六	车7退6
47. 仕四进五	车7平8	48. 马六进四	将5进1
49. 马四退二	卒5进1	50. 马二退三	卒5平4
51. 马三进一	卒1进1	52. 马一退二	卒1进1
53. 马二退三	炮9退8	54. 马三进五	卒4进1
55. 马五进四	卒4平3	56. 相九退七	将5退1
57. 马四进六	卒1平2	58. 马六进四	卒3进1
59. 马四退五	卒3进1	60. 相七进九	炮9平4
61. 帅五平六	士6进5	62. 相九退七	将5平6
63. 相七进五	炮4进4	64. 帅六平五	卒2平3
65. 马五进六	炮4退1	66. 马六退八	后卒平4
67. 马八进七	炮4退2	68. 马七退六	卒3平4
69. 马六退四	后卒平5	70. 相五退三	炮4进3
71. 马四进六	卒5平6	72. 帅五平四	卒6平7
73. 马六退四	炮4平5	74. 马四进五	卒7进1
75. 马五退四	卒7进1	76. 仕五进六	炮5平1
77. 帅四平五	卒7平6	78. 马四进二	炮1平4
79. 仕四退五	炮4平5	80. 仕五进四	士5进4

81. 马二进三	将6进1	**82.** 马三退五	将6退1
83. 相三进一	象7进9	**84.** 马五进三	将6进1
85. 相一进三	将6进1	**86.** 马三退四	象9进7
87. 马四退六	炮5退4	**88.** 马六进四	炮5进3
89. 相三退一	炮5进1	**90.** 马四退六	炮5退5
91. 相一进三	象7退5	**92.** 相三退五	象5退3
93. 相五进七	士4进5	**94.** 相七退五	士5退6
95. 相五进七	炮5平4	**96.** 马六退四	士4退5
97. 仕六退五	炮4平5	**98.** 马四进三	将6退1
99. 马三退四	士5进4	**100.** 仕五进六	士6进5
101. 仕六退五	卒6平5	**102.** 仕四退五	卒4平5
103. 马四退五	将6进1	**104.** 相七退九	将6平5
105. 帅五平四	士5进6	**106.** 相九退七	炮5进8
107. 帅四平五	炮5退4	**108.** 相七进九	士6退5
109. 相九进七	将5平6	**110.** 帅五平六	士5退4
111. 帅六进一	炮5退4	**112.** 相七退五	炮5进1
113. 相五进七	将6平5	**114.** 相七退五	炮5进6

第383局　国际老特（人王）负 粤东神勇（天帝）

1. 兵七进一	炮2平3	**2.** 炮二平五	象3进5
3. 炮五进四	士4进5	**4.** 相七进五	马2进4
5. 炮五退一	车1平2	**6.** 马八进六	卒7进1
7. 车九平八	卒9进1	**8.** 炮八进四	卒3进1
9. 兵七进一	车9进3	**10.** 炮八退一	车9平4
11. 车一进一	马8进7	**12.** 马六进四	马7进5
13. 车一平八	车4进2	**14.** 炮五平一	车2进3
15. 马四进五	马5进6	**16.** 炮一退一	车4进1
17. 前车进二	车4退1	**18.** 前车进一	车4进1
19. 前车退一	车4退1	**20.** 前车进一	车4进3

21. 后车进一　车4平2　　　　22. 车八退三　象5进3

23. 马五进七　炮8进2　　　　24. 兵三进一　炮8平3

25. 炮一平四　马4进5　　　　26. 炮四平五　卒7进1

27. 相五进三　后炮平2　　　　28. 马二进三　炮2进2

29. 相三退五　炮2进2　　　　30. 仕六进五　象7进5

31. 炮五进三　士5进6　　　　32. 兵五进一　马5进7

33. 马三进五　马7进8　　　　34. 兵五进一　炮3退3

35. 仕五进六　炮3平8　　　　36. 车八平四　炮2进3

37. 马五进七　车2进3

第384局　龙在江湖（天罡）胜 怒为红颜（无极）

1. 兵七进一　炮2平3　　　　2. 炮二平五　象3进5

3. 马二进三　卒3进1　　　　4. 车一平二　卒3进1

5. 马八进九　车9进1　　　　6. 车九平八　车9平4

7. 炮五进四　士4进5　　　　8. 炮五平一　马2进1

9. 仕六进五　马8进9　　　　10. 炮八平六　卒7进1

11. 相三进五　车4进5　　　　12. 兵九进一　炮8平6

13. 车八进六　车1平2　　　　14. 车八进三　马1退2

15. 车二进四　卒3进1　　　　16. 车二平七　炮3退2

17. 车七退一　车4退3　　　　18. 炮一退二　马2进3

19. 车七平八　车4平5　　　　20. 车八进一　炮6平7

21. 车八平二　炮7退1　　　　22. 马九进八　车5平2

23. 马八退六　车2进1　　　　24. 兵三进一　炮3进1

25. 马三进四　卒7进1　　　　26. 炮一平三　车2平6

27. 马四退三　马3进4　　　　28. 炮三平八　车6平7

29. 炮八退二　炮3平4　　　　30. 马三进四　马4进6

31. 车二平四　炮4进6　　　　32. 仕五进六　车7进2

33. 炮八进七　车7平5　　　　34. 马六进八　车5退3

35. 炮八平九　士5进4　　　　36. 车四平六　车5平2

37. 马八退六	车 2 退 1	38. 马六进四	车 2 平 1
39. 炮九平八	炮 7 平 4	40. 车六平八	卒 1 进 1
41. 车八进四	炮 4 平 7	42. 车八平七	车 1 平 2
43. 车七进一	将 5 进 1	44. 车七平四	卒 1 进 1
45. 马四进六	马 9 进 8	46. 兵一进一	车 2 进 2
47. 车四退四	车 2 退 4	48. 车四平二	将 5 平 4
49. 马六进四	车 2 进 5	50. 马四进三	车 2 平 9
51. 车二平六	车 9 平 2	52. 马三退四	车 2 退 3
53. 仕六退五	卒 1 平 2	54. 帅五平六	象 7 进 9
55. 马四进六	将 4 平 5	56. 马六退五	象 5 退 7
57. 车六进三	将 5 退 1	58. 车六进一	将 5 进 1
59. 马五进六	象 7 进 5	60. 马六进五	象 5 进 7
61. 马五退三	将 5 平 6	62. 车六退一	将 6 退 1
63. 车六退四	将 6 进 1	64. 马三退四	车 2 平 6
65. 马四进六	将 6 退 1	66. 马六退七	象 7 退 5
67. 马七进八	将 6 进 1	68. 车六平八	车 6 进 2
69. 车八平六	将 6 退 1	70. 马八进九	象 9 进 7
71. 马九退七	车 6 进 2	72. 车六进五	将 6 进 1
73. 马七进五	将 6 退 1	74. 马五退四	将 6 进 1
75. 马四退二	车 6 退 3	76. 车六退一	将 6 退 1
77. 马二进三	车 6 进 3	78. 车六退二	车 6 退 4
79. 相五进三	车 6 进 2	80. 相七进九	车 6 进 1
81. 相三退五	车 6 进 1	82. 车六进三	将 6 进 1
83. 车六退一	将 6 退 1	84. 车六退二	车 6 退 1
85. 相五退三	车 6 退 3	86. 相三进一	象 7 退 9
87. 马三退二	车 6 平 8	88. 帅六平五	将 6 平 5
89. 车六平五	将 5 平 4	90. 仕五进六	将 4 平 5
91. 车五平八	将 5 平 4	92. 车八进三	将 4 进 1
93. 车八退一	将 4 退 1	94. 车八退一	象 9 退 7
95. 马二退四	将 4 进 1	96. 车八进一	将 4 退 1

97. 车八进一　将4进1　　98. 车八退四　将4退1

99. 马四进六　车8进4　　100. 车八进四　将4进1

101. 马六退八　车8平5　　102. 仕四进五　将4平5

103. 马八进七

第385局　炫锋红颜馨（无极）负 棋魂飞刀（地煞）

1. 兵七进一　炮2平3　　2. 马八进九　马2进1

3. 兵三进一　车1平2　　4. 车九平八　炮8平4

5. 炮二平五　象7进5　　6. 马二进三　马8进7

7. 马三进四　车2进6　　8. 炮八平六　车2平5

9. 马四进六　车5平4　　10. 马六进七　车4进1

11. 车一平二　炮4进7　　12. 车八进三　车4退5

13. 仕四进五　炮4平7　　14. 车二平三　车4平3

15. 兵三进一　卒7进1　　16. 车三进五　马7退9

17. 车八平二　士4进5　　18. 车三进三　马9退7

19. 马九退七　车3平2　　20. 马七进八　卒1进1

21. 炮五平八　车2平4　　22. 马八进九　车9进2

23. 车二进三　车9平6　　24. 车二平五　车6平8

25. 炮八平三　马1进2　　26. 炮三退二　马2进1

27. 车五退三　马1进3　　28. 车五退一　马3退4

29. 车五平四　车8进2　　30. 车四进六　象5进7

31. 马九退八　象7退9　　32. 马八退六　车4平5

33. 车四退四　马4进3　　34. 炮三进二　马3进1

35. 兵一进一　车8进2　　36. 车四平三　车8平4

37. 相七进五

第386局　胡神（无极）负 南棋（天罡）

1. 兵七进一　炮2平3　　2. 炮二平五　象3进5

3. 马八进七　卒 3 进 1　　4. 炮五进四　士 4 进 5

5. 兵七进一　马 8 进 7　　6. 马七进六　马 7 进 5

7. 马六进五　马 2 进 4　　8. 炮八平五　车 1 平 2

9. 马二进三　马 4 进 5　　10. 炮五进四　车 2 进 3

11. 炮五退二　车 9 进 1　　12. 车一平二　车 9 平 6

13. 兵九进一　车 6 进 5　　14. 兵九进一　车 6 平 7

15. 兵九进一　车 2 平 5　　16. 兵七进一　车 7 进 1

17. 兵七进一　炮 8 平 3　　18. 车九进四　车 7 退 1

19. 相七进五　车 7 平 5　　20. 车二进四　前车平 9

21. 兵九进一　车 9 平 2　　22. 车九平七　炮 3 平 4

23. 仕四进五　炮 4 进 6　　24. 车七平六　炮 4 平 2

25. 车二平四　卒 7 进 1　　26. 兵九进一　车 5 进 1

27. 相五退七　卒 9 进 1　　28. 相三进五　车 2 退 3

29. 车四进四　卒 9 进 1　　30. 炮五平四　炮 2 进 1

31. 帅五平四　卒 7 进 1　　32. 炮四进五　车 5 进 3

33. 帅四进一　炮 2 退 1　　34. 帅四退一　车 5 平 7

35. 帅四平五　炮 2 进 1　　36. 车六平五　车 7 进 2

37. 车四退八　车 7 平 6　　38. 仕五退四　士 5 退 6

39. 车五平三　车 2 平 5　　40. 仕四进五　象 5 退 3

41. 帅五平四　车 5 进 5　　42. 车三平四　车 5 平 4

43. 车四平五　象 7 进 5　　44. 车五平一　车 4 进 1

45. 帅四进一　车 4 退 1　　46. 帅四进一　车 4 退 7

47. 车一平四　车 4 进 8　　48. 车四平七　车 4 平 6

49. 帅四平五　车 6 平 5　　50. 帅五平四　象 5 进 3

51. 车七退三　车 5 退 3　　52. 车七平五　车 5 进 2

53. 相七进五　车 5 退 1

第 387 局　骑猪去冲浪（9 段）胜　安顺大侠（月将）

1. 兵七进一　炮 2 平 3　　2. 炮二平五　象 3 进 5

3. 炮五进四　士4进5　　　　**4.** 相七进五　马2进4

5. 炮五退一　卒7进1　　　　**6.** 马八进六　卒9进1

7. 马二进三　车9进3　　　　**8.** 车九平八　车9平4

9. 车一进一　马8进7　　　　**10.** 炮八平九　马4进5

11. 车一平二　炮8平9　　　　**12.** 兵五进一　车4进4

13. 车八进二　车4平2　　　　**14.** 马六进八　车1平2

15. 马八进六　炮3进3　　　　**16.** 车二平七　炮3平4

17. 车七进五　车2进6　　　　**18.** 马六退七　车2平1

19. 车七平六　车1退1　　　　**20.** 马七进八　车1进2

21. 车六退二　卒1进1　　　　**22.** 车六进四　炮9退1

23. 车六退三　车1退1　　　　**24.** 车六平八　马5退3

25. 车八进二　马7进5　　　　**26.** 仕四进五　炮9进1

27. 兵三进一　车1退1　　　　**28.** 兵三进一　马5进7

29. 马三进五　车1平5　　　　**30.** 马五进三　卒1进1

31. 车八平九　卒1平2　　　　**32.** 车九进二　马3退4

33. 马八退六　车5平4　　　　**34.** 车九退三　炮9平8

35. 车九平三　象7进9　　　　**36.** 车三平四　马4进3

37. 马三进一　炮8进7　　　　**38.** 相三进一　将5平4

39. 相五进三　车4进1　　　　**40.** 马一进三　象9退7

41. 车四平七　炮8退7　　　　**42.** 炮五平四　将4平5

43. 车七平八　车4退1　　　　**44.** 车八平七　炮8平7

45. 炮四进三　马3退4　　　　**46.** 车七平八　炮7平8

47. 炮四退五　马4进3　　　　**48.** 炮四平五　车4进1

49. 炮五退一　卒2平1　　　　**50.** 车八平四　马7进5

51. 车四退二　马5进3　　　　**52.** 车四进四　后马进4

53. 炮五进三　马3进1　　　　**54.** 车四退二　马4进5

55. 车四平七　将5平4　　　　**56.** 马三退四　车4退1

57. 马四进五　车4退1　　　　**58.** 炮五退一　车4平5

59. 马六进四　马1进3　　　　**60.** 车七退五　车5退1

61. 炮五平六　炮8进2　　　　**62.** 炮六退二　炮8平3

63. 炮六平五　马5退6	64. 马四退六　卒1平2
65. 车七进二　将4平5	66. 车七平四　马6进4
67. 车四进一　车5平4	68. 相一退三　炮3退4
69. 炮五平三　炮3平1	70. 相三进五　炮1进5
71. 车四进四　象7进9	72. 炮三平一　象9退7
73. 兵一进一　车4平8	74. 炮一平三　象7进9
75. 兵一进一　车8进2	76. 仕五退四　炮1退4
77. 仕六进五　马4进3	78. 车四退二　马3进1
79. 马六退八　车8进1	80. 兵一进一　车8平7
81. 炮三平四　车7平2	82. 炮四退一　卒2平1
83. 兵一进一　士5退4	84. 兵一平二　卒1进1
85. 兵二平三　卒1进1	86. 炮四平一　象5退7
87. 车四平五　士4进5	88. 车五平九　将5平4
89. 相五进七　象7进9	90. 兵三进一　将4进1
91. 兵三平四　将4退1	92. 兵四进一　将4进1
93. 车九进二　将4进1	94. 车九平五　象9进7
95. 车五退三　将4退1	96. 仕五进六　象7退5
97. 炮一平五　车2平4	98. 炮五平六　卒1平2
99. 车五进二　卒2进1	100. 炮六进二　马1退2
101. 车五进一　将4进1	102. 车五退二　马2进4
103. 帅五进一　马4退6	104. 帅五进一　马6进7
105. 帅五退一　炮1退1	106. 炮六退二

第388局　金麒麟（天罡）负 炫锋刀之胆（风魔）

1. 兵七进一　炮2平3	2. 炮二平五　象3进5
3. 马二进三　卒3进1	4. 相七进九　卒3进1
5. 相九进七　马8进7	6. 炮八平六　车9平8
7. 马八进七　卒7进1	8. 车九平八　炮3进2
9. 车八进八　士4进5	10. 相七退九　炮8退1

11. 车八退二 马2进3	12. 马七进六 炮3平4
13. 马六退七 车1平3	14. 马七进八 炮8进2
15. 车八进二 炮4平6	16. 车一进一 炮8进5
17. 兵一进一 炮6退2	18. 炮五平四 炮8退7
19. 车八退二 炮8进2	20. 车八进二 车3平4
21. 仕六进五 炮8平7	22. 兵一进一 卒9进1
23. 车一进四 车8进6	24. 相三进五 车8平7
25. 炮四退一 炮7平8	26. 相九退七 车4进5
27. 马八退七 车4进1	28. 炮四平三 车7平6
29. 车八退四 马7进6	30. 马三进二 卒7进1
31. 车八平三 车4平3	32. 炮三进一 马6进8
33. 车三平二 车6平5	34. 车一进一 车3进1
35. 车一平二 车3退3	36. 后车平三 车5平1
37. 车二平三 炮6平9	38. 炮三退二 炮9进4
39. 前车平四 车1平4	40. 车四进二 象7进9
41. 炮三平二 车3平8	42. 炮二平三 马3进2
43. 车三平八 卒1进1	44. 车八平一 车8平7
45. 车四退二 炮9平5	46. 车四平五 象9退7
47. 炮三进二 车7平3	48. 炮六退二 车3进5
49. 车五退三 车3平4	50. 仕五退六 车4平5
51. 车一平八 车5进1	52. 仕六进五 马2退3
53. 炮三进六 车5退1	54. 炮三平四 车5平1
55. 车八平五 马3进4	56. 车五平六 马4退6
57. 炮四平二 马6退8	58. 车六平八 卒1进1
59. 车八进五 士5退4	60. 车八退三 马8进7
61. 车八平六 卒1平2	62. 炮二平八 士4进5
63. 车六退四 车1平3	64. 炮八退二 车3进3
65. 仕五退六 车3退6	66. 炮八退一 卒2进1
67. 车六进一 卒2平3	68. 车六平五 卒3进1
69. 炮八进四 马7退5	70. 仕四进五 马5进6

71. 车五平四	车 3 进 2	72. 炮八平九	车 3 平 1
73. 炮九平八	车 1 平 2	74. 炮八平九	车 2 平 3
75. 车四平八	将 5 平 4	76. 车八平四	车 3 平 1
77. 炮九平八	车 1 平 4	78. 车四退一	车 4 平 3
79. 车四进一	卒 3 进 1	80. 炮八退七	将 4 平 5
81. 炮八平一	马 6 退 7	82. 车四平八	车 3 进 2
83. 炮一进一	士 5 退 4	84. 车八进一	车 3 平 7
85. 炮一平九	马 7 进 9	86. 车八退一	马 9 进 7
87. 车八平四	象 5 退 3	88. 炮九平五	车 7 平 5
89. 车四进一	马 7 进 9	90. 炮五平二	卒 3 平 4
91. 炮二进六	卒 4 平 5	92. 仕六进五	车 5 进 1
93. 帅五平六	车 5 进 1		

第 389 局　一岁就很靓（天帝）胜 立劈华山（至尊）

1. 兵七进一	炮 2 平 3	2. 炮二平五	象 3 进 5
3. 马二进三	卒 3 进 1	4. 相七进九	卒 3 进 1
5. 相九进七	马 8 进 7	6. 炮八平六	车 9 平 8
7. 车一平二	马 2 进 1	8. 马八进七	车 1 平 2
9. 马七进六	士 4 进 5	10. 车二进六	炮 8 平 9
11. 车二进三	马 7 退 8	12. 马六进五	炮 3 平 4
13. 兵三进一	马 1 进 3	14. 相七退九	马 8 进 7
15. 马五退四	卒 7 进 1	16. 兵三进一	象 5 进 7
17. 车九平七	马 3 进 4	18. 车七进四	马 4 进 5
19. 相三进五	象 7 进 5	20. 车七进二	卒 1 进 1
21. 炮六进二	马 7 进 6	22. 炮六平五	车 2 进 4
23. 兵一进一	炮 9 平 6	24. 仕四进五	炮 6 进 3
25. 马三进四	炮 4 进 3	26. 相九退七	车 2 平 5
27. 车七平八	炮 4 退 2	28. 车八平九	炮 4 进 2
29. 相五进七	炮 4 退 2	30. 相七进五	炮 4 进 2

31. 车九平八	象 7 退 9	**32.** 车八进三	炮 4 退 5
33. 车八退六	炮 4 进 5	**34.** 车八进三	象 9 进 7
35. 兵九进一	卒 1 进 1	**36.** 车八进三	炮 4 退 5
37. 炮五平九	车 5 平 1	**38.** 炮九平八	马 6 退 7
39. 炮八进一	车 1 退 1	**40.** 马四进六	车 1 平 3
41. 兵五进一	马 7 进 8	**42.** 兵五进一	马 8 进 7
43. 炮八退三	士 5 进 4	**44.** 马六进八	士 6 进 5
45. 炮八平七	车 3 平 8	**46.** 相五退三	将 5 平 6
47. 马八进七	车 8 进 6	**48.** 仕五退四	车 8 退 4
49. 车八退六	炮 4 进 1	**50.** 车八平四	将 6 平 5
51. 相三进五	马 7 退 9	**52.** 兵五进一	车 8 平 5
53. 兵五平六	车 5 退 1	**54.** 仕四进五	车 5 平 4
55. 车四平八	将 5 平 6	**56.** 炮七平九	马 9 退 8
57. 车八进六	将 6 进 1	**58.** 马七退八	车 4 平 1
59. 兵六进一	士 5 进 4	**60.** 马八进六	车 1 退 2
61. 马六退五	车 1 进 1	**62.** 车八退一	炮 4 平 5
63. 相五退七	车 1 平 5	**64.** 马五退四	马 8 进 7
65. 炮九进六	马 7 进 6	**66.** 帅五平四	马 6 进 7
67. 仕五进四	车 5 进 6	**68.** 帅四进一	车 5 退 4
69. 相七退五	将 6 退 1	**70.** 炮九平五	车 5 平 6
71. 车八退五	马 7 退 8	**72.** 马四退二	车 6 进 2
73. 帅四平五	车 6 平 8	**74.** 车八平四	将 6 平 5
75. 炮五平三	车 8 进 2	**76.** 相五退三	卒 9 进 1
77. 车四进一	车 8 平 9	**78.** 相七进五	车 9 退 4
79. 相五进三	车 9 平 8	**80.** 炮三平九	卒 9 进 1
81. 炮九退六	车 8 进 1	**82.** 炮九平五	象 5 退 7
83. 车四平五	将 5 平 4	**84.** 车五平六	将 4 平 5
85. 车六进一	车 8 平 7	**86.** 相三退一	卒 9 进 1
87. 帅五平六	卒 9 平 8	**88.** 炮五退二	将 5 平 6
89. 仕六进五	象 7 退 5	**90.** 车六进四	将 6 进 1

91. 车六平五　车7平4　　92. 仕五进六　卒8平7

93. 车五退二　卒7平6　　94. 车五退一

第390局　棋魂冰凌妹（无极）胜 内蒙古新秀（北斗）

1. 兵七进一　炮2平3　　2. 炮二平五　象3进5

3. 炮五进四　士4进5　　4. 相七进五　马2进4

5. 炮五退一　车1平2　　6. 马八进六　车9进1

7. 马二进三　车9平6　　8. 车九平八　车2进4

9. 兵五进一　车6进5　　10. 兵三进一　马8进7

11. 车一进一　车6平1　　12. 炮八平七　车2进5

13. 马六退八　车1平2　　14. 马八进六　车2平4

15. 马六进四　车4平7　　16. 车一平六　马4进5

17. 仕六进五　车7进1　　18. 车六进二　炮8进5

19. 相五退七　车7平6　　20. 仕五进四　炮8平3

21. 炮五平八　后炮平2　　22. 兵五进一　马5退3

23. 炮八退四　炮2进2　　24. 车六进五　卒3进1

25. 兵七进一　象5进3　　26. 车六退六　炮2平5

27. 车六平七　炮5退2　　28. 帅五平六　马7进5

29. 炮八平六　马3进4　　30. 车七平九　马4退3

31. 炮六平三　炮5平4　　32. 帅六平五　炮4平5

33. 相七进五　卒7进1　　34. 车九进二　象7进9

35. 仕四进五　卒7进1　　36. 车九平三　卒1进1

37. 炮三平二　炮5平8　　38. 车三平一　马5进7

39. 炮二进四　马3进5　　40. 车一进二　象9退7

41. 车一平三　象5进7　　42. 相五进三　卒1进1

43. 兵一进一　卒1平2　　44. 兵一进一　卒2平3

45. 相三进五　卒3进1　　46. 车三平四　炮8退1

47. 车四退三　卒3进1　　48. 炮二退二　士5进4

49. 车四平九　炮8平4　　50. 车九退一　马5进4

51. 炮二平六	马7退6	52. 炮六进四	马6进5
53. 炮六退一	象5进7	54. 车九进七	炮4退1
55. 兵一平二	象7退9	56. 车九退六	士6进5
57. 车九平七	象3退1	58. 车七进四	象9退7
59. 车七平九	马5退3	60. 车九退一	马3进2
61. 车九平八	马2进1	62. 炮六退一	马1进3
63. 帅五平四	马4进6	64. 车八平七	马3退5
65. 炮六平八	炮4进2	66. 车七进三	士5退4
67. 车七退七	马5退4	68. 炮八进四	士4进5
69. 车七进七	炮4退2	70. 车七退五	炮4进1
71. 炮八退五	马4退6	72. 车七进五	炮4退1
73. 车七退六	后马进4	74. 车七进一	士5进4
75. 炮八进五	将5进1	76. 车七进四	将5进1
77. 炮八退二	士4退5	78. 车七退一	士5进4
79. 车七退四	士4退5	80. 车七平五	

第 391 局　开原梁宇春（无极）胜 青城梦溪（无极）

1. 兵七进一	炮2平3	2. 炮二平五	象3进5
3. 炮五进四	士4进5	4. 相七进五	马2进4
5. 炮五退一	车1平2	6. 马八进六	车9进1
7. 车九平八	车9平6	8. 马二进三	马8进7
9. 车一进一	车2进4	10. 兵五进一	车6进5
11. 兵三进一	炮8进4	12. 炮八平六	车2平5
13. 马六退八	车6平7	14. 车一平八	炮3退2
15. 马八进六	马4进5	16. 炮六平七	车7平4
17. 马六进五	卒7进1	18. 车八进五	车4退1
19. 炮五平八	车4平5	20. 车八平九	炮3平2
21. 仕六进五	炮8平7	22. 炮八退一	车5退1
23. 炮七进四	车5平2	24. 炮八进五	车2退4

25. 兵三进一	马5进7	26. 马五进三	后马进6
27. 炮七平五	马6进4	28. 炮五退三	马4进3
29. 仕五退六	车2平4	30. 仕四进五	炮7平1
31. 炮五进二	炮1平2	32. 车九平八	炮2平1
33. 后马进二	炮1进3	34. 相五退七	炮1平4
35. 车八退四	炮4退4	36. 马二进一	马7退9
37. 马三进四	炮4退4	38. 车八平七	马9进7
39. 兵七进一	马7进6	40. 炮五退二	车4平1
41. 车七平八	马6退5	42. 炮五进一	车1进3
43. 车八进七	士5退4	44. 马四进三	炮4平6
45. 车八退二	士4进5	46. 兵七平六	车1平7
47. 兵六平五	车7退2	48. 兵五平六	将5平4
49. 炮五平六	士5进4	50. 车八平六	将4平5
51. 车六进二	将5进1	52. 炮六平五	象5进3
53. 相三进五	车7平8	54. 车六平四	车8进4
55. 炮五平三	车8进4	56. 炮三退四	车8退6
57. 车四平三	象3退1	58. 兵一进一	

第 392 局　博弈华山（无极）胜 奕静（无极）

1. 兵七进一	炮2平3	2. 炮二平五	象7进5
3. 马八进九	马2进1	4. 车九平八	车1进1
5. 兵九进一	车1平4	6. 马二进三	车4进4
7. 炮八进六	车4平3	8. 炮五进四	士6进5
9. 车一平二	马8进7	10. 相三进五	车3平1
11. 炮五退二	马7进5	12. 兵三进一	炮8平6
13. 仕六进五	车1平4	14. 车二进五	马5进3
15. 车八进四	车4退2	16. 马三进四	马3进4
17. 车八进一	卒3进1	18. 炮五平九	马1退3
19. 车八退二	卒3进1	20. 马四退六	卒7进1

21. 马九退七　卒3平4　　22. 马六退八　车4平3

23. 马七退九　卒1进1　　24. 炮九退三　卒1进1

25. 兵三进一　车9平7　　26. 车二退一　炮6平9

27. 炮八进一　炮3平1　　28. 炮九平七　车3平2

29. 车八进三　马3进2　　30. 车二平六　车7进4

31. 炮八平九　炮9进4　　32. 车六平一　车7平9

33. 车一平二　车9平7　　34. 兵五进一　卒9进1

35. 车二进五　士5退6　　36. 马八进六　炮1进7

37. 炮九退九　马2退4　　38. 车二退六　炮9进3

39. 车二退三　炮9退3　　40. 炮九进二　马4进3

41. 马六进五　士4进5　　42. 炮七平八　炮9平2

43. 马五退七　马3进5　　44. 马七进八　卒1进1

45. 炮九平七　车7平3　　46. 马八退七　车3平4

47. 车二进三　马5退3　　48. 车二平七　马3进1

49. 车七平五　马1退3　　50. 炮七进三　象5进3

51. 马七退九　炮2退5　　52. 炮八进四　象3退5

53. 炮八退一　士5退4　　54. 马九进七　炮2平5

55. 车五平四　车4平3　　56. 车四进一　炮5平2

57. 炮八退一　炮2平3　　58. 炮八平五　士4进5

59. 马七退六　车3进2　　60. 马六进七　车3平4

61. 炮五进三　炮3平2　　62. 炮五平一　炮2进8

63. 相七进九　将5平4　　64. 仕五进六　炮2退7

65. 车四进四　车4平7　　66. 车四退二　车7进1

67. 车四平六　炮2平4　　68. 相五退七　车7退5

69. 马七进八　车7进4　　70. 马八进六　士5进4

71. 车六进一　将4平5　　72. 炮一平五　士6进5

73. 仕六退五　车7平5　　74. 车六退一　卒9进1

75. 帅五平六　将5平6　　76. 炮五进二　车5平6

77. 炮五平八　卒9平8　　78. 炮八退七　卒8平7

79. 车六进三　将6进1　　80. 车六退七　车6平3

81. 炮八平六　卒 7 进 1　　82. 仕五进四　卒 7 平 6

83. 炮六平四　将 6 平 5　　84. 炮四平五　象 5 进 7

85. 车六平五　将 5 平 6　　86. 车五进三　车 3 平 4

87. 帅六平五　车 4 退 4　　88. 炮五平四　车 4 平 5

89. 仕四退五　将 6 平 5　　90. 车五平四　车 5 进 4

91. 车四平三　卒 6 进 1　　92. 炮四平二　卒 6 进 1

93. 炮二进一　卒 6 平 5　　94. 仕四进五　车 5 进 2

95. 帅五平四　车 5 退 6　　96. 炮二平五　车 5 平 6

97. 帅四平五　车 6 平 3　　98. 炮五退一　车 3 平 9

99. 车三平五　将 5 平 6　　100. 车五平四　将 6 平 5

101. 相七进五　象 3 进 5　　102. 相五退三　象 5 退 3

103. 车四平七　车 9 进 7　　104. 车七平三　车 9 平 8

105. 车三平五　将 5 平 6　　106. 车五平四　将 6 平 5

107. 车四平三　车 8 平 9　　108. 相九退七　车 9 退 7

109. 车三进三　将 5 退 1　　110. 车三进一　将 5 进 1

111. 车三平七　车 9 平 6　　112. 车七退一　将 5 退 1

113. 车七退四　将 5 平 6　　114. 炮五平七　车 6 平 5

115. 相七进五　车 5 平 6　　116. 车七平五　车 6 进 4

117. 相五退七　车 6 进 3　　118. 帅五进一　将 6 进 1

119. 炮七进三　车 6 退 1　　120. 帅五退一　车 6 退 4

121. 车五进四　将 6 退 1　　122. 炮七平二　车 6 进 5

123. 帅五进一　车 6 退 1　　124. 帅五退一　车 6 平 3

125. 车五退三　车 3 进 1　　126. 帅五进一　车 3 平 6

127. 炮二进五　车 6 退 1　　128. 帅五退一　将 6 进 1

129. 车五进三　将 6 退 1　　130. 车五进一　将 6 进 1

131. 炮二平四　车 6 平 7　　132. 车五退七　车 7 进 1

133. 帅五进一　车 7 退 1　　134. 帅五退一　车 7 退 6

135. 车五平四　车 7 平 6　　136. 炮四退二　将 6 退 1

137. 炮四平九

第393局 小妖精（北斗）负 后悔（北斗）

1. 兵七进一	炮2平3	2. 炮二平五	象3进5
3. 马八进九	车9进1	4. 马二进三	车9平4
5. 车九平八	车4进3	6. 炮五进四	士4进5
7. 车一平二	马2进4	8. 炮五退二	马8进9
9. 炮八平五	卒9进1	10. 车二进六	炮8平6
11. 兵三进一	卒3进1	12. 兵七进一	车4平3
13. 兵九进一	炮3进7	14. 仕六进五	车1平2
15. 车二进一	车2进9	16. 马九退八	炮6进1
17. 车二平四	炮6平2	18. 车四退一	车3平2
19. 马八进九	炮3平1	20. 仕五进六	炮2退3
21. 车四平六	车2进5	22. 帅五进一	车2退1
23. 帅五退一	车2进1	24. 帅五进一	车2退8
25. 帅五平四	炮1退1	26. 车六平四	炮2平4
27. 车四退三	车2进7	28. 仕四进五	马4进5
29. 帅四进一	马5进4	30. 马九进七	车2退2
31. 马七进六	炮4平3	32. 车四进三	马9退7
33. 车四平七	炮3平4	34. 车七平五	卒9进1
35. 兵一进一	马7进8	36. 相三进一	车2退2
37. 车五退一	炮4进3	38. 兵一进一	炮4平6
39. 兵三进一	卒7进1	40. 兵一平二	马8退7
41. 车五平三	象7进9	42. 马六进四	象9进7
43. 马四进三	将5平4	44. 前马退二	象5退3
45. 马三进二	象7退5	46. 后马进四	车2退1
47. 兵二平一	炮1平2	48. 仕五退六	车2平7
49. 兵一进一	炮2退5	50. 帅四退一	马4进2
51. 相一进三	炮2平8	52. 马四进二	车7平6
53. 后炮平四	马2进4	54. 相三退五	马4退2

55. 仕六进五	车6进3	56. 马二退三	象5进7
57. 帅四退一	车6退3	58. 相五退三	车6平9
59. 炮四平二	车9平6	60. 炮二平四	车6进3
61. 相三进一	象7退5	62. 帅四平五	车6平8
63. 炮四平二	马2进3	64. 帅五平四	车8平6
65. 仕五进四	马3退2	66. 炮五进一	车6退2
67. 帅四平五	车6平8	68. 仕四退五	象5退7
69. 炮五进一	马2进3	70. 帅五平四	车8平6
71. 炮二平四	象3进5	72. 炮五平六	车6平4
73. 炮四平六	马3退5	74. 帅四平五	马5进7
75. 帅五平六	象5进7	76. 前炮平五	车4平2
77. 马三退四	象7退5	78. 马四进五	车2平5
79. 炮五平六	将4平5	80. 相一退三	马7退6
81. 帅六平五	车5平6	82. 前炮平五	马6进7
83. 帅五平六	马7退8	84. 帅六平五	车6平5
85. 炮五平六	车5平2	86. 后炮退一	车2进2
87. 马五进四	士5进6	88. 后炮进三	士6进5
89. 后炮平五	将5平6	90. 马四退三	车2平1
91. 炮六平四	将6平5	92. 炮四平六	车1平4
93. 炮六平二	车4退1	94. 炮二退一	车4平1
95. 炮二平六	车1平4	96. 炮六平二	车4退1
97. 炮五进一	马8进7	98. 帅五平四	车4退1
99. 炮二退三	车4平7	100. 马三退四	车7平8
101. 炮二退一	车8进1	102. 炮五退一	车8进1
103. 炮五进二	卒1进1	104. 炮五平六	车8平4
105. 炮六平七	车4平2	106. 炮七退六	卒1进1
107. 炮七平六	车2退1	108. 炮六进一	车2进5
109. 炮六退一	卒1进1	110. 炮二进八	士5退6
111. 炮二退六	卒1平2	112. 炮二平三	马7退6
113. 兵五进一	士6退5	114. 帅四平五	士5进4

115. 炮三平一　卒2进1　　116. 炮一退一　士6进5
117. 炮一平三　士5进6　　118. 炮三平一　士4退5
119. 炮一平三　象5退3　　120. 炮三平一　马6进8
121. 马四退六　车2退1　　122. 马六进五　马8退6
123. 仕五进四　象3进5　　124. 炮一平三　马6退7
125. 仕四退五　马7进5　　126. 炮三退一　车2进1
127. 马五退六　车2退1　　128. 马六进七　马5进4
129. 仕五进六　车2平7　　130. 仕六退五　卒2平3
131. 马七退五　车7平9　　132. 炮六进三　车9退2
133. 炮六进三　车9平1　　134. 相三进一　士5进4
135. 炮六退六　士6退5　　136. 相一退三　象5进7
137. 相三进一　象7进5　　138. 相一退三　车1平4
139. 炮六平八　车4退3　　140. 相三进一　车4平9
141. 相一退三　车9平1　　142. 炮八平六　车1进3
143. 相三进一　车1平2　　144. 相一进三　车2平9
145. 马五进四　卒3进1　　146. 炮六进六　车9平1
147. 相三退五　卒3平4　　148. 炮六退三　车1退1
149. 马四退三　将5平6　　150. 仕五退六　车1平5
151. 炮六平五　象5进3　　152. 仕六进五　车5平2
153. 炮五平六　象7退5　　154. 仕五退六　车2平5
155. 炮六平五　车5退1　　156. 仕六进五　车5退1
157. 相五进三　车5平7　　158. 炮五平四　车7进2
159. 马三进五　卒4平5　　160. 帅五平六　车7平4
161. 马五退六　车4进3

第394局　聆听自然（北斗）胜 心碎（无极）

1. 兵七进一　炮2平3　　2. 炮二平五　象3进5
3. 马八进七　卒3进1　　4. 兵七进一　炮3进5
5. 炮五进四　士6进5　　6. 车一进二　炮3退1

7. 车一平七　马2进4　　8. 炮五平八　炮3平7

9. 马二进一　炮7退2　　10. 兵七平六　炮8平7

11. 车九平八　前炮平9　　12. 相七进五　马4进5

13. 车七进二　马5进7　　14. 后炮平七　车1平2

15. 炮八平七　车2平3　　16. 前炮平八　车3平2

17. 炮八平七　车2平1　　18. 前炮平八　炮9进3

19. 相三进一　车1平2　　20. 炮八平七　车2平1

21. 相一进三　炮7平9　　22. 兵五进一　炮9进4

23. 兵五进一　炮9进3　　24. 相五退三　炮9退4

25. 车七退一　炮9退1　　26. 车八进六　卒1进1

27. 车八平九　车1平2　　28. 前炮进三　象5退3

29. 炮七进七　车2平3　　30. 车七进六　马7进5

31. 仕六进五　马8进9　　32. 车九平四　炮9进1

33. 兵六进一　象7进5　　34. 车七退二　车9平6

35. 车四进三　将5平6　　36. 车七平五　卒9进1

37. 车五平二　将6平5　　38. 车二退四　卒7进1

39. 相三退五　士5退6　　40. 兵六进一　士6进5

41. 兵六进一　马5退3　　42. 兵五平六　马3退4

43. 车二平三　马4退6　　44. 车三进二　马6进7

45. 后兵平五　炮9平8　　46. 兵五平四　炮8退2

47. 车三平一　炮8退3　　48. 车一进一　炮8平9

49. 车一平二　马7退5　　50. 兵四进一　炮9平6

51. 车二进一　马5退7　　52. 兵四平三　炮6进2

53. 帅五平六　炮6平4　　54. 车二平三　炮4进4

55. 兵三平二　士5进4　　56. 兵六平七　士4进5

57. 兵二平一　马9进7　　58. 车三退一　马7进5

59. 车三进三　士5退6　　60. 车三退六　炮4退1

61. 车三进一　炮4退1　　62. 车三进三　将5进1

63. 车三平四

第 395 局 国际老特（无极）胜 龙在江湖（天罡）

1. 兵七进一	炮 2 平 3	2. 炮二平五	象 3 进 5
3. 炮五进四	士 4 进 5	4. 相七进五	马 2 进 4
5. 炮五退一	卒 7 进 1	6. 马八进九	马 4 进 5
7. 车九平八	马 8 进 7	8. 车一进一	卒 3 进 1
9. 马二进三	车 9 平 8	10. 车一平六	车 1 平 2
11. 兵七进一	马 5 进 3	12. 车六进四	马 7 进 5
13. 炮八平七	马 3 进 2	14. 仕四进五	马 2 进 3
15. 帅五平四	车 2 进 9	16. 马九退八	炮 8 平 6
17. 车六进一	卒 7 进 1	18. 马八进六	炮 3 平 7
19. 炮七平八	卒 7 进 1	20. 车六平五	马 3 退 4
21. 炮五退一	车 8 进 7	22. 车五平九	炮 2 平 1
23. 车九平六	炮 1 平 3	24. 马六进七	马 4 进 3
25. 车六平八	炮 3 平 4	26. 炮五平七	马 3 退 4
27. 车八平六	马 4 退 5	28. 炮七平五	卒 7 进 1
29. 马七进九	炮 4 平 2	30. 马九进八	车 8 退 3
31. 炮八平三	车 8 平 7	32. 炮三平一	车 7 进 2
33. 车六平五	马 5 退 7	34. 帅四平五	马 7 进 6
35. 车五平七	将 5 平 4	36. 车七平六	将 4 平 5
37. 炮一平四	马 6 进 8	38. 车六平五	马 8 进 7
39. 炮四退一	将 5 平 4	40. 炮五平六	将 4 平 5
41. 炮六退三	车 7 进 1	42. 仕五进四	炮 6 进 6
43. 帅五平四	车 7 平 6	44. 炮六平三	炮 6 平 1
45. 帅四平五	车 6 退 3	46. 车五平一	炮 1 进 1
47. 帅五进一	车 6 平 5	48. 马八退七	车 5 平 7
49. 炮三平四	车 7 进 5	50. 车一平八	炮 2 平 4
51. 车八退六	炮 1 平 4	52. 马七进八	后炮平 2
53. 马八退六	炮 2 平 4	54. 马六进四	后炮平 3

55. 炮四进八	车7退6	56. 车八进九	士5退4
57. 马四退三	炮3退2	58. 炮四退五	士4进5
59. 炮四平五	车7平5	60. 马三进四	车5平6
61. 车八平七	炮4退9	62. 车七退一	车6平5
63. 兵九进一	车5进1	64. 兵九进一	炮4进3
65. 车七平六	炮4平5	66. 炮五进二	车5退1
67. 车六退五	车5进1	68. 兵九进一	车5平1
69. 兵九平八	车1进4	70. 帅五退一	车1退1
71. 帅五平六	车1平5	72. 兵一进一	车5平9
73. 车六进一	车9进2	74. 帅六进一	车9退1
75. 帅六退一	车9退2	76. 车六平九	象5退3
77. 车九平五	车9平7	78. 兵八进一	车7进3
79. 帅六进一	车7退1	80. 帅六退一	车7退6
81. 车五平八	车7进7	82. 帅六进一	车7退1
83. 帅六退一	车7退2	84. 车八平七	象3进5
85. 车七平九	象5退3	86. 兵一进一	车7平5
87. 车九进二	车5平2	88. 车九平七	士5退4
89. 车七平五	士4进5	90. 兵八平七	车2平3
91. 兵七平八	车3进3	92. 帅六进一	车3平2
93. 车五平七	车2退1	94. 帅六进一	士5退6
95. 兵八平七	车2退4	96. 车七平五	象7进5
97. 兵一进一	车2平3	98. 兵七平八	士6进5
99. 兵八进一	车3平4	100. 帅六平五	车4平3
101. 兵一平二	车3进3	102. 帅五退一	车3进1
103. 帅五退一	车3退1		

第396局　碧血洗银枪（无极）负 棋魂十三（天罡）

1. 兵七进一	炮2平3	2. 炮二平五	象3进5
3. 马二进三	卒3进1	4. 车一平二	卒3进1

5. 马八进九	车 9 进 1	**6.** 车九平八	车 9 平 4
7. 炮五进四	士 4 进 5	**8.** 炮五平一	马 2 进 1
9. 炮一进三	马 8 进 9	**10.** 炮八平五	马 1 进 3
11. 车八进六	马 3 进 4	**12.** 仕六进五	马 4 进 5
13. 相七进五	车 4 进 3	**14.** 车二进四	车 4 平
15. 相五进七	车 1 平 4	**16.** 相三进五	马 9 进 8
17. 车二平五	马 8 进 7	**18.** 车五平三	炮 8 进 1
19. 车八进一	卒 7 进 1	**20.** 车三退一	炮 8 平 7
21. 车三平四	炮 7 进 4	**22.** 车四进一	象 5 退 3
23. 车八退一	炮 3 平 5	**24.** 车八平五	车 4 进 6
25. 兵九进一	将 5 平 4	**26.** 仕五进六	车 3 平 4
27. 仕四进五	炮 7 平 4	**28.** 车四进二	炮 4 进 2
29. 马九退八	卒 7 进 1	**30.** 仕五退六	前车进 3
31. 帅五进一	卒 7 进 1	**32.** 车五平九	前车平 2
33. 车四平六	车 4 退 1	**34.** 车九平六	将 4 平 5
35. 炮一退三	车 2 退 1	**36.** 帅五退一	炮 5 平 4
37. 车六平三	卒 7 平 6	**38.** 车三进三	车 2 进 1
39. 帅五进一	炮 4 平 9	**40.** 车三退七	车 2 退 6
41. 炮一退二	车 2 平 6	**42.** 车三进五	卒 6 进 1
43. 相五退三	卒 6 进 1	**44.** 帅五进一	车 6 进 3
45. 车三平一	车 6 平 5	**46.** 帅五平四	车 5 平 6
47. 帅四平五	车 6 平 7	**48.** 炮一平五	将 5 平 4
49. 炮五平四	车 7 进 1	**50.** 炮四退二	车 7 进 2
51. 炮四进一	车 7 退 2	**52.** 炮四退一	车 7 退 1
53. 炮四进六	车 7 平 5	**54.** 帅五平四	车 5 平 6
55. 帅四平五	车 6 退 5	**56.** 车一退三	车 6 进 5
57. 车一平六	将 4 平 5	**58.** 车六平五	车 6 平 9
59. 帅五平四	车 9 平 6	**60.** 帅四平五	车 6 平 1
61. 车五进二	车 1 退 1	**62.** 车五平七	象 3 进 1
63. 帅五平四	车 1 进 3	**64.** 车七平五	象 1 退 3

65. 相七退九	车1平2	66. 车五平七	车2平5
67. 车七退四	卒6平7	68. 相九进七	车5退3
69. 车七平九	车5平3	70. 帅四平五	车3平5
71. 帅五平六	士5进6	72. 帅六退一	卒7平6
73. 车九平八	卒6平5	74. 帅六退一	

第 397 局　　天生蒙古人（北斗）和 弈林翰骏（北斗）

1. 兵七进一	炮2平3	2. 马八进七	卒3进1
3. 马七进六	卒3进1	4. 马六进五	炮8平5
5. 相七进五	车9进1	6. 马二进三	马8进7
7. 炮二进四	车9平6	8. 车一平二	马7进5
9. 炮二平五	士4进5	10. 仕六进五	车6进2
11. 炮五退二	马2进1	12. 相五进七	车1平2
13. 炮八平五	炮5进1	14. 车二进五	象3进5
15. 车二平六	车2进3	16. 兵三进一	炮3平4
17. 后炮平七	车2进4	18. 车九平七	炮5平4
19. 车六平五	前炮平3	20. 炮七进四	车6平3
21. 车五平六	炮4退2	22. 相三进五	车2退1
23. 车六退五	车2平1	24. 车六进七	马1退3
25. 相七退九	车3平5	26. 车六进一	马3进1
27. 车七进七	马1进3	28. 马三进四	车5平6
29. 炮五进二	车6进2	30. 车七退一	车1平5
31. 炮五平九	车6平1	32. 炮九平八	车1平2
33. 相九退七	卒7进1	34. 炮八平九	车2平1
35. 兵三进一	象5进7	36. 兵一进一	车5退1
37. 炮九平一	象7退5	38. 兵一进一	车1退1
39. 车七退三	车1平9	40. 炮一平七	炮4平2
41. 炮七平五	炮2平4		

第 398 局　江浦棋圣（电神）胜　淡看风云（无极）

1. 兵七进一	炮 2 平 3	2. 炮二平五	象 3 进 5
3. 炮五进四	士 4 进 5	4. 车一进二	马 2 进 4
5. 炮五退一	卒 3 进 1	6. 车一平六	卒 3 进 1
7. 相七进五	马 4 进 5	8. 马八进六	卒 3 平 2
9. 兵三进一	马 8 进 7	10. 马二进三	车 9 平 8
11. 马六进四	卒 2 进 1	12. 炮八平九	车 1 平 2
13. 马三进四	车 2 进 3	14. 车九平七	炮 8 进 2
15. 前马进六	炮 8 平 4	16. 车六进三	卒 2 进 1
17. 炮九退二	车 8 进 7	18. 仕四进五	卒 9 进 1
19. 车七进四	炮 3 平 4	20. 炮九进一	车 8 退 4
21. 马四进五	卒 2 进 1	22. 炮九进一	车 8 进 3
23. 车七进四	炮 4 退 2	24. 车六进三	车 2 退 3
25. 炮九进四	车 8 平 9	26. 车七退二	车 9 平 6
27. 炮九平五	马 7 进 5	28. 车七平五	车 2 进 4
29. 马五退七	车 2 退 2	30. 车六退五	

第 399 局　棋魂冰凌妹（无极）胜　桂系军司令（北斗）

1. 兵七进一	炮 2 平 3	2. 炮二平五	象 3 进 5
3. 马二进三	卒 3 进 1	4. 相七进九	卒 3 进 1
5. 相九进七	马 2 进 4	6. 车一平二	车 1 平 2
7. 马八进六	车 2 进 4	8. 车二进四	炮 8 平 7
9. 车二平六	马 4 进 6	10. 兵三进一	卒 7 进 1
11. 马三进四	士 4 进 5	12. 马四进五	炮 3 平 1
13. 相三进一	卒 7 进 1	14. 车九平七	炮 1 平 4
15. 炮八平九	卒 7 进 1	16. 炮九进四	马 6 进 5
17. 兵五进一	马 5 退 3	18. 车六退一	马 3 进 2

19. 车七平八　卒9进1　　20. 车六平三　卒9进1
21. 兵一进一　车9进5　　22. 马六进四　炮7平9
23. 马五进七　车2退3　　24. 炮九进三　马8进7
25. 马四进三　车9退2　　26. 车三平四　马7进5
27. 马七进八　象5退3　　28. 马三进四　车9进4
29. 炮五进四　士5进6　　30. 炮五退一　车9平4
31. 仕四进五　车4退2　　32. 车八进四　车2平4
33. 马八退七　象3进1　　34. 马四退六　车4平5
35. 马六退八　车5退1　　36. 马八进七　车5平3
37. 后马进九　炮4平1　　38. 车四平五　象7进5
39. 马七进八　将5进1　　40. 马八退九　车3退2
41. 马九退八　车3平4　　42. 车五进一　炮9进2
43. 车五平一　炮9平5　　44. 相七退五　象5进3
45. 车一平五　炮5退2　　46. 车五进一　象3退1
47. 车五进一　将5平4　　48. 帅五平四　炮5退1
49. 车五平八　炮5平6　　50. 帅四平五　炮6平5
51. 马八进六　将4退1　　52. 帅五平四　炮5平6
53. 仕五进四　将4进1　　54. 仕六进五　将4平5
55. 兵九进一　炮6平7　　56. 兵九进一　将5平6
57. 马六退七　将6平5　　58. 兵九进一　车4平3
59. 车八平三　炮7平6　　60. 车三进二　象1进3
61. 马七进五　车3退2　　62. 炮九退一　车3平1
63. 炮九平四　车1进3　　64. 马五进四　象3退5
65. 车三平一　象5进3

第400局　棋魂麦当劳（地煞）胜 棋界追杀令（天罡）

1. 兵七进一　炮2平3　　2. 炮二平五　象3进5
3. 炮五进四　士4进5　　4. 相七进五　马2进4
5. 炮五退一　车9进1　　6. 马二进三　车9平6

7. 兵三进一	车1平2	8. 马八进六	车2进4
9. 兵五进一	车6进5	10. 车一进一	车6平4
11. 车九平八	马8进7	12. 车一平二	马7进5
13. 炮八平九	车2进5	14. 马六退八	卒7进1
15. 马三进五	车4平1	16. 车二平六	炮8退1
17. 炮九退一	卒7进1	18. 马八进七	车1进1
19. 马五进三	车1平3	20. 马三进四	车3平2
21. 车六进五	车2进1	22. 炮九进一	车2平6
23. 马四进三	车6退7	24. 炮九平六	马4退2
25. 炮五进二	士5退4	26. 马三退二	车6进7
27. 车六平五	象7进5	28. 车五进一	士6进5
29. 炮六进三	炮3退1	30. 车五平八	炮3平2
31. 炮六平五	将5平6	32. 炮五平四	将6平5
33. 车八平三	炮8平6	34. 车三进二	炮6退1
35. 仕六进五	车6退3	36. 兵五进一	车6平8
37. 马二进四	士5进6	38. 车三平四	将5进1
39. 车四退二	车8平5	40. 车四平八	马2进4
41. 车八进一	车5退1	42. 炮四进三	将5平6
43. 车八平六	士4进5	44. 车六退二	卒3进1
45. 兵七进一	车5平3	46. 车六平一	车3平5
47. 车一平四	士5进6	48. 兵一进一	卒1进1
49. 车四退二	车5平4	50. 仕五退六	车4平7
51. 相五进三	车7平5	52. 仕四进五	车5退2
53. 兵一进一	将6平5	54. 车四平七	车5进1
55. 兵一平二	将5平4	56. 兵二平三	车5平1
57. 兵三进一	士6退5	58. 兵三平四	将4退1
59. 车七进五	将4进1	60. 车七平九	士5进4
61. 车九退三	车5平6	62. 兵四平五	车6平5
63. 兵五平六	士4退5	64. 车九进三	车5退2
65. 车九退四	将4退1	66. 车九进四	将4进1

67. 相三退五	车5进4	68. 车九平七	车5退4
69. 车七退三	车5进2	70. 车七进二	将4退1
71. 车七进一	将4进1	72. 车七平八	车5退2
73. 仕五退四	车5进2	74. 仕六进五	车5退2
75. 车八退三	车5进2	76. 仕五进六	将4退1
77. 车八进三	将4进1	78. 仕四进五	车5进2
79. 仕五进四	车5退4	80. 车八退三	车5进2
81. 兵六平七	车5平3	82. 仕四退五	士5进6
83. 兵七平六	车3平4	84. 车八进二	将4退1
85. 兵六平五	车4平5	86. 兵五平六	士6退5
87. 车八进一	将4进1	88. 车八退二	将4退1
89. 车八进二	将4进1	90. 兵六平七	车5平3
91. 车八退一	将4退1	92. 车八退二	将4平5
93. 兵七平六	车3平4	94. 兵六平五	车4平5
95. 车八进三	士5退4	96. 兵五平四	车5退2
97. 车八退三	将5平6	98. 兵四平五	车5平6
99. 车八退三	将6平5	100. 车八平五	将5平6
101. 兵五进一	车6平8	102. 仕五退四	车8进1
103. 兵五平六	车8退1	104. 兵六进一	车8平6
105. 仕六退五	车6进2	106. 车五平三	将6进1
107. 车三进六	车6平8	108. 车三平六	